Köhler/Weiß
Die tägliche Unterrichtsvorbereitung für die Grundschule

E-Book inside

Mit dem untenstehenden Download-Code erhalten Sie die PDF-Version dieses Buches.

So laden Sie Ihr E-Book inside herunter:

1. Öffnen Sie die Website: http://www.beltz.de/ebookinside
2. Geben Sie den untenstehenden Download-Code ein und füllen Sie das Formular aus.
3. Mit dem Klick auf den Button am Ende des Formulars erhalten Sie Ihren persönlichen Download-Link.
   [Für den Einsatz des E-Books in einer Institution fragen Sie bitte nach einem individuellen Angebot unseres Vertriebs: buchservice@beltz.de. Nennen Sie uns dazu die Zahl der Nutzer, für die das E-Book zur Verfügung gestellt werden soll.]
4. Der Code ist nur einmal gültig. Bitte speichern Sie die Datei auf Ihrem Computer.
5. Beachten Sie bitte, dass es sich bei Ihrem Download um eine Einzelnutzerlizenz handelt. Das E-Book ist für Ihren persönlichen Gebrauch bestimmt.

Download-Code

WEXZ4YGW6X

Katja Köhler / Lorenz Weiß

Die tägliche Unterrichtsvorbereitung für die Grundschule

Unterricht erfolgreich und fachgerecht planen und gestalten

mit E-Book inside

BELTZ

Katja Köhler ist als Seminarrektorin in der Lehrer:innenausbildung von Grundschullehramtsanwärter:innen in Bayern tätig. Sie ist Beratungslehrkraft, Lehrbeauftragte und Zweitprüferin an der Universität Bayreuth sowie Kursleiterin zum:zur Qualifizierten Stärkentrainer:in in der Studienseminarleitung (BeStärCong) – Bereichernde Begleitung und Beratung von Lehramtsanfänger:innen, Stärkenorientiertes Führen und Gestalten der Seminararbeit und Coachingtools.

Lorenz Weiß ist als Seminarrektor in der Lehrer:innenausbildung von Grundschullehramtsanwärter:innen in Bayern tätig. Er ist Trainer für Unterrichtsentwicklung, Lehrbeauftragter an der Friedrich-Alexander-Universität Erlangen-Nürnberg und Moderator für eine wahrnehmungs- und wertorientierte Schulentwicklung sowie Kursleiter zum:zur Qualifizierten Stärkentrainer:in in der Studienseminarleitung (BeStärCong) – Bereichernde Begleitung und Beratung von LehramtsanfängerInnen, Stärkenorientiertes Führen und Gestalten der Seminararbeit und Coachingtools.

Dieses Buch ist erhältlich als:
ISBN 978-3-407-63256-2 Print
ISBN 978-3-407-63258-6 E-Book (PDF)

1. Auflage 2022

Werderstraße 10, 69469 Weinheim
service@beltz.de

Lektorat: Svenja Dilger
Umschlaggestaltung: Michael Matl
Umschlagabbildung: Jonathan Bachmann

Herstellung: Michael Matl
Satz: Datagrafix, Berlin
Druck und Bindung: Beltz Grafische Betriebe, Bad Langensalza
Beltz Grafische Betriebe ist ein Unternehmen mit finanziellem Klimabeitrag (ID 15985-2104-1001).
Printed in Germany

Weitere Informationen zu unseren Autor:innen und Titeln finden Sie unter: www.beltz.de

Inhalt

Für dieses Buch stehen Online-Materialien zur Verfügung. Um diese herunterzuladen, gehen Sie bitte auf die Produktseite des Buches auf www.beltz.de.

Vorwort

Hilfen zur Planung von Unterricht gibt es bereits und seit jeher gilt die Feststellung Herbarts (1806), dass beim Lernen qualitativ unterschiedlich geistige Akte vollzogen werden, die sich überlagern können, in der Abfolge variantenreich, aber nicht willkürlich sein sollten.

Abhängig vom zu lernenden Sachverhalt, den Voraussetzungen der Kinder, der Zielstellung des Unterrichts sowie der jeweiligen konkreten Situation vor Ort in der Schule gibt es kein immer gleiches und allgemeingültiges Schema der Grundstufenstruktur von Unterricht.

Vielmehr wird die Planung und Gestaltung von Unterricht von den einzelnen Fachdidaktiken geprägt und nicht selten genug deuten die Gestaltungsstrukturen fachgemäßes Vorgehen an, so zum Beispiel im Bereich der Naturwissenschaften, indem ausgehend von einer Fragestellung unter anderem Versuche durchgeführt werden, um Erklärungsansätze für bestimmte Phänomene zu finden, wohingegen der Aufbau einer Sportstunde ganz anderen fachdidaktischen Prinzipien unterliegt.

Genau deswegen brauchen Lehrkräfte Orientierung in der Planung des Unterrichts und dazu kann diese Veröffentlichung ihren Beitrag leisten.

Die von uns gewählten Gestaltungsstrukturen und Lehrwege haben sich in der Praxis vielfach erfolgreich bewährt und sind angereichert mit unseren persönlichen Erfahrungen und didaktischen Empfehlungen. Sie haben nicht den Anspruch, alle Notwendigkeiten und Aspekte eines Faches oder Fachbereiches in Gänze abzubilden, sie sind vielmehr allgemein genug, um sie variabel anzupassen und ersparen gleichzeitig jedwede Einzelüberlegung zu jedem Planungsabschnitt und hindern nicht daran, selbstständig weiterzudenken und ausgehend von den dargestellten Grundstrukturen, den für alle am Unterricht Beteiligten passenden Gestaltungsrahmen zu setzen, ggf. einzelne Lehrwegsetappen zu streichen, zu modellieren oder zu ergänzen.

Im Planen des Unterrichtens verbinden sich pädagogisches Wissen, Fachwissen sowie fachdidaktisches Wissen. Jedes Fach bzw. Fachbereich wurde untergliedert mit Informationen und Hinweisen zur möglichen Gestaltungsstruktur als Lehrwegsmöglichkeit sowie zum Fach bzw. Fachbereich selbst. Sie finden Aufmerksamkeitsrichtungen, worauf Sie als Lehrkraft bei der Planung und unterrichtlichen Umsetzung achten können, zum Teil mit konkreten Beispielen, aber auch Aussagen zu der Ausgangslage der Kinder, didaktischen Grundsätzen, typischen Handlungen für den Fachbereich sowie konkreten Tipps zur Unterrichtsgestaltung.

Wir laden alle aktiven und angehenden Lehrkräfte ein, sich an unsere Erfahrungen im Rahmen der Unterrichtsplanung anzulehnen und Orientierung zu geben, um sich mit der Grundlage der jeweiligen Gestaltungsstruktur des Faches/Fachbereiches zu emanzipieren und in stetiger professioneller Weiterentwicklung eigenständige Entscheidungen zu treffen, wo es der Inhalt, die Zielstellung und/oder die (Heterogenität der) Kinder verlangen.

Wir freuen uns über Ihre Rückmeldungen, Fragen, Anmerkungen unter *lorenz.weiss@web.de* und wünschen Ihnen viel Freude nicht nur am Planen, sondern vor allem in der unterrichtlichen Umsetzung des jeweiligen Unterrichts mit den Ihnen anvertrauten Kindern.

Katja Köhler und Lorenz Weiß

I Grundsätzliche Überlegungen der Unterrichtsplanung

1 Wann ist Unterrichten gut?

Die in diesem Buch angebotenen Lehrwege bieten das fachdidaktisch fundierte Gerüst zur Planung kompetenzorientierten Unterrichts. Bei der Umsetzung in konkrete Handlungen stellt sich die Frage, wann der Unterricht besonders »gut«, vor allem im Sinne von lernwirksam ist, wenn der geplante Unterricht in einer Lehr-Lerninteraktion gestaltet wird.

Aus unserer Sicht leicht verständlich und umsetzbar für die Handlungen der Lehrkraft im Bemühen um die Gestaltung lernwirksamen Unterrichts ist die Unterscheidung zwischen Sicht- und Tiefenstrukturen des Unterrichts (vgl. Kunter/Trautwein 2013).

Zu den unterrichtlichen Sichtstrukturen gehören alle visuell erfassbaren Handlungen im Klassenzimmer, zum Beispiel im Bereich der äußeren Struktur die Organisations- und Sozialformen, auf der Ebene der Methoden die angewandten Unterrichtsmethoden, auf der Ebene der Unterrichtsmedien die einbezogenen Lehr- und Lernmittel, auf der kommunikativen Ebene das Verhältnis von Instruktion, Konstruktion und Ko-Konstruktion und einige mehr.

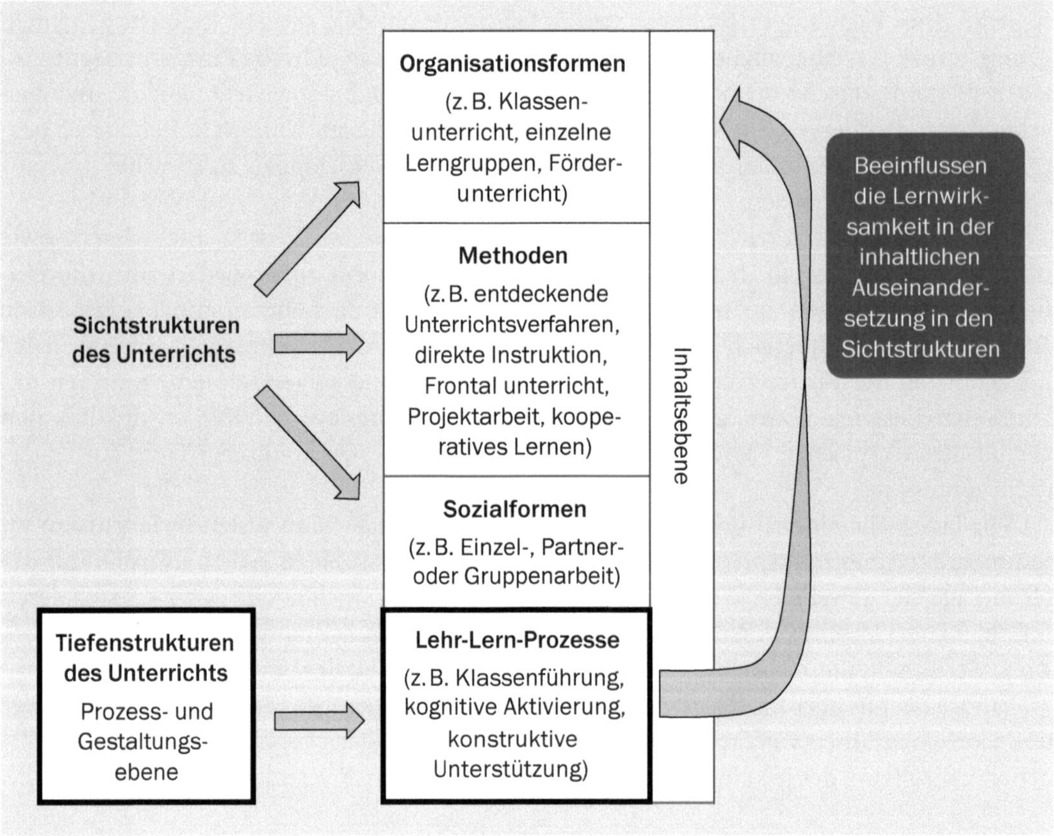

Abbildung 1: Sicht- und Tiefenstrukturen des Unterrichts (vgl. Trautwein/Sliwka/Dehmel 2018)

Zu den Tiefenstrukturen gehören unter anderem Klassenführung, kognitive Aktivierung und konstruktive Unterstützung, die sich in den Interaktionen innerhalb der Sichtstrukturen konstituieren. Die Tiefenstrukturen entfalten ihre Wirkung in der gegenseitigen Verflechtung der Tiefenstrukturmerkmale und nicht im Alleinstellungsmerkmal.

Besondere Qualitäten lernwirksamen Unterrichts werden vor allem in der Qualität der Dimensionen unterrichtlicher Tiefenstrukturen erreicht, wenn diese unter anderem auch eine positive, motivationale Haltung der am Unterricht Beteiligten grundlegen sowie die Interaktionsprozesse zwischen den Kindern und der Lehrkraft sowie den Kindern im ko-konstruktiven Austausch untereinander im Besonderen berücksichtigen. Die Studien von John Hattie (2009, 2013, 2015) haben den Einfluss von Tiefenstrukturen auf die Lernwirksamkeit des Unterrichts bekräftigt.

Für die Reflexion und Evaluation der Tiefenstrukturen des eigenen oder hospitierten Unterrichts sind deswegen folgende Fragestellungen leitend (Tabelle 1).

Strukturierte Klassenführung und Classroom Management	**Kognitive Aktivierung**	**Konstruktive Unterstützung**
Wie gut gelingt es, den Unterricht so zu steuern, dass möglichst wenige Störungen auftreten, alle Kinder beim Lernen beteiligt sind und Unterrichtszeit somit effektiv genutzt werden kann?	Zu welchem Grad werden die Kinder angeregt, sich aktiv mit den Lerngegenständen auseinanderzusetzen und sich dabei vertieft mit den Inhalten zu beschäftigen?	Wie gut unterstützt die Lehrkraft die Kinder beim Wissenserwerb und wie sehr ist die Interaktion zwischen Lehrkraft und Kindern durch Wertschätzung und Respekt geprägt?

Tabelle 1: Reflexion und Evaluation der Tiefenstrukturen (vgl. Trautwein/Sliwka/Dehmel 2018)

Der »Bamburger« der täglichen Unterrichtsplanung: Unterricht ökonomisch vorbereiten

2

Der »Bamburger«[1] der Unterrichtsplanung zeigt die klassischen Phasen einer Unterrichtseinheit ohne fachdidaktischen Bezug auf. Es ist der Klassiker aus der Unterrichtsplanung mit der Gewissheit, alles Notwendige in der Planung eines Lehrweges bedacht zu haben.

Auf einen zum Beispiel motivierenden Einstieg in die Thematik erfolgt eine Zielangabe. Die Kinder erarbeiten sich ausgewählte Inhalte, die im Folgenden im Plenum präsentiert und mit Fachbegriffen versprachlicht und zusammengeführt sowie gesichert werden. Eine abschließende Reflexion mit einem fakultativen Transfer rundet die Unterrichtsstunde mit einem Ausblick oder Abschluss ab.

Dabei wird in der Abbildung 2 zu jeder Unterrichtsphase noch einmal kurz zusammengefasst, worauf es genau in dieser Phase des Unterrichts ankommt.

1 Die Namensgebung »Bamburger« betont zum einen den regionalen Bezug des Autorenduos zu Bamberg und geht zum anderen zurück auf einen Austausch mit unseren Seminarrektorenkollegen Martin Schricker und Jochen Neumerkel. Herzlichen Dank für die Zusammenarbeit!

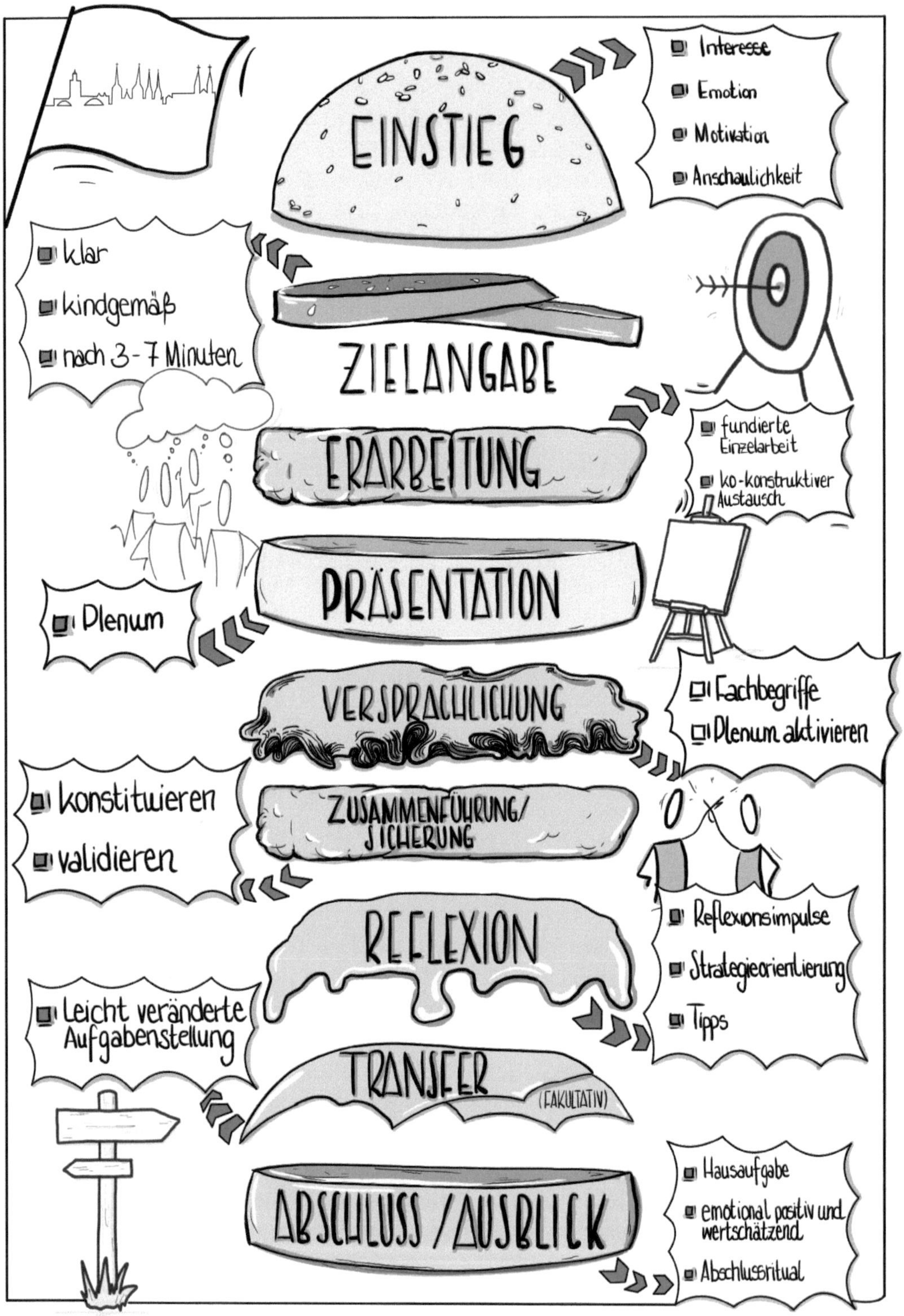

Abbildung 2: Der »Bamburger« der Unterrichtsplanung

Grundsätzlich sollten bei *jeder täglichen Unterrichtsvorbereitung* folgende Aspekte beachtet werden.

In formaler Hinsicht – Angaben zu:

- Klasse
- Fach (Fachbereich)
- Lehrplanbezug (Nummer im Lehrplan genügt)
- Datum und Uhrzeit im Stundenplan
- Titel der Sequenz
- Stundenthema (ggf. fachlicher Inhalt)
- Nummer der Unterrichtseinheit in der Sequenz
- Zielsetzung der Unterrichtseinheit

Zur inhaltlichen Vorbereitung:

- Lehrplan lesen und grundlegende Absichten der Lehrplanvorgabe für die Unterrichtsstunde und Unterrichtssequenz herausfiltern
- Inhaltliche Klärung: Sich mit der Sache genau auseinandersetzen und auf die Heterogenität der Kinder achten
- Zielsetzung der Stunde: Beitrag der Unterrichtseinheit zum Kompetenzerwerb verdeutlichen (siehe S. 214–216)
- Unterrichtseinheit in die Unterrichtssequenz einbetten (ggf. Unterrichtssequenz entwerfen, siehe Sequenzogramm auf S. 20)
- Formulierung der Zielsetzung der Stunde nach den Aufmerksamkeitsrichtungen »Was?« (Inhalt und Anforderungsniveau), »Wie/Womit?« (Methode) und »Wozu?« (Beitrag zur Kompetenz/den Kompetenzen)
- Reflexionsimpulse für die Kinder festlegen und ggf. vorformulieren. Diese leiten sich in der Regel aus den fachdidaktischen Intentionen und der Aufgabenformate ab
  Tipp: Worum geht es inhaltlich in dieser Stunde? Welche Kompetenzen, Fähigkeiten und Fertigkeiten der Kinder werden im Besonderen im Lernprozess angesprochen? Was können die Kinder hinterher mehr als vorher?

Aus diesen Beschreibungen im Lehrplan lassen sich erste Reflexionsrichtungen für die Zielsetzung der Unterrichtsequenz und fachdidaktisch konkretisiert dann auch für die konkrete Unterrichtsstunde ableiten. Im bayerischen LehrplanPlus der Grundschule werden zum Beispiel für die Kompetenzen und Inhalte im Fachbereich der Kombinatorik für die Jahrgangsstufen 1/2 folgende Aussage getroffen:
Die Schülerinnen und Schüler bestimmen die Anzahl der verschiedenen Möglichkeiten bei einfachen kombinatorischen Aufgabenstellungen durch Probieren (z. B. mögliche Kombinationen von zwei T-Shirts und drei Hosen) und stellen Ergebnisse strukturiert dar (z. B. in Skizzen oder in Tabellen) (LPPlus 2014 S. 276).
Als Schlüsselimpulse für die Reflexion können deswegen unter anderem filtriert werden:

- So schwer ist mir die Aufgabenstellung gefallen ... (Schlüsselwort einfach)
- Wie bist du beim Lösen der Aufgabe vorgegangen? (Schlüsselwort probieren)
- Können du und andere anhand deiner Darstellung der Lösung erkennen, wie du beim Lösen vorgegangen bist? (Schlüsselwort-Ergebnisse strukturiert darstellen)

- Gestaltungsstruktur zum jeweiligen Fach/Fachbereich heraussuchen und Lehrwegsvorschlagmodell zur jeweiligen Stunde (Fach) zurechtlegen, ggf. mithilfe des Didaktogons (siehe S. 18–19) inhaltlich und fachlich individuell anpassen (siehe die verschiedenen Gestaltungsstrukturen in Kapitel II)

In organisatorischer Hinsicht:

- Überlegungen zu Vorbereitungen in der Klasse im Bereich der Fähigkeiten und Fertigkeiten, ggf. Lern- und Arbeitstechniken, aber auch Sonderfälle wie etwa die Belegung von Fachräumen, Information von Beteiligten etc. Zusammengefasst geht es um die Aufmerksamkeitsrichtungen, ohne die die Unterrichtseinheit nicht »reibungslos« ablaufen wird
- Arbeitsmittel unterteilt in die Lehr- und Arbeitsmittel der Lehrkraft sowie die der Kinder
- Hausaufgabe (siehe auch Suchraster für interessante Hausaufgaben auf S. 211)

In der unterrichtspraktischen Konkretisierung:

- Im Rahmen einer erweiterten Orientierungsphase können die Kinder, die den Arbeitsauftrag oder die Aufgabenstellung vor der Phase der Erarbeitung noch nicht ganz erfasst haben, bei der Lehrkraft bleiben oder zu ihr kommen, während die anderen Kinder in die passende Sozialform im Rahmen der anstehenden Erarbeitungsphase wechseln. Die erweiterte Orientierungsphase ermöglicht es ohne Zusatzaufwand Verständnislücken für die Kinder zu schließen, die es noch brauchen, und die anderen Kinder, die gezielte Unterstützung nicht mehr benötigen, nicht am Arbeitsbeginn zu hindern.

Im Bereich der unterrichtlichen Reflexion und Evaluation der Lehrkraft im Anschluss an die Unterrichtseinheit:

- Notieren der individuell drei besten Aspekte der Unterrichtseinheit sowie der »verschärfte Blick« auf ausgewählte Aspekte zur Optimierung der unterrichtlichen Weiterarbeit (»Darauf achte ich das nächste Mal besonders …«) in der folgenden Unterrichtseinheit

Bewährt hat sich des Weiteren:

- Anlagen beiheften: Medien, Arbeitsblätter (einmal blanko und einmal Lösung)
- Maßstabsgetreues Tafelbild (bei wichtigen Erkenntnisgängen; nicht nötig bei der Auflistung reiner Übungsaufgaben), Nummerierung der einzelnen Notationsschritte bei einem sukzessive entstehenden Tafelbild, zum Beispiel als (handschriftliche) Skizze, ggf. auch als digitale Präsentation
- Teilschritte methodisch aufbereiten
- Arbeitsaufträge und Impulse an Knackpunkten der Unterrichtseinheit wörtlich (vor-)formulieren

Ein Deckblatt zur täglichen Unterrichtsplanung | 3

Tägliche Unterrichtsvorbereitung	Klasse	Fach	Lehrplanzuordnung	Datum	Zeit
Titel der Sequenz					
Stundenthema					Nr.
Zielsetzung der Unterrichtseinheit					

Das muss vorher geschehen sein:

Hausaufgabe:

Meine Arbeitsmittel:	Arbeitsmittel der Schüler:

Meine Reflexionsimpulse für die Schüler:

Reflexion: Die drei besten Aspekte der Unterrichtseinheit 1. 2. 3.	Darauf achte ich das nächste Mal besonders:

Der »Plan der Durchführung« ermöglicht in Spaltenform eine schematische Planung des Lehr-Lerngeschehens im Unterricht.

In der linken Spalte findet sich eine Zeitachse in Minuten. In der mittleren Spalte wird der Verlauf des Unterrichts dargestellt. Hier können eigene Anmerkungen zum Verlauf der Unterrichtseinheit notiert werden. Rechts außen finden sich Merkhilfen, die alles beinhalten können, was die Lehrkraft für ihren Unterricht für »merkenswert« hält, zum Beispiel Sozialformen, Material, Besonderheiten usw. Als Abkürzungen eignen sich »L« für Lehrkraft und »KK« oder »SuS« für die Kinder. Nicht geeignet sind »SS« für Schülerinnen und Schüler und »KZ« für Klassenzimmer. Als Abkürzung für Tafelanschrift wird gängiger Weise »TA« verwendet.

Zeit	Verlauf	Merkhilfen
0	**Anfangsritual** *Je nach Erfahrungswissen wörtlich ausformulierte Impulse und Fragen der Lehrkraft, ansonsten in Stichpunktform* L: »Wir treffen uns im Morgenkreis. Neben mir stehen heute Leo und Marie!« Stehkreis, Spruch/Lied, Datumsdienst ...	Stehkreis Morgenritual
3	**Einstieg** Stummer Impuls: Truhe mit Teddybär Lehrererzählung Zielangabe: »Wir finden heraus, warum sich der Teddy in der Truhe versteckt hat!« (TA 1) *Tafelanschrift*	Sitzkreis Truhe mit Teddybär TA 1
7	**Erarbeitung** ...	

Tipp

Die Notation der Minuten in der chronologischen Abfolge für die einzelnen Phasen ohne die Uhrzeit an dem jeweiligen Unterrichtstag zu verwenden erlaubt bei wiederholtem Nutzen der Unterlagen ökonomischere Orientierung.

Des Weiteren verzögert sich zuweilen der Unterrichtsbeginn auch, zum Beispiel nach einer Pause und dann fühlt sich die Lehrkraft gegebenenfalls ergänzend gefordert, wenn sie auf ihren Zeitplan zusätzlich gedanklich die Verzögerung mit einberechnen muss.

Der »Bamburger Express« der Unterrichtsplanung

Der »Bamburger Express« der Unterrichtsplanung ist die Minimalabfolge eines Lehrwegs, »wenn die Unterrichtsplanung mal schnell gehen muss!« Dabei teilt sich die Unterrichtseinheit in der Regel in drei Hauptteile auf: Einstieg mit korrespondierender Zielangabe, Erarbeitung des Unterrichtsinhaltes mit Zusammenfassung/Sicherung und Abschluss.

Abbildung 3: Der »Bamburger Express«

6 Das »Didaktogon« der Unterrichtsplanung

Das Didaktogon der Unterrichtsplanung für den täglichen Unterrichtsentwurf umfasst die wesentlichen Aspekte der Anpassung des Lehrwegs an die konkrete Klassensituation und die korrespondierende Lehr-Lerninteraktion.

Im Kern des Didaktogons stehen zwei Seiten des »klassischen« didaktischen Dreiecks sowie die Zielsetzung der Stunde:

1. Die »Sache« und Struktur des Unterrichtsgegenstandes, die fachwissenschaftlich fundiert und für die Klassengruppe und -situation didaktisch transformiert und angepasst ist.
2. Die Kinder in der Klasse, die in ihrer Heterogenität auf vielerlei Ebenen, die für schulisch erfolgreiches Lernen notwendig sind, berücksichtigt sind.
3. Die Zielsetzung der Stunde, die die Intensität, Dynamik und das Anspruchsniveau der Unterrichtseinheit bestimmt.

Als »Satelliten« fließen unter anderem die in Abbildung 4 benannten Entscheidungsaspekte in die Entscheidungsprozesse der Lehrkraft mit ein, bis die vorläufige Planung der Unterrichtsgestaltung abgeschlossen ist und in konkretes Unterrichtsgeschehen umgesetzt wird.

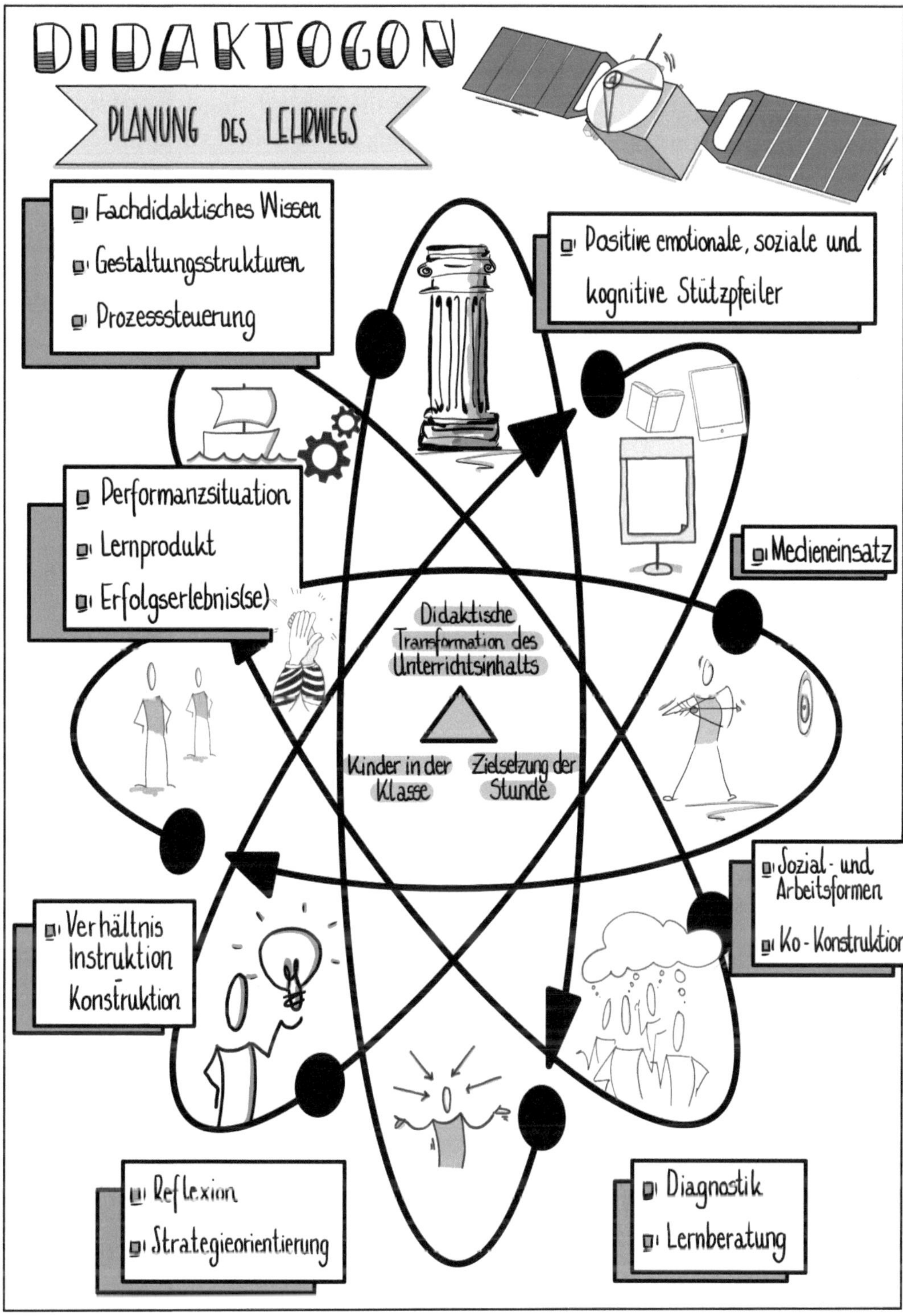

Abbildung 4: Das »Didaktogon«

7 Das »Sequenzogramm« für kompetenzorientiertes Lehren und Lernen

Das Sequenzogramm geht der täglichen Unterrichtsvorbereitung voraus und ist ein bewährtes Raster zur kompetenzorientierten Sequenzplanung des Unterrichts in allen Fächern und Fachbereichen. Im Sequenzogramm werden die relevanten Eckpunkte zur kompetenzorientierten Sequenzplanung als Aufmerksamkeitsrichtungen zusammengefasst.

<table>
<tr><td colspan="2">Thema und Zielsetzung der Sequenz:</td></tr>
<tr><td>Auflistung der Unterrichtseinheiten nach Thema und Inhalt</td><td>Lernausgangslage, Anwendung und Überprüfung</td></tr>
<tr><td>1. Unterrichtseinheit: ... ⇨ Fachlicher Schwerpunkt: ...
2. Unterrichtseinheit: ... ⇨ Fachlicher Schwerpunkt: ...
3. Unterrichtseinheit: ... ⇨ Fachlicher Schwerpunkt: ...
4. ...

»Unterrichtseinheit« benennt das jeweilige Thema der Unterrichtseinheit in kindgemäßer Form • Der fachliche Schwerpunkt der jeweiligen Unterrichtseinheit beschreibt die inhaltliche Schwerpunktsetzung(en)
• Auswahl einer »guten Aufgabe«
• Unter einer »guten Aufgabe« verstehen wir eine herausfordernde Aufgabenstellung im Laufe der Unterrichtssequenz, die in Verbindung inhaltlicher Kompetenzen mit prozessbezogenen Kompetenzen im Besonderen herausfordert und mehrere Lösungswege zulässt</td><td>• Lernstandserhebung zu Beginn bzw. im Vorfeld der Unterrichtssequenz: Art der Erhebung auswählen, ggf. Schlussfolgerungen zum Beispiel hinsichtlich der Differenzierung
• Meine Kompetenzen (aus Schülersicht: »Ich kann ...«): Im Vorfeld der Sequenz formulieren, welche Kompetenzen die Kinder am Ende der Unterrichtssequenz erworben haben
• Performanz- und Handlungssituationen: Praktische Möglichkeiten zur Überprüfung der erworbenen Kompetenz(en)
• Lern- und Unterrichtsprodukte
• Art der Leistungsmessung und -beurteilung
• Schülerfeedback</td></tr>
<tr><td>Lehrplanzuordnung</td><td>Organisation</td></tr>
<tr><td>• Erwartete Kompetenzen im Lernbereich: Kompetenzerwartungen des Lehrplans, geordnet nach Lernbereichen
• Prozessbezogene Kompetenzen: Konkretisiert an der Sequenz
• Vernetzungsmöglichkeiten mit anderen Perspektiven: Falls sinnvoll und möglich → Ansonsten: denkbare Vernetzungsmöglichkeiten mit anderen Perspektiven
• Umgang mit Heterogenität – besondere Chance der Inklusion: In den Lehrplänen der Förderschulen (z. B. Lernen) sind hilfreiche Möglichkeiten des Umgangs mit Heterogenität und konkrete Fördermöglichkeiten aufgelistet Linktipp: www.isb.bayern.de/foerderschulen/uebersicht/rahmenlehrplan-lernen</td><td>• (»Neue«) Medien, Arbeits-, Lehr- und Lernmittel
• Lernorte/Experten
• Bei manchen Themen gibt es besondere Lernorte oder Experten, die rechtzeitig angefragt werden müssen (z. B. beim Thema »Wald« einen Unterrichtsgang mit einem Förster oder andere außerschulische Lernorte wie: Optiker, Kläranlage, Theater)
• Sequenzbegleitendes Symbol
• Zeitraum: Angabe der Unterrichtseinheiten sowie des geplanten Zeitraumes
• Literatur- und Quellenangaben</td></tr>
</table>

Gestaltungsstrukturen für die einzelnen Fächer und Fachbereiche II

Die einzelnen Fächer, und innerhalb der Fächer auch die Fachbereiche, haben bewährte Lehrwege, die in der Regel von sachlogischen und lernpsychologischen Aspekten geleitet sind.

So unterscheidet sich die Liederarbeitung im Fach Musik stark vom Vorgehen im naturwissenschaftlichen Unterricht im Sachunterricht bei der Durchführung eines Versuchs und diese wieder vom Führen theologischer Gespräche im Religionsunterricht. Es gibt Unterrichtsinhalte, die eine »klare« Abfolge verlangen und andere, die Offenheit in der Planung und Abfolge herausfordern.

Dies entspricht der Einsicht, dass einzelne Fächer und Fachbereiche unterschiedliche Anforderungen und Qualitäten im Kompetenzerwerb bedingen und deshalb unterschiedliche Abschnitte in der Lehrwegsplanung erforderlich machen, die auch in den jeweiligen Fachdidaktiken grundgelegt sind.

Weil die Lehrkraft weiterhin der Hauptakteur in der Planung bleibt, haben wir die Begriffe »Gestaltungsstruktur« und »Lehrweg« gewählt. Die Lehrkraft trifft vorab die Entscheidungen, wie sie »im Groben« und manchmal auch »im Feinen« den Unterricht choreographieren möchte. Dabei hat sie stets weiterhin die Kinder und deren Lernweg im Blick – »denkt vom Kinde aus« –, kann im Planungsprozess auch Kinder beteiligen, ist sich des Konstruktivismus des Lernens bewusst und übernimmt letztendlich als Führungskraft Verantwortung für die »Lehr-Lerninteraktion« durch ihre Planungsüberlegungen sowie Vorbereitungen, um Lernbedingungen im Rahmen von Unterrichtssequenzen und Unterrichtseinheiten für die Kinder so effektiv wie möglich zu gestalten.

Die von uns gewählten Gestaltungsstrukturen und Lehrwege haben sich in der Praxis vielfach erfolgreich bewährt und sind angereichert mit unseren persönlichen Erfahrungen und didaktischen Empfehlungen. Sie haben nicht den Anspruch, alle Notwendigkeiten und Aspekte eines Faches oder Fachbereiches in Gänze abzubilden, sie sind vielmehr allgemein genug, um sie variabel anzupassen und ersparen gleichzeitig jedwede Einzelüberlegung zu jedem Planungsabschnitt. Sie hindern nicht daran, selbstständig weiterzudenken und ausgehend von den dargestellten Grundstrukturen, den für alle am Unterricht Beteiligten passenden Gestaltungsrahmen zu setzen und ggf. einzelne Lehrwegsetappen zu streichen, zu modellieren oder zu ergänzen.

Bei der Unterrichtsvorbereitung verbinden sich pädagogisches Wissen, Fachwissen sowie fachdidaktisches Wissen. In diesem Buch wurde deshalb nahezu jeder Fachbereich mit den nötigen Informationen und Hinweisen ausgestattet, um Impulse für mögliche Gestaltungsstrukturen des Unterrichts zu geben. Worauf kann die Lehrkraft bei der Planung und unterrichtlichen Umsetzung achten? Hierfür werden Beispiele angeboten und aus der Perspektive der Kinder berichtet. Weiterhin nehmen wir didaktische Grundsätze, typische Handlungen sowie konkrete Tipps für die Unterrichtsgestaltung in den Blick. Die Auswahl der beschriebenen Informationen unterliegt unserem persönlichen Fokus, setzt wiederum Schwerpunkte und kann ein erster Startpunkt sein, von dem aus sich die Lehrkraft mit den einzelnen fachdidaktischen Besonderheiten selbstständig vertiefend auseinandersetzt.

Wichtig ist uns, dass die planende Lehrkraft den unterrichtlichen Inhalt bzw. die Heterogenität ihrer Kinder nicht aus dem Auge verliert, die manchmal in der Konkretisierung eigene Gesetzmäßigkeiten in der Abfolge des Lehrwegs erfordern und dabei ein Abweichen vom beschriebenen Lehrweg erforderlich machen.

1 Deutsch

Deutschunterricht in der Grundschule ermöglicht den Kindern eine grundlegende sprachliche Bildung zur Bewältigung gegenwärtiger und zukünftiger Lebenssituationen durch eine Erweiterung ihrer individuellen Sprachhandlungskompetenz sowie im Umgang mit vielfältigen Medien.

Das Erlernen des Lesens und Schreibens, die Erweiterung sprachlicher Ausdrucksfähigkeit und kreativen Ausdrucks bilden die Grundlage persönlicher Teilhabe an der Gesellschaft aber auch im Lebensraum Schule, in der die deutsche Sprache vorherrschendes Unterrichtsmedium ist.

Die Heterogenität der Schulanfänger unterscheiden sich in der Entwicklungsschere des Schriftspracherwerbs um drei bis vier Lernjahre. Die Kinder kommen nicht als »unbeschriebene Blätter«, sie haben Vorerfahrungen mit Symbolen, Schrift und Zahlen und kennen in der Regel die Buchstaben ihres Namens sowie eine ausgewählte Zahl weiterer (Groß-)Buchstaben, ihre Telefonnummer und weitere für sie bedeutsame Zahlen wie die Telefonnummer der Oma oder ihren Geburtstag.

Deswegen ist es unabdingbar, mit Grundgedanken einer differenzierenden und individualisierenden Grundhaltung zu unterrichten. Im Folgenden werden keine konkreten Lehrwege und Unterrichtsstrukturen aufgeführt, sondern Grundprinzipien genannt, die den Deutschunterricht für Schulanfänger kennzeichnen. Heterogenität und inklusive Ansätze sind das Grundkapital gegenseitigen Austausches und des Mit- und Voneinander-Lernens als Klassengemeinschaft.

Schriftspracherwerb: Lesen und Schreiben

Die Lehrkraft ermöglicht es den Kindern auf allen Entwicklungsstufen des Lernens mit Schrift und Sprache, Erfahrungen, Erfolge und Herausforderungen zu begegnen. Dazu verschafft sich die Lehrkraft einen kontinuierlichen diagnostischen Überblick über die Lernfortschritte des einzelnen Kindes, um gut planen und das Kind beraten zu können.

Besondere Bedeutung fallen im Erstunterricht dem Hören, Erkennen und (Er-)Finden von Lauten zu, dem Gliedern von Wörtern in Silben, dem Erfassen von Wortbausteinen und der Lautanalyse, um die basalen Vorläuferfähigkeiten und Basiskompetenzen der Schulanfänger zu konsolidieren.

Grundsätze:

- Alles Üben erfolgt immer in Verbindung mit Verschriftlichen, Hören und Sprechen oder dem »Entschlüsseln« von Schriftlichem
- Durch das passende Maß an individueller Herausforderung muss die Freude am Lernen weiter gefördert werden

- Eine entspannte Grundhaltung der Lehrkraft bezüglich der Lernentwicklung der Kinder, dass diese sich positiv entwickeln werden
- Druck wirkt kontraproduktiv und verlangsamt die Lernentwicklung des Kindes
- Fehler der Kinder sind ein Zeichen auf einen Grad der Annäherung an das Endziel und bedürfen entsprechender positiver Würdigung durch die Lehrkraft
- *Jedes* Schreibprodukt der Kinder wird gewürdigt. Dabei geht man zunächst auf den Inhalt in kommunikativer Resonanz des Geschriebenen ein (z. B. »Ich mag auch gerne Hunde«) und in einem zweiten Schritt wird je nach Entwicklungsfortschritt des Kindes eine Hilfestellung gegeben – sei es, dass gekennzeichnet wird, wo ein Fehler ist, dass nur die Anzahl der Fehler in einer Zeile angegeben wird oder das Fehlerwort noch einmal richtig von der Lehrkraft dazu geschrieben wird
- Sollen Kinder etwas berichtigen, muss die Lehrkraft auch kontrollieren, ob dies erfolgt ist
- Durch die Weiterarbeit mit den Fehlerwörtern generiert ein Schreibanfänger seinen individuellen Wortschatz, den er zunehmend lernt orthografisch richtig zu verwenden. Die Kinder lernen Arbeitstechniken zum Berichtigen und entwickeln ein erstes Rechtschreibgespür. Die Lernerfolgsquote zum Richtigschreiben dieser Wörter »beim nächsten Gebrauch« ist deutlich erhöht, weil es sich um für das Kind bedeutsame Wörter handelt, die sich aus ihren eigenen Texten ergeben haben
- Anlauttabellen eignen sich besser zum Verschriftlichen als zum Lesenlernen und sollten deswegen zum Lesenlernen nicht verwendet werden
- Auch beim Verschriftlichen von Wörtern dürfen Kinder nicht sich selbst überlassen werden. Die Kinder müssen spüren, dass die Lehrkraft Interesse und Anteil durch die Rückmeldungen an ihren Schreibprodukten nimmt. Dies erhöht die Schreibmotivation zusätzlich
- Wichtig ist, dass die Kinder erfassen, dass Lesen und Schreiben die Sprachhandlungskompetenz erhöht. Man kann sich selbst mitteilen und erfährt auch von anderen etwas. Dazu gibt es verabredete Zeichen: die Buchstaben. Die Buchstaben stehen für gesprochene Laute, die jeder verwenden kann. In diesem System gibt es bestimmte Regeln und vereinbarte Schreibweisen, die man mit der Zeit erlernt und zunehmend besser beherrscht

Allgemeiner Hinweis: Strukturierte Abläufe und Rituale erleichtern den Aufbau einer klassenspezifischen Lernkultur. Die Kinder brauchen, wenn möglich, eine Hauptlehrkraft als Bezugsperson und Klassenleitung, die durch die Strukturierung von Material, Räumen, Situationen und Zeiten den Kindern Sicherheit und Orientierung bietet.

Variative Bausteine zum Schriftspracherwerb: Die einzelnen Lernrechtecke werden wie in einem Rundweg immer wieder auf qualitativ individuell angepasstem Niveau von den Kindern beschritten und sind bei der Unterrichtsplanung und -gestaltung Anhaltspunkte im Sinne einer Checkliste und eines Navigationsgerätes, die es beim Schriftspracherwerb abzudecken gilt. Die Bausteine sind nicht immer Inhalte einer 45 Minuteneinheit, jedoch guter Bestandteil einer Wochensequenz (vgl. Brinkmann/Brügelmann o. J. a und b).

Hinweis: Der klassische »Buchstabengeburtstag«, bei dem man davon ausging, dass jeder neu zu lernende Buchstabe von keinem Kind in der Klasse vor dem Behandelt-Werden gekannt und beherrscht wurde, ist aus didaktischer Sicht nicht mehr ganz aktuell.

Variative Bausteine zum Schreiben und Lesenlernen als Hilfe zur Sequenzplanung

Vorausgesetzt wird, dass die Kinder bereits ein Symbolverständnis erworben haben und Symbole verwenden, verstehen oder selbst kreieren können.

<table>
<tr><td>Lautanalyse: Laute unterscheiden und synthetisieren</td><td colspan="2">Einsicht in die kommunikative Funktionen als Möglichkeit der Selbstäußerung von Schrift gewinnen</td><td>Aufbau von Schrift</td></tr>
<tr><td>Buchstaben (auch in unterschiedlichen Formen) kennen und Lauten zuordnen

Buchstaben weitgehend formgetreu schreiben</td><td colspan="2">Wortanalyse: Worte in Silben, Buchstaben (und Laute) segmentieren, Signalgruppen erfassen, Wortbausteine</td><td>Blitzlesen: Rasches Erkennen von Wörtern des Häufigkeitswortschatzes</td></tr>
<tr><td colspan="2">Eigenproduktionen von Texten</td><td colspan="2">Erschließen von Texten anderer</td></tr>
<tr><td colspan="4">✎ unter kontinuierlich wertschätzend und fördernder Rückmeldung der Lehrkraft und anderer ✎</td></tr>
</table>

Sprechen und Zuhören

Erzählen

Möglicher Lehrweg	Aufmerksamkeitsrichtungen	Beispiel
Einstimmung Erzählanlass	• Emotionale Einstimmung, zum Beispiel per Bodenbild, ansprechenden ästhetischen Gegenständen oder Tafelbild mit Tafelzeichnung • Lehrkraft als Erzählvorbild *Zweiteilige Lehrererzählung* • Teil 1: Einführung der Identifikationsfiguren in ihrem Verhältnis zueinander • Teil 2: Entwicklung einer Handlung – »das erleben die Identifikationsfiguren«	Impuls: »Ich habe dir heute eine Geschichte mitgebracht« • Lehrererzählung • Unterbrechung der Geschichte (Aufdecken der Schatztruhe, einzelne Kinder spitzen in die Truhe, Schüleräußerungen zulassen) • Fortsetzung der Lehrererzählung • Schüleräußerungen abwarten Impuls: »Sicher kannst du kurz nacherzählen, was in der Geschichte passiert ist« • Schüleräußerungen abwarten • Tafelanschrift vervollständigen
Hinführung	• Rahmenhandlung, die alle Kinder anspricht • An einer spannenden Stelle abbrechen, dabei darauf achten, dass es ein »dynamisches Ende« (Die Kinder öffnen die Truhe und klettern hinein) und kein statisches Ende (Die Kinder bleiben vor der Truhe stehen) ist	Impuls: »Die Geschichte ist aber noch nicht zu Ende« • Stummer Impuls: Überschrift

Möglicher Lehrweg	Aufmerksamkeitsrichtungen	Beispiel
Zielangabe	• Bei der Zielangabe *einen* Schwerpunkt für das Erzählen setzen! • Kindgemäß formulieren	Impuls: »Bestimmt hast du schon eine Idee, wie die Geschichte weitergehen könnte« Impuls: »Wir erzählen die Geschichte von Lotta, Leo und der geheimnisvollen Schatztruhe unterhaltend weiter« (ggf.: »Dabei achten wir besonders auf die Verwendung wörtlicher Rede«)
Mündliche Sprachhandlung Vorbereitung Planen und Erfinden der Geschichten Unterhaltendes Erzählen üben	• Zügig zum Vorbereiten der Erzählung kommen, um den emotional aufgebauten Spannungsbogen der Rahmenhandlung nicht zu lange zu unterbrechen • Differenzierungsmöglichkeiten anbieten, zum Beispiel: Stichworte am »roten Faden« notieren, eine Mindmap anlegen, spezifisches Wortschatzmaterial und/oder Bildmaterial bereitstellen • Einem Partner die Geschichte erzählen, zur Zielangabe passendes Feedback einfordern	Impuls: »Beim Erzählen gibt es einige Dinge, die man beachten sollte« • Schüleräußerungen (z. B. Gestik, Mimik, Stimme verändern, spannende Geschichte, Überraschendes) Impuls: »Es gibt einen wichtigen Grund, warum wir beim Erzählen darauf achten wollen« • Schüleräußerungen (»Damit unsere Erzählungen für die Zuhörer spannend, interessant etc. werden«) • Akustischer Impuls kündigt Erzählbasar an Impuls: »Denke im Erzählbasar daran, deinem Partner eine Rückmeldung zu unserem Kriterium zu geben« • Gegenseitiges Erzählen der Geschichten mit anschließender Reflexion • Weitere Kinder erzählen ihre Geschichten
Präsentation/ Würdigung Ausblick	• Ein Verweis auf das Erzählziel fokussiert die Zuhörenden • Stärkenorientiertes Feedback einüben • Einen exponierten Erzählplatz bereitstellen, passende Sozialform wählen • Motivierenden Ausblick schaffen	• Lehrkraft verweist auf das Erzählziel der Stunde und erzählt noch einmal das Ende des Ausgangspunktes der Geschichte • Zwei bis vier (oder mehr) Schüler erzählen ihre Geschichte der Klasse → das Erzählte wird direkt im Anschluss reflektiert *Würdigung der Geschichten* • Motivierender Ausblick: »In unserer nächsten Erzählstunde wollen wir unsere Geschichten auf Video aufnehmen. Dann siehst du auch selbst einmal, wie gut dir das Erzählen schon gelingt und was du noch verbessern möchtest«

Die Kinder im Blick	Didaktische Grundsätze
Der Erzählerwerb ist mit etwa sechs Jahren abgeschlossen, wenn sie sprachlich unauffällig sind. Die Kinder beginnen ihren eigenen Stil zu entwickeln und Geschichten zunehmend mit Details zu verfeinern. Boueke (1995) teilt die Erzählfähigkeit der Kinder in vier Stufen ein: • *1. Stufe der isolierten Ereignisse*: Gesehene Bildabfolgen werden zum Beispiel unabhängig voneinander dargestellt, Zusammenhänge bleiben unklar, Zuhörende können den Inhalt nur nachvollziehen, wenn sie die Geschichte bereits kennen. • *2. Stufe der linearen Verknüpfung*: Die Reihenfolge der Geschichte wird linear wiedergegeben, jedoch bleiben Motive und Ursachen eher unklar und die Erzählung gleicht mehr einer Ablaufbeschreibung. • *3. Stufe der handlungslogisch strukturierten Texte*: Es werden nun einleitende Worte zu Personen gegeben, eine logische Struktur in der Erzählung ist erkennbar und es ergeben sich spannungsreichere Kontraste zwischen normalen und besonderen Vorkommnissen in der Geschichte. • *4. Stufe der narrativ markierten und strukturierten Texte*: Erzählcharakter ist ausgeprägter, und die Kinder versuchen das zu Erzählende für die Zuhörenden interessant zu gestalten.	Erzählen ist bestimmt von einer Gesprächsintention und vereinigt alle Momente und Prozesse, durch die eine Interaktion gekennzeichnet ist. Bestimmt werden die Sprechakte durch die Intention und die Erzählabsicht. In der Regel geht es im Unterricht um die Schulung unterhaltenden Erzählens. Dieses lässt sich abgrenzen von den Sprachhandlungen des Berichtens, Mitteilens, Schilderns, Beschreibens oder Nacherzählens. Das Schulen des Erzählens korrespondiert immer mit einer Schulung des »guten Zuhörenden«, weil mündliches Erzählen immer mit mindestens zwei Beteiligten am Erzählprozess gekoppelt ist. Mündliches Erzählen umfasst neben den inhaltlichen Informationen nicht nur die Aspekte verbaler Kommunikation und Intonation, sondern auch nonverbale Anteile bis hin zur Proxemik eines guten Erzählers. Diese flankieren das Erreichen der Erzählabsicht und eröffnen im Zusammenspiel mit dem Zuhörer eine Möglichkeit der Interaktion im Rahmen gegenseitigen permanenten Feedbacks. Kinder brauchen ein Geschichtengerüst, an dem sie sich zum Aufbau der Geschichten orientieren können. In der Regel geht es dabei um die folgenden Geschichtenbausteine: • Einleitung (Akteure, Ort, Zeit, Motive) • Ablaufende Handlung/Wendepunkt • Lösungsversuch • Folge/Konsequenz • (Vorläufiger) Abschluss Das entscheidende Kriterium für eine gute Geschichte ist dabei der Wirkungsaspekt: Was löst die Erzählung im Zuhörer (und im Erzähler) auf emotionaler Ebene aus und wie wurde es erreicht? Szenisches und darstellendes Spiel können das mündliche Erzählen unterstützen. Das Herstellen einer entspannten Atmosphäre für entspannte Erzählsituationen schafft für alle Beteiligten Sicherheit in der Übungsphase und Präsentation. Dazu gehört auch die räumliche Gestaltung. Ansprechende Erzählimpulse reizen zum Ausdenken oder Weiterführen von Erzählungen. Je intensiver dieser Eindruck des Erzählanreizes, desto ansprechender gelingt in der Regel das Ausdrucksverhaltens des Erzählenden. Im Rahmen gelungener Differenzierung benötigen Kinder Hilfen in der Wortschatzarbeit und Konzeption von Erzählungen. Das Erzählvorbild der Lehrkraft als »Role Model« ist eine wichtige Konstante zum Erwerb von Erzählfähigkeiten. Differenzierte und stärkenorientierte Rückmeldungen sind ein eigenes Lernfeld und müssen mit allen Kindern geschult werden, sodass gegenseitiges Wahrnehmen und In-Beziehung-Treten möglich ist. Die Erzählvorbereitung kann in Form von Verschriftlichungen, zum Beispiel in Stichworten am roten Faden, aber auch über Gegenstände und Symbole oder Symbolkarten, die in eine Reihenfolge gebracht werden, als zusätzliche Planungs-, Erinnerungs- und Gestaltungshilfe für die Erzählung zum Tragen kommen. Erzählen lernt man durch Erzählen – im Unterricht werden deshalb viele Möglichkeiten des Erzählens mit dem Partner oder in der Kleingruppe angeboten. Das Aufnehmen als Audiodatei oder auf Video ermöglicht es, dass der Erzähler selbst eine Klang- und/oder Sehprobe seiner Erzählung erhält. Die Fähigkeit des Erzählens hat ästhetisch bildende Prägung, da Kinder ihre Eindrücke durch Sprache und Gestaltung verarbeiten. Sie konstruieren im Erzählen ihre Welt. Deshalb sollten die Rahmenhandlungen und Erzählimpulse aus der Lebenswelt und ihrer Vorstellungskraft liegen.

Typische Handlungen für den Fachbereich	Für den Fachbereich charakteristisch
• (Selbstständig) einen Erzählplatz gestalten • Eine Erzählung mithilfe von Stichworten, Symbolen oder Gegenständen planen und erzählen • Die Gestaltungsmittel der Erzählung entsprechend der beabsichtigten Erzählwirkung wählen • Dem Erzähler als Zuhörer einer Erzählung (stärkenorientiert) kriterienorientiert Feedback geben • Die Ausdrucksmöglichkeiten verbaler und nonverbaler Stimme nutzen • Als Erzähler in der Erzählung eine Geschichtenstruktur mit Wendepunkt realisieren • Gemeinsame Rituale (Atemübungen, Stille-Übungen), die Kinder auf das Erzählen und das Zuhören einstimmen, werden eingeübt • Sprech-, Sprach- und Stimmbildungsübungen zur (ritualisierten) Vorbereitung einer ausdrucksstarken Erzählung (z.B. Ausrufen, Bewegen im Raum, mit Schüttelreimen) • Entwickeln einer passenden Zuhör-Haltung, die sich in Aufmerksamkeit, Anteilnahme und Körpersprache ausdrückt	• Beim Erzählen geht es eher als beim dialogischen Sprechen um eine zusammenhängende sprachliche Ausführung des Erzählenden • Anders als beim Wechselspiel des dialogischen Gesprächs ist der Erzähler mit einem dominanten Redeanteil in einer »Machtposition«, das von seiner Erzählung als hörenswert Erwartete mit seinen Gestaltungsmitteln zur »Unterhaltung« der Zuhörer darzubieten • Die Kinder genießen es, Geschichten zu erfinden und in Resonanz zu den Zuhörern eine direkte Rückmeldung zu dem Erzählten zu erhalten • Dabei leistet dieser Fachbereich einen wesentlichen Beitrag zur Identitätsbildung eines jeden Kindes und unterstützt das (unterhaltsame) Miteinander in der Klassengemeinschaft • Oft wird das mündliche Erzählen als Vorbereitung zum schriftlichen Erzählen gesehen, eine Verwandtschaft ist nicht abzustreiten, die Anforderungen im jeweilig spezifisch mündlichen oder schriftlichen Bereich ist aber doch erheblich, sodass nicht zwangsläufig ein guter Erzähler auch ein guter Schreiber von Erzählun gen ist

Tipp

- Echte Erzählanreize schaffen, die die Kinder in ihrer Lebens- und/oder Fantasiewelt ansprechen.
- Die Lehrkraft als Erzählvorbild tritt zu Beginn von Sequenzen immer wieder als »Role Model« bewusst in den Blickpunkt.
- Video- und Audioaufnahmen motivieren zu besonders guten Leistungen und bedingen eine hohe Progression in der Erzählfähigkeit, wenn die Erzählenden kriterienorientiertes Feedback zu Stärken und Optimierungsfeldern erhalten.
- *Reflexionskriterien*: Inhalt, Vortrag und individuelle emotionale Wirkung.
  Zur emotionalen Wirkung einen Gefühlswortschatz auf Wortkarten anbieten, um eine differenziertere Rückmeldung zu erleichtern. Dazu Satzmuster vorgeben:
  1. »An deiner Geschichte hat mir gut gefallen ...«
  2. »Mein Tipp für dich ...«
  3. »Insgesamt ist es dir schon gut gelungen ...«
- Sehr gute Kinder können beim Feedbackgeben ihre jeweiligen Eindrücke mit einem Beispiel belegen.
- Die Zuhörer zeigen aktiv mit ihrem Verhalten, dass sie bereit sind zum Zuhören. Der Erzähler beginnt erst zu erzählen, wenn alle ihre (Sitz-)Position eingenommen haben, leise sind und ihn ansehen.
- Der Einsatz digitaler Medien lässt es zu, Hör- und Sehproben des Erzählenden zu reflektieren.
- Der Ausblick, eine Klassen-CD oder DVD mit den Lieblingserzählungen zu erstellen, schafft eine hohe Motivation bei den Kindern, sich zielorientiert an »gutes Erzählen« anzunähern.
- Korrektives Feedback verwenden, wobei das Erzählte des Kindes aufgegriffen und sinngemäß wiederholt sowie ggf. auf eine »gute Erzählung« hin modelliert wird.
- Die Einrichtung eines Erzählplatzes mit oder durch die Kinder, zum Beispiel mit einem besonderen Stuhl, einer Lampe, einem Erzählumhang, einem Teppich, einem Erzählschal usw., schafft eine besondere Atmosphäre für die Zuhörer und den Erzähler.

Verstehendes Zuhören

Möglicher Lehrweg	Aufmerksamkeitsrichtungen	Beispiel Lösung eines Kriminalfalls
Hinführung Darstellen der Ausgangssituation Vermutungen	• Kindgerechte Ausgangssituation gestalten (z. B. durch ein Geräuscherätsel, gekoppelt mit einem nachfolgenden Bildimpuls) • Motivationale Grundhaltung schaffen • Eine Hörerwartung aufbauen, Vorwissen aktivieren, Antizipationen zum Handlungsverlauf sammeln und ggf. notieren	• Geräusche-Beispiel (Regen, Schritte, Scheibenklirren, Wühlen in einer Schublade, Uhrenticken) • Kinder äußern Vermutungen zur Geräusche-Reihenfolge • Präsentation einer Einbruchsituation • Zweites Abspielen des Geräusche-Beispiels mit dem Bild der Einbruchsituation • Zweite Vermutungsphase in Zusammenhang mit dem Bildimpuls
Zielangabe	• Fokussierung auf den Stundenschwerpunkt • Kindgerechte Formulierung	Impuls: »Wir lösen den Einbruchsfall durch genaues Zuhören«
Hörphase Hörgeschichte Teil 1: Aktivierung von Zuhörstrategien Naives Hören Genaues Hören Hörgeschichte Teil 2	• Hinweis auf bekannte Zuhörtricks (z. B. Erinnerung an eine gute Zuhörhaltung, Einstellen auf eine Vielfalt von (Stör-)Geräuschen, Stichworte notieren, um sich den Inhalt besser merken zu können ...) • Einen Globaleindruck vom Inhalt verschaffen (globale Kohärenz) • Gezieltes Hören mit Aktivierungsaufträgen • Auswahl und Organisation gehörter Informationen (z. B. durch Notizen, Verbinden von Bildern, Aktionen bildgestützt in eine Reihenfolge bringen, passende Strukturhilfen nutzen) • Arbeitsteilige Arbeit	• Darbieten der Rahmenhandlung (z. B. durch Vorlesen) *Erschließungsfragen*: • Wer? • Was? • Wann? • Wo? • Warum? • Korrespondierende Tafelbildentwicklung (z. B. mit Bildern, Lupen) • Arbeitsteilig oder als Hörstationen hören die Kinder zum Beispiel Zeugenaussagen und verarbeiten die gehörten Informationen (z. B. durch Erschließungsfragen und Notizen)
Zusammenführung	• Ergebnisse und Inhalte zusammenfassen, visualisieren, nacherleben und nacherzählen • Gezielt Nachfragen stellen	• Ermittlergruppen stellen ihre Erkenntnisse vor • Zuordnungsaufgaben zur Aktivierung für die Zuhörer im Plenum, ggf. Ergänzen fehlender Informationen → Erweiterung des Tafelbilds • Begründete Vermutungen zum Täter • Auflösung des Falles
Reflexion	• Inhaltliche Erkenntnisse hervorheben • Zuhörstrategien auf Effektivität prüfen • Auswahl von Hörstrategien für das Verstehen des Inhaltes begründen • Tipps und Tricks zum gelungenen Zuhören bezogen auf den Stundeninhalt sammeln	Mögliche Reflexionsimpulse: • »Der spannendste Moment im Kriminalfall ...« • »Das hat mir beim Lösen des Falles am meisten geholfen ...« • »Die wichtigste Information zum Lösen des Falles ...« • »Einen Kriminalpolizisten möchte ich einmal fragen ...«
Abschluss	• Würdigung des Geleisteten • Wünsche sammeln für eine weitere Zuhörunterrichtseinheit	• Detektivpass • Selbst einen Fall als Hörgeschichte entwerfen und aufbereiten

Die Kinder im Blick	Didaktische Grundsätze
Die Fähigkeiten zum verstehenden Zuhören sind bei Schuleintritt sehr heterogen. Kinder mit Migrationshintergrund oder Kinder aus bildungsfernen Haushalten sind mitunter sehr unterschiedlich sprachlich und bildungssprachlich geprägt. Die Fähigkeiten zur alltagssprachlichen Verständigung und Kommunikation sind aber in der Regel gut ausgeprägt. Gefordert sind die Kinder in ihrer Konzentrationsfähigkeit und der Selektion von Wichtigem und Unwichtigem. Die Fähigkeiten zum guten und verstehenden Zuhören entwickeln sich nicht von selbst weiter und bedürfen der Anregung aus dem Unterrichtsgeschehen im Zusammenspiel zwischen Anforderung und struktureller Unterstützung sowie Strategieorientierung. Die Zuhörkompetenz ist eine »Vorläuferkompetenz« zur weiteren Sprachentwicklung. Altersbedingte Besonderheiten von Grundschulkindern liegen im Bereich der nonverbalen Kommunikation. Divergente Signale sind von Grundschülern schwer dekodierbar. Dies wird beim Zuhören relevant, wenn zum Hörbeispiel Bilder gezeigt werden, die nicht stimmig sind oder ironische Bemerkungen im Text mit anderer Stimmlage entschlüsselt werden müssen. Ironie wird oft nicht als solche von Grundschulkindern erkannt. Bei der Entschlüsselung von Informationen gibt die Deutung der Kinder von Körpersprache mehr Gewicht als von dem gesprochenen Wort.	Zuhören ist die rezeptive Seite des mündlichen Sprachgebrauchs. Die dazu komplementäre produktive Seite im Mündlichen ist das Sprechen. Daher werden Sprechen und Zuhören im Unterricht aufeinander bezogen, indem zum Beispiel an das Zuhören Aktivitäten zum Sprechen gekoppelt werden. Die beim Zuhören erfassten Informationen, der Wortschatz und die Satzstrukturen finden Anwendung in der Sprachhandlung, indem sie auf eigene Sprechhandlungen übertragen werden. Gleichsam folgt diese Form des Miteinanders dem allgemeinpädagogischen Prinzip »Auf Eindruck folgt Ausdruck«. Zuhörerschulung erfolgt nicht nur im Bereich des »Verstehenden Zuhörens« von Hörbeispielen, sondern auch in der Zuhörerschulung eines »guten Zuhörers« im Gespräch und sozialen Miteinander. Die Fähigkeit, zu Nicht-Verstandenem Fragen zu stellen und dies als nichtverstanden zu erfassen, ist eine eigene Kompetenz, die den Kindern eröffnet werden muss. Gehörtes muss oft in sehr rascher Folge aufgenommen und verarbeitet und von Unwichtigem an Informationen oder auch Störgeräuschen filtriert werden. Dazu müssen die Kinder ihre Aufmerksamkeit intentional auf Äußerungen richten können, um Kerninformationen zu erfassen. Ein Kind, das Fragen stellt, macht transparent, was es schon oder noch nicht ganz erfasst hat. Eine Atmosphäre der Wertschätzung, des sozialen Miteinanders sowie des gegenseitigen Respekts kennzeichnet eine Gesprächskultur und ist bedeutend flankierende Maßnahme zum zuhörfreundlichen Unterrichten und Lernen. Verstehendes Zuhören wird strategieorientiert begleitet. Dazu gehören, in Verwandtschaft zu den Lesestrategien, Strategien vor dem Hören (z. B. Organisation des Hörens wie Sitzhaltung, Arbeitsmaterialien zurechtlegen, Fokussierung auf die Schallquelle, aber auch Vermutungen anstellen und Vorwissen aktivieren). Zuhörstrategien während des Zuhörens sind zum Beispiel (gezielte) Notizen zum Höreindruck machen, den Höreindruck strukturieren und elaboriert verarbeiten, aber auch ggf. Fragen zum (Nicht-)Verstehen zu stellen und falls möglich eine Schallquelle wiederholt anhören. Zu Strategien nach dem Zuhören gehört beispielsweise das Reflektieren und Werten des Inhaltlichen, das Verifizieren und Falsifizieren von anfangs getätigten Vermutungen usw. Hörbeispiele werden, wenn möglich, mehrfach angehört, um gezieltes Hörverstehen zu unterstützen. Im ersten Anhören geht es um das Verschaffen eines globalen Höreindrucks und dem allgemeinen Erfassen der Grundidee der Informationen. Im zweiten Durchgang ist es möglich, gezielt und selektiv Informationen zu bestimmten Fragehaltungen oder Impulsen zu ermöglichen. Beim dritten Hören können weiterführende Gedanken gesammelt werden, zum Beispiel: »Was möchte der Autor des Hörbeispiels beim Hörer erreichen? Wie versucht er das zu erreichen? Sind die Stimmen passend gewählt?« Vor dem Hören muss gewährleistet sein, dass die Kinder wesentliche Teile des bedeutungstragenden Wortschatzes und die Thematik kennen. Dies gilt auch beim Verständnis von Höraufträgen. Die schriftliche Fixierung von Begriffen und/oder Bildern sind unterstützende Sprachhilfen zur Strukturierung während des Hörens. Zeitlich lang andauernde thematisch komplexe Hörbeispiele werden in sinnhafte Einzelabschnitte zerlegt und inhaltlich aufgearbeitet, um zu gewährleisten, dass möglichst viele Kinder das Hörbeispiel inhaltlich und formal erschließen können. Jede Unterrichtsstunde zum Zuhören beginnt mit einem Geräusche-Training mit und ohne Wortbegleitung. Dies stärkt die Wahrnehmung und fördert begleitend in kreativer Form eine Vielfalt von Sinngebungsmöglichkeiten im Deutungsprozess des Gehörten. Im Anschluss an Höraufgaben bietet der Unterricht die Möglichkeit der Ko-Konstruktion und sinngebender Kooperation zum kommunikativen Austausch. Die Hörbeispiele werden nicht nur inhaltlich und formal erschlossen. Weiterführendes Reflektieren und Philosophieren von Kerngedanken des Hörbeispiels sind im Ansatz auch mit Grundschulkindern möglich.

Typische Handlungen für den Fachbereich	Für den Fachbereich charakteristisch
• Zuhörtricks formulieren und anwenden (z. B. eine Haltung einnehmen, in der gut zugehört werden kann, Stichworte notieren, um sich Inhalte besser merken zu können ...) • Vorwissen zu Höreindrücken aktivieren • Sich auf Geräusche oder Gesprochenes konzentrieren und dabei Störgeräusche ausblenden, Einzelinformationen beim Zuhören identifizieren • Vermutungen zum Inhalt einer Geschichte äußern • Den Inhalt einer Geschichte erfassen und zum Beispiel mit W-Fragen beantworten • Sich Gehörtes merken und es danach in eigenen Worten wiedergeben • Gehörte Informationen organisieren (z. B. Strukturhilfen nutzen und Notizen machen und memorieren) • Fragen finden oder vorgegebene Fragen zu einem Hörbeispiel stellen und beantworten • Aus dem Zuhörauftrag heraus wichtige Informationen aus einem Hörtext entnehmen (und in Stichworten notieren) • Zuhörfragen durch Wiedererkennen von Informationen oder durch eigene Notizen beantworten • Gehörte Informationen ordnen oder zum Beispiel zeichnerisch umsetzen • Den anderen Kindern gut zuhören • Gesprächsregeln beachten • Gesprächsbereitschaft signalisieren • Fragen stellen, wenn etwas nicht verstanden wurde • Schlussfolgernd denken (z. B. durch genaues Zuhören und dem Vergleich von Informationen) • Hörstrategien reflektieren in Bezug auf Effektivität und Inhaltserfassung, Notizqualität, Konzentration, Aufnahmebereitschaft • Unterscheiden zwischen eigenen Schlussfolgerungen und reiner Textgrundlage • Weitere Informationsquellen nutzen • Zuhörbereitschaft zeigen und Aufmerksamkeit ausrichten • Gehörte Informationen auswählen, verarbeiten und für sich und andere organisieren und darstellen	Die mündliche Verständigung ist ein zentrales Mittel für individuellen Kompetenzerwerb und Teilhabe an Leben und Gesellschaft. Im Rahmen der Erweiterung der Sprachhandlungskompetenz erwerben die Kinder zunehmend differenzierte Möglichkeiten auf der verbalen und der nonverbalen Ebene. Dazu gehört unter anderem das verstehende Zuhören sowie strategiegestütztes Zuhören zum besseren Aufnehmen, Verarbeiten, Sinngeben und Wiedergeben von Gehörtem. Zusätzlich geht es um den Erwerb von Fach- und Bildungssprache sowie deren sach- und situationsangemessenen Einsatz unter Beachtung von Gesprächsregeln. Das Reflektieren über individuelle und gemeinsame Lernprozesse nimmt einen bedeutsamen Raum in allen Fächern der Grundschule ein und ist in diesem Fachbereich mit verankert. Beim Erzählen und beim szenischen Spielen erproben die Kinder unterschiedlichste Ausdrucks- und Darstellungsmöglichkeiten.

Tipp

- Kindgerechte Hörbeispiele finden sich oft in den Mediatheken der Rundfunksender.
- Auch das Vorlesen von Texten durch die Lehrkraft ist eine Möglichkeit, ein Hörbeispiel zu inszenieren.
- Die Schüler lernen, sich durch Sprechen und Hören, Fragen und Antworten einander zuzuwenden, einfache Gesprächsregeln aufzustellen und zu beachten. Im Montagmorgenkreis nehmen die Kinder zum Beispiel an dem Erzählten anderer Kinder Anteil durch Erkundigungen, Bestätigungen, Rückfragen und beziehen sich auf das vom Vorredner Gesagte in eigenen Beiträgen.
- Die Sitzordnung beeinflusst zielgerichtetes Zuhören.
- Bauliche Schallschutzmaßnahmen sind eine Erleichterung für jeglichen Unterricht.
- Gezieltes Üben von zielorientiertem Zuhören wird immer wieder in kleinen Einheiten auch als Rhythmisierung des Unterrichts in den Alltag mit eingebaut. Dazu gehören zum Beispiel Geräusche-Rätsel, Stilleübungen, Vorlesezeiten ...
- Als Aktivierung während des Hörens eignen sich das Notieren von Namen, Orten, bedeutenden Handlungsträgern sowie Multiple-Choice-Aufgaben oder das Sortieren von Bildern. Werden Stich- und Schlüsselwörter eingeführt, kann diese Fähigkeit fachbereichsübergreifend auch im Bereich Lesen und Memorieren von Informationen genutzt werden.

Mit Kindern über das Lernen sprechen

Sich bewusst zu machen, was man sich warum und wie als Erkenntnis »konstruiert« hat, ist Reflexion. Reflexion anzubahnen und mit Kindern im pädagogischen Bezug über Lernen zu sprechen ist unter anderem diagnostische, beratende, informative, manchmal lustige und manchmal traurige, beziehungsstiftende, unterrichts- und schulentwicklungstechnische Aufgabe. Sie ist Voraussetzung für den Transfer dieser Erkenntnisse in andere Situationen des Schul- und Lernalltags zur motivierten Weiterentwicklung und Optimierung des jeweilig individuellen Lernvorgangs des Kindes.

Kinder benötigen dazu einen besonderen Rahmen und Struktur, um sich diesem vor allem metakognitiven Prozessen bewältigungsorientiert noch besser stellen zu können. Wichtig ist uns dabei, dass die Prozesse mit den Kindern für alle Beteiligten als etwas Stärkenorientiertes, Spannendes, Anregendes, Lösungsorientiertes und Nutzenbringendes im (auch inneren) Dialog zu erleben.

In der Reflexion des eigenen Lernens werden besonders die den Lernerfolg unterstützenden subjektiv bedeutsamen metakognitiven Kompetenzen gestärkt. Je besser man »sich selbst als Lerner« kennt, umso eher gelingt es einem, den eigenen Lernprozess zu planen, zu regulieren und letztendlich auch zu optimieren, indem man beispielsweise überprüft, wie gut man Inhalte tatsächlich verstanden hat und wie man zur Aneignung vorgegangen ist. Es ist wichtig, den Zusammenhang von Aufgabenanforderungen, eigener Anstrengung, dem Einsatz von Lernstrategien und dem Lernerfolg zu verstehen. Dabei geht es zum einen darum, Wissen zu verfestigen und zum anderen aber auch darum, Verstehens-Beschönigungen aufzudecken oder präventiv zu vermeiden. Es erfolgt im Idealfall eine Verbindung zwischen dem objektiven Anspruch der fachlichen oder anders gearteten Anforderungen und der Art der Aneignung und bleibt nicht auf dem Reflexionsniveau »Hat Spaß gemacht!« oder »War schön!« stehen.

Alle Kinder erwerben unter anderem durch die Reflexion:

- *Deklarative Kompetenzen* (Wissen, Können, Wollen und Handeln im sozialen Austausch – »*was* ...«): Eine passende Lernumgebung und differenzierende Materialien, die geeignet sind, sich deklaratives Wissen zu erarbeiten, unterstützen den Prozess
- *Prozedurale Kompetenzen* (Wissen, Können, Wollen und Handeln im sozialen Austausch – »*wie* ...«): Gezieltes Automatisieren von Fähigkeiten und Fertigkeiten gibt den Kindern Handlungssicherheit, zum Beispiel im Anwenden von Strategien
- *Konditionale Kompetenzen* (Wissen, Können, Wollen und Handeln im sozialen Austausch – »*wann* ...«): Eigenständiges Anwenden zum Beispiel bei Aufgaben auf verschiedenen Kompetenzniveaus, bei deren Bearbeitung die Kinder selbst entscheiden müssen, welche Strategie sie nutzen wollen

Die Verbalisierungskompetenz entwickelt sich vielfach erst ganz allmählich und bedarf neben ausreichender Übungsangebote der ermunternden Unterstützung durch die Lehrkraft.

Als besonders lernförderlich erweist sich die kompetenzorientierte Würdigung der verschiedenen Lösungsansätze im Unterricht. Der Lehrplan der jeweiligen Schulart und Klassenstufe bildet die Grundlage und fachliche Reflexionsbasis der jeweilig erbrachten Kompetenzen.

Der didaktische Ort, mit Kindern über das Lernen zu sprechen, ist vielfältig. Im falsch verstandenen Sinne ist die Reflexionsphase ans Ende der Stunde schnell noch »hintendran geklatscht« mit den Impulsen »Heute habe ich gelernt …« und »Spaß gemacht hat mir …«

Der passende didaktische Ort kann *in jeder Phase des Unterrichts* möglich sein, und zwar immer dann, wenn Kinder auf eine Metaebene gehen und zum einen strategieorientiert diskutieren und/oder in einzelnen Unterrichtsphasen den Sinn des Unterrichtsabschnittes erfassen. Zum Beispiel kann es auch Grundschulkindern einsichtig sein, dass Vorwissen zu einem Bild zu aktivieren dabei hilft, ein Begriffsnetz an Assoziationen im Kopf zu spinnen, was sich dann im Verstehensprozess des Unterrichtsinhalts positiv niederschlägt.

Dazu benötigen die Kinder passendes Wortmaterial, und zwar nicht nur in den Fachbegriffen im Unterrichtsfach Mathematik, sondern in allen anderen Fächern muss zum gehaltvollen Sprechen über Lernen Begriffsarbeit und Aufgabenverständnis grundgelegt sein.

Für alle Reflexionsprozesse sollte allen Beteiligten klar sein:
- Welche Kriterien bestimmen die Reflexion? Geht es um die Lösung einer Aufgabe und Strategien dazu, um die Atmosphäre, um den Gruppenprozess, das erworbene Wissen oder die erworbenen Fähigkeiten?
- Welche Ziele werden mit dem Reflexionsprozess verfolgt? Zum Beispiel kann es um ein Stimmungsbild der Gruppe gehen oder mögliche Strategien zur Problemlösung, Tipps und Tricks zum gelungenen Arbeiten
- Welche Lernprozesse und/oder Lernergebnisse werden in den Fokus genommen?
- Welche Konsequenzen ergeben sich aus der Reflexion?

Kinder sprechen dann in qualitativ hohem Maße über ihr Lernen, wenn sie …
- und alle an der Reflexion Beteiligten respektvoll und wertschätzend miteinander umgehen,
- sich auch gegenseitig Rückmeldung geben und die Feedbackgeber auch offen sind, wenn sie selbst Rückmeldung bekommen,
- ihren Eindruck mit einem konkreten Beispiel belegen können,
- ein Gefühl dazu beschreiben,
- einen Tipp zur Weiterarbeit geben können,
- gegebenenfalls nachfragen,
- sich für gegebenes Feedback bedanken,
- darauf abzielen, dass sich der Feedbacknehmer verbessern kann oder ein sehr hohes Maß an individueller Leistung beibehält.

Besonders effektvoll und lern- sowie motivational wirksam wird Rückmeldung, wenn sie …
- flexibel auf das einzelne Kind eingeht,
- und die Lehrkraft die Sachstruktur des Lerninhalts und Persönlichkeitsstruktur des Kindes erfasst hat,
- stärkenorientiert Leistungsprozess und -produkt würdigt,
- Möglichkeiten zur konstruktiven Weiterarbeit eröffnet,
- Kinder ernst nimmt und man die Möglichkeit zum dialogischen Gespräch eröffnet.

Ziel: Welche grundlegende Absicht verfolgt die Reflexion?

→ Ein Blick in den Lehrplan der Jahrgangsstufe gibt oft die entscheidende fachliche kompetenzorientierte Blickrichtung vor.

Inhaltsbereich: Was ist der Gegenstandsbereich, der betrachtet werden soll? Inhaltsbezogene und/oder prozessbezogene Kompetenzen? Verwendete Primär-/Sekundärstrategien, fachgemäße Arbeitsweisen, Prozesse der Metaebene? Emotionen, Zutrauen, selbstverantwortetes Lernen, Zielauswahl und -perspektive, Selbsteinschätzung, zur Aufgabe selbst? Lernprodukt oder Lernprozess oder beides im Fokus? Dazu ist es des Weiteren notwendig, den jeweiligen Entwicklungsstand des Kindes im Blick zu behalten.

→ Mehr als drei Aspekte lassen sich in einer Plenumsrunde schwierig gehaltvoll besprechen. Setzen Sie Prioritäten.

Kriterien: Wie lauten die Reflexionskriterien, die den Reflexionsinhalt spezifizieren?

→ Sind die Kriterien vor Arbeitsbeginn der Kinder bereits bekannt, können die Kinder sie schon während der Erarbeitung begleitend wahrnehmen und damit den Gehalt der Reflexion steigern.

Beteiligte: Wer und wie viele sind am Reflexionsprozess beteiligt? Wer ist Feedbackgeber, wer ist Feedbacknehmer?

→ Feedback so zu formulieren, dass es der andere annehmen kann, bedarf einiger Übung. Satzanfänge helfen beim Strukturverlauf (»Mir hat gut gefallen …« oder »Mein Tipp für dich ist …«).

Ausdehnung: Wie viele Reflexionsblickrichtungen sollen gleichzeitig betrachtet werden und in welcher Tiefe wird jede Reflexionsblickrichtung verfolgt?

→ Es hat sich bewährt, bei Gesprächen im Plenum nicht mehr als drei Reflexionsblickrichtungen gleichzeitig zu besprechen. Im Einzelgespräch kann dies je nach individueller Leistungsfähigkeit nach oben oder unten variieren. Dies gilt ebenso für die Reflexionstiefe und -qualität. Satzanfänge und Veranschaulichungen des Lerngegenstandes können leistungsschwächeren Kindern zusätzliche Versprachlichungs-Anreize bieten.

Zeit: In welchem Zeitraum und in welcher Zeitspanne sowie in welchen Zeitabständen soll reflektiert werden?

→ Je unmittelbarer die Reflexion an den Erarbeitungsprozess rückt, desto sinnlicher sind die Eindrücke und Lernspuren für jedes Kind noch greifbar und die Rückmeldung wird noch bedeutsamer. Häufigeres regelmäßiges Reflektieren kann einen länger andauernden Lernprozess zusätzlich stützen.

Reflexionsmethode: Welche Methode erlaubt es, sich dem gesetzten Reflexionsziel am besten anzunähern?

→ Die Methode sollte dem Können der jeweiligen Jahrgangsstufe angepasst sein. Drei Chaos-Erfahrungen beim Einführen einer neuen Methode sind ganz normal.

Form: Soll die Reflexion mündlich und/oder schriftlich durchgeführt werden? Anonymisiert oder personalisiert? Auch eine grafische Darstellung, zum Beispiel das Einordnen an einer Skala ist eine Möglichkeit zur Selbsteinschätzung, kann als Gesprächsanreiz dienen.

→ Ein kurzes Verschriftlichen von Eindrücken hilft Grundschulkindern, das Gewesene bei sich zu behalten. Das Dann-darüber-Sprechen erlaubt ein dialogisches Miteinander, indem man sich noch besser verstehen kann und Missverständnisse geklärt werden können.

Bezugsnorm: Rückmeldungen können nach unterschiedlichen Bezugsnormen gegeben werden, der individuellen, der sozialen und der kriterialen Bezugsnorm. Bei der individuellen Bezugsnorm wird der Lernfortschritt des Einzelnen bewertet. Der Vergleichsmaßstab ist die vorherige individuelle Leistung. Die Rückmeldung lautet dann »auf gleichem Niveau«, »verbessert« oder »verschlechtert«. Die individuelle Bezugsnorm basiert auf der kriterialen Bezugsnorm, denn ohne diese wäre ein Fortschritt nicht feststellbar. Der kriterialen Bezugsnorm liegen vorab festgelegte Anforderungen zugrunde, an denen der individuelle Lernprozess betrachtet wird. Die Rückmeldung lautet »erreicht« oder »nicht erreicht«. Bei der sozialen Bezugsnorm wird die Leistung eines Einzelnen mit den Leistungen einer Bezugsgruppe verglichen. Die Rückmeldung lautet »unterdurchschnittlich«, »durchschnittlich« oder »überdurchschnittlich«.

→ Den stärksten motivationalen Effekt hat die individuelle Bezugsnorm. Sie setzt die Erfassung des jeweiligen Lernstandes voraus. Das Vergleichen der Schüler untereinander und gegeneinander mit der sozialen Bezugsnorm unterstützt ein Klima des Gegeneinanders sowie gruppendynamische Prozesse durch Etikettierung und Stigmatisierung.

Bewertung: Das stärkenorientierte Rückmelden mit konstruktiven Hinweisen zur Weiterarbeit stellt das »Gelungene« heraus. Tipps zum Verbessern oder Berichtigen werden dabei nicht ausgespart. Entscheidend ist die Grundhaltung der Rückmeldenden – gleichgültig ob Lehrkraft oder Kinder –, die die Rückmeldekriterien berücksichtigen und beschreiben, wie das Lernergebnis und/oder der Lernprozess – und sei es auch nur in ersten kleinen Schritten die individuelle Bezugsnorm berücksichtigend – gelungen war.

→ Im Idealfall äußern sich die Rückmeldenden wertschätzend und können ihren Eindruck mit einem Beispiel belegen. Hierfür können nummerierte Satzmuster verwendet werden, zum Beispiel:

1. *Stärkeorientierung*: »Mir hat gut gefallen ...« bzw. »Dir ist gut gelungen, weil ...«
2. *Konstruktive Weiterarbeit*: »Mein Tipp für Dich ...«
3. *Indirekte Bezugsnorm*: »Insgesamt bist du für dich auf einem guten Weg, weil ...«

Durchführung: Wie gestaltet sich der Ablauf der Reflexion?

→ Eine Visualisierung des Ablaufes durch Stichpunkte und/oder Symbole erleichtert die Orientierung für alle Beteiligten und kann helfen, sich nicht in Nebensächlichkeiten zu verlieren. Gerade anderssprachigen Kindern mit Deutsch als Zweitsprache erleichtert die Ausrichtung nach Symbolen das Sinnverständnis für die grundlegende Besprechungsabsicht. Für alle Kinder ist zudem ein zugrundeliegender Reflexionsfachwortschatz je nach Themengebiet explizit, ggf. auch als Wort- bzw. Bildkarten, zur Erinnerung vorzuentlasten.

Transfer: Der Transfer ist die Umsetzung der gewonnenen Erkenntnisse in die Praxis. Vereinbarungen sind dazu eine Möglichkeit.

→ Das Herausstellen des Nutzens des zukünftigen Verhaltens erhöht die Umsetzungswahrscheinlichkeit und intrinsische Motivation des Kindes zur Weiterarbeit.

Evaluation: Wie wird überprüft, ob die Vereinbarungen der Reflexion wirksam Früchte tragen und eingehalten wurden?

→ Den individuellen Fortschritt im Auge behalten und positive Verstärkungen einsetzen, wenn die Vereinbarungen besonders wirksam umgesetzt wurden. So entsteht ein Gefühl, dass Rückmeldungen und Vereinbarungen Wirkung zeigen (vgl. Köhler/Weiß 2017).

Lesefertigkeit

Möglicher Lehrweg	Aufmerksamkeitsrichtungen	Beispiel
Einstieg	• Emotionale Grundlage schaffen • Anknüpfen an mögliches Vorwissen zum Inhalt des zu übenden Text(abschnitt)es • Anknüpfen an fachspezifischen Wortspeicher zur Lesefertigkeit	• Bildimpuls (z.B. Abbildungen der »Schneeseekleerehfee« aus dem Pixibuch 874 »Am Schneesee« von Franz Fühmann) • Die Kinder äußern sich frei und geben den Inhalt der Geschichte wieder • Lehrkraft ergänzt Wortkarte (»Schneeseekleerehfee«) • Impuls: »Die Geschichte fiel dir nicht leicht zu lesen« (»Wegen der vielen und langen zusammengesetzten Wörter und den Signalgruppen ee/eh und ck/x im Wort«)
Zielangabe	• Zielangabe spezifisch auf den Inhalt und Fachbereich der Lesefertigkeit abstimmen • Mit den Kindern entwickeln	• Lehrkraft legt Folie auf, mit Zielangabe: »Schneeseekleerehfeelesen« als Pingponglesen • Lehrkraft notiert: »Wir üben den Text ›Am Schneesee‹ von Franz Fühmann sicherer, schneller und genauer zu lesen«
Übungsphase im Plenum	• Gemeinsames Üben und Arbeit am spezifischen Wortspeicher der Lesefertigkeit	*Visuelle Wahrnehmungsübung* • Lehrkraft hängt zweites Bild an die Tafel • Impuls: »Das ist die Schwester von unserer Schneeseekleerehfee: die Schnaasookluurohfii« *Wortkarte* • Die Schüler erkennen, benennen und markieren die Unterschiede *Buchstabenebene* • Impuls: »Die beiden haben noch mehr Schwestern. Lies erst leise für dich und lies sie dann deinem Partner vor. Wechselt euch ab« *Wortebene: Blitzlesen* • Lehrkraft zeigt kurz einzelne ausgewählte Wörter der Textvorlage auf Wortkarten. Die Kinder lesen und benennen das jeweilige Wort • Diese Phase abschließend wird die Besonderheit dieser Wörter reflektiert (Wörter mit ee/eh, ck/x)
Überleitung zur individuellen Übungsphase	• Individuelles Üben auf den unterschiedlichen Ebenen der Lesefertigkeit	Impuls: »Unser Ziel ist es, den Text flüssig und genau zu lesen. Jeder übt an seinem Übungsschwerpunkt. Dazu erhältst du einen Laufzettel, auf dem Übungen stehen, die du zuerst machst. Wenn du damit fertig bist, darfst du dir weitere Übungen aussuchen, die dir helfen, den Text später flüssig und genau zu lesen. Überlege dir vorher, welche Übung dir weiterhilft« • Kinder arbeiten an individuellen Übungsschwerpunkten

Möglicher Lehrweg	Aufmerksamkeitsrichtungen	Beispiel
Reflexion	• Exemplarische Reflexion über den Schwierigkeitsgrad der Übungen erweitert mit fachlicher Reflexion	• »Diese Übung hat mir heute geholfen ...« (Verwenden des spezifischen Wortspeichers der Lesefertigkeit) • »Du hast dir weitere Übungen gewählt. Begründe!« • Gegebenenfalls Ergänzen einer neuen Übungsform auf einer der Ebenen der Lesefertigkeit. Beurteilung nach Anforderung und Einordnung der Übung auf die passende Ebene der Lesefertigkeit
Abschluss	• Überprüfen des individuellen Lernfortschritts • Stärkenorientierte Rückmeldung	• Kinder lesen abschnittsweise den Text »Die Schneeseekleerehfee« nach Franz Führmann nochmals laut vor. Damit wird die Steigerung der Lesefertigkeit an diesem Text überprüft • Die anderen Kinder geben eine stärkenorientierte Rückmeldung

Die Kinder im Blick	Didaktische Grundsätze
Der Prozess des Lesen-Lernens folgt in der Regel einer Abfolge von Stufen. Die Kenntnis dieser Stufen hilft der Lehrkraft, Kindern passendes Differenzierungsmaterial zum Fördern und Fordern anzubieten. • *1. Stufe*: Bilder(bücher) betrachten, »lesen und deuten«, Unterschiede in Abbildungen finden und voneinander abgrenzen können. • *2. Stufe*: Graphem-Phonem- und Phonem-Graphem-Beziehungen herstellen können, Dekodieren, Rekodieren. • *3. Stufe*: Erfassen und Entschlüsseln von zunächst Silben, Wörtern und Wortgruppierungen unter starkem Einbezug des Kontextes (und möglichen Abbildungen). • *4. Stufe*: Ganze Sätze erfassen und entschlüsseln sowie in ihrer Struktur erfassen können. • *5. Stufe*: Kontinuierliche, lineare Texte (z. B. Sachtexte und literarische Texte) sowie diskontinuierliche lineare Texte (z. B. Diagramme, Tabellen, Wörternetze) entschlüsseln, verstehen und beurteilen können.	Eine individuelle Lernstandserfassung zur Lesefertigkeit ist für das individuell abgestimmte Üben auf dem passenden Niveau jedes Kindes sinnvoll. Dazu erhebt die Lehrkraft das qualitative und das quantitative Leseniveau des Kindes. Üben der Lesefertigkeit ist immer mit Sinnentnahme des Inhalts verbunden. Sinnleeres Üben an Fantasiewörtern entspricht nicht den aktuellen Anforderungen der Didaktik der Lesefertigkeit. Aufbau eines Wortspeichers der Lesefertigkeit kann ausgehend von einem Brainstorming »Was braucht man zum Lesen?« mit möglichen Schüleräußerungen (»Augen, Buchstaben, Wörter, Sätze, Geschichten, Licht, Gehirn, Zeilen, Konzentration, Stift, Vorstellung ...«) weitergeführt werden. Zielstellung der Lesefertigkeit ist das sichere (Automatisierung der Dekodierprozesse), schnelle (angemessene Lesegeschwindigkeit), genaue (exakte Dekodierung von Wörtern) und in der Hochform das klanggestaltende Lesen (Fähigkeit zur sinngemäßen Betonung). Das kompetente Anwenden basaler Lesefertigkeiten auf Buchstaben-, Wort-, Satz- und Textebene gilt als Grundbedingung für das Verstehen von Texten. Das Leseverständnis wird in dem Maß verbessert, in dem zunehmend weniger aktive Aufmerksamkeit auf die Lesetechnik gerichtet werden muss, sodass mehr kognitive und mentale Ressourcen für anspruchsvollere Prozesse, zum Beispiel der sinnentnehmenden Satzmuster- oder Textebene, genutzt werden können. Kein lautes Vorlesen, ohne es vorher geübt zu haben! Beherrschen Kinder die einzelnen Teilebenen der Lesefertigkeit flüssig und sicher, eröffnen sich kognitive Ressourcen, die der Leser gewinnbringend für das Leseverständnis nutzen kann. Durch die Steigerung der Lesefertigkeit gelingt es den Lesenden müheloser, ihr Augenmerk auf den Verstehensprozess des Gelesenen zu richten und ein umfangreicheres inneres Bild des gelesenen Inhalts zu schaffen (mentale Repräsentation). Die Übungen zur Lesefertigkeit richten sich vor allem an die Kinder, die den Leselernprozess abgeschlossen haben.

Typische Handlungen für den Fachbereich	Für den Fachbereich charakteristisch
Üben auf den unterschiedlichen Ebenen der Lesefertigkeit • Auf der »visuellen Wahrnehmung« schult das Kind die Konzentrationsfähigkeit, die Auge-Hand-Koordination, das genaue Hinsehen und die Wahrnehmung von Details (z. B. in Wimmelbildern, Bilder vervollständigen, Raum-Lagezuordnungen ...) • Auf der »Buchstabenebene« übt das Kind die Identifikation von Buchstaben sowie die Graphem-Phonem-Korrespondenz, das heißt das Kind kann einem Graphem das passende Phonem zuordnen und umgekehrt zum Beispiel Buchstabentreppen oder fehlende Buchstaben ergänzen, Buchstaben in Wortschlangen identifizieren und zusammensetzen ... • Auf der »Wortebene« erhält das Kind Übungen zu Wortbausteinen sowie kurzen Wortbildern und Wortdetails. Es lernt beispielsweise, lange Wörter in einzelne Silben zu gliedern, sodass sie sich leichter lesen lassen (z. B. Wörtergewimmel, Blitzlesen einzelner Wörter, Wortpyramiden, Geheimschriften, Wörter in Silben gliedern ...) • Auf der »Satzebene« größere Einheiten im Blickfeld nutzen (z. B. Erkennen von Sinneinheiten, den Zeilensprung und das Einhalten von Satzgrenzen, Blickspannerweiterung, Worttreppen, Zeilensprung, Satztreppen ...) • »Klanggestaltendes Lesen« setzt geschriebenen Text in Sprache und Klang um (z. B. die Stimme modulieren, an den richtigen Stellen eine kurze Pause machen, das richtige Lesetempo finden, um das Interesse und die Spannung beim Zuhörer aufrechtzuerhalten, Lesepartituren schreiben, Bogensätze gestalten, deutlich sprechen, nach jedem Satzzeichen eine kurze Pause machen, Stimme heben vor einem Komma/Bindewörtern/Fragezeichen, Stimme senken vor einem Schlusspunkt/Ausrufezeichen etc.)	Lesen zu können, ist eine Voraussetzung für die individuelle Teilhabe an der Informations- und Wissensgesellschaft. Die besondere Schulung der Lesefertigkeit zählt damit zu den fundierenden Aufgaben im schulischen Bereich – einschließlich der Intervention und Prävention bei Leseschwächen. Beherrschen Kinder die einzelnen Teilebenen der Lesefertigkeit flüssig und sicher, eröffnen sich kognitive Ressourcen, die das Kind gewinnbringend für das Leseverständnis nutzen kann. Durch die Steigerung der Lesefertigkeit gelingt es den Lesenden müheloser, ihr Augenmerk auf den Verstehensprozess des Gelesenen zu richten und ein umfangreicheres inneres Bild des gelesenen Inhalts zu schaffen (mentale Repräsentation).

Tipp

Wortspeicher und Strategien mit den Kindern anlegen, zum Beispiel:

- »Meine Augen müssen beweglich sein«, »Ich muss genau hinschauen und vergleichen«, »Ich muss auf die Unterschiede achten«, »Ich muss genau auf jeden Buchstaben im Wort achten«, »Ich benötige bewegliche Augen und es kommt auf die Blickrichtung an«, »Ein Wort baut sich aus mehreren Buchstaben oder Wörtern auf oder setzt sich aus mehreren Wörtern zusammen«, »Ich erweitere meine Blickspanne, indem ich mit meinen Augen gleichzeitig nach rechts und links blicke und weiterlese«, »Mit Signalgruppen kann ich ein Wort noch schneller erkennen und lesen«, »Silben helfen mir ein Wort zu gliedern«, »Ein Strich im Satz hilft mir, mehrere Wörter zu einer Sinneinheit zusammenzufassen und mehrere Wörter auf einmal in den Blick zu nehmen« ...
- Motivierende Anlässe klanggestaltend zu lesen, können das Aufnehmen einer Klassengeschichte auf einem Tonträger sein oder das Vortragen von Texten auf Schulfeiern oder in Altenheimen ...

Möglicher Lehrweg	Aufmerksamkeitsrichtungen	Beispiel – fiktionaler Text
Einstimmung ***Textbegegnung 1*** Lehrererzählung	• Emotionalen Rahmen schaffen, inhaltliche Ausgangssituation sicherstellen • Vorstellen ausgewählter Hauptpersonen	• Ein Bildimpuls regt zum ersten unreflektierten Vermuten an • Bilder ausgewählter Hauptpersonen schaffen eine erste Möglichkeit der Identifikation • Eine kurze freie Lehrererzählung führt in die Ausgangssituation ein
Zielangabe	• Schwerpunkt der Stunde wird fokussiert • Kindgemäß formulieren	• Die Zielangabe ergibt sich zum Beispiel aus einem Handlungskonflikt und ist in der Regel eine Fragestellung • Die Kinder äußern Vermutungen, wie die Geschichte weitergehen könnte
Textbegegnung 2 Vorlesen der Lehrkraft Texterschließung	• Die (Konflikt-)Situation wird durch Vorlesen erweitert, vertieft, konkretisiert oder im Ansatz gelöst	• Die Lehrkraft liest bis zu einer passenden Stelle mit einem Entscheidungskonflikt für eine Hauptperson vor • Die Kinder äußern Vermutungen, wie die Geschichte weitergehen könnte
Textbegegnung 3 Selbstständiges Lesen der Kinder Texterschließung	• Jedes Kind erhält den Lesetext • Differenziert aufbereitete Lesephase	• Impuls: »Wie die Geschichte weitergeht und ob deine Vermutungen sich in der Geschichte wiederfinden, kannst du nun selbst nachlesen« • Anwenden reduktiver Strategien (z.B. Formulieren von Überschriften, Abschnitte gliedern, wichtige Sätze oder Schlüsselwörter markieren)
Zusammenschau der Ergebnisse aus den Textbegegnungen	• Die Lösungen aus den Arbeitsaufträgen der selbstständigen Lesephase werden zum Beispiel an der Tafel zusammengeführt und visualisiert	• Die gefundenen Textstellen werden textbelegend zum Beispiel mit Zeilenangabe festgehalten (auch als Lesekonferenz vor dem Besprechen im Plenum möglich)
Texterschließung Gehaltliche Annäherung	• Verstehensgrundpfeiler identifizieren • Wesentliche Elemente erfassen • Kernaussage formulieren	• Verstehensgrundpfeiler identifizieren, Verbindungen zwischen den Verstehensgrundpfeilern finden, das Verstandene reflektieren und daraus Kernaussagen ableiten und herausfinden, worum es in dem Text in einem größeren Zusammenhang und im Allgemeinen geht (z.B. durch Vergleichen, Interpretieren, Kommentieren, Einbringen von Gefühlen und Erfahrungen) • Anwenden von Methoden handlungs- und produktionsorientierten Literaturunterrichts
Reflexion	• Mithilfe von Reflexionsimpulsen werden inhaltliche, emotionale und motivationale Aufmerksamkeitsrichtungen des Textes reflektiert	Mögliche Reflexionsimpulse: • »Meine kostbarste Stelle in der Geschichte ...« • »Wenn ich (Hauptperson) wäre ...« • »So viel Lust macht mir die Geschichte zum ...« • »Meine Frage an den Autor ...«
Mit Kindern philosophieren	• Aufgreifen der Kernaussage: Eigene Gedanken zur Kernaussage im philosophischen Gespräch formulieren	• Im philosophischen Gespräch eigene Gedanken zur Kernaussage formulieren und auf Augenhöhe austauschen

Möglicher Lehrweg	Aufmerksamkeitsrichtungen	Beispiel – fiktionaler Text
Ausklang	• Impuls aus der Kernaussage in Situationen des eigenen Lebens entdecken	• Impuls: »Vielleicht gelingt es dir, das Besprochene in Situationen in deinem Leben zu entdecken, vielleicht gleich in der Pause oder zu einem anderen Zeitpunkt. Wenn du sie erkennst und uns von dieser Erfahrung berichten möchtest, freue ich mich«

Die Kinder im Blick	Didaktische Grundsätze
Kognitionspsychologische Konzepte von Lesekompetenz basieren auf dem »Literacy-Konzept«, wie es vor allem in der PISA-Studie aber auch bei PIRLS-Lesestudie und IGLU – die Internationale Grundschul-Leseuntersuchung – für die 4. Jahrgangsstufe, angewandt wird. Für PIRLS und IGLU werden fünf Kompetenzstufen unterschieden: • *Stufe I*: Dekodieren von Wörtern und Sätzen • *Stufe II*: Explizit angegebene Einzelinformationen in Texten identifizieren • *Stufe III*: Relevante Einzelheiten und Informationen im Text auffinden und miteinander in Beziehung setzen • *Stufe IV*: Zentrale Handlungsabläufe auffinden und die Hauptgedanken des Textes erfassen und erläutern • *Stufe V*: Abstrahieren, Verallgemeinern und Präferenzen begründen Texte zu erschließen ist auf der Stufe IV und Stufe V anzusiedeln und dadurch wird bereits deutlich, dass das Erreichen dieser Stufen für manche Kinder sehr anspruchsvoll ist. Das Trainieren des Erschließens von Texten ist deshalb für alle Kinder dringende Notwendigkeit, da diese Fähigkeit nicht nur besonders anspruchsvoll, sondern auch Unterrichtsalltag in allen Fächern ist. Das Verstehen und Erschließen eines Textes hängt von den internalen mentalen Modellen des Kindes ab, die von subjektiven Erfahrungen und (Welt-)Wissenshorizonten geprägt sind. Dies ist eine Erklärung für eine mögliche Vielzahl an Deutungen bei der Texterschließung, zum anderen aber auch der Hintergrund	• Bei der Erschließung von Texten wird zunächst vom Verstandenen im Text ausgegangen. Diese Verstehensgrundpfeiler sind die Basis, um sich dem Inhalt und im weiteren Schritt dem Gehalt eines Textes anzunähern. • Es hat sich bewährt, die Verstehensgrundpfeiler zu visualisieren. • Um Kernaussagen bilden zu können, ist die (differenzierte) Auseinandersetzung mit den Verstehensgrundpfeilern die Voraussetzung für eine unabdingbare Anschlusskommunikation unter den Kindern. Die Anschlusskommunikation unterstützt das Textverständnis und thematisiert unterschiedliche Wirkungen von Texten. • Das Herausbilden der Kernaussage des Textes setzt eine intensive Beschäftigung der Lehrkraft mit dem Text im Vorfeld voraus. • Zum gleichen Text sind unterschiedliche Themen als Kernaussage möglich. Hierzu bedarf es einer offenen Lehrkraft, die die Meinung der Kinder ernst nimmt und mit der Klasse auf Augenhöhe nach Begründungslinien für die (ggf. individuelle) Kernaussage reflektiert. • Zum Herausschälen der Kernaussage eines Textes eignen sich Textzitate, Textmetaphern, Textaussagen oder Thesen, um individuelle Verstehensprozesse bei den Kindern anzuregen. • Auf der Basis genauer Textuntersuchungen wird ein vertieftes Verständnis erreicht und dadurch auch Lesemotivation gesteigert. • Lesestrategien haben eine dienende Funktion zur Texterschließung. • Aufgaben zur Reflexion eines Textes oder der im Text vertretenden Position (ggf. in Kombination persönlichen Erfahrungen oder allgemeinen Normen und Werten) zeigen den Kindern eine Aufmerksamkeitsrichtung auf, wie sie werten können. Dazu eignen sich Aufgaben, die zunächst eine Orientierung am Text ermöglichen, um erst im nächsten Schritt eine persönliche Stellungnahme zu ermöglichen. • Beharrlichkeit der Lehrkraft in der Versprachlichung und Reflexion von Meinungen und Gedanken aller Beteiligter fördert die Bereitschaft zum Genuss eines »Nicht-so-schnell-Verstehens« der Kernaussage. • Auswahl der Texte kann nach unterschiedlichen Aufmerksamkeitsrichtungen erfolgen: Bedeutung des Inhalts für die Klasse, Verbundenheit und fachliches Grundwissen zur Thematik, inhaltlicher Anspruch bezüglich des Themas sowie der sprachlichen Komplexität sowie das didaktische Potenzial.

Die Kinder im Blick	Didaktische Grundsätze
für eine große Heterogenität an Fähigkeiten zur Texterschließung. Insgesamt verlangt die Erschließung von Texten die Fähigkeit zur Abstraktion, zum Assoziieren und Schlussfolgern voraus und so ist es bei wenigen Kindern trotz intensiver inhaltlicher Vorarbeit zu beobachten, dass sie auf der reinen Text- und Bildebene verhaftet bleiben und keine allgemeingültige Kernaussage formulieren können.	• Die gestaltende Erschließung mit Methoden aus dem handlungs- und produktionsorientierten Literaturunterricht betont besonders stark die aktive und schöpferische Rolle des Kindes. Es verarbeitet in seiner Gestaltung das individuelle Deutungsangebot des verinnerlichten Textes, indem es für sich explizit zum Ausdruck bringt, was für das Kind implizit darin angelegt ist. Die Produkte aus dem handlungs- und produktionsorientierten Literaturunterricht folgen einer heuristischen Funktion und sind keine willkürlichen Produkte. Sie sind kein reiner Selbstzweck, sondern dienen der vertiefenden Auseinandersetzung mit dem Textinhalt und -gehalt.

Typische Handlungen für den Fachbereich	Für den Fachbereich charakteristisch
• Abfolgen und Zusammenhänge im Text oder Medium (z. B. Handlungsverlauf in Erzählungen, Kreisläufe) durch einfache Darstellungen (z. B. Pfeile, Skizzen, Gegenüberstellungen) visualisieren • Räume und Orte aus Medien entnehmen und sie in ihrer Bedeutung für die Handlung, die Handlungsträger sowie für sich selbst reflektieren • Wirkungsaspekte und Gestaltungsmittel zur Wirkungserzeugung finden und reflektieren • Symbole und Metaphern aus Medien deuten und begründen • Medien, ihre Strukturen und ihre inhaltlichen und sprachlichen Eigenarten beschreiben • Medien verstehen und ihren Sinn interpretieren • Produktiv-schreibend und handlungsorientiert-gestaltend mit entnommenen Informationen umgehen • Unterschiedliche Texte und Medien vergleichen • Eigene Empfindungen oder Gefühlserlebnisse einbringen • Sich mit anderen über das Gelesene austauschen • Gestaltungelemente im sprachlichen Sinn hervorheben und präsentieren (z. B. im klanggestaltenden Vorlesen) • Texterfassende Möglichkeiten nutzen (z. B. Vermutungen zum Thema entwickeln, Fragen an den Text formulieren, Begriffe klären, Randnotizen machen, Textsorten und Textfunktionen unterscheiden, wesentliche Elemente des Mediums erfassen) • Fachsprache verwenden (Figuren, Ort, Zeit, Raum, Handlung, Konflikt, Ereignis, Wendepunkt, Erzähler, Erzählperspektive) • Nicht-lineare Texte auswerten (Schaubild, Internetseiten, Präsentationsprogramme, Tabellen) • Individuell bedeutsamen Themen nachgehen und sich mit anderen darüber austauschen • Geeignete Lesestrategien zur Reduktion und Elaboration auswählen und begründen	Texte zu erschließen umfasst das inhaltliche, thematische und strukturelle Erfassen der literarischen Vorlage. Zu den literarischen Vorlagen gehören unter anderem klassische und neue Kinderliteratur wie etwa Abenteuer- und Fantasygeschichten, historische Erzählungen, Freundschafts-, Tier- und Detektivgeschichten, die im Interesse der Kinder liegen oder das Interesse der Kinder daran wecken. Dazu gehören aber auch Bilder, Hörmedien oder Filme sowie weitere mediale Darstellungen. Texte zu erschließen steht in enger Wechselwirkung zum eigenen Produzieren von Texten.

Tipp

- Zur Annäherung an gehaltliche Aussagen sind Methoden aus dem handlungs- und produktionsorientierten Literaturunterricht als ästhetische Wahrnehmung literarischer Texte sehr gut geeignet. Unsere Lieblingsmethoden sind im textproduktiven Bereich das Umschreiben eines Teiles des Textes (z.B. ein anderes Ende), im Bereich szenisches Gestalten das erläuterte Standbild, im Bereich visuelle Gestaltungen das abstrakte Malen mit Farben zu Emotionen mit einer erläuternden Erklärung des darstellenden Kindes sowie im Bereich der akustischen Gestaltung das Vertonen eines kurzen Textteiles.
- Will man mit Kindern philosophisch ins Gespräch kommen, eignen sich oft Bilderbücher. Diese haben wenig Text, sind aber häufig gehaltvoll, um miteinander ins Gespräch zu kommen.
- Das Unterscheiden-Können von Textsorten und Textfunktionen bedarf intensiver Vorarbeit, um in immer wieder neuen Medien die relevanten Merkmale zu identifizieren.
- Wesentliche Elemente und Strukturen zu erfassen (z.B. Figuren, Ort, Zeit, Raum, Handlung, Wendepunkt) kann beim Verfassen eigener Texte genutzt werden.
- Bei der Textauswahl können auch Strukturdiagramme, Grafen, Tabellen, beschriftete Abbildungen und andere Formen der Visualisierung, bei denen kein Fließtext präsentiert wird, im Unterricht behandelt werden. Ebenso sind diskontinuierliche Texte oder nicht-lineare Texte wie Grafiken, Tabellen, Diagramme, Karikaturen, Landkarten usw., die aus einer Kombination von grafischen und textuellen Elementen bestehen, Informationsträger, die von Kindern im Unterricht entschlüsselt werden können.
- Durch die Textauswahl kann des Weiteren bestimmt werden, inwiefern der Text eine aktuelle Bedeutung hat, ob Bearbeitungen in offenen Aufgabenstellungen auf verschiedenen Niveaustufen möglich sind, ob sie emotional ansprechen, ob handlungs- und produktionsorientierte Elemente möglich sind etc.
- Aufgabenformulierung mit Anforderungen wie »Fasse den Inhalt des Textes in eigenen Worten zusammen« überfordert die meisten Kinder. Alternativ sind vorgegebene Aussagen und Leitfragen zum Text, mit der Aufforderung, diese kritisch zu untersuchen, zielführender.
- Es ist unabdingbar, sich zur Texterschließung wiederholt in Anschlusskommunikationen (mit wechselnden Gesprächspartnern) zu finden, um sich ko-konstruktiv mit anderen über Texte auszutauschen, unterschiedliche Auffassungen zu tolerieren oder sich zu einigen und einen Bedeutungskonsens auszuhandeln. Dazu gehört zum Beispiel auch in offeneren Aufgabenstellungen, einander Lieblingstextstellen vorzustellen und die Auswahl zu begründen, Fantasie zu entwickeln und Leerstellen des Textes auszufüllen, Verständnisprobleme gemeinsam zu klären, Gemeinsamkeiten herzustellen oder Verständnis für andere Meinungen zu entwickeln.

Möglicher Lehrweg	Aufmerksamkeitsrichtungen	Beispiel
Einstieg	• Emotionale Grundlage schaffen • Einführen oder Anknüpfen einer Identifikationsfigur zu Lesestrategien • Sinnzusammenhang für die Lesestrategie schaffen (z.B. Texte besser verstehen und deuten, Vorbereiten auf einen Leistungsnachweis)	• Beginn Strategietraining: Es geht zunächst darum, bei den Kindern eine Vorstellung vom Begriff der Lesestrategien in ihren Dimensionen und dem persönlichen Nutzen anzubahnen • Die Kinder werden sensibilisiert, was Lernen bedeutet und auf welche Ziele es ausgerichtet sein kann • Sie sollen sich bewusst sein, dass durch den Einsatz von Strategien diese Ziele schneller erreicht werden können • Dem Kind wird auf diese Weise auf lange Sicht das Gefühl vermittelt, dass es seinen Lernprozess positiv beeinflussen kann. Es wird daran herangeführt, ungünstige und zeitaufwändige Strategien als solche zu erkennen und nach effektiveren Lösungsmöglichkeiten zu suchen
Zielangabe	• Zielangabe spezifisch auf den Charakter der jeweiligen Strategie transparent machen (»... um zu ...«)	• Impuls: »Markieren wichtiger Worte, um mich gut auf schriftliche Leistungsnachweise vorzubereiten«
Demonstration, Angebot und Modellierung der Lesestrategie	• Die Lehrkraft erklärt beispielhaft, um welche Lesestrategie es sich handelt, welches Ziel sie verfolgt und wie man sie anwendet	*Die Lehrkraft spricht beispielhaft zur Anwendung der Strategie:* • »Markieren wichtiger Worte, um den Kindern die Gedankengänge transparent zu machen« • »Die wichtigen Worte in einem Satz helfen mir, mich an den Inhalt des ganzen Satzes zu erinnern. Ich brauche mir dann nur diese Wörter merken, um den Inhalt des ganzen Satzes zu wissen. Am Satz ›Wenn es brennt, nehme ich das Telefon und wähle die Rufnummer 112 und rufe ich die Feuerwehr‹ unterstreiche ich ›brennt‹, ›112‹ und ›Feuerwehr‹. Diese drei Markierungen reichen mir, um mich an den ganzen Satz zu erinnern. Mit drei Markierungen kann ich mir die 17 Worte aus dem Satz merken« • »Ich markiere wichtige Worte, um mich mit diesen Worten besser an den Inhalt erinnern zu können. Ich achte besonders auf Nomen und Verben ...«
Anwenden der Lesestrategie	• Individuelles Üben an Beispieltexten • Vergleich mit dem Partner • Abgleich	• Besonders geeignet sind Hefteinträge aus dem Sachunterricht • Im Fall der Lesestrategie »Markieren wichtiger Worte, um mich gut auf schriftliche Leistungsnachweise vorzubereiten« ist das Anwenden gleich mit der Nützlichkeit verbunden
Reflexion	• Überprüfen des Nutzens der Lesestrategie • Exemplarische Reflexion über den Schwierigkeitsgrad und Gelingensbedingungen	• Im Beispiel können fiktive »Prüfungsfragen« aus einem schriftlichen Leistungsnachweis gestellt werden *Mögliche Reflexionsimpulse:* • »Tipps und Tricks zum erfolgreichen Anwenden der Lesestrategie« • »Mir hat besonders geholfen ...« • »Mich interessiert jetzt ...«
Ausblick	• Vorausschau auf die weitere Sequenz zum Anwenden und Generalisieren der Strategie	• Entscheidend ist das weitere kontinuierliche Anwenden, Trainieren und Reflektieren der Lesestrategien immer in Bezug auf ihren Nutzen und »Tipps und Tricks« zum Gelingen

Die Kinder im Blick	Didaktische Grundsätze
Der Prozess des Lesenlernens folgt in der Regel einer Abfolge von Stufen. Die Kenntnis dieser Stufen als Lehrkraft hilft, Kindern passendes Differenzierungsmaterial zum Fördern und Fordern anzubieten (siehe Lesefertigkeit auf S. 35). Ein Einschulen von Lesestrategien mit Kindern, die den Erstleseprozess noch nicht automatisierend bewältigen können, hat keinen größeren Nutzen, weil die kognitiven Ressourcen des Kindes für die Lesetechnik belegt sind. Das Leseverständnis im ersten Schuljahr basiert in der Regel auf dem Zusammenfügen von Buchstaben und Buchstabengruppen hin zu Wörtern und Sätzen sowie der Worterkennung in einfachen Sätzen oder Ganzwörtern. In den weiteren Grundschuljahren werden die Texte zunehmend komplexer und zunehmend beeinflusst erweitertes Weltwissen und Wortschatz das Leseverständnis. Metakognitive Fähigkeiten, zu denen das Kennen, Einsetzen und Reflektieren von Lesestrategien gehört, können mit zunehmender Ritualisierung ansprechende Effekte erzielen und einen Beitrag zum selbst gesteuerten Lernen leisten. Die Kinder benötigen zur Verinnerlichung und Übung der Lesestrategien die Lehrkraft als Begleiter, weil der zusätzliche Einsatz von Lesestrategien vor dem automatisierenden und selbstständigem Gebrauch durch die Kinder einen Zusatzaufwand und Krafteinsatz bedeutet, den die Kinder ohne Begleitung und ggf. Anschubhilfe nicht leisten. Kontinuierliches Üben und zum Teil »Anschieben« bzw. Motivieren des Einsatzes der Lesestrategien verringern den »Zusatzkraftaufwand« und lassen das Kind den Nutzen erkennen.	• Lesestrategien haben eine dienende Funktion zur Erhöhung des Textverständnisses und sind nur eine Maßnahme zur Verbesserung desselben. • Lesestrategien werden nicht um ihrer selbst willen vermittelt – der Bezug des Nutzwertes der jeweiligen Lesestrategie für das tiefere Durchdringen und Verstehen eines Inhalts und in der Folge des Gehalts eines Textes muss für die Kinder immer im Fokus und im Bewusstsein stehen. • Das Schulen von Lesestrategien zum besseren Verständnis beginnt in der Regel zum Abschluss des Leselernprozesses, sodass die Umwandlung verschriftlichter Wörter in Lautsprache als weitergehend gelungen abgeschlossen ist und das Sprachverständnis in semantischer und grammatischer Dekodierung auf Satz- und Textebene fokussiert werden kann. • Den Kindern muss transparent gemacht werden, wozu der Einsatz von Lesestrategien sinnvoll ist und dass der Einsatz von Lesestrategien immer mit einem Ziel verbunden ist (z. B. den Text besser zu verstehen, sich an den Inhalt besser zu erinnern, um ihn vortragen oder weitererzählen oder interpretieren zu können). • Das Vermitteln von Lesestrategien sollte frühzeitig erfolgen, bevor sich ungünstige Verhaltensmuster bei den Kindern entwickeln. • Das Beherrschen von Lesestrategien ist abhängig von der Übungsquantität und einer damit einhergehenden Metareflexion, um die jeweilige Lesestrategie flexibel auf weitere Texte anwenden zu können. • Besondere Bedeutung kommt der Lehrkraft immer wieder bei der Einführung und Konsolidierung zu. Mit »begleitetem Sprechen« und Modellierung macht die Lehrkraft ihre Gedankengänge transparent, wie sie die Lesestrategie anwendet. Damit wird für die Kinder der Prozess der Anwendung veranschaulicht, der zentral für das Gelingen ist. • Für »schwächere« Lernende kann dabei das Erlernen einer Lesestrategie schon recht anspruchsvoll sein. Sinnvoll ist das Vermitteln weniger Lesestrategien, die aber gründlich eingeübt werden. Vorzuziehen ist eine reflektierte und begrenzte Anzahl von Lesestrategien zu den Bereichen vor, während und nach dem Lesen.

Typische Handlungen für den Fachbereich	Für den Fachbereich charakteristisch
Die Kinder setzen gezielt ausgewählte Handlungsweisen im Umgang mit einer Textvorlage ein: *Vor dem Lesen* • Vermutungen über den Textinhalt anstellen • Vorwissen aktivieren *Während des Lesens* • Unverstandene Wörter und Textstellen kennzeichnen • Gekennzeichnete unverstandene Wörter klären (z. B. durch Nutzen der Textumgebung, um das unverstandene Wort nachzuschlagen ...) • Text in Sinnabschnitte gliedern • Überschriften formulieren • Wichtige Wörter markieren • Schlüsselbegriffe erfassen *Nach dem Lesen* • Textinhalt mündlich oder schriftlich zusammenfassen • Informationen sortieren und darstellen • Rückbezug zu Vermutungen von vor dem Lesen • Effektivität der gewählten Strategien prüfen	Lesestrategien sind allgemein formulierte auf jede Textvorlage anwendbare Handlungsschritte, die stets mit einem Ziel gepaart sind, zum Beispiel: »Ich markiere mir wichtige Wörter im Text, um mir den Inhalt besser merken zu können«. Die Lesestrategien sind in der Regel in drei chronologische Bereiche eingeteilt: in Strategien vor dem Lesen, während des Lesens und nach dem Lesen. Um den Kindern den kompetenten Umgang mit Lesestrategien zu ermöglichen, benötigt es kontinuierliches Training und Reflexion. Ein isoliertes Einführen von Lesestrategien ohne kontinuierliches Üben führt kaum zu Verhaltensänderungen und Kompetenzerweiterungen bei den Kindern.

Tipp

- Besonders gut zum Markieren wichtiger Wörter eignen sich Hefteinträge aus dem Sachunterricht. Leistungsschwächere Leser sind entlastet, weil sie durch den Unterricht den Inhalt der Hefteinträge oft schon handlungsorientiert erfasst haben.
- Zum Anwenden von Lesestrategien eignen sich inhaltlich Texte aus dem Sachunterricht und den Interessensgebieten der Kinder der jeweiligen Klasse. Detektivgeschichten wirken zum Beispiel sehr motivierend.
- Ritualisierte Abläufe vor dem Lesen beginnen immer mit dem Herauslegen der Arbeitsmaterialien wie etwa Farbstifte, Lineal etc. Dann geht immer der erste Blick auf die Überschrift und mögliche Abbildungen etc.
- Zu den erarbeiteten Lesestrategien Piktogramme als Spickzettel im Klassenzimmer visualisieren und zur Versprachlichung nutzen.
- Auch wenn die Strategie rational einleuchtend ist, bedarf mancher Lernende eine gewisse »Anschub- und Motivationshilfe«, die durchaus extrinsisch motivierter Art sein kann, um diese Zusatzmühen des Anwendens von Lesestrategien so lange auf sich zu nehmen, bis die Kinder eine Automatisierung der Strategieanwendung erreicht haben. Erst dann ist ein sinnvolles Bewerten des individuellen Nutzens der jeweiligen Lesestrategie möglich.

Lesemotivation: Einführung einer Klassenlektüre

Möglicher Lehrweg	Aufmerksamkeitsrichtungen	Beispiel
Einstieg Lehrererzählung	• Emotionalen Rahmen schaffen, inhaltliche Ausgangssituation sicherstellen • Vorstellen ausgewählter Hauptpersonen	• Ein Bildimpuls regt zum ersten unreflektierten Vermuten an • Bilder ausgewählter Hauptpersonen schaffen eine erste Möglichkeit der Identifikation • Eine kurze freie Lehrererzählung führt in die Ausgangssituation ein. Bewährt hat sich dabei eine spannende Stelle aus dem Buch, die an einem Entscheidungskonflikt für eine Hauptperson endet. Der Konflikt muss nicht am Anfang des Buches sein.
Zielangabe	• Schwerpunkt der Stunde wird fokussiert • Kindgemäß formuliert	• Die Zielangabe ergibt sich aus dem Handlungskonflikt und ist in der Regel eine Fragestellung • Die Kinder äußern Vermutungen, wie die Geschichte weitergehen könnte
Erweitern der Ausgangssituation Vorlesen der Lehrkraft	• Die (Konflikt-)Situation wird durch Vorlesen erweitert, vertieft, konkretisiert oder im Ansatz gelöst	• Die Lehrkraft verrät, dass die bisher erzählte Geschichte aus einem Buch stammt, aus dem sie nun weiter vorliest • Der Buchumschlag ist mit einem neutralen Papier verdeckt, sodass er keinen Hinweis auf die mögliche Handlung gibt • Die Lehrkraft liest wieder bis zu einer spannenden Stelle mit einem Entscheidungskonflikt für eine Hauptperson vor • Die Kinder äußern Vermutungen, wie die Geschichte weitergehen könnte
Inbesitznahme des Buches	• Jedes Kind erhält ein eigenes Exemplar des Buches • Blätterphase: Sammeln von Informationen aufgrund des Buchdeckels zu Autor, Titel, Verlag, Altersempfehlung, Zeichnungen im Buch	• Impuls: »Die Geschichte, die ich euch vorgelesen habe, stammt aus einem Buch. Jeder von euch erhält nun ein eigenes Buch« • Die Klassenlektüre wird feierlich ausgeteilt und jedes Buch persönlich von der Lehrkraft überreicht • Die Kinder erhalten die erste Möglichkeit des freien Blätterns und »Anlesens« quer durch das Buch
Lesephase mit Arbeitsaufträgen Selbstständiges Lesen der Kinder	• Differenziert aufbereitete Lesephase	• Es wird an den Entscheidungskonflikt nach der Vorlesung angeknüpft, Vermutungen zum möglichen Handlungsfortlauf gesammelt und dann selbstständig gelesen
Zusammenschau der Ergebnisse aus der Lesephase	• Die Lösungen aus den Arbeitsaufträgen der selbstständigen Lesephase werden zum Beispiel an der Tafel zusammengeführt und visualisiert	• Die gefundenen Textstellen werden textbelegend mit Seiten und Zeilenangabe festgehalten. Dazu kann ein »Zeilometer« verwendet werden (siehe »Tipps« auf S. 49) • Aus der Zusammenführung ergibt sich im Idealfall eine weitere spannende Stelle, die zum Weiterlesen anregt
Reflexion	• Mithilfe von Reflexionsimpulsen werden inhaltliche und motivationale Aufmerksamkeitsrichtungen reflektiert	*Mögliche Reflexionsimpulse:* • »Meine kostbarste Stelle in der Geschichte ...« • »Wenn ich (Hauptperson) wäre ...« • »So viel Lust macht mir die Geschichte zum Weiterlesen ...« • »Meine Frage an den Autor ...«

Möglicher Lehrweg	Aufmerksamkeitsrichtungen	Beispiel
Ausblick	• Aufgreifen des letzten Entscheidungskonfliktes • Kinder äußern Vermutungen zum Fortgang der Geschichte	• Das Sammeln der Vermutungen dient wiederum als »Cliffhanger« und motiviert zum Weiterlesen
Freie Lesezeit	• Kinder lesen selbstständig über einen längeren Zeitraum, um der entstandenen Lust am Lesen dieses Buches nachgehen zu können	• Impuls: »Ob es wirklich so weitergeht, wie du vermutet hast, kannst du nun selbst überprüfen. In der jetzt beginnenden freien Lesezeit, kannst du selbst herausfinden, wie die Geschichte begonnen hat, wie sie weitergeht und wie sie endet«

Lesemotivation: Buchvorstellung durch die Lehrkraft

Möglicher Lehrweg	Aufmerksamkeitsrichtungen	Beispiel
Einstieg Lehrererzählung	• Emotionalen Rahmen schaffen, inhaltliche Ausgangssituation sicherstellen • Vorstellen ausgewählter Hauptpersonen	• Ein Bildimpuls regt zum ersten unreflektierten Vermuten an • Bilder ausgewählter Hauptpersonen schaffen eine erste Möglichkeit der Identifikation • Eine kurze freie Lehrererzählung führt in die Ausgangssituation ein. Bewährt hat sich dabei eine spannende Stelle aus dem Buch, die an einem Entscheidungskonflikt für eine Hauptperson endet
Zielangabe	• Schwerpunkt der Stunde wird fokussiert • Kindgemäß formuliert	• Die Zielangabe ergibt sich aus dem Handlungskonflikt und ist in der Regel eine Fragestellung • Die Kinder äußern Vermutungen, wie die Geschichte weitergehen könnte
Erweitern der Ausgangssituation Vorlesen der Lehrkraft	• Die (Konflikt-)Situation wird durch Vorlesen erweitert, vertieft, konkretisiert oder im Ansatz gelöst	• Die Lehrkraft verrät, dass die bisher erzählte Geschichte aus einem Buch stammt, aus dem sie nun weiter vorliest • Der Buchumschlag ist mit einem neutralen Papier verdeckt, sodass er keinen Hinweis auf die mögliche Handlung gibt • Die Lehrkraft liest wieder bis zu einer spannenden Stelle mit einem Entscheidungskonflikt für eine Hauptperson vor • Die Kinder äußern Vermutungen, wie die Geschichte weitergehen könnte
Lesephase mit Arbeitsaufträgen Selbstständiges Lesen der Kinder	• Differenziert aufbereitete Lesephase	• Es wird an den Entscheidungskonflikt nach der Vorlesung angeknüpft, Vermutungen zum möglichen Handlungsfortlauf gesammelt und dann selbstständig gelesen • Anstatt im Buch zu lesen erhalten die Kinder differenzierte Lesemedien mit (differenzierten) Leseaufträgen entsprechend der individuellen Lesefähigkeit

Möglicher Lehrweg	Aufmerksamkeitsrichtungen	Beispiel
Zusammenschau der Ergebnisse aus Lesephase	• Die Lösungen aus den Arbeitsaufträgen der selbstständigen Lesephase werden zum Beispiel an der Tafel zusammengeführt und visualisiert	• Die gefundenen Textstellen werden textbelegend mit Seiten und Zeilenangabe festgehalten • Aus der Zusammenführung ergibt sich im Idealfall eine weitere spannende Stelle, die zum Weiterlesen anregt
Präsentation des Buches	• Das Buch wird (von einem Kind) feierlich ausgepackt	• Impuls: »Die Geschichte, die ich euch vorgelesen habe, stammt aus einem Buch. Wer möchte das Buch auspacken und vorstellen, was auf dem Buch zu entdecken ist?« • Die Kinder benennen mit Fachbegriffen Autor, Titel, Klappentext, Altersempfehlung, Zeichnungen, Verlag, ISBN-Nummer
Reflexion	• Mithilfe von Reflexionsimpulsen werden inhaltliche und motivationale Aufmerksamkeitsrichtungen reflektiert	Mögliche Reflexionsimpulse: • »Meine kostbarste Stelle in der Geschichte ...« • »Wenn ich (Hauptperson) wäre ...« • »So viel Lust macht mir die Geschichte zum Weiterlesen ...« • »Meine Frage an den Autor ...«
Ausblick	• Aufgreifen des letzten Entscheidungskonfliktes • Kinder äußern Vermutungen zum Fortgang der Geschichte	• Der Klappentext wird vorgelesen und mit den erarbeiteten Inhalten der Lesephase in Verbindung gebracht und Vermutungen formuliert • Das Sammeln der Vermutungen auch aus dem Klappentext dient wiederum als »Cliffhanger« und motiviert zum Weiterlesen
Ausleihmöglichkeit	• Kinder erhalten die Möglichkeit, das vorgestellte Buch aus der Klassenbücherei auszuleihen, um der entstandenen Lust am Lesen dieses Buches nachgehen zu können.	• Impuls: »Ob es wirklich so weitergeht, wie du vermutet hast, kannst du nun selbst überprüfen. Du kannst dir das Buch ab morgen aus der Klassenbücherei ausleihen, um herauszufinden, wie die Geschichte begonnen hat, wie sie weitergeht und wie sie endet«

Die Kinder im Blick	Didaktische Grundsätze
• Kinder lesen dann gerne, wenn sie der Inhalt interessiert und sie nicht überfordert sind. Deswegen spielt die Differenzierung im Leseunterricht eine tragende Rolle, um zu vermeiden, dass leseschwächere Kinder wenig lesen und wenig zum Lesen angeregt werden. • Tendenziell lesen mehr Mädchen zum Vergnügen als Jungen. Mädchen widmen sich gerne erzählender Literatur, Jungen eher weniger. Sie lesen eher Sachbücher und Comics. • Zwischen 10 und 12 Jahren nimmt bei Jungen das Lesen von Büchern zum Vergnügen ab.	Die Förderung der Lesemotivation ist eine der tragenden Säulen der Lesekompetenz. Kinder, die motiviert sind, zu lesen, lesen meist geläufiger und besser. Sie erfassen Texte rascher, verfügen über einen erweiterten Wortschatz sowie ein ausgeprägteres Textverständnis und können daher alle textlastigen Fächer besser bewältigen. Es gibt Möglichkeiten, die Lesemotivation extrinsisch (für das Lesen bekommt das Kind eine Belohnung oder wird nicht gemaßregelt, um mehr zu lesen) oder intrinsisch (das Kind liest aus Freude zum Lesen mit dem Ziel des Unterhaltenseins oder um sich zu informieren) zu fördern. Beide Ansätze haben ihren Anspruch und ihren Wert. Die Anreize extrinsischer Motivation sind für manche Kinder der erste Schlüssel, um sich überhaupt mit Lesemedien zu beschäftigen. Die oft im Leselernprozess angebotenen Lesepässe, mithilfe derer die Eltern bestätigen, dass das Kind einen bestimmten Zeitraum (laut oder leise) gelesen hat, sind auch in den weiterführenden Jahrgangsstufen der Grundschule ein bewährtes Mittel, um konstantes Leseverhalten zu etablieren und zunehmend wahrscheinlicher das Lesen auch intrinsisch motiviert zu erleben und das Leseselbstkonzept zu fördern.

Die Kinder im Blick	Didaktische Grundsätze
• Die IGLU-Studie 2006 offenbarte: 9 Prozent der Mädchen und 19 Prozent der Jungen lesen außerhalb der Schule nie oder fast nie zum Spaß. • Die Förderung der Lesefertigkeit ermöglicht ein angemessenes Lesetempo. Dieses ist die Grundlage zum Aufbau eines positiven Leseselbstkonzepts. • In individuellem Maße erreichen alle Kinder eine Progression im Bereich der Lesefertigkeit und im Ansatz lesestrategischen Verhaltens. Aufgabe der Schule ist es, die grundsätzliche Bereitschaft (gern) zu lesen zu erhalten und zu fördern. Dazu erhalten die Kinder Angebote, die die Kinder nutzen (z. B. Bücher in der Klassenbücherei, Ausleihe in der Bibliothek, Autorenlesungen, freie Lesezeiten, Buchvorstellungen durch die Kinder).	Lesen macht dann keine Freude, wenn die Buchstaben mühevoll zu Wörtern zusammen gelesen werden müssen und der ganze Akt des Verstehens als mühsam empfunden wird. Deshalb kommt der Differenzierung eine besondere Bedeutung zu. Leseförderung und Förderung der Lesemotivation wird in aktuellen didaktischen Ansätzen mit dem Schreiben eigener Texte mit unterhaltender, informierender oder argumentativer Zielstellung kombiniert. Lesen heißt nicht nur »Bücher« zu lesen. Um den Leseaffinitäten der Kinder entgegenzukommen, sollte man auch weitere (neue) Medien und vielfältige Gattungen den Leseinteressen der Kinder entsprechend anbieten. Handlungs- und produktionsorientierter Umgang mit Literatur und Lesestoff trägt ebenfalls dazu bei, die Lesemotivation und den Verstehensgrad sowie die Identifikationsmöglichkeit mit dem Gelesenen zu erhöhen. Dazu kann es auch unter anderem gehören, Stopmotionfilme zu drehen, ein Video zu erstellen oder zu klassischen Varianten des Lesetagebuchs, der Leserolle usw. zu greifen. Insgesamt geht es darum, durch handlungs- und produktionsorientierte Verfahren inhaltliche und soziale Interaktionsprozesse um den Leseprozess herum zu begünstigen. Motivierend wirkt auch, wenn Texte aus dem Alltag der Kinder in der Schule eine Bedeutung erhalten, dazu gehören neben erzählenden Büchern auch Sachbücher, Comics, Witze, Cartoons, Kalender oder auch Webseiten. Der Gang zur Bücherei, das Vorlesen der Lehrkraft, Buchvorstellungen durch die Kinder, Autorenlesungen in der Klasse oder Schule sind nachhaltig beeindruckend für die Kinder.

Typische Handlungen für den Fachbereich	Für den Fachbereich charakteristisch
• Mit einem Fragebogen das Leseinteresse der Klasse erheben • Vielfältige (freie) Lesegelegenheiten geben • Möglichkeiten der Buchvorstellung durch Lehrkraft und Kinder ermöglichen • Autorenlesungen • Briefe an Autoren schreiben • Fachvokabular zu Büchern anwenden: Autor, Titel, Klappentext, Altersempfehlung, Zeichnungen, Verlag, ISBN-Nummer • Lesestrategien zur Informationsentnahme haben eine dienende Funktion und sind nicht eigener Lerninhalt, um die Unterrichtsstunde nicht zu sehr zu »vergeistigen« • Ein gelungenes Tafelbild mit Illustrationen motiviert zum (Weiter-)Lesen • Das gemeinsame Lesen einer Klassenlektüre schafft Beziehung zum Buch und zur Klassengemeinschaft	Lesemotivation bezeichnet demnach den Grad an Motivation, die das Kind dem Lesen entgegenbringt. In der Grundschule geht es darum, bei Kindern nicht nur die Lesebereitschaft zu erhalten, zu wecken und zu fördern, sondern auch die Bewältigungsorientierung der Kinder zu unterstützen, auch Schwierigkeiten in Texten zu überwinden sowie das Lesen an sich mit positiven Erwartungen zu koppeln. Lesekompetente Kinder entwickeln besondere Motivation, lesen mehr und bauen damit ihre Lesekompetenzen im Vergleich zu weniger lesemotivierten Kindern kontinuierlich aus. Die Handlungsmöglichkeiten der Lehrkraft im Rahmen der Förderung der Lesemotivation sind sehr vielfältig und reichen vom Lesepass, zur Buchvorstellung durch die Kinder, Buchvorstellungen durch die Lehrkraft, Autorenlesungen, Lesenächten etc.

Tipp

Klassisch gehaltene Unterrichtseinheiten enthalten in der Regel mindestens drei der vier Bausteine »Erzählen • Vorlesen • Selbst Lesen • Gestalten«. Kombiniert mit passenden Illustrationen und evtl. einer Tafelzeichnung wird ein Großteil der Kinder erreicht, sich mit dem Inhalt des Lesestoffs näher und interessierter zu beschäftigen. Eine erste Möglichkeit der Identifikation – eine kurze freie Lehrererzählung – führt in die Ausgangssituation ein. Bewährt hat sich dabei eine spannende Stelle aus dem Buch. Das ist bei Kinderbüchern meist nicht der Anfang auf den ersten Seiten. Eine Zeichnung aus dem Buch oder das Bild eines Hauptakteurs bietet die Möglichkeit der Identifikation, bevor aus dem Buch vorgelesen wird. Dabei hat es sich bewährt, den Buchrücken zu verpacken. Dies nicht nur, weil es ein feierlicher Moment ist, den Buchrücken freizulegen, sondern oftmals verraten Buchcover oder Klappentext »zu viel« zum Einstieg in die Stunde und nehmen motivierende Spannungsbogen vorweg.
Bei dem Übergang von einer Ebene des Lesevierecks »Erzählen • Vorlesen • Selbst Lesen • Gestalten« zu einer anderen hat es sich bewährt, Vermutungen anstellen zu lassen, wie es weitergehen könnte, und diese kurz im Plenum zu sammeln und dann die nächste Ebene im Lehrweg zu beschreiten, um die Vermutungen zu überprüfen.
Alternativ zum vollständigen Abkleben der Buchaußenseite, kann es auch ausreichend sein, den Klappentext zuzukleben, je nachdem, was der jeweilige Inhalt ist.
Um Inhalte des Lesens im Buch zu visualisieren, lohnt es sich, über Bilder und Symbole den Inhalt zu verbildlichen und mit Zeilenangaben zu versehen. Die Illustrationen und Symbole erleichtern es den Kindern, den Handlungsverlauf noch besser nachzuverfolgen und eine Entwicklung nachzuerleben. Dies wirkt sich positiv auf den Reflexionsprozess aus.

Mögliche Reflexionsimpulse bei Lesemotivationsstunden:
- »Meine kostbarste Stelle in der Geschichte ...«
- »Wenn ich (Hauptperson) wäre ...«
- »So viel Lust macht mir das Buch zum Weiterlesen ...«
- »Meine Frage an den Autor ...«

Reflexionen zum Einsatz von Lesestrategien haben nur eine untergeordnete und dienende Rolle zum Erschließen des Inhalts und würden die emotionale Welle kognitiv brechen und werden nur im Ausnahmefall expliziter Reflexionsgegenstand.
Das Zeilenbeleglesen ist als fachgemäße Arbeitsweise im Kinderbuch mit einem Zeilometer umsetzbar. Dazu erhalten die Kinder einen Papierstreifen, auf dem abgestimmt von der Höhe auf die Zeilenzahl der Buchseite die Zeilen ablesbar sind.
Ist das Buch einzelnen Kindern bei einer Bucheinführung oder -vorstellung schon bekannt, werden sie gebeten, nichts zu verraten und als Geheimnisträger gewürdigt.
Die Buchauswahl, Bucheinführung oder -vorstellungen richten sich nach den Interessen der Kinder oder aktuellen Klassensituationen. Um zu vermeiden, dass zu vielen Kindern das gewählte Buch schon bekannt ist, kann man entweder ganz neue Bücher nehmen, die noch nicht lange auf dem Markt sind und bekannten Kinderbuchreihen aus dem Weg gehen. Unser Gefühl ist, dass langgediente Klassiker, wie zum Beispiel »Das Vamperl« von Renate Welsch oder »Hanno malt sich einen Drachen« von Irina Korschunow von 1978, mittlerweile so lange auf dem Markt sind, dass sie die Kinder »nicht mehr kennen« und deswegen als Klassiker wieder an Attraktivität gewinnen.
Unsere Lieblingsmethoden zur Inhaltserschließung sind neben den klassischen differenziert angelegten Zeilenbelegleseformaten die folgenden Methoden:
- Das sprechende Standbild: Ein oder zwei Kinder stehen für die Handlungsträger an einer spannenden Stelle der Geschichte und nehmen eine für sie passende Körperhaltung ein. Andere Kinder kommen hinzu und legen eine Hand auf die Figur, zu der sie sprechen möchten.

- Das Standpunktpunkt-Einnehmen: Im Klassenzimmer gibt es drei Orte. Diese sind mit der Bedeutung belegt: »Wie soll sich xy entscheiden: Ja • Nein • Vielleicht?« Die Kinder ordnen sich räumlich durch Aufstellen zu und begründen ihre Meinung.
- Das Weitermalen zum Ende eines Kapitels: »So kann es weitergehen ...«

Zu Klassenlektüren werden von den Verlagen oft Lesebegleithefte mit wertvollen Tipps und fertigen Unterrichtsvorschlägen geliefert, die das Umsetzen und freudvolle Arbeiten mit dem Geschichteninhalt erleichtern (z. B. Anregungen und Tipps zu Klassenlektüren von Beltz[2]).
Die Textquantität in einer Klassenlektüre lässt sich nicht quantitativ differenzieren. Die Arbeitsaufträge zur Informationsentnahme werden deshalb qualitativ (und ggf. quantitativ) für die einzelnen Kinder differenziert.

Schreiben

Schreibfertigkeiten

Möglicher Lehrweg	Aufmerksamkeitsrichtungen	Beispiel
Hinführung	• Einstimmen des Körpers und des Geistes mit gezielten koordinativen Aufgaben am Platz: erst im Stehen, dann im Sitzen	• Hier gilt der Grundsatz »von großen Bewegungen zu kleinen Bewegungen«. Dabei können gezielt Überkreuzbewegungen mit eingebunden sowie rhythmisches Sprechen und/oder auch das Bewegen zur Musik beachtet werden • Im Sitzen bieten sich Übungen zum »aktiven Sitzen« an, ebenso gezielte Übungen zur Beanspruchung und Lockerung der Arme, Beine, Hände und Finger, zur Hand- und Fingerkraft, zur Hand-Hand-Koordination und zur taktil-kinästhetischen Wahrnehmung • Tipp: Diese Übungen auch gezielt immer wieder in anderen Fächern einbauen, wenn es um das Thema »Schreiben« geht
Präsentation	• Satz des Tages • Alternativ: Wort des Tages	• Schreibflüssigkeitstraining erfolgt nicht isoliert, sondern wird integrativ mit den Bereichen »Rechtschreiben« sowie »Sprachgebrauch und Sprache untersuchen und reflektieren« und ggf. »Lesen« verbunden • Beispiel: PETERKANNTEEINEFEE,DIETRANKGERNETEE *Erläuterung: Herausarbeiten der Besonderheiten im Satz des Tages: »Peter kannte eine Fee, die trank gerne Tee«.* • Im Bereich »Rechtschreibung« sowie »Sprachgebrauch und Sprache untersuchen und reflektieren«: Rechtschreibbesonderheiten, Wortgrenzen und Wortarten bestimmen, Satzart festlegen, passendes Satzschlusszeichen wählen, Wortarten bestimmen und mit »Beweisen« die Wortartbestimmung fundieren

2 www.beltz.de/service/fuer_deutschlehrer_innen/klassenlektueren_anregungen_und_tipps.html (13.06.2022).

Möglicher Lehrweg	Aufmerksamkeitsrichtungen	Beispiel
		• Im Bereich »Lesen«: Signalgruppen zum sicheren, schnellen und genauen Lesen markieren (z. B. -ee-) • Der Satz des Tages wird in vorbildlicher Lehrerhandschrift als Schreibvorbild für die Kinder zum Beispiel an der Tafel festgehalten • Die Signalgruppen zum Lesen werden in Schreibgruppen zum sicheren, schnellen und genauen Schreiben hervorgehoben
Zielangabe	• Klare Formulierung in kindgerechter Form	*Kriterien für die Leserlichkeit* • Abstand zwischen Buchstaben und Wörtern • Schriftneigung • Buchstabenformen • Größenverhältnisse • Kreisformen • Buchstabenverbindungen • Strichführung • Flüssiges automatisiertes Schreiben
Gezieltes Schreiben und Üben	• Kriterien • (Selbst) gewählte Differenzierung	• Übungsdauer zwischen fünf und zehn Minuten • Selbst gewähltes Ziel miteinbauen, zum Beispiel: »Ich achte heute auf das genaue Verbinden des ›Köpfchen-e's‹ in der Vereinfachten Ausgangsschrift« • Freier Schreibanlass: »Dieser Satz passt am besten zum Satz des Tages dazu«. Die Kinder schreiben einen für sie individuell passenden zweiten Satz zum Satz des Tages und achten dabei wieder auf die tagesaktuelle Schwerpunktsetzung der besonders zu schreibenden Buchstaben oder Buchstabenverbindungen
Präsentation und Reflexion	• Ausstellung der Schreibergebnisse	• In einer Galerie werden die Schreibergebnisse ausgelegt. Die Kinder gehen umher und betrachten die Schreibergebnisse • Im Sitzkreis erhalten die Verfasser der Sätze eine kriteriale und wertschätzende Rückmeldung und können sich selbst zu ihrem Schreibprodukt äußern
Individuelle Rückmeldung	• Feedback • Mit Kindern kompetenzorientiert über ihr Lernen sprechen	• Zum (selbst gewählten) Schreibziel erhält jedes Kind eine verschriftlichte und im Idealfall auch mündliche Rückmeldung • Aus dem Ergänzungssatz kann ein individueller Wortschatz zum Üben im Bereich »Rechtschreiben« erwachsen
Überarbeitung und Präsentation	• Überarbeitung der beiden Sätze	• Beachten der Anmerkungen aus der Reflexion im Plenum sowie der individuellen Rückmeldungen (ggf. Generieren eines neuen Schreibzieles) • Gestalten des Satz des Tages (z. B. auf ein Schmuckblatt oder in ein besonderes Heft, in dem die Sätze des Tages im Laufe des Schuljahres gesammelt werden) • Ausstellen der Ergebnisse (z. B. in einer Vitrine, auf Buchständern)

Die Kinder im Blick	Didaktische Grundsätze
Jedes Kind wird beim Schreibvorgang von Buchstaben, Wörtern und Sätzen mit einer nicht zu verachtenden Zahl an Anforderungen konfrontiert. Dazu gehören in motorischer Hinsicht koordinative Fähigkeiten, die Formgliederung, die Proportionierung der Buchstabenelemente eines Buchstabens und Leserlichkeit einzelner Buchstaben miteinander so zu kombinieren, dass die Größenverhältnisse der Buchstaben zueinander, der Berücksichtigung der Schreibräume in der Lineatur und im Wort bzw. Satz sowie die Schriftlage und Neigung passend sind. Dabei wird gleichzeitig darauf geachtet, dass Sitz- und Körperhaltung auf einem Stuhl und an einem Tisch, Griff- und Fassart des Schreibgerätes mit den vielfältigen Anforderungen von Raumlagebeziehungen den Schreibanforderungen gerecht werden. Zusätzlich sind linguistische Konstruktion, semantische Verarbeitung, Phonem-Graphem-Zuordnung, Allographenauswahl, Parametersetzung, muskuläre Umsetzung sowie Aufmerksamkeit und Konzentration, visuelle Orientierung (z. B. zur Kontrolle des Geschriebenen), Fähigkeiten zur auditiven Untergliederung und Kompetenzen gefordert.	• Für die neu in die Grundschule kommenden Kinder ist die Erstschrift in der Regel die Druckschrift. Besondere Beachtung gilt der Abfolge der »Teillinienstücke«, aus denen der Buchstabe zusammengesetzt wird, um den Kindern ein bewegungsökonomisches Schreiben zu ermöglichen und gleichzeitig die oftmals verwandten Bewegungsabläufe der auf die Druckbuchstaben folgende verbundene Schrift vorzubereiten. • Für die gesamte Dauer der Grundschulzeit wird auf die passende Stifthaltung beim Gebrauch aller Stifte geachtet und immer wieder werden die Kinder, am besten ritualisiert, daran erinnert, wie der Stift, der Körper, das zu beschreibende Blatt und die Schreibhand sowie die Hand ohne Stift zu handhaben sind. • Das Schriftvorbild der Lehrkraft an der Tafel sowie in Heften (z. B. bei Korrekturen oder vorgeschriebenen Buchstaben und Wörtern) prägen das Schriftbild der Kinder ebenso wie die sorgfältige Betreuung und Würdigung der Kinderergebnisse und deren Bereitschaft zur individuell möglichen Gestaltung der Schriftergebnisse. • Pädagogisch wertschätzende und kontinuierlich zeitnahe Würdigung der Schreibergebnisse, evtl. sogar im Schreibgespräch, ist nicht nur schulrechtlich festgehalten, sondern auch pädagogisch hoch wirksam. • Rechtschreibfehler werden auch im Anfangsunterricht gekennzeichnet und den Kindern rückgemeldet. Aus den Fehlschreibungen entsteht für jedes Kind ein individueller Übungswortschatz der für das Kind bedeutsamen Wörter. • Von Anfang an erleben sich die Kinder als schreibkompetent, indem sie spontan oder zu freien Schreibanlässen Schrift- und ggf. ergänzende Bildergebnisse für sich und andere gestalten. • In der Regel wird ab der zweiten Jahrgangsstufe die verbundene Schrift eingeführt. Je nach individueller Leistungsfähigkeit und Interesse kann dies auch individuell zu einem früheren oder späteren Zeitpunkt erfolgen. • Die verbundene Schrift ist nach dem Erwerb des Normbildes der Buchstaben die Grundlage der Entwicklung einer persönlichen Handschrift. Möglichkeiten dazu werden mithilfe von Schriftvergleichen reflektiert und weitergeführt. • Bei Kindern, denen es aufgrund von zum Beispiel motorischen Umständen nicht möglich ist, mit einer verbundenen Schrift leserlich zu schreiben, können (wenn dies die Leserlichkeit erhöht) auch nach der ersten Jahrgangsstufe Druckbuchstaben zum Verschriftlichen nutzen. • Linkshänder dürfen nicht so umerzogen werden, dass sie mit der rechten Hand schreiben. Linkshänder schreiben mit der linken Hand. • Eine für sich und andere gute leserliche und gestaltete Handschrift ist Unterrichtsprinzip in allen Fächern. • In der Beurteilung zur (Förder-)Diagnostik werden bei Buchstaben und Zahlen die Merkmale der Bewegungsausführung, der Form, des Raumnutzens (z. B. gedrungen, linkslastig, Abstände) Wort- und Satzstruktur beachtet. • Begleitend zum gestaltenden Arbeiten mit Schrift, nicht nur im Erstunterricht, bietet es sich an, grundlegende motorische Fertigkeiten des Malens, Knetens, Reißens, Faltens, Schneidens und Sich-Bewegens immer wieder ritualisierend in den Unterricht miteinzuplanen. • Bevorzugt werden kurze und konzentrierte Einheiten zum Üben von Schreibfertigkeiten gegenüber langwierigen 45 Minuten-Blöcken.

Typische Handlungen für den Fachbereich	Für den Fachbereich charakteristisch
• Arbeitsplatz herrichten, passende Körper-, Sitz- und Stifthaltung einnehmen • Bewegungsökonomisches Schreiben üben • Formelemente und Gesamteindruck von Schrift und Gestaltung produzieren und reflektieren • Schreibanlässe unter kommunikativem und ästhetischem Aspekt verfassen • Hefte und Mappen passend führen • Übungen zur Feinmotorik und zur grafomotorischen Kompetenz • Schreiben: Auf unterschiedliche Materialien und mit unterschiedlichen Größen, auf unterschiedlichen Lineaturen, mit unterschiedlichen Stiften, mit unterschiedlichen Schriftarten • Reflexion und Selbsteinschätzung eigener Schriftprodukte sowie die von anderen	Für diesen Fachbereich des Deutschunterrichts sind vor allem zwei Funktionen des Schreibens auf den ersten Blick relevant. Zum einen geht es um die *normgerechte Funktion*, die gewährleistet, dass das Geschriebene vom Schreiber und von anderen gelesen und verstanden werden kann. Zum anderen geht es um die *ästhetische Funktion* des Schreibens als ästhetischer Ausdruck und Wirkungsgehalt. Grundsätzlich besagen die Lehrpläne in der Regel nicht, dass die Kinder eine ästhetische Schrift entwickeln sollen, sondern eine leserliche und flüssige individuelle Handschrift. Da Ästhetik (»Schönschrift«) sehr subjektiv ist, wird der Fokus auf Kriterien für eine leserliche Handschrift gelegt. Somit wird die kommunikative Funktion der Schrift in den Fokus gerückt. Zusätzlich zu einer nach individuellen Möglichkeiten formklarer, gut leserlicher, automatisierter und bewegungsökonomischer Druck- und Schreibschrift, gehört unter anderem auch das handlungssichere Gestalten von Heft- und Blockblättereinträgen und das dem jeweiligen Zweck angepasste Gestalten von Schriftstücken (z. B. auf Plakaten oder Einladungen). Gestaltende Arbeiten werden grundsätzlich mit sinnvollen Schreibanlässen kombiniert, um ein »sinnleeres« Üben zu vermeiden. Mit zunehmender Schreibkompetenz gelingt es den Kindern immer besser, die Zeitdauer, die sie für eine bestimmte Textquantität zum Schreiben benötigen, nicht nur leserlich, sondern auch rechtschriftlich und grammatikalisch richtig zu beschleunigen und damit schreibflüssiger zu machen. Der zentrale Begriff »Leserlichkeit« ist nicht zu verwechseln mit dem immer wieder fälschlicherweise synonym verwendeten Begriff »Lesbarkeit«. Im Gegensatz zur Leserlichkeit kann Lesbarkeit mehr oder weniger mit Verständlichkeit gleichgesetzt werden. Sie ergibt sich nicht aus der Art, wie die Schrift geschrieben ist, sondern hängt von semantischen und syntaktischen Informationen ab. Des Weiteren wird der Begriff der »Leserlichkeit« von der »Schönschrift« abgegrenzt. Damit geht der Blick weg von einer ästhetischen Komponente, hin zur kommunikativen Funktion von Schrift (vgl. Rüb 2018).

Tipp

- Häufiger kommt es zu Buchstabenverformungen, wenn Kinder zwar schnell schreiben, die einzelnen Buchstaben(-Verbindungen) aber noch nicht richtig ausdifferenzieren können. Deshalb sollte vor dem Schnellschreiben von Buchstaben und Wörtern eine gute Schulung von Buchstabenformen mithilfe vielfältiger mentalen und koordinativen Übungsformen vorangehen.
- Schriftgespräche/Reflexionsgespräche zur Handschrift zu den Kriterien »Formklarheit« und »Leserlichkeit« durchführen (z. B. Schriftbeispiele und -vergleiche).
- Heft- und Mappeneinträge mit viel Zeit ritualisiert und immer gleich einführen (z. B. Datum immer oben links, dann eine Zeile frei, dann die Überschrift und mit Lineal unterstreichen).
- In der ersten Jahrgangsstufe zwischen den Worten einen gelben Stern mit Strichen zeichnen, um die Wortgrenzen zu verdeutlichen. Mit zunehmendem Können entfällt der Stern, die Lücke aber bleibt.
- Sowohl optisch als auch akustisch ähnliche Buchstaben aufgrund der Verwechslungsgefahr in größerem zeitlichen Abstand einführen.
- Prinzipiell auf an die Jahrgangsstufe angepasste Lineatur achten und gleichzeitig nicht pedantisch an der Lineatur festhalten. Im Rahmen der Entwicklung individueller Handschrift kann auch eine individuelle Wahl der Lineatur erfolgen, wenn die Buchstabenformen gefestigt sind. Ansonsten können Lineaturen auch durch die visuelle Kontrolle der Schreibbewegung einengen, die im Folgenden einer Automatisierung entgegenwirkt.

- Schreibübungen mit dem Lieblingsstift können zusätzlich motivieren.
- Bevorzugt wesentliche Formelemente von Buchstaben(-Verbindungen) üben (z.B. Linien, Bögen, Winkel, Aufstrich, Abstrich) und Nachspuren und klassische Schwungübungen randständig trainieren.
- Abschreibtraining einüben, sodass vermieden wird, dass manche Kinder Wörter Buchstabe für Buchstabe abschreiben (»Vogelpickschreiber«).
- Emotionales Einprägen des Bewegungsablaufes (z.B. durch eine Geschichte oder einen Merkspruch flankieren)
- Optische Merkhilfe für Linkshänder zur Ausrichtung der Schreibunterlage auf Arbeitsplatz ankleben
- Korrekte Sitz- und Stifthaltung ritualisiert vor dem Schreibbeginn einführen und mit Blick auf jedes Kind individuell berichtigen
- Schriftbeispiele sammeln und archivieren, um sie als Lehrkraft gezielt auch für andere Kinder wieder als Anschauungsbeispiel einsetzen zu können
- Buchstaben bei der Demonstration in der Luft als Lehrkraft spiegelverkehrt führen, sodass sich die Kinder den passenden Richtungsverlauf einprägen und die Lehrkraft die Korrektheit der Bewegungsausführungen der Kinder im Blick halten kann
- Gestaltungskriterien für einen gelungenen Hefteintrag mit den Kindern entwickeln
- Mit den Kindern Kriterien für ein übersichtliches Plakat finden. Dazu eignet sich zunächst ein größeres Format, auf dem die Kinder explorieren, an welcher Stelle die Überschrift, Text(teile), Abbildungen usw. platziert werden, um für die Leser und Betrachter ansprechend und informativ zu wirken. Aus den Gestaltungsversuchen der Kinder werden dann die Kriterien gelungener Plakatgestaltung abgeleitet
- Händigkeit jedes Kindes überprüfen
- Unterschiedliche Möglichkeiten für eine lockere Haltung des Handgelenks und der Schreibhaltung im Ganzen finden
- Auf lockere Haltung des Handgelenks und der Stifthaltung achten, um ein Schreiben mit zu viel Druck zu vermeiden, so kann zum Beispiel eine Moosgummiplatte unter das Papier gelegt werden
- Eltern am Elternabend über geeignete Schreibgeräte beraten, besonders bei Linkshändern
- Linkshänder sitzen immer links von einem Rechtshänder. So stoßen die Ellenbogen beim Schreiben nicht zusammen
- Bei Linkshändern wird das Blatt um 30 Grad nach rechts geneigt. Die Hand ist somit nicht abgeknickt, sondern befindet sich unterhalb der Schrift, um Geschriebenes nicht zu verschmieren
- Mit den Kindern Fachsprache verwenden: Ecke, Spitze, Girlande, Haltepunkt, Lineatur, Luftsprung, Anstrich, Deckstrich, Drehrichtung, Mittelband, Ober-, Mittel- und Grundlinie, Oberlänge, Unterlänge
- Sinnstiftende Schreibanlässe motivieren zu ansprechender Gestaltung (z.B. einen Brief schreiben)

<table>
<tr><th>Möglicher Lehrweg</th><th>Aufmerksamkeitsrichtungen</th><th>Beispiel</th></tr>
<tr><td>Verorten im Arbeitsprozess</td><td colspan="2">Rückgriff auf die Handlungsschritte »So arbeitet ein Autor«: Schreibziel festlegen • Ideen sammeln • Text verfassen • Text überarbeiten • Text veröffentlichen</td></tr>
<tr><td>Zielangabe

Schreibziel</td><td>• Benennen des Schreibzieles
• Festlegen (individueller) Schreibziele in inhaltlicher Hinsicht und bezüglich der Verwendung ausgewählter sprachlicher Mittel</td><td>• Der Unterricht beginnt mit der Zielangabe. Den Kindern wird transparent gemacht, ob es sich im Folgenden um unterhaltendes, argumentierendes oder informierendes Schreiben handelt
• Die Zielangabe kommt nicht nach der Einstimmung, weil die sonst geschaffene emotional dichte Atmosphäre, die der Schreibmotivation dient, ggf. unnötig kognitiviert wird, weil erst dann über die inhaltliche und sprachliche Zielsetzung gesprochen wird

Inhaltliches Schreibziel
• Zum Beispiel eine Gesamtidee und Schreibvorstellungen für den Text entwickeln
• Bewusst eine Facette daraus entfalten

Sprachliches Schreibziel
• Zum Beispiel das Verwenden passender wörtlicher Rede, um den Text lebendiger und unterhaltsamer zu gestalten</td></tr>
<tr><td>Einstimmung</td><td>• Emotional und sinnlogische Einstimmung
• Schreibmotivation schaffen
• Ein intensiver Eindruck ist die Voraussetzung für einen intensiven Ausdruck</td><td>Ansprechen verschiedener Sinne, zum Beispiel:
• Haptisch: eine mit einer Decke verhüllte Schatzkiste unter der Decke fühlen
• Optisch: die Decke von der Schatzkiste nehmen, die Schatzkiste genau beschreiben
• Olfaktorisch: an nassem Sand riechen, den feuchten Sand fühlen
• Gustatorisch: je nach Thematik etwas Salziges, etwas Süßes, etwas Fruchtiges, etwas Gemüsiges probieren
• Akustisch: eingespielte passende Instrumentalmusik, eine Lehrererzählung bietet den Rahmen
• Das Sammeln von Vermutungen schafft einen Ideenpool, aus dem die Kinder für ihren eigenen Schreibprozess schöpfen können</td></tr>
<tr><td>Schreibexploration und -produktion</td><td>• Schreibziel verinnerlichen
• Ideen- und Wortsammlung
• Textmuster inhaltlich anwenden und sprachlich ausgestalten
• Verschriftlichen des Erstentwurfes</td><td>• Ideen und Wortmaterial (z. B. in Stichpunkten) sammeln
• Auf einen Handlungsstrang fokussieren
• Schreibidee mit dem Schreibziel abgleichen und in eine logische Abfolge bringen
• Passendes Textmuster anwenden
• Text verfassen</td></tr>
</table>

Möglicher Lehrweg	Aufmerksamkeitsrichtungen	Beispiel
Rückmeldung und Präsentation	• Kriteriale Rückmeldung im Plenum und/oder von dem Schreibpartner	• Vor der Präsentation wird in der Regel durch Vorlesen durch das Kind oder der Lehrkraft das bzw. die individuellen Schreibziel(e) benannt und ggf. für alle Zuhörenden von der Lehrkraft visualisiert • Aufgrund dieser Zielsetzung erhält der Verfassende des Textes eine wertschätzende Rückmeldung, zum Beispiel: – »So unterhaltend fand ich deinen Text ...« bzw. »So hat der Text auf mich gewirkt ...« – »Besonders gut gelungen ist dir ...« (ggf. ein Beispiel dazu benennen) – »Mein Tipp für dich ...« – »Insgesamt ...«
Ausblick	• Verorten im Arbeitsprozess	*Rückgriff auf die Handlungsschritte »So arbeitet ein Autor«:* • Schreibziel festlegen • Ideen sammeln • Text verfassen • Text überarbeiten • Text veröffentlichen

Texte überarbeiten

Möglicher Lehrweg	Aufmerksamkeitsrichtungen	Beispiel
Anknüpfung	• Verorten im Arbeitsprozess • Inhaltliche Rückbesinnung • Schreibziel fokussieren • Rückschau auf die bisherige Arbeit am Text • Aktivierung des Vorwissens zu inhaltlichen und sprachlichen Kriterien • Fixieren der inhaltlichen und sprachlichen Kriterien	• Rückgriff auf die Handlungsschritte »So arbeitet ein Autor«: Schreibziel festlegen • Ideen sammeln • Text verfassen • Text überarbeiten • Text veröffentlichen • Über eine kurze Anknüpfung wird der emotionale Rahmen geschaffen, der das Autorenkind in die Ausgangssituation seiner Geschichte zurückversetzt • Die Fokussierung auf das Schreibziel öffnet den Blick darauf, dass es unterschiedliche Textformen gibt, aus denen sich unterschiedliche Schreibziele generieren • Mögliche Aufmerksamkeitsrichtungen an inhaltlichen und sprachlichen Kriterien eröffnen die Vielfalt an Überarbeitungsmöglichkeiten am eigenen Text
Zielangabe	• Zielangabe spezifisch auf den Inhalt und die Überarbeitungsschwerpunkte abstimmen • Mit den Kindern entwickeln	• Aus den Aufmerksamkeitsrichtungen an inhaltlichen und sprachlichen Kriterien wählen sich die Autorenkinder ein bis drei Schwerpunkte aus oder erhalten mit Unterstützung der Schreibberatung Überarbeitungsziele

Möglicher Lehrweg	Aufmerksamkeitsrichtungen	Beispiel
Kriterienbezogene Schreibberatung	• Eigene Überarbeitungsschwerpunkte finden • Schreibberatung von der Lehrkraft und/oder dem Schreibpartner erhalten und nutzen	• Die Überarbeitungsimpulse kommen zu Beginn in der Regel von der Lehrkraft. Mit zunehmender Schreibkompetenz gelingt es ebenfalls den Kindern, inhaltliche und sprachliche Auffälligkeiten herauszuarbeiten • Im Rahmen einer stärkenorientierten Schreibberatung geht es auch darum, nicht nur Tipps, sondern auch besonders Gelungenes hervorzuheben, zum Beispiel: »Meine Lieblingsstelle in deinem Text ...« oder »Meine drei Lieblingsstellen in deinem Text ...« Ein farbiges Unterstreichen dieser Stellen macht die Besonderheit im Text für den Verfasser dauerhaft sichtbar • Der wiederholte Austausch über die einzelnen Texte der Kinder führt dazu, dass inhaltliche und sprachliche Mittel zunehmend bewusst eingesetzt werden. Äußerst schreibkompetente Kinder überarbeiten bereits während des Verfassens der Texte ihren Erstentwurf
Kriterienbezogene Überarbeitungsphase	• Individuelle Ziele für die Überarbeitung formulieren (»In meinem Text möchte ich ...«) • Arbeiten mit Übungsmaterial zur (selbst) gewählten Zielformulierung	
Präsentation und Reflexion	• Rückmeldung vom Schreibpartner • Rückmeldung im Plenum	• Vor der Präsentation benennt das Autorenkind sein(e) Schreibziel(e), um eine gezielte Rückmeldung zu erhalten • Die Rückmeldung aus der Schreibberatung mit dem Schreibpartner ermöglicht eine hohe Aktivierung der Kinder als Autorenleser und auch als Zuhörer, der Rückmeldung gibt • Bei der Präsentation im Plenum hat es sich bewährt, dass das Autorenkind zum Vortrag einen besonders gestalteten Platz erhält
Ausblick	• Verorten im Arbeitsprozess	• Rückgriff auf die Handlungsschritte »So arbeitet ein Autor«: Schreibziel festlegen • Ideen sammeln • Text verfassen • Text überarbeiten • Text veröffentlichen

Texte präsentieren

Möglicher Lehrweg	Aufmerksamkeitsrichtungen	Beispiel
Anknüpfung	• Verorten im Arbeitsprozess	• Rückgriff auf die Handlungsschritte »So arbeitet ein Autor«: Schreibziel festlegen • Ideen sammeln • Text verfassen • Text überarbeiten • Text veröffentlichen
Zielangabe	• Zielangabe spezifisch auf den Präsentationsschwerpunkt und Präsentationsort abstimmen	• Möglichkeiten sammeln, in welcher Form und auf welche Art der Text präsentiert werden soll • Zum Beispiel als Text mit besonders gestaltetem Titelblatt, als Wandzeitung, gestaltet mit dem Computer, als Hörspiel, als Beitrag zum Geschichtenklassenschatz, als Text des Monats, zum Schulfest, als Spielfilm, in einer Autorenlesung, auf der Schulhomepage, im Klassenblog

Möglicher Lehrweg	Aufmerksamkeitsrichtungen	Beispiel
Gestaltung	• Optimierung des Textes in gestalterisch-kreativer Form	• Je nach individueller Zielsetzung arbeiten die Kinder arbeitsteilig an der von ihnen gewählten Form (z. B. in Arbeitsgruppen) • Bei der Gestaltung von Plakaten oder Wandzeitungen kommt es zum Beispiel auch darauf an, den Text in Absätze zu gliedern, Überschriften hervorzuheben usw.
Üben der Präsentation	• Sicher werden in der Präsentation	• Die Kinder sind in mehrfacher Hinsicht gefordert. Es geht um die für sich und andere ansprechende inhaltliche Aufbereitung des Textes, zusätzlich um die optische Gestaltung und bei mündlichen Präsentationen um die Art des klanggestaltenden Vortrags. Werden weitere Medien zur Veranschaulichung genutzt (z. B. eine Powerpoint-Präsentation), muss das Bedienen technischer Mittel und Medien geläufig sein. • Ein entspanntes und rechtzeitiges Üben schafft Sicherheit für eine gelungene Präsentation. Besonders das Vorlesen bedarf, um vor einer breiteren Öffentlichkeit gut zu wirken, einiger Übung bezüglich des klanggestaltenden Vortrags
Schaffen von Öffentlichkeit **Rückmeldemöglichkeiten eröffnen**	• Text präsentieren • Rückmeldungen an das Autorenkind	• Leicht verwirklichbar sind direkte Rückmeldungen über Applaus sowie verbales Feedback zur Wirkung • Dauerhaft bleiben Verschriftlichungen zum Beispiel auf Rückmeldezetteln, in einem Komplimente-Buch, in einem Blog
Ausblick	• Verorten im Arbeitsprozess	• Rückgriff auf die Handlungsschritte »So arbeitet ein Autor«: Schreibziel festlegen • Ideen sammeln • Text verfassen • Text überarbeiten • Text veröffentlichen • Neues Schreibprodukt mit bewährten und neuen Schreibzielen?

Die Kinder im Blick	Didaktische Grundsätze
Bereits im Rahmen des Schriftspracherwerbs der ersten Jahrgangsstufe verfassen Kinder motiviert kleine »Texte«, oft zunächst in Skelettschrift, angereichert mit Bildern und Symbolen. Im Laufe der Grundschulzeit entwickelt sich die Planungskompetenz von lokaler zu globaler Textplanung, vom eigenem Wissen zur differenzierten Nutzung externer Wissensspeicher. Die Formulierungskompetenz verändert sich von der mündlichen Kommunikation beeinflussten zu	• Schreiben dient zur Kommunikation und ermöglicht kreatives und gestalterisches Umgehen mit Sprache. • Von besonderer Bedeutung ist die klare Zielvorstellung dessen, was beim Leser mit dem Text erreicht werden soll. Geht es um informierendes (Rezept, Wegbeschreibung, Gebrauchsanweisung, Bericht ...), argumentierendes (Erörterung), appellatives (Werbung) oder unterhaltendes (Erzählung, Gedicht ...) Schreiben? Je nach Textsorte und Schreibabsicht werden beim Verfassen und beim Reflektieren und Überarbeiten unterschiedliche Textmuster und sprachliche Mittel genutzt. • Rechtschreibung findet ihren Stellenwert beim Verfassen der Texte ebenso wie in der Überarbeitung von Texten mit dem Ziel der Präsentation. Dabei benötigen die Kinder die Hilfe der Lehrkraft. Ein selbstständiges Überarbeiten der eigenen Texte mithilfe eines Wörterbuchs ist für die meisten Kinder überfordernd und nicht zielführend. • Beim Planen von Texten eine Vielfalt an Möglichkeiten der Ideensammlung und Notation anbieten. Ein »roter Faden« setzt zum Beispiel bereits die Idee eines Handlungsplanes im Text voraus, eine Mindmap fixiert zunächst die Rahmenbedingungen möglicher Ereignisse und beteiligter Personen oder Handlungssituationen, die erst im Folgenden in eine Verbindung gebracht werden.

Die Kinder im Blick	Didaktische Grundsätze
schriftsprachlich Struktur- und Ausdrucksformen. Im Rahmen der Überarbeitungskompetenz wird ein Zuwachs der Schreibkompetenz dahingehend deutlich, dass zunehmend an Texttiefenstrukturen und eher am Textganzen orientierten Überarbeitungen möglich ist (vgl. Pohl 2014).	• Kinder benötigen zum Verfassen von Texten Orientierungshilfen (z. B. durch Textmuster oder Schreibpläne). • Statt klassischer Aufsatzthemen und enger Textsortendidaktik sind motivierende Schreibaufgaben das Themenfeld. • Kinder beginnen ab der 1. Jahrgangsstufe mit dem Verfassen von Texten (z. B. Erlebnis vom Wochenende, Brief an eine Person schreiben). • Das Verfassen von Teilen von Texten ist legitim (z. B. einen Schluss zu einer Geschichte schreiben). • Redigierende Tätigkeiten als Formen des Überarbeitens auch bereits während des Verfassens von Texten ist ein ständiger Wechsel zwischen Lesen, Schreiben, Überarbeiten, Entwerfen sowie Orientieren an der Zielvorstellung und deswegen ein hoch komplexer Prozess, der vielfältig geübt werden muss. • Das Überarbeiten der Texte erfolgt anhand der Zielvorstellung des Schreibens und den möglichen Textmustern. Sprachliche Mittel können zum Beispiel durch Unterstreichen kenntlich gemacht werden. Ist nur eine wörtliche Rede in einem unterhaltenden Text unterstrichen, deutet es dem Kind an, dass vermutlich zu wenige wörtliche Reden im Text enthalten sind. • Das Überarbeiten der verfassten Texte beschränkt sich auf bis zu drei Überarbeitungsschwerpunkte. Diese können selbst gewählt sein, in der Regel benötigen die Kinder die Unterstützung der Lehrkraft. • Es kann auch ausreichend sein, nur einen Teilabschnitt aus einem Text zu überarbeiten. Nicht immer muss der gesamte Text überarbeitet werden. Die Überarbeitung kann in Einzelarbeit, mit einem Schreibpartner oder kollaborativ in Autorenteams erfolgen. Das ästhetisch ansprechende Gestalten ausgewählter Texte über die Schuljahre ist ein eigenes Ziel im Bereich Schreiben. Das Ermöglichen von individuellen Rückmeldungen zu jedem Text schafft eine nachhaltige Schreibmotivation. • Im Rahmen prozessorientierter Schreibdidaktik wird das Schreiben als Prozess verstanden, innerhalb dessen Schreiben gleichzeitig Lernmedium und Lerngegenstand ist. Beurteilungsorientierung berücksichtigt nicht nur das fertige Produkt des Textes, sondern auch individuelle Entwicklungsprozesse des Kindes sowie die Leistungen in den einzelnen Phasen des Schreibprozesses vom Planen und Schreiben zum Überarbeiten zum Präsentieren. Die Gewichtung der einzelnen Teile obliegt der pädagogischen Verantwortung der Lehrkraft.

Typische Handlungen für den Fachbereich	Für den Fachbereich charakteristisch
Texte planen • Schreibvorstellung anhand des Schreibziels bilden • Textmuster vergegenwärtigen • Ideensammlungen anlegen, auf inhaltliche und sprachliche Muster zurückgreifen • Ideensammlungen aufbereiten (z. B. als Mindmap oder am »roten Faden«) *Texte schreiben* • Ideensammlungen (ggf. in Auswahl) verwenden • Textmuster am spezifischen Inhalt inhaltslogisch und folgerichtig anwenden	Im Zentrum des Fachbereichs »Schreiben« in der Grundschule steht unseres Erachtens der kommunikative Aspekt unter den vielen Aspekten und Funktionen, die Schreiben hat. Gleichzeitig dient Schreiben ebenso der Aufbewahrung von Informationen, der Reflexion und Vertiefung. Das Verfassen von systematischen Reflexionen (z. B. in einem Lerntagebuch) erhält unter dem Aspekt der Strategieorientierung über die Fächer der Grundschule hinweg, einen erhöhten Stellenwert. Das Planen, Schreiben und Überarbeiten sind redundante Abläufe und Wiederholungen im Schreibprozess, die nicht voneinander getrennt ablaufen. Mit zunehmender Schreibkompetenz werden bereits während des Planens und Schreibens von Texten Überarbeitungsstrategien und Korrekturen sowie Optimierungen mitbedacht und in den Schreibverlauf integriert. Dabei orientiert sich das Verfassen der Texte an der grundlegenden Schreibintention des Informierens, Argumentierens oder Unterhaltens.

Typische Handlungen für den Fachbereich	Für den Fachbereich charakteristisch
• Schreibpläne als Orientierungshilfe nutzen *Texte überarbeiten* • Am Schreibziel orientiert ausgewählte Überarbeitungsimpulse selbstständig finden oder von der Schreibberatung erhalten • Schreibberatung erhalten und geben (adressatengerecht formulieren) • Schreibberatungsimpulse umsetzen *Texte präsentieren* • Einen Text für andere klanggestaltend vortragen • Einen Text optisch ansprechend und leicht lesbar und motivierend für andere aufbereiten	Das Präsentieren bzw. Veröffentlichen der Texte ist für die Kinder von besonderer motivationaler Bedeutung, sich den anspruchsvollen vielschichtigen Prozessen des Verfassens von Texten immer wieder zu stellen. Das Schreibziel ist die Kerngrundlage der Schreibberatung und Rückmeldung für den Verfasser. Besonders prädestiniert ist der Fachbereich Schreiben für das fachbereichsintegrierende Arbeiten im Deutschunterricht. Die vielfältigen Leistungsaspekte aus dem Bereich »Sprachgebrauch und Sprache untersuchen und reflektieren« finden im Verfassen von Texten sinnstiftende Anwendung. Über den Bereich der schreibvorbereitenden Handlungen und Kommunikationen und Schreibberatungen ist der Bereich »Sprechen und Zuhören« von hohem Stellenwert. Der Bereich »Rechtschreiben« ist in allen Phasen präsent und über die Leseerfahrungen der Kinder wird den Kindern eine weitere Möglichkeit geboten, sich Texte zu erschließen und die Schreibabsichten von Autoren, auch über die erkannten Textmuster und sprachlichen Mittel, zu erschließen. Im Rahmen prozessorientierter Schreibdidaktik steht nicht das erste Endprodukt im Fokus, sondern über die Überarbeitungs- und Rückmeldeprozesse die Fähigkeit, den eigenen Text über gezielte und ausgewählte Impulse zu optimieren. Schreibaufgaben statt klassischer Aufsatzthemen schaffen zielorientierte, sinnstiftende und motivierende Schreibhandlungsprozesse, die die Kinder in ihrem Schreibhandeln positiv bestärken und eine Ergebnisvielfalt ermöglichen. Dazu bietet der Unterricht in der Grundschule vielfältige Schreibanlässe, die unter anderem informierendes Schreiben (z. B. ein Brief an den Förster in Zusammenhang mit einem Unterrichtsgang), freies Schreiben (z. B. im Rahmen fester Schreibzeiten), unterhaltendes Schreiben von Geschichten nach Textmustern sowie kreative auch lyrische Schreibformen beinhalten. Bei unterhaltsamen und erzählenden Texten ist eine Vielfalt an Handlungsverläufen erwünscht, sodass die klassische »Erzählmaus« nur noch eine Form des Erzählaufbaus ist. Fachbegrifflich wird nicht mehr von einem Höhepunkt, sondern von einem Wendepunkt in einer Erzählhandlung im Text gesprochen.

Tipp

- Beim Verfassen des Textes bleibt jede zweite Zeile frei. Auf diese Weise ist genügend Platz für Anmerkungen der Schreibberatung.
- Bei der Angst vor dem »weißen Blatt« können unter anderem individueller Zuspruch und Rückmeldung, Klären von Schreibideen, ein Angebot an Ideensammlungen, Satzanfänge und kleinere Papierformate hilfreich sein.
- Um zu vermeiden, dass die Kindertexte nach vier Zeilen zu Ende sind, kann es hilfreich sein, für manche Kinder Satzvorgaben bezüglich der Quantität zu geben.
- Bei Einleitungen in unterhaltenden Texten hat es sich bewährt, die Fragen »Wer?«, »Was?«, »Wo?«, »Wie?« und vor allem »Warum handeln Personen so?« zu stellen. Dieses »Warum?« kann dann wieder im Schluss des Textes aufgegriffen werden.
- Für Kinder, die ihren Text nicht überarbeiten möchten, ist es auch möglich, nur einen Textteil zu überarbeiten und einen Überarbeitungsschwerpunkt zu behandeln.
- Das Verfassen von Texten ist die Grundlage für das Erstellen eines Klassenwortschatzes oder individuellen Wortschatzes im Bereich der Rechtschreibung.
- Bei thematischen Geschichten kann es bereits vorlaufend sinnvoll sein, Lernwörter über Wortspeicherarbeit vorzuentlasten, die für Kinder schwierig zu schreiben sind (z. B. die Wör-

ter »Riff«, »Oktopus«, »Kajüte« bei Piratenthemen). Dieses Vorgehen konkretisiert und weitet die Vorstellungskraft der Kinder und erspart auch der Lehrkraft Korrekturarbeit für die Überarbeitung.

- Der Leistungsaspekt der Sprache aus dem Bereich »Sprache untersuchen« kann beim Verfassen von Texten sinnstiftend angewandt werden. Der Leistungsaspekt zusammengesetzter Adjektive, die unter anderem Situationen, Dinge oder Menschen genauer beschreiben, werden als sprachliches Merkmal, als Reflexions- und Überarbeitungskriterium mit aufgenommen (z.B. »Das blaue Meer spiegelte sich ...« wird zu »Das himmelblaue Meer spiegelte sich ...«).
- Schreibpläne helfen den Kindern, Gedanken und Ideen vor dem Schreiben zu sortieren und das Vorgehen zu planen. Mit diesen können sie auch selbstständig überprüfen: »Welches Ziel hat mein Text?« bzw. »Was sind mögliche Inhalte?« oder »Gibt es bestimmte Textmuster, die hilfreich sind?«
- Gemeinsam mit der Klasse einen Schreibplan entwickeln oder ein Schreibgespräch führen, bei höherer Schreibkompetenz des Kindes auch Wahlmöglichkeiten bezüglich der Schreibplanung und des Schreibprozesses ermöglichen.
- Bei der Themenwahl auf den Erfahrungshorizont der Kinder achten, so ist es für Kinder, die zum Beispiel beinahe einmal ertrunken sind, nicht unbedingt erquickend, einen Text zur Unterwasserwelt zu verfassen. Ebenso benötigt man für manche Themen Fachwissen (z.B. wie es auf einem Pferdehof zugeht, was eine Longe oder eine Trense ist oder beim Thema »Fußball«: Was ist ein Elfmeter oder Abseits?). Dieses Fachwissen wird fächerübergreifend vorentlastet und mit Erfahrung gefüllt, bevor den Kindern zugemutet wird, darüber einen Text zu verfassen.
- Bei der Beschreibung einer Handlung oder eines Bildimpulses hat es sich bewährt, exakt und strukturiert zu beobachten, was abgebildet ist. Dazu gehört auch: Was könnte rechts oder links vom Bildimpuls sein? Was könnte zeitlich vorher und nachher passieren?
- Nicht allen Autorenkindern gelingt es, ihren Text gelungen vorzutragen, sei es aus Gründen der Lesefertigkeitskompetenz oder einer eher schwierig zu entziffernden Handschrift. In diesem Fall kann auch die Lehrkraft den Text des Kindes vorlesen.
- Es empfiehlt sich auch ein Zuhörer- und Rückmeldetraining zu etablieren: Was macht einen guten Zuhörer aus? Wie formuliere ich einen Tipp in der Schreibberatung?
- Zum Verfassen von Texten als Differenzierung Formulierungshilfen anbieten (z.B. Signalwörter, Strukturen, Reihensätze, Satzanfänge, Wörtersammlungen, Wortbedeutungen klären, Auswahl an möglichen Metaphern, Textfragmente vorgeben).
- Bei der Überarbeitung von Texten eine zeitliche Distanz zwischen Schreiben und Überarbeiten schaffen.
- Kriteriengeleitete Schreibberatung gelingt durch den Bezug zu einzelnen vorher bekannten und ausgewählten Kriterien. Bei der Überarbeitung können auch die Vorgehensweisen aus dem Bereich »Sprache und Sprachgebrauch untersuchen und reflektieren« genutzt werden. Dazu gehören zum Beispiel die Klangprobe, beim Umstellen von Satzgliedern oder Neuformulierungen oder der Ersatzprobe, um treffendere Ausdrücke im Text zu finden.
- Schreibkonferenzen veranschaulichen den Kindern die Leserperspektive.
- Bewährte Rückmeldereihenfolgen (persönliche Ansprache) sind:
  - »Dein Text wirkt auf mich ...«
  - »Am besten hat mir gefallen ...« (+ Beispiel)
  - »Mein Tipp für dich ...«
  - »Insgesamt finde ich ...«
- Um Texte zu präsentieren kann mit einfachen Mitteln ein gestalteter Rahmen geschaffen werden (z.B. durch einen besonderen Stuhl für das Autorenkind, das Sammeln der Texte als Klassengeschichten, Veröffentlichen der Texte im Schulhaus oder im Rathaus).

Exemplarische Sequenzbausteine: Unterhaltendes Schreiben nach einem Bildimpuls

<table>
<tr><td colspan="3">Ich schreibe wie ein Autor
Arbeit eines Autors kennenlernen • Phasen des Schreibens erfassen und für sich selbst transparent machen • Persönliche Autorenmappe anlegen • Klassengeschichtenschätze sammeln</td></tr>
<tr><td rowspan="4">Textgerüste anwenden

Mein Ziel: Ich schreibe vollständig und zusammenhängend

Ich führe mit meiner Einleitung in eine Geschichte ein

• Ich gestalte ein Stimmungsbild, indem ich versuche viele Sinne anzusprechen

Ich schreibe einen vollständigen Hauptteil

• Ich erzähle in der richtigen Reihenfolge
• Ich erzähle, was zwischen einzelnen Handlungsschritten passiert, was die Menschen denken, sagen und fühlen
• Den Wendepunkt setze ich passend

Mit dem Ende meines Textes runde ich meinen Text ab

• Ich komme auf die Einleitung zurück

Ich überlege mir eine passende Überschrift, die neugierig macht</td><td>Schreibplanung

Ideensammlung

• Ich kenne mein Schreibziel (unterhaltendes Schreiben)
• Ich beschreibe, erzähle und gestalte, was auf dem Schreibimpuls zu sehen ist
• Ich überlege, was zeitlich vor dem Bildausschnitt geschehen sein könnte und was danach passiert
• Ich sammle wichtige Wörter zum Schreibimpuls und notiere sie in einer gegliederten Mindmap</td><td rowspan="4">Sprachliche Mittel verwenden

Mein Ziel: Ich verwende sprachliche Mittel, um den Lesenden meiner Geschichte zu unterhalten

Darauf achte ich beim Verfassen meines unterhaltenden Textes:
• Erarbeitung sprachlicher Kriterien an Textbeispielen im kontrastiven Sprachvergleich sowie an den individuellen Texten der Kinder
• Ich verwende unterschiedliche Satzanfänge
• Ich verwende treffende (zusammengesetzte) Adjektive und Verben
• Ich beschreibe, was handelnde Personen denken, sagen und fühlen mit passendem Redebegleitsatz</td></tr>
<tr><td>Texte verfassen

Mein erster Textentwurf

• Ich schreibe einen zusammenhängenden Text und beachte mein(e) Schreibziel(e)</td></tr>
<tr><td>Überarbeitung

Schreibberatung Lernstandsanalyse

• Rückmeldung zum ersten Textentwurf durch einen Schreibpartner und die Lehrkraft

Überarbeitung des Textentwurfs

• Inhaltlicher Aspekt (z. B. alle wesentlichen Aspekte einer Einleitung beachten)
• Sprachlicher Aspekt (z. B. treffende wörtliche Rede an geeigneten Stellen)</td></tr>
<tr><td>Gestaltung/Präsentation

• Gestaltung eines Titelbildes zu meinem Text
• Autorenlesung
• Veröffentlichung des Textes an der Textgalerie und im Klassengeschichtenschatz</td></tr>
</table>

Sprachgebrauch und Sprache untersuchen und reflektieren

Möglicher Lehrweg	Aufmerksamkeitsrichtungen	Beispiel
Sprachbegegnung Vorläufige Zielangabe **Zielangabe** (orientiert an der naiven Handlung am unreflektierten Sprachfall)	• Die Sach- und Sprachsituation stammt aus dem Erfahrungsbereich der Kinder, knüpft an schon erworbene Spracherfahrungen an und macht die Sprachform zwingend erforderlich • Die Ausgangssituation ermöglicht intensives, unreflektiertes Sprachhandeln • Die erste Zielangabe ist meist vorläufig und sach-, problem- und/oder situationsorientiert • Die Ausgangssituation liefert in angemessenem Umfang prägnantes »(Sprach-)Material« für die Reflexionsphase	• Im Sitzkreis werden Spielsachen im Durcheinander präsentiert • Kinder äußern sich frei, benennen die Spielsachen • Impuls: »Der Papa kommt ins Kinderzimmer und schimpft: ›So ein Durcheinander! Hier sind drei Kisten!‹« • Vorläufige Zielangabe: »Wir räumen das Kinderzimmer auf!« • Kinder ordnen die Spielsachen in die Kisten und begründen ihre Entscheidung, warum welche Spielsachen in bestimmte Kisten kommen. Hierbei gibt es mehrere Möglichkeiten, die auch alle durchgeführt werden können • Impuls: »Du hast jetzt prima aufgeräumt. Jetzt kommt ein Deckel auf die Kiste und wir beschriften ihn, damit wir immer genau wissen, was in der Kiste ist« • Zielangabe: »Wie können wir die Kisten beschriften, damit wir die Sachen schnell wiederfinden?« • Kinder benennen Vorschläge für die Bezeichnungen der Kisten. Die Kisten werden beschriftet
Sprachbesinnung	• Distanzgewinnung bedeutet eine behutsame »Entkleidung von der Sache« ohne zu früh zu abstrahieren oder in den formalgrammatischen Bereich abzudriften • Das selbsttätige Finden des Sprachfalls durch die Schüler steht im Vordergrund (z. B. durch Erproben, Experimentieren, Neuformulieren, Umstellen → Arbeitstechniken) • Optische und akustische Lernhilfen dienen der Verdeutlichung • Einfache, knappe, verständliche Formulierungen der Erkenntnis können die Funktion und die Leistung des Sprachfalls hervorheben	• Mit der Lehrkraft reflektieren die Kinder die einzelnen Schritte des Aufräumens • Impuls: »Wir haben die Kisten mit je einem Wort beschriftet. Was verrät das Wort dem Leser?« • Schüler äußern sich • Weiterführender Impuls: »In der Kiste haben wir die Dinge, die zueinander passen, gesammelt. In der Erwachsenensprache gibt es für diese Wörter einen bestimmten Namen« (→ Sammelnamen) • Leistungsaspekt der Sprache als Merksatz mit den Kindern herausarbeiten (z. B. »Mit Sammelnamen kann ich viele verschiedene Dinge, die etwas miteinander gemeinsam haben, gleichzeitig benennen. Sammelnamen helfen uns zum Beispiel beim Finden von Sachen, die etwas miteinander gemeinsam haben«)

Möglicher Lehrweg	Aufmerksamkeitsrichtungen	Beispiel
Sprachanwendung	• Der Sprach- und Sachfall wird in Bekanntes eingeordnet bzw. von Bekanntem abgegrenzt, erweitert, modifiziert und auf andere Sachsituationen übertragen • In der Sprachanwendungsphase wird stets inhalts- und leistungsbezogen gearbeitet • Auf das Herstellen fachintegrativer Bezüge im Deutschunterricht achten	• Die Erkenntnis wird wiederholt an verschiedenen Beispielen des Aufräumens im Haushalt überprüft und übend gefestigt sowie versprachlicht • Im Transfer wird die den Kindern bekannte Situation der Übersichtstafel in einem Kaufhaus von den Kindern gefordert: »In welche Abteilung muss ich, wenn ich Besteck kaufen möchte?« bzw. »In welche Abteilung muss ich, wenn ich eine Krawatte kaufen möchte?« • Dabei wird von den Kindern gefordert, dass sie sich ausgehend von den Sammelnamen an der Übersichtstafel erschließen, wo vorgegebene Dinge gekauft werden können, so finden sich Krawatten zum Beispiel in der Herrenabteilung, Besteck in der Haushaltswarenabteilung usw.

Die Kinder im Blick	Didaktische Grundsätze
Bereits vor Schuleintritt setzt eine Entwicklung der sprachlichen Bewusstheit ein, indem Kinder über Sprache nachdenken, eigene oder fremde Äußerungen erkennen und berichtigen, nach der Bedeutung von Wörtern fragen und ein vorbewusstes Sprachgefühl für grammatische Abhängigkeiten und Zusammenhänge aufweisen. Dabei sind sie insbesondere vom sie umgebendem Sprachvorbild abhängig. Zu Beginn des Schuleintritts bis zur zweiten Jahrgangsstufe verstehen Kinder Zeitformen und Nebensatzkonstruktionen, Pluralsätze und Komparative in der Regel ohne Schwierigkeiten. Sie sind in der Lage, zu benennen, was sie nicht verstehen. Im Grundschulalter differenzieren sich die sprachlichen Fähigkeiten der Kinder sowohl rezeptiv als auch expressiv noch weiter aus, und das sprachliche Wissen der Kinder wird immer expliziter.	• Wahrnehmen und Verstehen von Sprache geht zu jeder Zeit der Sprachproduktion voraus. • Reflexion über Sprache und Sprachgebrauch macht den instrumentalen Charakter sprachlicher Mittel bewusst. • Reflexion über Sprache und situationsangemessener ziel- und wirkungsorientierter Sprachgebrauch ist das Anliegen jeder Deutschstunde. • Grammatische Phänomene sind im Unterricht stets sprachwirkungsbezogen und in Bezug zur Sprachverwendungspraxis zu reflektieren. • In systematischen und situationsorientierten Einheiten erforschen und entdecken Kinder Auffälligkeiten und Regelmäßigkeiten der Sprache. • Kontinuierlich wird der Nutzen grammatischer Phänomene für das Sprachhandeln der Kinder im Unterricht transparent und reflektiert. • Der Erwerb von sprachanwendungsisolierten Kenntnissen im Bereich »Sprache und Sprachgebrauch untersuchen und reflektieren« stellt keinen Wert an sich dar. Fragen an die Sprache aus dem aktuellen und spontanen Sprachgebrauch in Situationen erhalten vor allem im ergänzenden situationsorientierten Grammatikunterricht sowie im integrativen Deutschunterricht ihren erhobenen Stellenwert. • Integrationsmöglichkeiten zu anderen Fachbereichen des Deutschunterrichts werden integrativ genutzt und gesucht, sodass die Kinder erworbene Kenntnisse mit anderen Lernbereichen verknüpfen können und vielfältige Handlungsmöglichkeiten zur Anwendung elaborierter Sprachhandlungskompetenz erleben und reflektieren.

Die Kinder im Blick	Didaktische Grundsätze
Die Schuljahre sind in Bezug auf alle Sprachbereiche eine äußerst kreative Phase, wobei die Fortschritte in der semantischen und pragmatischen Entwicklung besonders deutlich hervortreten. Metasprachliche Kompetenzen, entwickeln sich in Abhängigkeit vor allem in pragmatischen Fähigkeiten im Führen von Gesprächen und Erzählen und Schreiben von Geschichten.	• Im Mittelpunkt steht die reflektierte Verwendung von Sprache und sprachlichen Mitteln zu den Bedingungen von Sprachverwendung. Sprachreflexion und Sprachverwendung sind deshalb immer aufeinander bezogen. Als Ziel des Unterrichts wird eine Einsicht angestrebt, die auf die kommunikative Leistung des sprachlichen Phänomens ausgerichtet ist. Die Einsicht soll möglichst weitgehend von den Kindern mitvollzogen, gefunden und verbalisiert werden. Dazu ist es notwendig, dass in der Reflexionsphase der Sprachbesinnung der Sachfall, die Sachsituation, in den Hintergrund tritt. Es muss Distanz von der sachbezogenen Ausgangssituation gewonnen werden. Aufmerksamkeit, Interesse und Fragehaltung müssen auf das Sprachliche ausgerichtet werden.

Typische Handlungen für den Fachbereich	Für den Fachbereich charakteristisch
• Durch Weglass-, Ersatz-, Erweiterungs-, Klang- und Umstellproben Sätze und ihre Satzglieder sowie Texte auf ihre Aussageabsicht und Wirkung hin überprüfen • Satz- und Redezeichen dem Inhalt gemäß richtig setzen • Sprache auf ihren Klang hin überprüfen (z. B. Reim, Rhythmus) • Sprache auf ihren angepassten Situationsbezug hin überprüfen (z. B. Anrede eines Bekannten im Vergleich zur Anrede des Bürgermeisters in einem Brief, Schreiben einer spannenden Erzählung im Vergleich zum Verfassen einer Personenbeschreibung) • Wort- und Satzgrenzen finden und deutlich machen • Satzzeichen richtig setzen • *Buchstabenebene*: Zuordnung von Laut-Buchstaben, Trennen von Silben • *Wortebene*: Verwandte Wörter finden, Wortstammprinzip anwenden, Leistung der Wortarten benennen, Zeitformen der Verben bestimmen, Vergleichsstufen des Adjektivs erfassen • *Satzebene*: Satzbauplan und Satzergänzungen anwenden, Satzarten und -zeichen bestimmen und anwenden • *Textebene*: Beim Planen von Texten Wortsammlungen anlegen und eindeutige Bezeichnungen finden, beim Planen, Schreiben und Überarbeiten eigener Texte die Wirkung der gewählten sprachlichen Mittel gezielt einsetzen und prüfen	Die Kinder untersuchen in realen oder simulierten konkreten kindgemäßen Sprach- und Kommunikationssituationen ihre Spracherfahrungen und ihr Sprachgefühl und entdecken vielfältige Anwendungsmöglichkeiten ihres Sprachwissens nicht nur im Deutschunterricht. Fachbegriffe helfen beim Wahrnehmen und Benennen sprachlicher Phänomene. Folgende werden unter anderem im Laufe der vier Schuljahre erworben: • Buchstabe, ABC, Alphabet, Laut, Vokal, Konsonant, Umlaut, Zwielaut, Silbe Vorsilbe, Nachsilbe Wortbaustein, Wortstamm, Wortfeld, Wortfamilie • Wortarten kennen (*Nomen*: Einzahl, Mehrzahl; Artikel, Pronomen, (un)bestimmter Artikel, Geschlecht, Fall) • Verb (Grundform, Hilfsverb, Personalform; *Zeitformen*: Gegenwart, 1. Vergangenheit, 2. Vergangenheit, Zukunft) • Adjektiv (Grundform, Höherstufe, Höchststufe) • Sonstige Wörter (z. B. Bindewort), Satz (Aussagesatz, Fragesatz, Ausruf, Aufforderungssatz) • Satzzeichen (Punkt, Fragezeichen, Ausrufezeichen, Komma, Anführungszeichen, Doppelpunkt Redebegleitsatz) • Wörtliche Rede • Satzglied, Subjekt, Prädikat/Satzkern (ggf. mehrteilig), Satzergänzung (einteilig und mehrteilig) • Ortsangabe, Zeitangabe • Ersatzprobe, Erweiterungsprobe, Klangprobe, Umstellprobe, Weglassprobe

Tipp

Die methodischen Maßnahmen zur Distanzgewinnung hin zum leistungsbezogenen Aspekt der Spracherkenntnis führen zu einer sprachbezogenen Fragestellung oder zunächst einer für die Kinder nachvollziehbaren Zielstellung.
Diese Fragestellung/Zielstellung initiiert ein genaues Betrachten, Untersuchen und Vergleichen im Hinblick auf Form und Funktion.
Um Distanz von der sachbezogenen Ausgangssituation zum leistungsbezogenen Aspekt der Sprache zu erhalten, wird die Aufmerksamkeit, das Interesse und die Fragehaltung auf das Sprachliche ausgerichtet.
Dazu eignen sich: Unterstreichen, Einrahmen, Nachfahren, Farbiges Kennzeichnen, Hinweise (z.B. Pfeile), betontes Sprechen.
Die Gegenüberstellung durch: Verbinden, gleichartiges Hervorheben, grafische Kennzeichnung, Gruppieren, Zuordnen, auffälliges Anordnen, gezieltes Verwenden in unterschiedlichen Situationen.
Die Einsicht wird klar und zusammenfassend und gemeinsam mit den Kindern formuliert.
Ein Rückgriff auf die sachbezogene Ausgangssituation in der Sprachbesinnung stellt den Zusammenhang mit dem Unterrichtsbeginn her.
Den Kindern wird oft der Verwendungszweck der grammatischen Einsicht erst im integrativen Deutschunterricht deutlich. Der Leistungsaspekt zusammengesetzter Adjektive »... mit zusammengesetzten Adjektiven kann ich mich kürzer und genauer ausdrücken ...« bleibt zunächst abstrakt und findet dann im Fachbereich »Schreiben« seine tatsächliche Anwendung zum Beispiel beim Gestalten von Werbeanzeigen oder bei erzählenden Texten.

Richtig schreiben

Muster und Regeln entdecken

Möglicher Lehrweg	**Aufmerksamkeitsrichtungen**	**Beispiel** »Woran erkenne ich, wann ich Wörter mit »ie« und wann mit »i« schreibe?
Hinführung Erste Begegnung mit dem Wortmaterial	• Begegnung mit dem Wortmaterial (z.B. über eindeutige Bildimpulse) • Bildkarten benennen und Wortbedeutungen klären • Erste bekannte Rechtschreibhandlungen mit den Wörtern ohne Verschriftlichung ausführen • Unterstrichwörter mit »fehlenden Buchstaben« fokussieren das Rechtschreibphänomen	Die Lehrkraft legt verschiedene Bildkarten in die Mitte zum Beispiel des Sitzkreises Abbildungen: • zum Beispiel Winter, Biene, Kinder, Riese, Tinte Erste bekannte Rechtschreibhandlungen, zum Beispiel: • Gemeinsam werden die einzelnen Silben in der Luft schwingen • Wortarten bestimmen Wortkarten: W__nter, B__ne, K__nder, R__se, T__nte
Zielangabe	• Erkennen des Rechtschreibphänomens • Denkstruktur grundlegen	»Woran erkenne ich, wann ich Wörter mit ›ie‹ und wann mit ›i‹ schreibe?«

Möglicher Lehrweg	Aufmerksamkeitsrichtungen	Beispiel »Woran erkenne ich, wann ich Wörter mit »ie« und wann mit »i« schreibe?
Rechtschreibmuster finden Entdeckerzirkel	• Eine fundierte Einzelarbeit ist immer die Voraussetzung für eine gelungene Partner- und/oder Gruppenarbeit • *Entdeckerzirkel*: Think-Pair-Share-Methode	• Die Lehrkraft öffnet die Tafel. Die einzelnen Wortkarten sind durcheinander an der Tafel befestigt • Impuls: »Kannst du diese Wörter ordnen?« • Die Schüler finden im Entdeckerzirkel Möglichkeiten zum Sortieren und stellen Möglichkeiten der Ordnung vor • Ordnen der Unterstrichwörter nach möglichen Kriterien • Abschließende Ordnung in zwei Spalten (z. B. nach langem und kurzem I-Laut mit genügend Abstand zwischen den Buchstaben für die Silbentrennung und Markierung)
Rechtschreibmuster hervorheben	• Einsatz von Farben und ggf. Symbolen	• Die Unterstrichwörter werden mit »i« und »ie« passend ergänzt
Regelformulierung	• Erkennen der Regelhaftigkeit • Formulierung der Mustererkenntnis	• Impuls: »Bestimmt hast du eine Idee, woran man erkennen kann, ob ein Wort mit ›i‹ oder ›ie‹ geschrieben wird« • Benennen und Hervorheben des Unterschiedes in der Lang und Klangqualität des I-Lautes sowie in der Silbenkonstruktion, Symbol für offene/geschlossene Silbe
Rechtschreibmuster entdecken und anwenden	• Erarbeitetes Rechtschreibmuster an passenden Beispielen üben • Keine Ausnahmen thematisieren	• Bildimpulse verschriftlichen (z. B. Spiegel, Wiese, Spiel, Schirme, Fliege, Bild, wieder, Ziege, Hirte, Hilfe)
Reflexion	• Versprachlichen, Visualisieren und Hervorheben der Regel am Wortmaterial der vorhergehenden Arbeitsphase	• Konkretes Versprachlichen des Rechtschreibmusters am Wortmaterial (z. B. Spiegel, Wiese, Spiel, Schirme, Fliege, Bild, wieder, Ziege, Hirte, Hilfe)
Abschluss	• Würdigen der Einsatzbereitschaft und der Erkenntnis	• Erweitern der Regel auf andere Wortart als die bisher behandelten Nomen (z. B. finden, schieben, wieder, trinken) • *Hinweis*: Ausnahmen wie etwa »Tiger« oder »Biber« erst nach Beherrschen des Rechtschreibmusters einführen

Übungsstunde

Möglicher Lehrweg	Aufmerksamkeitsrichtungen	Beispiel Individualisiertes Üben der Kraftwerkwörter aus dem Sachunterrichtswortschatz
Hinführung	• Thematische und inhaltliche Einstimmung • Benennen von Besonderheiten ausgewählter Wörter • Aktivieren von Vorwissen und Strategien	• Die Lehrkraft hängt das Wort Generator als Teil der Kraftwerkwörter als Wortkarte an die Tafel • Die Kinder benennen ihr Vorwissen zu diesem Wort, zum Beispiel: – *Wortart*: Namenwort – *Aufpassstelle*: keine – *Silbenanzahl*: vier

Möglicher Lehrweg	Aufmerksamkeitsrichtungen	Beispiel Individualisiertes Üben der Kraftwerkwörter aus dem Sachunterrichtswortschatz
	• Wecken von Übungsbereitschaft	• Weitere Wörter aus dem Klassenwortschatz werden auf diese Weise ins Bewusstsein der Schüler gerückt (z. B. fallen, Ziel, Druck, erklären, versorgen) • Sortieren der Wörter nach Rechtschreibphänomenen • Überleitung zur Zielangabe: »Sicher hast du eine Idee, was du machen musst, um Stolperstellen im Wort richtig zu schreiben«
Zielangabe	• Fokussierung auf das Stundenthema • Kindgerechte Formulierung	• Impuls: »Ich übe die Kraftwerkwörter, um sie richtig zu schreiben«
Übungsphase Einweisung in die Übungsaufgaben Individualisiertes Üben	• Aufgrund einer Lernstandserhebung erhält jedes Kind eine individualisierte Aufgabenzusammenstellung zum Üben der für das Kind relevanten Lernwörter • Die einzelnen Übungen sind den Kindern bekannt • Selbstständiges Üben • Kontrollieren und Berichtigen	• Die Schüler wiederholen die Verhaltensregeln und die Arbeitsweise an der Lerntheke, zum Beispiel: – Laufkarte: »Farben und Nummern zeigen mir welche Aufgabe ich erledige. Zuerst die Pflichtaufgaben, dann freie Auswahl. Ich hake auf der Laufkarte ab« – »Jede Aufgabe bearbeite ich vollständig« – »Ich kontrollieren die Aufgabe mit dem Lernwörterheft und einer Kontrollkarte« *Ausgewählte Übungsmöglichkeiten*: • Geheimschrifträtsel, Partnerdiktat, Kleckswörter, Silbenpuzzle • »i« oder »ie«? »ä« oder »e«? »ck« oder »k«? • Silbenschlange • Wortschatzerweiterung: Ordnen nach dem ABC, Groß- und Kleinschreibbecher, Tunwörter verändern sich, zusammengesetzte Namenwörter
Reflexion	• Ordnen der Wörter nach Besonderheiten und Regelhaftigkeiten • Wiederholen, Versprachlichen und Hervorheben von Rechtschreibmustern und -strategien anhand ausgewählten Wörtern	• Impuls: »Du hast geübt und sicher hast du den einen oder anderen Rechtschreibtipp gefunden« • Die Lehrkraft nimmt Bezug auf die Übungswörter • Die Schüler äußern ihre Tipps passend zu den Wörtern (z. B. Wörter deutlich sprechen, in Silben trennen, bei Wörtern mit »ä« ein verwandtes Wort mit »a« suchen, langer oder kurzer Laut vor dem »k-Laut«, »i« oder »ie«? Wort in Silben trennen, Wörter mit Doppelmitlaut in Silben trennen, offene und geschlossene Silben identifizieren, Aufpassstellen markieren ...) • Ordnen der Wörter mit Begründung der Zuordnung • *Genaues Sprechen*: Generator, Haken, besichtigen, Rechen, Strömen • *Wörter mit Merkstellen*: Versorgen, Turbine, Lärm • *Wörter mit Rechtschreibmustern*: fallen, Ziel, still, Gewässer, Staudamm
Abschluss	• Würdigung der Übungsbereitschaft • Sinnhaftigkeit des Übens herausstellen	• »Du hast heute schon viel geübt. Nach unserem Besuch im Wasserkraftwerk, kannst du sicher eine Beschreibung, wie Strom im Wasserkraftwerk erzeugt wird, verfassen«

Die Kinder im Blick	Didaktische Grundsätze
Es gibt verschiedene Entwicklungsmodelle zum Rechtschreiben. Allen gemein ist, dass sie den Aufbau von Rechtschreibkompetenz in unterschiedliche Schritten beschreiben, innerhalb derer unterschiedliche Strategien angewendet werden. Die jeweiligen Schreibungen der Kinder sind in der Regel Ergebnisse aus rechtschriftlichen Interpretationsprozessen. Typische Entwicklungsschritte bei der Entwicklung von Rechtschreibstrategien im Grundschulalter (Spitta 2020) sind die folgenden: 1. *Phase – vorkommunikative Aktivitäten*: Grundlegende erste Erfahrungen mit Spuren auf Schreib- und Maluntergründen. 2. *Phase – vorphonetische Strategie*: »Kritzeln« ohne Lautbezug, dafür aber von nun an kommunikativ ausgerichtet. 3. *Phase – halbphonetische Strategie*: Erster Laut, Buchstabenbezug, vorwiegend Großbuchstaben, Konsonantenschrift (KML = Kamel). 4. *Phase – streng phonetische Strategie*: Lautgetreues Schreiben. Die eigene Artikulation stellt die Grundlage für Verschriftungen dar (Laita, miar, baei). 5. *Phase – Integration grundlegender Rechtschreibmuster und Regeln in die bisher vorwiegend lautgetreue Strategie*: zeitweilige Übergeneralisierung, Impulse durch Arbeiten mit dem Grundwortschatz, Transfer durch Analogiebildung, Dehnung/Dopplung, Zeichensetzung. 6. *Phase – Übergang zur entwickelten Rechtschreibung*: Kenntnis und Anwendung basaler orthografischer und syntaktischer Regeln, Berücksichtigung der Morphemstruktur als Wortbausteine, größerer gefestigter Grundwortschatz, Anwendung von Lösungshilfen wie Regeln, Eselsbrücken, Analogiebildungen.	• Die Rechtschreibung hat eine Systematik, die die Kinder in Auseinandersetzung mit Schrift entdecken, verstehen, üben und beherrschen. • Um die Rechtschreibkompetenz von der ersten Klasse an zu fördern, ist ein systematischer, konzeptionell durchdachter, individualisierter sowie vielseitiger Unterricht im Richtigschreiben notwendig. • Individualisierung bedarf genauer Fehleranalyse (ggf. im Rechtschreibgespräch), um passende Übungen zuzuordnen. Möglichkeiten zur Erfassung individueller Fehlerschwerpunkte ergeben sich aus der freien Textproduktion und informellen Tests sowie Lernzielkontrollen. • Trotz Individualisierung werden konsequent Rechtschreibphänomene und -strategien im gemeinsamen Unterricht kontinuierlich wiederholend reflektiert. Dazu bietet der »Satz des Tages« eine sehr gute Möglichkeit. • Der effektive mit den Kindern reflektierte Umgang mit dem Grundwortschatz ist die Basis rechtschriftlich zunehmend sicheren Handelns. Bloßes Abschreiben oder Auswendiglernen ist nicht effektiv. • Für das einzelne Kind bedeutsame Wörter zu üben, erhöht die Übungsbereitschaft und den -erfolg. Deswegen lohnt es sich aus freien Schreibanlässen verwendete Falschschreibungen mit dem Kind zu reflektieren und (in Auswahl) zu berichtigen sowie zu üben. • Übungserfolge erhöhen die Übungsbereitschaft. Deshalb werden in Leistungssituationen immer Wörter aus dem aktuellen Übungswortschatz in Leistungsnachweisen angemessen hoch bepunktet. • Strukturierte und sinnhafte Zusammenhänge fördern den Übungserfolg (z. B. wenn Wörter aus dem aktuellen Sachunterrichtsthema unter anderem als Fachwortschatz geübt werden). • Beim Entdecken von Rechtschreibphänomenen wird immer erst der allgemeine Zusammenhang zugrunde gelegt. Dadurch wird eine grundsätzliche Einsicht in den Aufbau und die Funktion von Schrift ermöglicht. Erst nach anhaltendem Üben werden Ausnahmen thematisiert (»Ranschburg'sche Hemmung«). • Kurzfristige Rückmeldungen zum Richtigschreiben, positive Verstärkungen und Interesse an der Denkleistung des Kindes fundieren Gelerntes nachhaltig. • Kurze, über einen längeren Zeitraum verteilte Wiederholungen an variablen Aufgabenstellungen sind ergiebiger als langes, zeitlich konzentriertes Üben. • Fehler in Kindertexten sind Zeichen für eigenständige Denkleistungen der Kinder und Annäherungen an das Normsystem. Dabei kann die gleiche Fehlschreibung zu unterschiedlichen Zeitpunkten unterschiedliche Ursachen haben und deswegen unterschiedliche Interventionen verlangen. • Lauttabellen sind wichtige Hilfsmittel für Schreibanfängerkinder, wenn sie über phonologische Bewusstheit verfügen und den Zusammenhang von Laut und Buchstabe erfassen. Lauttabellen werden durch eine kontinuierliche Schriftorientierung flankiert, weil sie lediglich das phonologische Prinzip der deutschen Rechtschreibung abbildet. • Bei Leistungserhebungen wird darauf geachtet, wie viele Wörter richtig geschrieben werden. • Eine flüssige Handschrift des Kindes erleichtert korrekte Schreibung und Selbstkorrektur.

Typische Handlungen für den Fachbereich	Für den Fachbereich charakteristisch
• Abschreiben nach Vorlage • Freies rechtschreibbewusstes Aufschreiben selbst verfasster Texte ohne Vorlage • Nachschlagen in Wörterbüchern • Überarbeitung von Texten, Kontrollieren und Berichtigen von Fehlschreibungen • Entschlüsseln von Berichtigungszeichen • Finden synonymer Begriffe, um Fehlschreibungen zu umgehen (z. B. »auf einmal« statt »plötzlich«) • Anwenden von Rechtschreibstrategien bei Rechtschreibunsicherheiten • Besonderheiten der Rechtschreibung memorieren • Bereitschaft zu kontinuierlichem Üben	Ein Anliegen der Rechtschreibung ist es, Texte für sich und andere lesbar und zeitlich ökonomisch sinnerschließend aufzuschreiben. Informationen, die Kinder selbst verfassen, werden zunehmend rechtschriftlich korrekt und äußerlich in einer ansprechenden Form konstruiert. Dabei gelingt es den Kindern zunehmend auch fremde Texte auf ihre korrekte Schreibung hin zu untersuchen und ggf. zu berichtigen. Die Orthographie wird als regelmäßiges Prinzip mit beherrschbaren Strukturen und Regelmäßigkeiten erlebt. Dieser Fachbereich ist eng mit den anderen Fachbereichen des Deutschunterrichts verbunden. Im Bereich des Lesens wird der Häufigkeitswortschatz als Sichtwortschatz im Bereich der Lesefertigkeit trainiert, eigene Texte werden im Bereich Schreiben auch in der Rechtschreibung optimiert. Im Bereich » Sprachgebrauch und Sprache untersuchen und reflektieren« wird die Bedeutung und Anwendung grammatikalischen Wissens (z. B. bei der Großschreibung von Nomen) in der korrekten Großschreibung des Wortes angewandt usw. Der Grundwortschatz wird unter Beachtung der Rechtschreibprinzipien mit verschiedenen Rechtschreibstrategien behandelt und kontinuierlich geübt. Dabei wird der Grundwortschatz mit einem Klassenwortschatz (z. B. Fachbegriffe aus dem Sachunterricht) und einem individuellen Wortschatz (z. B. Fehlschreibungen aus freien Schreibanlässen) flankiert. Für die Grundschule relevant sind vor allem das phonologische, silbische, morphologische, das grammatische Prinzip sowie ausgewählte Mischungen dieser Prinzipien.

Tipp

- Zum Generieren eines klasseninternen Wortschatzes ist es notwendig, sich konzeptionell zu überlegen, welche Wörter die Lehrkraft wie mit den Kindern einführt und wie im Weiteren geübt werden wird. Bewährt hat sich zum Beispiel das Aufteilen des Grundwortschatzes nach Sachunterrichtshemen und nach Rechtschreibphänomenen. Diese Konzeption wird am ersten Elternabend auch den Erziehungsberechtigten kurz vorgestellt.
- Freie Schreibphasen sind unabdingbar für einen individuellen Übungsplan.
- Beobachtungsbogen dokumentieren die Progression in der individuellen Rechtschreibkompetenz.
- Berichtigungspläne (z. B. mit Nummern), die an zu berichtigende Wörter geschrieben werden, ermöglichen zielgerichtetes Üben.

Beispiel: Das Lernwort Klammer erhält die Berichtigungsziffern 3, 8, 12 aus dem Berichtigungsplan.

- »3: Schreibe das Nomen in Einzahl und Mehrzahl auf. Zeichne die Silbenbögen ein«
- »8: Schreibe das Lernwort vier Mal auf und markiere die Stolperstelle«
- »12: Verwende das Lernwort in einem Satz und schreibe ihn auf«

- Das Wort oder der Satz des Tages bringen jeden Tag ohne viel Aufwand (z. B. nach der Begrüßung am Morgen) Rechtschreibbesonderheiten ins Bewusstsein der Kinder.
- Kinder mit Deutsch als Zweitsprache können besondere Schwierigkeiten haben und spezifische Fehler machen, weil sich die Strukturen der Erst- und Zweitsprache vermischen können.
- Das stetige Berichtigen aller Rechtschreibfehler durch die Kinder kann demotivieren. Alternativ werden nur die Wörter berichtigt und geübt, die mit den bisher eingeführten Strategien vermeidbar gewesen wären.
- Bewährt haben sich Korrekturzeichen, die gleichzeitig Hinweis zum Üben sind.
- Sprachmängel und Rechtschreibfehler müssen gekennzeichnet werden. Dazu kann situationsangepasst auch ein Bleistift und nicht zwingend der Rotstift verwendet werden.

In einem deutschsprachigen Umfeld ist das sprachkompetente Handeln in der deutschen Sprache grundlegende Voraussetzung zu sozialer Teilhabe, Entwicklung von Selbstbewusstsein und Teilnahme an Bildungsmöglichkeiten.

Deutsch als Zweitsprache ermöglicht den situativ angepassten entwicklungsgemäßen Spracherwerb durch den Aufbau eines Alltags-, aber auch Fachwortschatzes, der zunehmend sprachlich richtig und sicher(er) in Verknüpfung mit grammatikalischen Strukturen und Informationsträgern in mündlicher, schriftlicher oder anderer medialer Form angewandt wird.

Die schulische Wertschätzung der individuellen Erstsprache und der jeweiligen Lebenssituation der Kinder unterstützt die transkulturelle Selbstübereinstimmung der Kinder. Für Kinder mit speziellen Sprachförderbedarf ersetzt Deutsch als Zweitsprache in der Regel den Deutschunterricht in der Grundschule mit dem Ziel der passgenauen Unterstützung zum Übergang auf die weiterführenden Schulen.

Die Kinder sind beim Spracherwerb auf vielfältige Weise auf unterschiedlichen Ebenen gefordert.

- *Hörverständnis (gesprochene Sprache)*: Hören als Basiskompetenz und Sinnherstellung auf unterschiedlichen Niveaustufen, bevor Kinder sich eigenständig sprachlich äußern (inhalt- und detailorientiert). Dabei geht es im Unterricht »Deutsch als Zweitsprache« um Hören und Zuhören im Gegensatz zum Deutschlehrplan, der das Sprechen und Zuhören klar benennt.
- *Sprechfertigkeit und Sprechfähigkeit (gesprochene Sprache)*: Möglichst viele freie Sprech- und Erzählsituationen anbieten, in denen der Schüler selbst über seine sprachlichen Äußerungen ohne Verbesserungen entscheidet. Das gelenkte Sprechen strukturiert die Wortwahl des Lerners (Einzel-, Gruppen-, Chorsprechen, Singen, rhythmisches, dialogisches, handlungsbegleitendes Sprechen).
- *Lesefertigkeit, Leseverständnis und Lesemotivation (geschriebene Sprache)*: Die Vermittlung der Kulturtechnik »Lesen« unterstützt den Zuwachs an Wissen, Wortschatz und Wortgebrauch durch selbstständig ermöglichtes sinnentnehmendes Lesen und damit auch grundlegende Motivationen und Fähigkeiten der »Literacy« im Umgang mit (Bilder-)Büchern, ein Bewusstsein über die Funktionen von Schrift, ersten Buchstaben-Laut-Verbindungen, Umgang mit Schrift und sprachlichem Abstraktionsvermögen.
- *Schreibfertigkeit und Schreibfähigkeiten (geschriebene Sprache)*: Schriftsprache unterscheidet sich von der gesprochenen Sprache. Im DaZ-Unterricht werden deswegen vielfältige Schreibanlässe, zum Beispiel mit Textgerüsten (z. B. generatives Schreiben) angeboten, um Sprachbewusstsein zu schaffen, Wortschatz einzubinden und Halt an grammatischen Strukturen zu ermöglichen.

Für Kinder mit Sprachförderbedarf kann aufgrund des Migrationshintergrundes das Fach »Deutsch als Zweitsprache« den Deutschunterricht ersetzen. Gruppen- oder Einzelförderung kann an Schulen stattfinden, falls dazu die vorhandenen Ressourcen an Lehrerstunden bereitstehen. Die Realität ist, dass an vielen Schulen oft keine ausreichende Förderung stattfindet für Kinder mit Förderbedarf in »Deutsch als Zweitsprache« und die Deutschlehrkraft diese Förderung im Regelunterricht »Deutsch« versucht zu stemmen. Nicht immer stimmen auch die Eltern einem Besuch des Unterrichts in »Deutsch als Zweitsprache« zu, weil je nach schulrechtlicher Regelung des Bundeslandes der Besuch eines Gymnasiums mit einer Note in »Deutsch als Zweitsprache« nicht möglich wird. Zielstellung ist zunächst die Unterstützung alltäglicher Kommunikation im sozialen Miteinander und weiterführend der Erwerb der Bildungssprache Deutsch zum Bewältigen des schulischen Alltags und dessen Anforderungen.

Aufgrund der heterogenen Grundfähigkeiten der Kinder mit Migrationshintergrund und den unterschiedlichen Vor- und Grundkenntnissen sind die Lehrpläne in DaZ nicht nach Jahrgangsstufen gegliedert, sondern die Aufteilung in die unterschiedlichen Kompetenzbereiche ermöglicht es, sich am individuellen Leistungsvermögen des Kindes zu orientieren, von dem aus das Sprachvermögen im Deutschen weiterentwickelt wird.

Im Rahmen interkultureller Bildung gilt der Grundsatz der Wertschätzung kultureller und religiöser Gemeinsamkeiten und Unterschiede als Möglichkeit der Bereicherung und Integration.

Es wird unterschieden zwischen der Erst- oder Muttersprache als Sprache, die das Kind als erste erwirbt (in der Regel die Sprache im häuslichen Umfeld), am besten beherrscht und emotional bevorzugt, sowie einer Fremdsprache als Sprache, die in einem Land erlernt wird, in dem sie nicht gesprochen wird.

Der Spracherwerb in der Fremdsprache erfolgt in der Regel unterrichtlich gesteuert außerhalb des Zielsprachlandes. Zweitsprachen werden in einem Land erworben, in dem die Lernenden leben, in der aber nicht die Erst- oder Muttersprache im Alltag als Umgebungssprache gesprochen wird. Zweitspracherwerb erfolgt tendenziell gesteuert über die auditive Wahrnehmung durch Primärinteresse des Verstehens und adäquates Reagieren. In der Alltags- und Umgebungssprache lernen Kinder in der Zweitsprache Aussprache, Lexik (Wortschatz), Syntax (Satzbau), Morphologie (Bildung von Wortformen), pragmatische Prinzipien, Textsorten sowie orthografischen Regeln usw. in unsystematischer Weise. Dies führt oft zu unvollständigen, tendenziell falschen Äußerungen (konzeptionelle Mündlichkeit). In der Bildungs- und Hochsprache erlernt man diese Kompetenzen systematisch (konzeptionelle Schriftlichkeit).

Der Spracherwerb bei Kindern ist nicht in wenigen Monaten abgeschlossen. Ziele des Unterrichts in Deutsch als Zweitsprache sind die Förderung kommunikativer Handlungsaspekte zunächst als Beitrag zur Bewältigung der Alltagssprache und im Weiteren vor allem zur Herausbildung der grundlegenden Bildungssprache.

Klassischer Lehrweg

Möglicher Lehrweg	Aufmerksamkeitsrichtungen	Beispiel
Stundenbeginn (ritualisiert)	• Begrüßung, auch in den jeweiligen Sprachen der Kinder • Ritualisierter Beginn (z. B. mit einem Lied, Rap, Gedicht, Spruch, Datum, Wetterbericht) • Gefühlsrunde • Vorhaben	• Ankommen ermöglichen • Wahrnehmen jedes Kindes • Möglichkeit zum Ausdruck emotionalen Empfindens
Kommunikatives Handeln Allgemein Flankierend-vorbereitend	• Allgemeines Wiederholen von bekannten Satzstrukturen und dem bekanntem Wortschatz in Dialogform • Anknüpfen an bekannte, für den Stundenschwerpunkt relevante Satzstrukturen und bekannter Wortschatz	• Geeignete Sprachhandlungssituationen schaffen • Geschützten Raum der Partner- und Gruppengespräche nutzen • Satzbausteine, Symbole und Bilder anbieten

Möglicher Lehrweg	Aufmerksamkeitsrichtungen	Beispiel
Sprachaufnahme	• Hinführung • Sprachanlass (ggf. Aktivierung des Vorwissens) • Zielangabe bzw. Arbeitsziel	• Unreflektiertes Sprachhandeln
Spracherarbeitung	• Wortmaterial und/oder Satzmuster • Analyse des Wortmaterials: Sprache und Sprachgebrauch analysieren und reflektieren • Entdecken der Sprachstrukturen • Erarbeiten der Sprachstrukturen • Erstes Anwenden der Sprachstrukturen mit allen Kindern • Spracherkenntnis (optional)	• Reflektiertes Sprachhandeln • Wichtiger ist bei DaZ-Kindern die Anwendung der Sprache. Das selbstständige Formulieren des Leistungsaspektes der Sprache als Merksatz überfordert meist
Sprachanwendung	• Einübung (mit schüleraktivierenden Methoden und Arbeitsformen) • Sicherung (mit schüleraktivierenden Methoden) • Präsentation im Schonraum (z. B. Spiel, Dialog, Gespräch, Befragung) • Reflexion (fachlich, Selbsteinschätzung)	• Einbinden der Anwendung der Sprachstrukturen in (variativen) lebensrelevanten kindgerechten Situationen
Abschluss	• Ausblick (ggf. Hausaufgabe) • Gemeinsamer ritualisierter Ausklang (Lied, Spruch)	• Emotional positiv besetzter Abschluss

Die Kinder im Blick

Ein erheblicher Teil des (Zweit-)Spracherwerbs findet beiläufig (implizit) statt, ohne direkte Unterweisung. Umso jünger die Kinder sind, umso höher ist der Anteil beiläufiger Lernprozesse und die Wirksamkeit expliziter Förderangebote ist im Vergleich geringer.

Kinder mit deutscher Erstsprache haben bei Schuleintritt einen produktiven Wortschatz von 5.000 bis 9.000 Wörtern sowie einen rezeptiven »Verstehenswortschatz« von 10.000 bis 14.000 Wörtern (Apeltauer 2014). Ergänzend werden im Laufe eines Schuljahres etwa 3.000 neue Wörter eingeführt (Apeltauer 2014), die sich erstsprachig deutsche Kinder zum Teil selbstständig aufgrund impliziten Regelwissens in Morphologie und Strukturen der Wortbildung erschließen. Ein Kind mit Deutsch als Zweitsprache benötigt deshalb eine Sprachumgebung zur Wortschatzprogression sowie darauf aufbauend Erschließungsstrategien.

Kinder mit Migrationshintergrund beherrschen oft erste allgemeine kommunikative Kompetenzen in der Umgangs- und Alltagssprache (»BICS«: Basic Interpersonal Communicative Skills), auch wenn sie bereits einen längeren Zeitraum in deutscher Sprachumgebung leben. Diese BICS umfassen grundlegende mündliche Fähigkeiten, bei denen im Zentrum die kommunikative Absicht steht. Diese Absicht wird im Alltag zusätzlich gestützt von Gestik, Mimik, Intonation und die korrespondierende Reaktion des Interaktionspartners. Deutsch als Zweitsprache

Didaktische Grundprinzipien

- Sprachsensibles Unterrichten in allen Fächern
- Förderung von Alltags-, Bildungs- und Fachsprache in allen Fächern
- Klassenraum, Schulhaus und Schulgelände sowie die nähere Schulumgebung in ihrem Potenzial als Sprachsituation miteinbeziehen
- Die Mehrsprachigkeit der Kinder in ihrer Erstsprache an geeigneten Stellen mit interessierter Haltung als Lehrkraft miteinbeziehen und unterschiedliche Herkunftskulturen für interkulturelles Lernen in der Schulgemeinschaft pflegen
- Eine wertschätzende, positiv bestärkende und ermutigende Haltung aller am Unterricht Beteiligten mit klaren Strukturen und Ritualen sind unabdingbarer Bestandteil jeder Unterrichtsgestaltung
- Eine kontinuierliche Sprachstandserfassung und -auswertung ermöglicht es, auf »Lernsprünge« in der Biographie der Kinder differenziert und individualisiert einzugehen
- Den Kontakt zu den Stammlehrkräften nutzen und fächerübergreifendes Lernen inszenieren. Im Austausch mit den anderen Lehrkräften DaZ-Prinzipien in anderen Fächern ebenfalls nutzen. DaZ-Unterricht kann Fachunterricht auch vorentlasten
- Den Rahmen bieten, Fragen, Emotionen und aktuelle Bedürfnisse der Kinder (z. B. in der Anfangs- und Schlussphase des Unterrichts) ritualisiert einzupflegen

Die Kinder im Blick	Didaktische Grundprinzipien
orientiert sich in der Lernprogression daran, vor allem komplexere Sprachstrukturen und Fach- und Bildungswortschatz im Mündlichen wie Schriftlichen aufzubauen, sodass mittelfristig für diese Kinder auch das Verstehen und (Selbst-)Erschließen sowie Verfassen von »Fachtexten« in der Grundschule möglich und der Übergang auf weiterführende Schulen unterstützt wird. Diese Kinder befinden sich in einer Spracherwerbssituation, in der die deutsche Sprache in Deutschland sowohl zum Großteil ungesteuert als auch ergänzend durch den Unterricht in Deutsch als Zweitsprache gesteuert erworben wird. In der Schule »baden« die Kinder in der deutschen Sprach- und Lernumgebung und begegnen fortlaufend den Anforderungen echter und authentischer Kommunikation in der Zweitsprache, sogar wenn die Kinder im Fach Deutsch als Zweitsprache mit unterschiedlichen Erstsprachen aufeinander treffen. Für alle diese Kinder ist das Bewältigen von Alltags- und Schulsituationen in der Zweitsprache Deutsch »überlebensnotwendig« und bildungsrelevant. Unerlässlich für die Förderung jedes Kindes in Deutsch als Zweitsprache ist eine kontinuierliche Sprachstands-Diagnose. Als eine Orientierung zur Einschätzung des individuellen Leistungsniveaus dient das Modell der Spracherwerbsstufen nach Grießhaber (2010). Es gliedert sich in sieben Stufen, dabei gilt die Verbstellung im Satz als Indikator und Diagnosemöglichkeit. • Stufe 0: Bruchstückhafte Äußerungen • Stufe 1: Finites Verb in einfachen Äußerungen • Stufe 2: Trennung von finitem und infinitem Verbteil • Stufe 3: Subjekt nach finitem Verb (Inversion) • Stufe 4: Nebensatz mit finitem Verb in Endstellung • Stufe 5: Eingefügter Nebensatz • Stufe 6: Erweitertes Partizipialattribut in Nominalkonstruktion Auffällig ist, dass die Sprachdaten von Kindern in der Grundschule erkennen lassen, dass die verwendeten Satzstrukturen meist nicht über Stufe 4 hinausgehen. Des Weiteren ist zu bedenken, dass die individuelle Lebenssituation dieser Kinder oft bestimmt ist von einer unsicheren Zukunft, einem evtl. erlittenem Kulturschock, Traumata etc. Dazu kommen Unterschiede in der Mentalität, der Kultur, von Verhaltensmustern, bekannte Schulsysteme aus dem Herkunftsland sind ggf. anders, in der Rolle des Lehrers, hinsichtlich von Vorerfahrungen und erlernten Grundfertigkeiten.	• Wortschatzerarbeitung beinhaltet die Kompetenzen des Hörens, Verstehens, Sprechens, Lesens und Schreibens. Im Spracherwerb und der Unterrichtsgestaltung ist für die Kinder genau diese Reihenfolge notwendig • Wortschatzerarbeitung erfordert das Einbeziehen möglichst vieler Sinne • Authentische kommunikative Anwendungssituationen müssen bewusst von der Lehrkraft ausgewählt werden. Dazu werden die Kinder Lerner als »Sprachbadende« in kindgerechte authentische Sprachhandlungssituationen gebracht, die im Sinne der Passung tendenziell über dem Lernstand der Kinder aufbereitet sind, um ein Dazu-Lernen zu ermöglichen • Mündlichkeit kommt vor Schriftlichkeit, die Rezeption der Zweitsprache kommt vor der Produktion • Einsatz von Visualisierungen (z. B. Piktogramme und Symbole an geeigneten Stellen) zum Beispiel bei Arbeitsaufträgen, Sozialformen und schwer zu verstehenden Inhalten • Wortspeicherarbeit wird nur in fachlicher und bildungssprachlicher Hinsicht gepflegt. Wortschatzarbeit in »alltagslebensweltlicher Hinsicht« würde nur dazu beitragen, Umgangssprache zu verfestigen • Im Rahmen selbstständigen und eigenverantwortlichen Lernens, Primär- und Sekundärstrategien zum Spracherwerb anleiten, anwenden und reflektieren • Zum kommunikativen Austausch ko-konstruktive schüleraktivierende Methoden einsetzen • Ganzheitlichkeit • Handlungsorientierung • Individualisierung, Differenzierung aufgrund der hochheterogenen Lerngruppen • Üben und Wiederholen • Im Rahmen der Erziehungspartnerschaft mit den Eltern Kontakt aufbauen und Einbezug der Eltern/Familie (Wertschätzung der sozialen, kulturellen, sprachlichen Ressourcen) • Handlungsbegleitendes Sprechen als das kontinuierliche Versprachlichen und Kommentieren aller Tätigkeiten bietet Übungsmöglichkeiten zur Veranschaulichung des Tuns sowie der Verinnerlichung von Handlungen zur Begriffsbildung • Konstruktiv-sensibler Umgang mit Fehlern (z. B. behutsames Modellieren, korrektives Feedback, situatives Aufgreifen, Fehler als Indikator für Entwicklungsstadium (»Interlanguage«)) • Texte und Übungen sinnstiftend, lebensrelevant, kindgemäß, nach Anwendungschancen des Wortschatzes sowie der syntaktischen Möglichkeiten in authentischen Sprachhandlungssituationen wählen

Die Kinder im Blick	Didaktische Grundprinzipien
Die zeigt sich mitunter in Verhaltensauffälligkeiten und Konzentrationsschwierigkeiten, da Unterricht in deutscher Sprache für manche Kinder eine große psychische und physische Belastung darstellen kann.	• Der grammatische Leistungsaspekt der Sprachreflexion hat nur dienende Funktion, wichtig ist die kommunikativ verständliche (und nach individuellen Fähigkeiten korrekte) Anwendung der Sprachstrukturen und Gesetzmäßigkeiten zur Bewältigung von Sprachhandlungssituationen • Sprachstrukturen und Gesetzmäßigkeiten werden an vielen Beispielen entdeckt und in realitätsnahen Situationen stets variierend und wiederholend an gleichen und veränderten Rahmensituationen angewendet • Die Lehrkraft ist ein Vorbild an positiver Ausstrahlung, die Sicherheit, Gelassenheit und Faszination am Sprachunterricht vermittelt, die Aufmerksamkeit der Kinder zum Sprachphänomen lenken kann und ein gutes Sprachvorbild an Aussprache, Gestik und Mimik darstellt • Als Mittel zur Fehlerberichtigung beim freien Sprechen wird das Modellieren der Äußerungen der Kinder eingesetzt • Sprechkompetenzen werden in einem ersten Schritt vor der Lese- und Schreibkompetenz realisiert

Lehrer als Sprachvorbild	Lehrerpersönlichkeit
• Langsam, deutlich und in ganzen Sätzen sprechen • Dialekt vermeiden • Gegebenenfalls Internationalismen nutzen • Sich Schülern mit der Körperfrontseite zuwenden (Antlitzgerichtetheit) • Unterstützung durch Gestik, Mimik • Einbezug und Wertschätzung der Erstsprache • Verzicht auf Redewendungen, Ironie, Sarkasmus, Floskeln • Wortklärungen (Wortspeicher) • Durch Nachfragen und Erklären Interesse an jedem Kind zeigen • Handlungsbegleitendes Sprechen • Vorsichtige Sprachkorrekturen (korrektives Feedback) • Hoher anregender Redeanteil • Ritualisiertes und variatives Vor- und Nachsprechen	• Wichtige Bezugsperson beim Spracherwerbsprozess • Positives Unterrichtsklima: Vertrauen, Solidarität, gegenseitige Achtung • Würdigung des sprachlichen Vorwissens der Schüler • Wertschätzung und Anerkennung • Interkulturelle Erziehung • Lehrer als fürsorglicher Begleiter des Kindes (ggf. über die Dinge des Unterrichts hinaus)

Tipp

- Begrüßungsformeln und Rituale auch in den Erstsprachen der Kinder als Wertschätzung der Erstsprache pflegen.
- Erstsprache an geeigneten Stellen auch im Unterricht bewusst einbeziehen (z. B. im kontrastiven Sprachvergleich). Ideenreichtum hinsichtlich des Einbezugs der Erstsprache über eine mehrsprachige Begrüßung hinaus sind zum Beispiel:
  - »Wie heißen die Wörter auf Rumänisch oder Arabisch?«
  - »Klingen manche Wörter ähnlich wie in deiner Erstsprache?«
  - »Kannst du dir das deutsche Wort besser merken, wenn du an das Wort in deiner Sprache denkst?«
  - »Hausaufgabe: Notiere die Wörter in deiner Sprache ...«
- Handlungsbegleitendes Sprechen bewusst einsetzen und Körpersprache, Gestik und Mimik einbeziehen und Kinder darin stärken, ebenfalls handlungsbegleitend zu kommunizieren.

- Satzbausteine und Satzstrukturen (z. B. »Ich sehe ...« oder »Heute hat mir geholfen, dass ...«) anbieten.
- Der kommunikative Aspekt steht über einer hundertprozentigen Fehlerfreiheit (z. B. in Aussprache und Flexion). Das erste Hauptaugenmerk liegt je nach individuellen Fähigkeiten zunächst im Verstehen und adäquatem Reagieren.
- Zur Fehlerkorrektur korrektives und ermutigendes Feedback nutzen, um Fossilierung zu vermeiden.
- Einheitliche Farbzuordnungen (z. B. für Artikel und Wortarten) einsetzen, mit der Deutschlehrkraft diesbezüglich absprechen.
- Lektüreeinsatz auch in der Muttersprache andenken.
- Neuen Wortschatz auch mit Spielformen sichern (z. B. Memory, Kim-Spiele, Domino).
- Sprachhandlungssituationen aus dem »echten« Leben der Kinder vorbereiten (z. B. Schule, Einkaufen, Bibliothek, Sport).
- Handlungsorientierung auf konkreter und symbolischer Ebene ermöglichen.
- Kulturelle Gebräuche und Feiertage der Kinder mit Migrationshintergrund in den Unterricht an geeigneten Stellen miteinbeziehen.
- Multikulturelle Feste mit den Kindern (und ggf. den Eltern) planen und gestalten.
- Gegebenenfalls sensible Themen meiden (z. B. Flucht, Vertreibung, Krieg).
- Unterricht sprachbewusst mit systematisch aufbauendem Wortspeicher flankieren und bildungssprachliche Handlungskompetenz in den weiteren Fächern ermöglichen, dabei den Wortspeicher im Klassenzimmer präsent und strukturiert gestalten.
- Wortschatzerwerb: Ergänzend zu den neuen Wörtern auch Strategien zum Deuten und Erfassen von Wörtern, zur Wortschatz- und Texterschließung sowie Rechtschreib- und Textüberarbeitung einüben und reflektieren.
- Satzmuster und Strategien werden durch Anwendung in vielfältigen Kontexten eingeübt und an konkreten Situationen verinnerlicht.
- Die Wortschatzauswahl erfolgt nach den Aspekten der inhaltlichen und emotionalen Bedeutsamkeit, der Sinnzusammenhänge sowie dem Anwendungspotenzial der Wörter im Zusammenhang mit anderen Fächern (z. B. zur fachlichen Vorentlastung, Sicherung, wiederholter Anwendung, Bildungsrelevanz).
- Der Umfang des neuen Wortschatzes umfasst in der Regel zwischen fünf bis zehn neuen Wörtern.
- Eine kontinuierliche Lernstandserhebung ist notwendig, um jedes Kind passend fördern zu können.
- Korrektives, ermutigendes Feedback der Lehrkraft gilt auch für die Betreuung von Schülerarbeiten.
- Die Lehrkraft agiert bewusst als (ggf. übertriebenes) Sprachvorbild bezüglich Artikulation, Sprechtempo und Korrektheit in der Aussprache.
- Bewusster Einsatz sprachlicher Muster als Formulierungshilfen.
- Fehler bieten die Möglichkeit eines Diagnostikfensters, um daraus Möglichkeiten zur Verbesserung des individuellen Ausdrucks abzuleiten.
- Chorisches Sprechen abwechslungsreich gestalten, dazu Lernaufgaben nutzen, die zum wiederholten Sprechen anregen.
- Im Zweitspracherwerb zum Sprechen, Erzählen und auch Schreiben von Anfang an ermutigen.
- »Scaffolding« als eine Methode sprachsensiblen Unterrichts.
- Einfache Differenzierungsmöglichkeiten beim Wortschatzerwerb gestuft nach Fähigkeit:
  - »Schreibe das Wort ab«
  - »Schreibe das Wort auswendig auf«
  - »Schreibe mit dem Wort einen ganzen Satz«
  - »Schreibe mit dem Wort mehrere Sätze«
  - »Schreibe mit den Wörtern einen Text«

- Veranschaulichungshilfen durch konkrete Gegenstände, Abbildungen usw. nutzen.
- Grammatikalische Inhalte sind kein Selbstzweck, sondern dienen der Bewältigung konkreter Sprachhandlungssituationen und erweitern die Sprachhandlungskompetenz.
- Über die Hälfte des deutschen Wortschatzes sind Nomen. Erste Wörter, die im Schulischen zugrunde gelegt werden, sind konkrete Nomen (Heft, Stift), Operatoren, die in Aufgabenstellungen vorkommen (»Kreuze an« oder »Unterstreiche«) sowie sozial-personale Wörter (»Bitte«, »Danke«, »Ja«, »Nein«, »Hallo«).
- Wortschatzerwerb ist das zentrale Element des Unterrichts in Deutsch als Zweitsprache, um eine erste Verständigung zu ermöglichen.
- Neue Wörter müssen in vielfältigen Zusammenhängen (z. B. mit Themenfeldern, Bilderbüchern ...) gelernt werden, zusammenhangsloses »Vokabellernen« ist ineffektiv.
- Bis zu 50 Wiederholungen sind nötig, damit das Wort in den Mitteilungswortschatz eingeht. Neue Wörter müssen deshalb kontinuierlich wiederholt werden, Spiele aus der Einführungsstunde wiederholen, Wortspeicher-Plakate erstellen, Pluralformen zu Nomen finden, Verben konjugieren oder in die Vergangenheit setzen, Verwendung der Wörter in abgewandelten Dialogen, Sachgeschichte anhand von Bildern nacherzählen, Rätsel verfassen ...
- Beim Erwerb von Grammatikstrukturen die Reihenfolge Nominativ, Akkusativ, Dativ sowie in den Zeitstufen Präsens, Perfekt, Imperfekt Aufmerksamkeit beachten.

Wortschatzeinführung

Stundenbeginn (ritualisiert)	• Begrüßung, auch in den jeweiligen Sprachen der Kinder • Ritualisierter Beginn (z. B. mit einem Lied, Rap, Gedicht, Spruch, Datum, Wetterbericht) • Gefühlsrunde • Vorhaben	• Ankommen ermöglichen • Wahrnehmen jedes Kindes • Möglichkeit zum Ausdruck emotionalen Empfindens
Kommunikatives Handeln Allgemein Flankierend-vorbereitend	• Allgemeines Wiederholen von bekannten Satzstrukturen und bekanntem Wortschatz in Dialogform • Anknüpfen an bekannte, für den Stundenschwerpunkt relevante Satzstrukturen und Wortschatz	• Geeignete Sprachhandlungssituationen schaffen • Geschützten Raum der Partner- und Gruppengespräche nutzen • Satzbausteine, Symbole und Bilder anbieten
Hinführung Semiotische Grundlegung	• Kindgerechte, emotional ansprechende Ausgangssituation • Sicherstellen der Elemente und des Gesamtzusammenhangs der zu bewältigenden Sprachhandlungssituation, die für das Verständnis der Situation relevant sind • Erste Präsentation des sprachlichen Schwerpunktes (ggf. begleitend und unterstützend mit Gestik und Mimik)	• (Bekannte) Identifikationsfiguren nutzen • Anknüpfen an die kindliche Lebenswelt • Authentischer Sinn- und Gedankenzusammenhang der Sprachhandlungssituation (z. B. mit einem Bildimpuls, Video-/Filmausschnitt, szenischen Darstellung, Geräusche, Wimmelbild ...) veranschaulichen • Gegebenenfalls fachliche Ausgangssituation aus dem Fach-/Sachunterricht • Auf handlungsbegleitendes Sprechen achten

Präsentation und Fokussierung	• Herausarbeiten und Fokussieren der Erarbeitung der neuen Wörter • Exaktes und ggf. »überdeutlich« artikuliertes Sprachvorbild der Lehrkraft: Flankieren der Wörter mit Bewegung oder Handlung • Erarbeiten von Wortbedeutung und -form, Beachten des Kontextes • Auf vielfältige Wiederholung achten • Zuerst passives Verstehen der neuen Wörter, erst dann aktives Sprechen der neuen Wörter • Ergänzend zum jeweiligen Stand des Könnens zum Beispiel Synonyme und Antonyme klären • Ausspracheschulung	• Grundsätzlich die Reihenfolge der neuen Wörter beachten: Hören • Sprechen • Lesen • Schreiben *Erste methodische Möglichkeiten*: • Vorsprechen – Nachsprechen, Bilder zuordnen, Tätigkeiten durchführen, Silben bestimmen, Ordnen nach Silbenanzahl, Klatschen der Silben • Fliegenpatschen-Spiel auf Zuruf, Tätigkeit zu Verben vormachen, zu Wörtern Wortkarten zuordnen, Nomen nach Genus ordnen • Kim-Spiele, bei denen den Kindern die zu lernenden Wörter (z. B. als Bilder, Wortkarten, Gegenstände zum Ansehen oder Ertasten, zum Erkennen von Geräuschen oder Gerüchen) vorgegeben werden, die sie sich über eine kürzere oder längere Zeit merken und dann auf die verschiedenste Weise korrekt wiedergeben, indem sie Fehlendes identifizieren, vertauschte Reihenfolgen richtig ordnen usw.
Unterstützende Erwerbsphase aktiven Sprachhandelns	• Wiederholungen der Wörter ermöglichen aktives Sprechen in sinnstiftenden Kontexten • Je nach Stand des Könnens Flexionsformen, Artikel, ggf. Komposita trennen oder kombinieren • Verbinden der neuen Wörter in Satz- und Sinnzusammenhängen • Gegebenenfalls Wortfamilien (Wortfelder) nutzen	• Chorsprechen, Einzelsprechen • Auf ausreichende Wiederholungen achten • Hervorheben phonetischer Auffälligkeiten • Hervorheben rechtschriftlicher Auffälligkeiten, dazu bekannte Farben, Symbole und Zeichen verwenden oder einführen
Anwendung	• Im Sinn- und Satzzusammenhang (dialogisch) den neuen Wortschatz in kindgerechten Sprachhandlungssituationen anwenden, um diese zu bewältigen • Verknüpfung der neuen Wörter mit bekannten Wörtern zu Sätzen • (Vorgegebene) Satzstrukturen nutzen • Gegebenenfalls Satz und Textzusammenhang nutzen	• Je nach Stand des Könnens Wörter in verschiedenen Satzarten verwenden • Zum Beispiel zu Bildern (miteinander) sprechen und schreiben, Pluralformen • Verknüpfung der neuen Wörter mit bekannten Wörtern zu Sätzen • Hörverstehens-Übungen (z. B. zu Gehörtem Bilder in eine Bildfolge bringen) • Rätsel formulieren • Wiederholung der Wörter unter verschiedenen Aspekten und in verschiedenen Kontexten, um eine Vernetzung zu fördern
Reflexion	• Reflexionsrichtung wählen	• Impuls: »Welches Wort fandest du besonders schwierig/schön/willst du dir besonders merken?«
Abschluss	• Ausblick • Gemeinsamer ritualisierter Ausklang (z. B. Lied, Spruch)	• Emotional positiv besetzter Abschluss

Generatives Schreiben

Möglicher Lehrweg	Aufmerksamkeitsrichtungen	Beispiel
Stundenbeginn (ritualisiert)	• Begrüßung, auch in den jeweiligen Sprachen der Kinder • Ritualisierter Beginn (z. B. mit einem Lied, Rap, Gedicht, Spruch, Datum, Wetterbericht) • Gefühlsrunde • Vorhaben	• Ankommen ermöglichen • Wahrnehmen jedes Kindes • Möglichkeit zum Ausdruck emotionalen Empfindens
Kommunikatives Handeln Allgemein Flankierend-vorbereitend	• Allgemeines Wiederholen von bekannten Satzstrukturen und bekanntem Wortschatz in Dialogform • Anknüpfen an bekannte, für den Stundenschwerpunkt relevante Satzstrukturen und Wortschatz	• Geeignete Sprachhandlungssituationen schaffen • Geschützten Raum der Partner- und Gruppengespräche nutzen • Satzbausteine, Symbole und Bilder anbieten
Sprachaufnahme	• Sprachliche Aktivierung • Hinführung/Einstimmung • Zweimalige Präsentation des Gedichtes (auditiv) • Präsentation des Gedichtes (visuell) • Inhaltliche Klärung • Einprägen des Gedichtes	• Emotionalen Rahmen schaffen • Freier Vortrag • Textvorbild strukturiert anbieten
Sprach-erarbeitung	• Zielangabe • Sprachbetrachtung • Mündliches Substituieren/Transformieren • Sammeln von Wortmaterial (Wortspeicherarbeit) • Eventuell Einbezug von Satzstrukturen	• Visualisierungen und Hervorhebungen nutzen, um Strukturen und Textmuster im »Original« hervorzuheben
Sprach-anwendung	• Substitution bzw. Transformation • Individuelle Textproduktion mit Differenzierungsmaßnahmen	• Gegebenenfalls Bild-/Wortspeicher als Differenzierung anbieten
Präsentation	• Vorstellung • Reflexion (anhand der Gestaltungskriterien) • Würdigung • Ausblick	• Passenden Rahmen für die Präsentation schaffen (z. B. besonderen Platz) • Einleiten und Ausleiten der Präsentation mit akustischem Signal
Abschluss	• Ausblick • Gemeinsamer ritualisierter Ausklang (Lied, Spruch)	• Emotional positiv besetzter Abschluss

Sprachgebrauch und Sprache untersuchen und reflektieren

Möglicher Lehrweg	Aufmerksamkeitsrichtungen	Beispiel
Stundenbeginn (ritualisiert)	• Begrüßung, auch in den jeweiligen Sprachen der Kinder • Ritualisierter Beginn (z. B. mit einem Lied, Rap, Gedicht, Spruch, Datum, Wetterbericht) • Gefühlsrunde • Vorhaben	• Ankommen ermöglichen • Wahrnehmen jedes Kindes • Möglichkeit zum Ausdruck emotionalen Empfindens
Kommunikatives Handeln Allgemein Flankierend-vorbereitend	• Allgemeines Wiederholen von bekannten Satzstrukturen und bekanntem Wortschatz in Dialogform • Anknüpfen an bekannte, für den Stundenschwerpunkt relevante Satzstrukturen und den bekannten Wortschatz	• Geeignete Sprachhandlungssituationen schaffen • Geschützten Raum der Partner- und Gruppengespräche nutzen • Satzbausteine, Symbole und Bilder anbieten
Hinführung	• Sprachhandlung aus der Lebenswelt der Kinder (z. B. unreflektiertes Sprachhandeln) • Gegebenenfalls Aktivierung des Vorwissens • Sprachphänomen herausarbeiten • Vorläufige Zielangabe/Arbeitsziel	• Unterstützung mit einem Bildimpuls, etwas hören, vorspielen
Sprach-erforschung	• Die Kinder erforschen dieses Phänomen und entdecken die Zusammenhänge möglichst selbst	• Impuls: »Warum heißt es manchmal ›mein/meine‹ und manchmal ›dein/deine‹?«
Erarbeitung einer Regel	• Erfassen von Strukturen und Regelmäßigkeiten • Hervorheben mit (bekannten) Farben, Zeichen und Symbolen	• Impuls: »Bei weiblichen Nomen muss ich ›meine‹ sagen, bei männlichen Nomen ›mein‹«
Anwendung Bewusste Anwendung der Regel bzw. Übung	• Im Sinn- und Satzzusammenhang (dialogisch) die Regel in kindgerechten Sprachhandlungssituationen strukturiert anwenden, um diese zu bewältigen • Verknüpfung der Regel mit bekannten Wörtern zu Sätzen • (Vorgegebene) Satzstrukturen nutzen • Gegebenenfalls Satz und Textzusammenhang nutzen • Reflektiertes Sprachhandeln	• Partnergespräche • Schriftliches Üben mit Arbeitsblatt oder im Sprachbuch • Rezeption und gelingende Produktion im Alltag liegen nicht selten auseinander
Fixierung der Regel	• Die Regel steht am Ende der Stunde (induktives statt deduktives Vorgehen). Nach der gedanklichen Durchdringung des Phänomens muss dieses vielfältig auch in den weiteren Unterrichtseinheiten geübt werden	• Hefteintrag • Erstellen eines Regelplakates in Partnerarbeit

Möglicher Lehrweg	Aufmerksamkeitsrichtungen	Beispiel
Reflexion	• Reflexionsrichtung wählen	*Impulsfragen*: • »Was hast du heute als Sprachforscher herausgefunden?« • »Was willst du dir besonders merken?« • »Findest du die neue Regel schwierig oder leicht? Begründe«
Abschluss	• Ausblick • Gemeinsamer ritualisierter Ausklang (Lied, Spruch)	• Emotional positiv besetzter Abschluss

Zuhören (mit Bilderbüchern)

Möglicher Lehrweg	Aufmerksamkeitsrichtungen	Beispiel
Stundenbeginn (ritualisiert)	• Begrüßung, auch in den jeweiligen Sprachen der Kinder • Ritualisierter Beginn (z. B. mit einem Lied, Rap, Gedicht, Spruch, Datum, Wetterbericht, Gefühlsrunde, Vorhaben)	• Ankommen ermöglichen • Wahrnehmen jedes Kindes • Möglichkeit zum Ausdruck emotionalen Empfindens ermöglichen
Kommunikatives Handeln Allgemein Flankierend-vorbereitend	• Allgemeines Wiederholen von bekannten Satzstrukturen und bekanntem Wortschatz in Dialogform • Anknüpfen an bekannte, für den Stundenschwerpunkt relevante Satzstrukturen und den bekannten Wortschatz	• Geeignete Sprachhandlungssituationen schaffen • Geschützten Raum der Partner- und Gruppengespräche nutzen • Satzbausteine, Symbole und Bilder anbieten
Aktivierung vor der Buchpräsentation	• Gezieltes Reaktivieren des bekannten Wortschatzes • Vorentlasten bedeutender Wörter • Assoziieren zu einem oder mehreren bedeutungstragenden Gegenstand/Bild/Symbol aus dem Bilderbuch	• Wort-Bild-Zuordnung, Redemittel wiederholen, Bilder, Realien, Requisiten präsentieren • Gegebenenfalls gezielte Höraufträge stellen • Vermutungen, Vorwissen zu bestimmtem Thema äußern lassen
Einführung in die Rahmensituation	• Medial inszeniertes Einführen in den situativen Rahmen und die Geschichte • Vorstellen der bedeutenden Handlungsträger und/oder der Motive • Einbinden der bedeutenden Wörter aus der Phase »Aktivierung vor der Buchpräsentation«	• Bildcover nutzen • Hauptfiguren visualisieren • Bedeutungstragende Requisiten als Sprechanlass nutzen
Zielangabe	• Titel des Bilderbuchs hervorheben	• Falls der Titel zu viel verrät sollte ein vorläufiger Titel formuliert werden

Möglicher Lehrweg	Aufmerksamkeitsrichtungen	Beispiel
Präsentieren des Bilderbuchs Erstbegegnung Allgemeinverständnis	• Erste Bilderbuchpräsentation • Beginn mit Einhörphase, indem der Inhalt bildgestützt vorgetragen wird • Erstes Hören nicht unterbrechen, innere Beteiligung ermöglichen • Nach dem ersten Erzählen den allgemeinen Inhalt klären und zusammenfassen (ggf. Verständnisschwierigkeiten aufgreifen – Kinder fassen den Inhalt im Allgemeinen zusammen) • Gegebenenfalls Vermutungen über weiteren Verlauf anstellen, Wörter und Bilder klären	• Illustrationen als Co-Erzähler nutzen • Gegebenenfalls Geschichte an entscheidender Stelle unterbrechen und mit den Kindern Vermutungen über den Fortgang der Geschichte formulieren • Text- und Bildpräsentation erzählerisch mit Gesten, Mimik und weiterem Körpereinsatz flankieren
Weitere Begegnungen mit dem Inhalt des Bilderbuchs Detailverständnis	• Gezielte Zuhöraktivierungen während der Bilderbuchbegegnung, vorlaufend Höraufträge • Aktivieren und Einbeziehen der Kinder • Betrachtung Fokus auf Sprache (z. B. wichtige Wortbedeutungen und Symbole erschließen, Redewendungen, Schlüsselworte hervorheben)	• Kinder aktiv miteinbeziehen • Schlüsselwörter und/oder wichtige Phrasen wiederholen und mitsprechen lassen, Einbezug von Geräuschen, Handpuppe, Stabfiguren, Mitsprechen, Mitsingen ...
Verarbeitung	• Aktiver Umgang mit dem Inhalt und kreative Gestaltung • Gegebenenfalls inhaltliche und sprachliche Weiterführung • Variationen (z. B. ein anderes Tier als Hauptperson in einer Tiergeschichte)	• Einsatz handlungs- und produktionsorientierter Elemente als Möglichkeit vertiefter Auseinandersetzung
Reflexion	• Reflexionsmöglichkeiten (z. B. bezüglich des Inhalts, wichtiger Wörter, Satzstruktur, spannender oder überraschender Momente)	• Impuls: »Hat dir die Geschichte gefallen?« oder »Der schönste/wichtigste/überraschendste Teil der Geschichte ...«
Abschluss	• Ausblick • Gemeinsamer ritualisierter Ausklang	• Emotional positiv besetzter Abschluss

Typische Handlungen für den Fachbereich	Für den Fachbereich charakteristisch
• Bilder beschriften • Wörter passenden Gegenständen zuordnen • *Kinderliteratur*: Bücher wie »Elmar«, »Der Grüffelo« oder auch zweisprachige Kinderbücher vorlesen bzw. vorgelesen bekommen (z. B. Tiere benennen, Geschichte nachspielen, Tiere den Artikeln zuordnen, Sätze aufschreiben, im Wörterbuch nachschlagen) • Spielorientierung, zum Beispiel zu Adjektiven: Memory, Gegenteil finden, Pantomime, nach einer Karte fragen, Kofferpacken • Sätze schreiben, zum Beispiel: »Die Prinzessin ist schön. Die Hexe ist hässlich« • Nach Anleitung basteln, bauen, falten • Spiele spielen (z. B. Tempo, kleine Schnecke, Halli Galli, Quips) • Generatives Schreiben (z. B. »Der Hase mit der roten Nase«) • Kreatives Schreiben: Wörter zu einem Thema sammeln, einfache Sätze oder Mini-Geschichten (3-Satztexte) verfassen • Thematisch passende Kulinarik: Schokoladenkuchen oder Pfannkuchen backen, Frühstück zubereiten, Pizza backen, Tee zubereiten (z. B. Pfefferminze aus dem Schulgarten, Hagebutten sammeln)	Die Beherrschung der deutschen Sprache ist der Schlüssel für eine erfolgreiche Schul- und Berufslaufbahn und die Voraussetzung für die Teilnahme am gesellschaftlichen Leben. Im Unterricht geht es um die Aneignung von Grundwortschatz, Bildungswortschatz und Fachwortschatz (passiv und aktiv) sowie das Schaffen eines Sprachbewusstseins in deutscher Sprache. Im Rahmen der Sprachlernsituation ist das Kontaktalter mit Deutsch ausschlaggebend für den »eher mühelosen« Zweitspracherwerb. Deutsche Sprache ist für die Kinder eine Lebenshilfe als Interaktionsmittel im sozialen Umfeld – das Spracherleben unterstützt das Spracherlernen.

Typische Handlungen für den Fachbereich	Für den Fachbereich charakteristisch
Anlegen eines Wortschatzheftes bzw. Sprachtagebuch: • »Schreibe sieben Tiernamen auf« • »Suche fünf Gegenstände im Klassenzimmer, die mit »F« beginnen« • »Male eine Insel und schreibe drei Dinge auf, die du unbedingt mitnehmen willst« *Hausaufgaben zum Wortschatz*: • »Schreibe 10 Wörter auf, die du in dieser Woche neu gelernt hast« (»Wörter der Woche«) • »Schreibe deine Lieblingswörter auf« • »Bringe einen Gegenstand mit, der aus deiner Heimat stammt. Frage deine Eltern, ob dieser Gegenstand dort eine besondere Bedeutung hat. Erzähle den anderen davon« • Sprachliche Grundfertigkeiten üben: Hören, Sprechen, Lesen, Schreiben • Bewusstes Hören und Sprechen (z. B. mit Übungen zur Lautdiskriminierung und Lautdifferenzierung, zur Aussprache, Sprachmelodie und Sprechpausen sowie zur phonologischen Bewusstheit als Grundlage für korrektes Schreiben) • Lernen und Anwenden des lateinischen Alphabets in den Bereichen Lesen und Schreiben mit dem langfristigen Ziel der konzeptionellen Schriftlichkeit als Grundlage der schulischen Bildung • Alltägliche Sprachhandlungssituationen bewältigen • Neu erworbenes Wissen in Dialogen anwenden • Begriffsarbeit für alltäglichen und fachspezifischen Wortschatz • Satzbausteine und Satzstrukturen nutzen • Bildungssprache und Fachsprache gezielt anwenden • Selbstlerntechniken anbahnen • Freies Erzählen und freies Schreiben	

Englisch

3

Fremdsprachenunterricht in der Grundschule strebt grundlegende kommunikative Handlungsfähigkeit der Kinder sowie ausgewählte kulturelle Kenntnisse über die englischsprachigen Welt an.

In dieser Veröffentlichung werden die Lehrwege ausgewählter Aspekte des Englischunterrichts konkretisiert. Der Erwerb anderer Fremdsprachen wie etwa Französisch kann sich an die Gestaltungsstrukturen und didaktischen Grundsätze anlehnen und ist grundsätzlich übertragbar.

Für den Fachbereich charakteristisch
Der Fremdsprachenunterricht hat die klare Absicht der Förderung der Sprachhandlungskompetenz. Die Kinder erhalten dazu zum einen sprachliche aber auch kulturelle Einblicke in die jeweilige Welt der Fremdsprache und vergleichen diese mit ihrer Erstsprache. Der emotional aktivierende und in einer positiven Lernatmosphäre stattfindende Fremdsprachenunterricht soll anhaltende Neugierde, Interesse und Freude am Umgang mit der fremden Sprache und Kultur wecken. Das Sprachvorbild der Lehrkraft wird unterstützt durch überbetont deutliche Artikulation, Stimmführung, Mimik, Gestik, Körpersprache und den Einsatz von audiovisuellen Medien, um möglichst authentische Kommunikationssituationen zu präsentieren. Die Kinder sollen sich in Orientierung an den Sprachbeispielen intuitiv und situativ Laute, Lautverbindungen sowie einfache Satzmuster einprägen.

Für den Fachbereich charakteristisch

Unterstützt wird der Spracherwerb auch durch den Einsatz authentischer altersgerechter Materialien, die das Verständnis erleichtern und die Kinder aktivieren sollen.

Das Schulen der »Fremdsprachenambiguitätstoleranz« der Kinder, was so viel heißt wie nicht jedes einzelne Wort in der Fremdsprache in deutsche Sprache übersetzen zu können und dieses Spannungsfeld auszuhalten, wird durch die positiv verstärkende Haltung der Lehrkraft den Kindern gegenüber gefördert. Das Abprüfen eines Grobverstehens kann Kinder entlasten nicht alles Wort für Wort verstehen zu müssen.

Etablieren von »Classroom Phrases« entlastet das Unterrichtsgeschehen und gibt Kindern schnell das Gefühl in der Fremdsprache Arbeitsaufträge zu verstehen und sich dadurch als kompetent zu erleben.

Bei Arbeitsaufträgen, die von der Lehrkraft in der Fremdsprache erteilt und die zunächst nicht von allen verstanden werden, empfiehlt es sich, leistungsstärkere Kinder als sogenannte »Sprachmittler« (Mediation) einzusetzen. Diese dürfen das Ganze noch einmal in Deutsch wiedergeben, haben ein individuelles Erfolgserlebnis und helfen anderen, Arbeitsaufträge zu verstehen.

Aus dem Beobachten der Handlungen der Kinder kann die Lehrkraft erkennen, inwieweit ein gegebener Arbeitsauftrag verstanden wurde. Die sogenannte »TPR Methode« (»Total Physical Response«) kann hier gut eingesetzt werden, um das Verstehen zu überprüfen. Ein vorheriges Nachfragen, ob alles verstanden wurde, ergibt hingegen oft keine klare Rückmeldung, da es schwer zu beschreiben ist, was man nicht verstanden hat, wenn man etwas nicht verstanden hat.

Der konstruktive Umgang mit Fehlern im Unterricht findet das Gleichgewicht zwischen der Möglichkeit, aus Fehlern zu lernen, und dem Risiko, dass die Kinder gehemmt werden. Dabei hat die Sprachflüssigkeit Vorrang vor absoluter sprachlicher Korrektheit (»fluency before accuracy«). Haupthandlungsaspekt der Lehrkraft ist dabei »korrektives Feedback« sowie insgesamt ein positives entspanntes Klassenklima, in dem es erlaubt ist, Fehler zu machen.

Wichtig ist außerdem das Einhalten der »Silent Period«. Kein Schüler wird dazu gedrängt, Englisch aktiv zu reproduzieren oder zu imitieren. Anregende Sprech- und Äußerungsanlässe laden alle Kinder ein, sich sprachlich zu äußern. Hierbei sind Geduld, pädagogisches Geschick und Empathie die Voraussetzung, um individuelle Lernprozesse erfolgreich zu begleiten.

Die Kinder im Blick

Das Erlernen einer Fremdsprache unterscheidet sich deutlich von den situativen Bedingungen beim Erwerb der Erst- und einer Zweitsprache. In der Fremdsprache ist die zu erlernende Sprache nicht die Umgebungssprache und es fehlen dadurch »natürliche und alltägliche« Kommunikationssituationen. Dadurch sind die Sprachlernbedingungen wie etwa der soziale Druck des Miteinanders zum »Überleben« durch soziale Interaktion nicht gegeben. Des Weiteren erhalten die Lernenden quantitativ weniger Zeit und dadurch weniger sprachliche Lerngelegenheiten und Lerninhalte sowie weniger 1:1-Sprachhandlungssituationen durch die Verschulung der Fremdsprache.

Das Sprachvorbild wird in der Regel von Nicht-Native-Speakern dargeboten. Grob vereinfacht ähnelt der Spracherwerb in der Erstsprache den Fremdspracherwerbsstufen.

Didaktische Grundsätze

1. Aspekte des Lehrerverhaltens

- Hohe Sprachkompetenz der Lehrkraft (British oder American English)
- Einwandfreies, möglichst authentisch wirkendes englischsprachiges Vorbild der Lehrkraft (ggf. leicht verzögerte Sprechgeschwindigkeit)
- Situationsangemessene, unterstützende Gestik und Mimik, die als Semantisierungshilfe dient
- Richtige Intonation mit Verwendung von »Short Forms« (Kurzformen)
- Bewusst eingesetztes Lehrerecho (korrektives Feedback) als Möglichkeit der sensiblen Fehlerkorrektur
- Bewusst gestellte rhetorische Fragen oder Entscheidungsfragen der Lehrkraft, die als Vorbild für die Schülerantworten dient
- Sensible, der Schülerpersönlichkeit und der kommunikativen Situation angemessene Fehlerkorrektur (»fluency before accuracy«)
- Einfühlsame, dennoch eindeutige Korrektur von sinnentstellenden Schülerfehlern, die zum Zusammenbruch der Kommunikation führen
- Weitgehend einsprachiger Englischunterricht
- Bewusste Verwendung des Deutschen im Englischunterricht unter anderem bei der Unterrichtsorganisation (Arbeitsaufträge auch zweisprachig von Lehrkraft ausgehend), Verständnissicherung (z. B. bei der Vermittlung interkultureller Inhalte und der Klärung von möglichen Missverständnissen und Uneindeutigkeiten)
- Bewusstmachung sprachlicher und grammatikalischer Phänomene
- Dialogarbeit für die Formulierung der Sprechabsicht und bei der Sprachmittlung (Mediation)

Die Kinder im Blick	Didaktische Grundsätze
Die Motivation der Kinder, sich mit einer Fremdsprache auseinanderzusetzen, ist durch den ganzheitlichen Ansatz der Fremdsprachendidaktik in der Grundschule sehr hoch. Kleine kontinuierliche Erfolgserlebnisse sowie die kommunikativ kreativ ausgerichtete Unterrichtspraxis sorgen dafür, dass die Kinder sich interessiert mit der jeweiligen Fremdsprache auseinandersetzen. Die erworbene Fähigkeit beim Erstspracherwerb wie etwa Bedeutungsenkodierungen ohne genaues Erfassen jeden einzelnen Wortes unter Zuhilfenahme von Körpersprache, Intonation und dem Hinzuziehen der Sprachhandlungssituation werden auch beim Erwerb der Fremdsprache genutzt. Zu den kommunikativen Kompetenzen gehören unter anderem kommunikative Fertigkeiten und die Verfügung über sprachliche Mittel. Das Verfügen über einen verlässlichen Mindestwortschatz, der verständlich ausgesprochen und intoniert wird, sowie das Aneignen von Redemitteln ist den Kindern durch Stories, (Mini-)Dialoge, Songs, Rhymes und Chants gut möglich. Auf Grundlage exemplarischer Themen aus ihrem Lebensalltag erwerben die Kinder interkulturelle Kompetenzen, die ihnen den Zugang zur englischsprachigen Welt erleichtern. Ergänzend kommen mit Blick auf ein lebenslanges Lernen noch die methodischen Kompetenzen dazu, die als Grundlage für den Erwerb weiterer Sprachen dienen sollen. Techniken des Wortschatzerwerbs auch im Sinne einer Strategieorientierung sowie altersgemäße Lernhilfen, aber auch das Einbeziehen neuer Medien zur Erschließung und Festigung erworbener Kenntnisse runden das erfolgreiche Sprachenlernen ab (vgl. Brewster/Ellis 2020).	2. *Allgemeine Kriterien* (Ziel ist der Erwerb kommunikativer Kompetenzen mit erkennbarer Schwerpunktsetzung innerhalb der einzelnen Lernsequenzen) • Verfügen über sprachliche Mittel (Wortschatz und Wendungen, Grammatikkenntnisse) als Basis für die Verständigung im Englischunterricht • Trainieren der kommunikativen Fertigkeiten (Erschließung von Hör- und Lesetexten sowie mündliche und schriftliche Textproduktion) • Förderung relevanter Sprachhandlungen, eingebettet in kommunikationsförderliche, realistische Ausgangssituationen • Begabungsgerechter Kompetenzzuwachs durch die Begleitung individueller Lernprozesse mit differenzierenden Angeboten und Rückmeldungen • Intensive sprachliche Auseinandersetzung mit dem Unterrichtsgegenstand durch effektiv genutzte Lernzeit • Gezielter Einsatz von kooperativen Sozialformen • Berücksichtigung allgemeiner Unterrichtsprinzipien (Motivierung, Sach-, Schüler- und Zielorientierung, Aktivierung, Strukturierung, Sicherung, Rhythmisierung, Differenzierung und Handlungsorientierung im Sinne des Sprachhandelns) • Regelmäßige Reflexion des eigenen Lernprozesses 3. *Wortschatz und Wendungen* • Vermittlung des neuen Wortschatzes bzw. der neuen Wendungen durch Einbettung in einen situationsadäquaten Kontext • Anschaulich gestaltete, in lebensbezogenen Situationen eingebettete Wortschatzarbeit mit sach- und schülergemäßer Semantisierungshilfen, die unterschiedliche Verfahren zur selbstständigen Aneignung von Wortschatz berücksichtigen • Phasenweise lehrerzentrierte Präsentation des Wortschatzes, da die Lehrkraft den Input gewährleistet und stets als sprachliches Vorbild agiert • Verständliche Aussprache und Intonation durch das Hören und Imitieren sprachlicher Vorbilder (eingeschulte Vor- und Nachsprechtechnik) • Wiedererkennen typischer Laute und Lautverbindungen (ggf. Zuordnung der Lautsymbole) als Aussprachehilfe • Situative, dem Lernstand der Schüler entsprechende, schrittweise Einführung des Schriftbildes • Integration des neuen Wortschatzes in bekannte Strukturen • Erkennen von Gemeinsamkeiten und Unterschieden der englischen und der deutschen Sprache 4. *Hör- und Hörsehverstehen* • Altersangemessene Auswahl des Hör-/Seheindrucks (thematischer Lebensweltbezug) • Dem Sprachniveau der Schüler angemessene Texte (Wortwahl, Satzlänge) und Präsentation (Tempo und Intonation des Sprechers) • Günstige äußere Rahmenbedingungen bei der Bild- und Textpräsentation • Der Lerngruppe entsprechende (mehrfache, abschnittsweise) Präsentation des Höreindrucks • Progression von globalem und detailliertem Verständnis • Schüler- und sachgemäße Verständnisüberprüfung (variative, der Textsorte entsprechende, qualitativ differenzierte, auch nonverbale, eher rezeptive denn produktive Aufgabenformate) • Begegnung mit unterschiedlichen Sprachvarietäten durch gezielten Einsatz von »Native-Speakern«

Die Kinder im Blick	Didaktische Grundsätze
	• Gezielter Einsatz visueller, auditiver und audiovisueller Medien • Die Anpassung von Texten an das Sprachniveau der Kinder kann aus didaktischen Gründen behutsam vorgenommen werden, um einerseits die Anforderung an authentisches Material, andererseits aber auch das Verstehen zu gewährleisten 5. *Dialogarbeit* • Dem Lernstand der Schüler entsprechende Qualität der sprachlichen Situation (Wortwahl, Zahl der »turns« bzw. »switches« usw.) • Inhaltliche Klärung der hörend wahrgenommenen Musterdialoge • Bewusstmachen von bekannten Wendungen und evtl. Einführen einer neuen Wendung oder variatives Einüben von Wendungen mit bekannten Satzmustern • Gelenkte Reproduktion des Ausgangsdialogs in Verbindung mit variativen Ausspracheübungen nach Modell der Lehrkraft • Situatives Eingehen auf Ausspracheschwierigkeiten der Schüler • Anbieten von visuellen und sprachlichen Merkhilfen (Dialogue Chain/Flow Chart) • Schrittweise Reduktion des Ausgangsdialogs • Schriftliche Fixierung (nach differenzierten Vorgaben) eines sprachlich/inhaltlich leicht abgewandelten Dialogs • Behutsame Korrektur der Schülerergebnisse (nur kommunikationsbehindernde Fehler) • Mehrfaches Einüben der selbst erstellten Dialoge • Szenische Präsentation einzelner Schüler vor der Klasse mit ergebnisorientiertem Feedback durch die beobachtenden Mitschüler (nur Hörverstehens-Aufträge zum gehörten Dialog) • Situative Förderung der Sprachmittlung: Schüler übertragen Aussagen ins Deutsche bzw. erklären Textinhalte sinngemäß auf Deutsch • Durch den situativ angemessenen Sprachgebrauch in der Dialogstunde wird die sprachliche Bildung der Schülerinnen und Schüler erweitert. Darüber hinaus trainieren die Kinder beim gemeinsamen Üben in Partnergruppen den rücksichtsvollen Umgang miteinander. Daher wird in der Dialogarbeit auch das soziale Lernen gefördert 6. *Landeskunde/Landeskultur* • Berücksichtigung der Aspekte des interkulturellen Lernens, wann immer möglich (Information auf Deutsch oder, wenn möglich, auf Englisch) • Verständnis entwickeln für Verschiedenheit durch Vergleich anderer Sichtweisen und Werte mit der eigenen Kultur • Förderung der Aufgeschlossenheit der Schüler gegenüber Neuem bzw. Fremdem • Klassische Inhalte sind Feste, Bräuche sowie ausgewählte typische Handlungsweisen im Alltag • Voraussetzung für das Verständnis fremder Kulturen und Lebensweisen ist die Authentizität von Themen, Situationen und Materialien und ein persönliches Bewusstsein für die eigene Kultur 7. *Lerntechniken und fachspezifische Arbeitstechniken* • Schulung von Techniken und Strategien zum Wortschatzerwerb und -sicherung (Nutzung altersgemäßer Lernhilfen und Medien, z.B. bei Vokabeln »tricky spots« markieren, Aufbau von individuellen Lernstrategien zur selbstständigen Aneignung von neuem Wortschatz) • Förderung des Erkennens und Verbalisierens eigener Lernfortschritte • Unterstützung der Selbsteinschätzungsfähigkeit

Wortschatzarbeit

Lernphase	Aufmerksamkeitsrichtungen	Beispiel
General Warmup	• Ritualisierte Mini-Dialoge, Lieder oder »Chants«, Sprechverse	• Bekannte Gesprächssituationen verwenden (z. B. Begrüßung, Lieblingsessen, Datum, Wetter, Namen) • Einsatz des sogenannten »Redemittelfächers« • Arbeit an »Chat Points« • Sprechen zu Bildimpulsen mithilfe von »Substitution Tables«
Vorbereiten der Sprachhandlungssituation **Specific Warmup** (ggf. Pre-Listening Activities)	• Reaktivieren des bekannten Wortschatzes • Assoziieren zu einem oder mehreren bedeutungstragenden Gegenstand/Bild/Symbol des Songs/Rhymes/Chants • Kinder können sich (auch) auf Deutsch äußern	• Bilder, Realien, Requisiten präsentieren • Vermutungen/Vorwissen zu bestimmtem Thema äußern (ggf. gezielte Hörauftrage stellen vor der Präsentation)
Aim of Lesson	Themenfeld (auf Englisch) benennen (ggf. notieren)	
Presenting (Semantische Erschließung) **Imitating Vocabulary** (Phonetische Erschließung)	• Ganzheitliche Aufnahme von Wörtern und ihrer Bedeutung an konkreten Gegenständen und/oder in konkreten Situationen, Wortbedeutungen mit Gestik und Mimik flankieren • Gesamtzusammenhang des Wortfeldes sichern, der für das Verständnis der Situation relevant ist • Eindruck erfordert Ausdruck beachten (Kinder können sich (auch) auf Deutsch äußern) • Sehr gutes Sprachvorbild der Lehrkraft (Sprechen mit Intonation, Mimik, Gestik, Körpersprache sowie den Einsatz von weiteren Medien) • Imitieren typischer Laute und Lautverbindungen, Intonationsmuster und Sprechrhythmen • Variatives Vor- und Nachsprechen, auf eindeutige Handzeichen oder Stimuli achten • Variiertes Chorsprechen in (Klein-) Gruppen gibt der Lehrkraft die Möglichkeit, Ausspracheschwierigkeiten besser wahrzunehmen • Vielfältige weitere Sprachvorbilder zum Beispiel über audiovisuelle Medien ermöglichen wiederholtes Hören und erleichtern die Imitation typischer Laute und Lautverbindungen sowie einfacher Satzmuster	• (Bekannte) Identifikationsfiguren nutzen • Realien, musikalische Unterstützung, Geräusche und Visualisierungsmöglichkeiten nutzen • Auf handlungsbegleitendes Sprechen achten • Semantisierungstechniken nutzen (z. B. Verknüpfen des Lernwortes mit Realien, Bildkarten, Mimik/Gestik, Gefühlen, Verwendungssituationen) Übungsformen, zum Beispiel: • Vorgesprochene Wörter oder Satzteile zwei- bis dreimal im Chor, dann in Teams (z. B. alle Jungen bzw. Mädchen der Klasse, einzelne Gruppentische, einzelne Tischreihen der Klasse usw.), danach in Partnertrios und -duos sowie evtl. einzeln imitieren (Böttger 2020) • »Radio on« (mit Lautstärke) • »Fish Voice«

Lernphase	Aufmerksamkeitsrichtungen	Beispiel
Checking Understanding	• Verständnisfokussiertes Üben • Flankieren der Sprachstrukturen und Wörter mit Bewegung oder Handlung – auf vielfältige aktivierende Wiederholung achten	*Multisensorische Aktivierung*: • Total physical response, dabei reagieren die Kinder mit Körperbewegungen auf sprachliche Impulse der Lehrkraft • Bilder zuordnen • Tätigkeiten durchführen • Tätigkeit zu Verben vormachen, zu Wörtern/Bildkarten zuordnen etc.
Practising Vocabulary Übungen zum Hör-/Hörsehverstehen Übungen zur »Reproduction« Übungen zur »Production«	• Didaktisch sinnvoll aufeinander aufbauende Übungsformen, die im Laufe des Schuljahres sukzessive eingeschult, variiert und erweitert werden können • Differenziertes Üben ermöglichen • Individuelle Unterstützung anbieten • Verstärkt auf Intonation und Aussprache achten • Korrektives Feedback anwenden • Das Anwenden der erworbenen Wort- und Satzstrukturen erfolgt in sinngebenden kommunikativen Sprachhandlungssituationen	Die didaktische Stufenfolge der Übungsformen (Hör-/Hörsehverstehen → Reproduction → Production) beachten und die Übungen im Hinblick auf ihr Anforderungsprofil passend auswählen • Snap • Repeat if it's true • Clever Parrot • Point to/Run to/Show me, what's missing? • Swap (Bildkarten tauschen und dazu sprechen) • Hot Potatoe • Interview • Vokabelfußball • Koffer packen, Bingo • Give me 5! (5 Vokabeln nennen) • Mini-Dialog • Corner Game • Quick Drawing
Written Presentation of New Words (optional)	• Je nach Leistungsniveau und Wortschatz Schriftbilder des neuen Wortschatzes präsentieren • Schwierige Stellen in den neuen Redemitteln werden von den Kindern als Aufpassstellen markiert	• Zum Beispiel Finger oder eine Lupe zum Markieren der Aufpassstellen
Reflection	• Reflexionsmöglichkeiten zum Beispiel bezüglich der Wortbedeutungen, wichtiger Wörter, des Verwendens der Wörter im Sinnzusammenhang, der nun erweiterten Form, neue Sprechhandlungen zu bewältigen, aber auch in Bezug auf Merkhilfen (z. B. Finden von Eselsbrücken)	• »My favorite word is ...« • »The most important word is ...« • »My gemstone word ...« • »My ticket out the door (What do you remember?)«
Cooldown	Ritualisierter Ausklang des Englischunterrichts, auch Abschluss mit einem passenden und *bekannten* Reim oder Lied	

Typische Handlungen für den Fachbereich

- Vorsprechen – Nachsprechen
- Vielfältiges Wiederholen und Anwenden der Wörter
- Memoriertechniken
- Arbeit mit »Brickwords«
- auf Intonation und Aussprache achten
- Arbeitsaufträge ausführen, die Hörverstehen voraussetzen
- Chorisches Sprechen
- Sprechen in Kommunikationssituationen
- aktivierende Arbeit mit Wort und Bildkarten

Wichtig hierbei: Unbedingt die didaktische Stufenfolge der Übungsformen (Hör-/Hörsehverstehen → Reproduction → Production) beachten und die Übungen im Hinblick auf ihr Anforderungsprofil passend auswählen.

Tipp

- Semantisierungstechniken nutzen (z. B. Verknüpfen des Lernwortes mit Realien, Bildkarten, Mimik/Gestik, Gefühlen, Verwendungssituationen).
- Vor- und Nachsprechen einschulen (z. B. mit Geste für »Du bist mein Echo ...«).
- Vielfältige variative Formen des Vor- und Nachsprechens nutzen (z. B. in unterschiedlichen Gefühlslagen sprechen, die Türreihe spricht, nur die Mädchen sprechen).
- Zum Wiederholen der Lernwörter eignen sich Methoden wie Blitzlesen, KIM-Spiele, Pantomime.
- Die Analyse von Wörtern kann kriterial nach Schwierigkeiten in der Semantik, Phonetik, Orthografik, Wörter mit ähnlicher Aussprache wie im Deutschen, Wörter mit Buchstabenfolge, die es im Deutschen nicht gibt, Bedeutsamkeit usw. erfolgen.

Storytelling

Lernphase	Aufmerksamkeitsrichtungen	Beispiel
General Warmup	• Ausgewählte bekannte Sprachhandlungssituation • Mini-Dialoge • Wiederholen des bekannten Wortschatzes	• Bekannte Gesprächssituationen verwenden (z. B. Begrüßung, Lieblingsessen, Datum, Wetter, Namen) • Einsatz des sogenannten »Redemittelfächers« • Arbeit an »Chat Points« • Sprechen zu Bildimpulsen mithilfe von »Substitution Tables«
Specific Warmup Recall of Words Presentation of Keywords	• Reaktivieren des bekannten Wortschatzes • Vorentlasten bedeutender Wörter (Keywords) • Assoziieren zu einem oder mehreren bedeutungstragenden Gegenstand/Bild/Symbol aus der Story • Kinder können sich (auch) auf Deutsch äußern	• Wort-Bild-Zuordnung • Redemittel wiederholen • Bilder, Realien, Requisiten zur Story präsentieren • Gegebenenfalls gezielte Höraufträge stellen • Vermutungen/Vorwissen zu bestimmtem Thema äußern

Lernphase	Aufmerksamkeitsrichtungen	Beispiel
Introduction of the Situation Presentation of Main Characters Repetition of Keywords	• Medial inszeniertes Einführen in den situativen Rahmen und die Geschichte • Vorstellen der bedeutenden Handlungsträger und/oder der Motive • Einbinden der Keywords aus den Pre-Listening Activities	• Bildcover nutzen • Hauptfiguren visualisieren • Bedeutungstragende Requisiten als Sprechanlass nutzen
Aim of Lesson	Titel der Story (auf Englisch) notieren	
Presentation of the Story/Text **First Presentation** Check of Gross Comprehension Context Centred	• Erste Textpräsentation: Erstes Hören nicht unterbrechen, innere Beteiligung ermöglichen • Nach dem ersten Erzählen den allgemeinen Inhalt klären und zusammenfassen (ggf. Verständnisschwierigkeiten aufgreifen: Kinder fassen den Inhalt auf Deutsch zusammen) • Gegebenenfalls Vermutungen über weiteren Verlauf anstellen, Wörter und Bilder klären (auf Deutsch)	• Beachten von Verstehenshilfen (z. B. Gestik, Mimik, Bilder), um den situativen und/oder sprachlichen Kontext zu nutzen sowie die Bedeutung neuer Wörter zu erschließen • Illustrationen als Co-Storyteller nutzen • Gegebenenfalls Geschichte an entscheidender Stelle unterbrechen und mit den Kindern Vermutungen über den Fortgang der Geschichte formulieren
Second and Third Presentation While-Listening Activities Check of Comprehension Language Centred Understanding of Detail	• Vorlaufend Höraufträge stellen • Aktivieren und Einbeziehen der Kinder • Betrachtung Fokus auf Sprache (z. B. wichtige Wortbedeutungen und Symbole erschließen, Redewendungen, »Key Sentences« hervorheben, Beteiligung durch gemeinsame Redeteile (Chorusing, Chanting)	• Kinder aktiv miteinbeziehen • Schlüsselwörter und/oder wichtige Phrasen wiederholen und mitsprechen lassen • Passende Geräusche, Handpuppe, Stabfiguren, Mitsprechen von »Key Sentences« • »Check of Comprehension« (z. B. Keywords der Reihe nach ordnen, vorgegebene Wörter Bildern zuordnen oder Bilder, die zur Geschichte passen, ankreuzen, Ordnen von Bildern in der richtigen Reihenfolge, Statements falsifizieren bzw. verifizieren, Bilder zur Geschichte malen) • Veranschaulichungsmittel aus der Story als Erzähl- und Sprechanlass weiter nutzen
Post-Listening Activities	• Aktiver Umgang mit dem Text und kreative Gestaltung • Gegebenenfalls inhaltliche und sprachliche Weiterführung	• Einsatz handlungs- und produktionsorientierter Elemente als Möglichkeit vertiefter Auseinandersetzung
Reflection	• Reflexionsmöglichkeiten (z. B. bezüglich des Inhalts, wichtiger Wörter, Satzstruktur, spannender oder überraschender Momente, Vergleich mit deutscher Kultur)	• »Did you like the story?« • »Surprising moment ...« • »Most important part of the story ...« • »My gemstone moment ...«
Cooldown	Ritualisierter Ausklang des Englischunterrichts	

Typische Handlungen für den Fachbereich

- Zuhören
- Aktives Zuhören
- Textabschnitte auf Deutsch nacherzählen
- Wortschatz und einfache Satzstrukturen aktiv gestalten (z. B. Mini-Dialoge in der Fremdsprache sprechen)
- Prägnante Stellen aktiv wiederholen
- Charaktere erkennen
- Globales Hörverständnis äußern
- Mitsprechen
- (Ausgewähltes) Mitlesen
- Abschnitte gliedern und (auf Deutsch) zusammenfassen
- Bilder ordnen
- In Sprachspiele, Lieder, Chants, Songs mit einstimmen und im Weiteren aktiv selbst reproduzieren
- Kreative Formen der Mit- und Nachgestaltung: handlungs- und produktionsorientierte Verfahren
- Szenisches Spiel
- Lesen einfacher Konstruktionen oder Keywords
- Erfassen globaler Handlungsabläufe in einfacher Form
- Beachten von Verstehenshilfen (z. B Gestik, Mimik, Bilder), um den situativen und/oder sprachlichen Kontext zu nutzen, um Inhalte sowie die Bedeutung neuer Wörter zu erschließen

Tipp

- Die Anpassung von Texten in Bilderbüchern an das Sprachniveau der Kinder sollte, wenn überhaupt, behutsam vorgenommen werden, um die Anforderung an authentisches Material weiterhin zu gewährleisten.
- Storytelling lebt von der »Schauspielkunst« der Lehrkraft.
- Die passende Sozialform zum Storytelling ist in der Regel der Sitzhalbkreis.
- Verlage bieten geeignete Storys oft auch als »Big Book« an, die ein Präsentieren der Story mithilfe der Buchseiten gut ermöglichen.
- Zwischen der ersten Präsentation der Story sowie dem Klären des Grobverständnisses und vor der Zweit- und Drittpräsentation haben sich rhythmisierende Elemente bewährt.
- Bewährte Möglichkeiten zum »Check of Comprehension«: Ordnen von Bildern in der richtigen Reihenfolge, Keywords zum Beispiel dem Verlauf der Geschichte nach chronologisch ordnen, vorgegebene Wörter Bildern zuordnen oder Bilder, die (nicht) zur Geschichte passen, ankreuzen, Statements falsifizieren bzw. verifizieren, Bilder (bzw. ein Bild) zur Geschichte malen.
- Veranschaulichungsmittel aus der Story als Erzähl- und Sprechanlass weiter nutzen.
- Beteiligung auf lexikalischer Ebene ist zum Beispiel durch das Weglassen von einzelner Wörter (»Clapping Words«) möglich, indem, statt das Wort zu nennen, die Lehrkraft klatscht.

Dialogarbeit

Möglicher Lehrweg	Aufmerksamkeitsrichtungen	Beispiel
General Warmup	• Begrüßung und ritualisierter Beginn: »Ankommen« im Fach Englisch • Lehrkraft beobachtet die SuS und korrigiert sie falls nötig	• Arbeit mit »Chat Points« oder Redemittelfächer
Specific Warmup	• Kommunikativ relevanter Wortschatz und die Redemittel der Stunde werden wiederholt, das heißt benannt und nochmal vor- und nachgesprochen (diese Phase erleichtert das spätere Lernen des Dialogs)	• Wiederholung des Wortschatzes durch Bildkarten oder Realien • Wiederholen relevanter Redemittel, zum Beispiel am Verkaufsstand: Frage: »Can I help you?« Antwort: »Yes, I'd like a sandwich with ham and cucumber, please«
Setting the Scene	• Situation des Dialogs wird durch Vorspielen der Lehrkraft vorgestellt • Schaffen eines motivierenden situativen Rahmens erleichtert intuitive Sinnentnahme des Dialogs	• Zum Beispiel ein Tisch, ein Schild mit »Sandwich Shop«, kleine Requisiten für den »Shop Assistant« oder die Spielsituation, Realien
Aim of Lesson	• Zielangabe erfolgt durch die Lehrkraft auf Englisch (Kinder wiederholen diese ggf. auf Deutsch) • Sprachmittlung für schwächere Kinder: Veranschaulichung durch veranschaulichende Wort- und Bildkarten	• Zum Beispiel Zielflagge als ritualisiertes Symbol
First Presentation of the Dialogue	• Der gesamte Dialog wird zweimal abgespielt (Tonträger) • Dialog wird von »Native-Speakern« (oder *close to natives*) gesprochen: SuS hören möglichst authentisches Englisch	• Dialogvortrag (als Audioaufnahme, über eine kleine Filmszene, in einem szenischen Spiel)
Listening for Gist	• Gegebenenfalls ein drittes Vorspielen nach Absprache mit den Kindern • Abfragen des Globalverstehens, Partnergespräch vorschalten • Kinder sprechen so viel Englisch, wie sie können	• L: »What did you understand?« (Geste machen) »Talk to your partner silently« • L: »What is the dialogue about? If you can, say it in English«
Listening for Detail	• Dialog wird in schriftlicher Form präsentiert, neue Redemittel sind mit leeren Sprechblasen gekennzeichnet (optional), erneutes Hören des Dialogs • Einführen und Klären der neue Redemittel	• Detailverständnis wird zum Beispiel mithilfe von true-/false-Fragen abgeprüft, Kinder antworten mit roten (false) und grünen Karten (true), die sie passend hochheben • Bedeutungsklärung der neuen Redemittel mithilfe von Realien, Vor- und Nachsprechen der neuen Redemittel (gestütztes, langsames Sprechen)
Practising new Phrases (optional)	• Die SuS verinnerlichen die Lautbildung der neuen englischen Phrasen • Aussprache wird durch wiederholtes Vor- und Nachsprechen eingeschult • Sprechanweisungen zum variativen Sprechen: mehrfaches gruppenweises Sprechen der neuen Phrasen (dadurch kann die Lehrkraft die Aussprache aller Kinder kontrollieren)	*Übungsformen:* • Vorgesprochene Wörter oder Satzteile variativ in unterschiedlichen Sozialformen üben (z. B. »Radio on« mit Lautstärke) • »Fish voice« (Lehrkraft bewegt nur den Mund)

Möglicher Lehrweg	Aufmerksamkeitsrichtungen	Beispiel
Written Presentation of New Phrases	• Schriftbilder der neuen Redemittel präsentieren • Kinder markieren Aufpassstellen	• Schriftbilder ergänzend der neuen Dialogteile (z.B. Finger oder eine Lupe zum Markieren der Aufpassstellen)
Reproduction	• Einschulen des gesamten Dialogs durch Vor- und Nachsprechen (auf Aussprache und der Intonation achten)	• Kinder sprechen den Dialog in verteilten Rollen
Practising the Dialogue	• Sprechblasen des Dialogs kooperativ in die richtige Reihenfolge bringen • Differenzierung • Dialog in Partnerarbeit mit dem Spielmaterial üben • Die Verwendung des Spielmaterials beim Üben des Dialogs erlaubt der Lehrkraft einen diagnostischen Einblick	• Dialogboards mit Sprechblasen, Differenzierung möglich (z.B. durch die Sprachblasengestaltung) • Spielmaterial für das Präsentieren des Dialogs • Audiovisuelle Hilfen (z.B. interaktive Tafel, kleine Sprachrekorder oder »Anybook Reader«)
Acting Out	• Impuls: »Now you can act out the dialogue in front of the class« • Vorspielen des Dialogs vor der Klasse mithilfe von Requisiten, da diese die Kinder motivierend und sprachhandelnd beim Sprechen unterstützen • Passender Hörauftrag für die Zuhörer, Aktivierung des Plenums • Präsentieren der Lernergebnisse	• Zum Beispiel ein Schild mit »Sandwich Shop« • Kleine Bilder, Requisiten, Spielmaterial • Höraufträge für das Publikum visualisieren (z.B. durch einen »Substitution Table«, Bildkarten, die hochgehalten werden, Klammerkarten) • Souffleure helfen den Partnergruppen bei Textschwierigkeiten
Reflection	• Reflexion erfolgt in deutscher Sprache • *Aufgabenbezogene Reflexion*: »Welche Sprechblase fällt noch schwer auszusprechen/zu merken/zu verstehen?« • *Selbstregulative Reflexion*: »Was ist dein Ziel, wenn wir das nächste Mal einen Dialog sprechen?« • Beobachtungen der Lehrkraft miteinbeziehen (sensible Fehlerkorrektur, die im Anschluss erfolgt. Kein Unterbrechen des Dialogs: »fluency before accuracy«)	• Mit Satzanfängen oder Symbolen arbeiten • Impuls: »Mein Ziel für das nächste Dialogsprechen ist ...« (z.B. sich vornehmen, noch mehr auf die richtige Aussprache zu achten, den Dialog auswendig ohne Hilfe zu sprechen, den Dialog mit anderen Wörtern zu verändern, noch mehr auf die Stolperstellen zu achten)
Cooldown	• Eventuell kann ein passendes Lied oder ein passender Reim gefunden werden, in dem der Wortschatz der Stunde nochmals aufgegriffen wird	• Sandwich Rap: »In my schoolbag ...«

Typische Handlungen für den Fachbereich

- Vorentlastung: Bei einer Dialogstunde geht es um das situationsangemessene Sprechen, nicht um neuen Wortschatz oder neue Strukturen
- Situativen Rahmen durch Zeichnung (Tafel), Folie, Erzählung, Bilder usw. schaffen (sehr wichtig, die Situation muss den Schüler vertraut gemacht werden)
- »Zwingende« Situation herstellen: Wann ist es nötig, sich vorzustellen, die Telefonnummern auszutauschen usw.
- Präsentation des gesamten Dialogs (Sprachvorbild!) und Globalverstehen (Worum geht es?): falls nötig, in deutscher Sprache
- Detailverstehen: gezieltes Hören auf der Basis von Leitfragen
- Präsentation des kindgerechten und authentischen Ausgangsdialogs in schriftlicher Form (evtl. ungeordnet)
- Lesen der einzelnen Redemittel (falls nötig)
- Ordnen des Dialogs (Möglichkeit der Stillarbeit)
- Mehrfaches Lesen (sehr wichtig: Aussprache/Intonation)
- Reproduktion des Dialogs mit variativen Hilfen:
  - Text mit Lücken präsentieren (Lücken an den Stellen, die variiert werden können)
  - Keywords anstelle der vollständigen Elemente
  - Stimuli in Form von Bildern bzw. Symbolen
  - Sprechabsicht in deutscher Sprache: »Sage, dass ...« (keine Übersetzung!)
  - Komplettes Auslassen einer Sprecherrolle (verlangt eindeutige Stimuli)
  - Nutzen der klappbaren Tafel (Dialog auf der Mitteltafel, abwechselnd eine Seitentafel zuklappen)
- Variation des Dialogs (Stellen, die variiert werden können, im Text kennzeichnen)
- Evtl. schriftliche Variation des Dialogs (Differenzierung)
- Einüben mit verschiedenen Hilfen
- Produktion bzw. Präsentation (einfache Requisiten können dabei sehr motivierend und unterstützend wirken)

Tipp

- Dafür sorgen, dass sich das Kind in der Englischklasse wohl fühlt. Positiv verstärken, wo immer möglich und es nie zur Sprachproduktion drängen, solange es nicht von sich aus dazu bereit ist.
- Möglichst zahlreiche dialogische Hörtexte und Höraufgaben anbieten, die didaktisch aufbereitet sind und mindestens einen Baustein (Redemittel) für das Sprechen beinhalten.
- Ausgewählte Satzstrukturen anbieten, womit Schüler Gesetzmäßigkeiten selbst oder mithilfe des Lehrers erkennen können. Hier spielt wiederum das Schriftbild als Merkhilfe eine wichtige Rolle.
- Kindgemäße, für die Altersgruppe interessante Situationen anbieten, die zum kommunikativen Sprechen motivieren. In der Regel sind das nicht unbedingt landeskundliche Themen, sondern Themen, die für das Kind hier und jetzt interessant sind.

Interkulturelles Lernen

Möglicher Lehrweg	Aufmerksamkeitsrichtungen
General Warmup	• Ritualisierter Beginn • Anknüpfen an bisher bekannte Satzstrukturen mithilfe von Mini-Dialogen (je nach Kenntnisstand z. B. Begrüßung, Wetter, Datum, Hobbys, Wohlbefinden)
Specific Warmup Recall of Words	• Gezielte Reaktivierung des bekannten Wortschatzes (meist ein Wortfeld), der bereits im Unterricht angesprochen wurde (z. B. Farben, Kleidung) passend zum Stundenschwerpunkt • Präsentation eines typischen Gegenstandes zum Stundenschwerpunkt (z. B. ein Kürbis für Halloween) • Emotionales Anknüpfen an ggf. vorhandenes Vorwissen
Vermittlung landeskundlichen Wissens 1. Historic Background 2. The Custom Today 3. Cultural Comparison	• Einbinden des Unterrichtsgegenstandes in den Jahreslauf • Anbindung an Alltagssituationen der Kinder • Darstellung zum Beispiel des gegenwärtigen Brauches und dessen historische Wurzeln auf Deutsch • Ergänzen mit relevantem klassischem englischen Wortschatz und Redewendungen zum Brauch oder landeskundlichen Elementen • Nutzen von Realien, passenden Gegenständen, Videosequenzen oder/und eine kurz gehaltene Lehrererzählung • Anlass für die Beschäftigung mit einem Brauch wird gewöhnlich der Jahreslauf sein • Ganzheitliches Erleben geht vor dem Auswendiglernen von Daten, Fakten und Jahreszahlen • Vertraut werden mit ritualisierten Handlungen und Verhaltensweisen (auch Liedern, Reimen, Spielen) • Vergleich mit deutschen Ansätzen (z. B. hinsichtlich Redewendungen, Handlungen und Verhaltensweisen) • Wichtig ist hier von den Kindern und deren Alltagswelten auszugehen. So gibt es zum Beispiel in vielen Klassen aufgrund der unterschiedlichen sozialen, religiösen und kulturellen Herkunft kein gemeinsames Verständnis von »Weihnachten« mehr. Aufgabe ist deshalb, aufgeschlossen und wertschätzend mit Verschiedenheit umzugehen
Creative Work	• Schwerpunkt der Unterrichtssprache in diesem Teil ist Englisch • Handlungs- und produktionsorientierter Umgang mit ritualisierten Handlungen und Verhaltensweisen (z. B. ein Lied singen, eine Bastelarbeit gestalten, kulinarische Köstlichkeiten zubereiten und verkosten, Memorieren von Liedern und Reimen) • Die Tätigkeiten der Kinder werden zur Versprachlichung genutzt und bieten die Möglichkeit für weitere Sprachhandlungen
Language Centred Activity	• Entstandene Produkte und Tätigkeiten aus der Phase des Creative Work werden in einfachen Sätzen auf Englisch versprachlicht • Satzstrukturraster, zum Beispiel mit Verben zur Auswahl (»Substitution Table«), ermöglichen sinnstiftende Kommunikation in einfachen Sätzen • Ergänzend können flankierende Lieder oder Reime anderen vorgestellt und präsentiert werden

Typische Handlungen für den Fachbereich

- Medial gestütztes Miterleben kultureller Gewohnheiten, Verhaltensweisen und Bräuche (z. B. über Bilder, Filme, Fotos, Websites)
- Stereotype in anderen Kulturen erkennen und mit eigenen vergleichen
- Landeskundliche Fakten wissen
- Exemplarische Daten, Symbole, Lieder, Reime aktiv im Jahreskreis zuordnen
- In kindgerechten eigenen und fremden Erlebnisbereichen Gemeinsamkeiten und Unterschiede entdecken
- Szenische Darstellungen in kleine Dialoge mit Redemitteln gestalten
- Zu passenden authentischen Materialien (Kinderbücher, Bilder, Fotos, Poster, Geldscheine, Briefmarken, Eintrittskarten, Spielzeug) der englischsprachigen Lebenswelt Fragen stellen, jahreszeitlich zuordnen, mit der eigenen Lebenswelt vergleichen
- Entdecken und Erforschen, Verstehen, Akzeptieren und Tolerieren von kulturellen Besonderheiten
- Die Realisierung von landeskundlichem Wissen wird in der Regel kombiniert mit den jahreszeitlich bedingten Festen

Tipp

- Für den Einsatz im Unterricht eignen sich unterschiedliche Medien (z. B. Kinderlieder, Kinderbücher und multimediale Materialien). Authentische Begegnungen sind besonders durch E-Mail-Kontakte in englischer Sprache möglich.
- Der Kulturvergleich ist besonders wichtig, sonst können Stereotypen entstehen (»Alle englischsprachigen Menschen feiern Weihnachten so ...«).
- Handeln in Begegnungssituationen mit englischsprachigen Kindern (z. B. Brief- und/oder E-Mail-Projekte, Videokonferenzen).
- Authentische Spiele, Märchen und Geschichten, Lieder und Reime, Kinderbücher, Internetseiten, Filmen, Gegenstände, Traditionen, Tages- und Wochenablauf von Kindern aus einem englischsprachigen Land kennenlernen und darüber sprechen und mit der eigenen Situation vergleichen.
- Einen Einblick in die Kultur des englischen Sprachraums erhalten die Kinder zunächst implizit durch Landes-Kultur.
- Der Erwerb landeskundlichen Wissens kann explizit erfolgen und ist immer mit kreativen Aktivitäten verbunden.

4 Ethik

Das Fach Ethik in der Grundschule unterstützt zum einen gesellschaftliche Teilhabe des Kindes durch ein Ankommen in einem reflektierten gemeinsamen gelingenden Miteinander auf der Basis anerkannter Wertevorstellungen ebenso wie zum anderen die individuelle Entfaltung des einzelnen Kindes. Das Fach Ethik ist in der Regel ordentliches Unterrichtsfach für die Kinder, die keinen Religionsunterricht besuchen.

Wie entscheide ich mich richtig?

Möglicher Lehrweg	Aufmerksamkeitsrichtungen	Beispiel
Anfangsphase	• Ritualisierte gemeinschafts- und identitätsstiftende Handlungen	• Ein ritualisierter Beginn ermöglicht jedem Kind das Ankommen in der Gemeinschaft, gibt Sicherheit und ist kommunikatives Ausdruckshandeln der Lerngruppe • Kombiniert mit einem Spruch oder Lied, werden positive Emotionen für den Unterricht gelegt
Ausgangssituation	• Kindgemäße Ausgangssituation • Zeit zum Verweilen zum inhaltlichen und emotionalen Ankommen ermöglichen	• Voraussetzung für eine gelungene Situationsanalyse: Kinder haben die Ausgangssituation vom Grundgedanken durchdrungen
Zielangabe	• Klare Formulierung in kindgerechter Form	*Mögliche Fragestellungen*: • »Darf ich meinem Freund bei einer Klassenarbeit helfen, ohne dass es jemand merkt, wenn er dadurch eine bessere Zeugnisnote erhält?« • »Wenn ich meinen Freund nicht beleidigen will und nicht die Wahrheit sage, dass er kein guter Fußballer ist, ist das eine Lüge?«
Meinungs- und Urteilsbildung *Situationsanalyse* Erste »Bauchentscheidung« treffen Informationen suchen und auswerten Pro- und Contra-Argumente finden und ordnen *Urteilen* Folgen einer bewussten Entscheidung antizipieren (ggf. Öffentlichkeit herstellen) Bewusste individuelle Entscheidung treffen	• *Situationsanalyse:* Anhang eines konkreten Falles. Sachlage sowie Beteiligte, Interessen aller Beteiligter, Konfliktfelder, Umstände sowie sonstige Faktoren identifizieren • *Urteilen:* Analyse der relevanten moralischen Prinzipien und Normen im Hinblick auf den konkreten Fall, Sammeln von Argumenten für vertretbare Positionen • Reflexion der Handlungsoptionen, Güterabwägung anhand gewählter Prinzipien • *Fällen eines Urteils:* Universelle und persönliche Stellungnahme und Entscheidung	• Situationsanalyse zur weiterführenden Meinungs- und Urteilsbildung bezieht sich zunächst auf emotionaler Ebene, zum Vergegenwärtigen ggf. unbewusst angestoßener Gefühle beim aktiven Akteur als auch beim »Empfangenden« der Aktion • Präzisierung möglicher ausgelöster Gefühle bei allen Beteiligten • Anbahnen eines antizipierenden Handelns, dass jegliches Verhalten auch weitere »spürbare« Folgen mit sich bringt *Welche Normen und Werte werden durch die identifizierten Argumente angesprochen?* • Ethische Prinzipien können sein: Gutes tun, anderen nicht schaden, Gerechtigkeit, Selbstbestimmung, Verschwiegenheit, Verantwortung, Vertrauen
Reflexion eines (Probe-)Handelns	• *Handeln:* Kann die Position überhaupt umgesetzt werden? • Gegebenenfalls Öffentlichkeit herstellen	• Auftretende Hindernisse benennen • Andere Perspektiven zulassen und beachten • Fragen der Umsetzbarkeit klären • Versuche zur Umsetzung machen • Aus unerwünschten Konsequenzen lernen, ggf. umsteuern

Möglicher Lehrweg	Aufmerksamkeitsrichtungen	Beispiel
Ausblick	• Identifikation des grundlegenden Wertes der ethischen Fragestellung, dem sich in der Folgestunde philosophisch angenähert wird • Anlegen oder Erweitern eines klasseninternen Wertekanons	
Abschluss	• Abschlussritual	• Identitäts- und gemeinschaftsstiftend, individuell stärkend

Die Kinder im Blick	Didaktische Grundsätze
Grundschulkinder leben in sozialen Systemen sowie in ihrer sie umgebenden Natur und Umwelt und begegnen zwangsläufig ethischen Fragen, die sich aus dem Verhältnis der Menschen untereinander sowie im Verhalten der Menschen zur Natur und Umwelt konstituieren. Bereits Grundschulkindern ist es im Rahmen ihrer individuellen Fähigkeiten möglich, reflektierte, werte- und verantwortungsbewusste Entscheidungen im Rahmen von Problembewältigungsprozessen zu treffen. Das moralische Bewusstsein von Kindern, Jugendlichen und Erwachsenen hängt auch mit ihrer kognitiven Entwicklung zusammen. Welche Position jeweils vertreten wird, hängt neben der kognitiven Entwicklung auch von der kulturellen und sozialen Prägung, von der individuellen Lebensgeschichte, von persönlicher Intuition und weiteren Faktoren ab, die schwer aufzuklären sind. Das Stufenmodell des moralischen Urteilens nach Kohlberg wird im sozialwissenschaftlichen Themenbereich Sachunterricht beschrieben (siehe S. 188).	• Im Zentrum des Ethikunterrichts stehen die Kinder als Individuen, die über sich selbst und ihre eigenen Werte nachdenken, die bewusst handeln und ihr Leben verantwortlich führen. • Die Möglichkeit bieten, ohne eigene Haltungen und Denkmuster zu reflektieren. • Entscheidungen werden in Bezug auf die eigene Person, des Mitmenschen und der Mitwelt getroffen. • Kindgemäßes Philosophieren und gemeinsames Nachdenken über geeignete Fragestellungen bieten die Möglichkeit differenzierter Gespräche. • Möglichkeiten zur bewussten Meinungsbildungsprozessgestaltung werden ermöglicht (z. B. erste »Bauchentscheidung« treffen, Informationen suchen und auswerten, Pro- und Contra-Argumente finden und ordnen, Folgen einer bewussten Entscheidung antizipieren, ggf. Öffentlichkeit herstellen). • Austausch mit anderen ermöglichen, ko-konstruktive Methoden nutzen. • Förderung des Selbstbewusstseins und Selbstwertgefühls jedes Kindes. • Achtung eigener Bedürfnisse und die Achtung der Bedürfnisse anderer wird im Unterricht deutlich. • Handlungsorientiertes Lernen und gemeinsames Nachdenken über ethische Fragen stärkt die Kinder dabei, selbstständige und bewusste Handlungsentscheidungen zu treffen. • Informationen werden aus unterschiedlichen Medienbereichen und Quellen generiert, gesichtet und ausgewertet. • Formen ganzheitlichen Lernens, ko-konstruktive Methoden, Planspiele und Projektarbeit werden in Kooperation auch mit anderen Fächern zu kommunizieren, um vielfältige Wertvorstellungen und Sinnangebote verwirklicht. • Die Basis des Ethikunterrichts bildet die demokratische und pluralistische Gesellschaft für eine wertorientierte Lebensgestaltung. • Gemeinsame Basis des unterrichtlichen Zusammenlebens, Lehrens und Lernens ist die Toleranz. Das wird deutlich in der Verständigung über Regeln guten Zusammenlebens, für ein faires Austragen von Meinungs- und Interessengegensätzen und ggf. für den Schutz der Schwächeren.

Typische Handlungen für den Fachbereich	Für den Fachbereich charakteristisch
• Ethische Grundfragen erfassen und verstehen • Informationen suchen und auswerten • Verschiedene Informationsquellen nutzen • Informationsquellen gezielt lesen • Pro- und Contra-Argumente finden und ordnen • Folgen einer bewussten Entscheidung antizipieren • Nach der Abwägung von Pro- und Contra-Argumenten eine bewusste Entscheidung fällen • Informationen zusammenfassen • Meinungsbildungsprozesse bewusst gestalten: erste »Bauchentscheidung« treffen, Informationen suchen und auswerten, Pro- und Contra-Argumente finden und ordnen, Folgen einer bewussten Entscheidung antizipieren, ggf. Öffentlichkeit herstellen • (Konstruktive) Entscheidungen für sich und andere nachvollziehbar und widerspruchsfrei vortragen oder schriftlich darlegen • Öffentlichkeit herstellen: Informationen für andere gestalterisch ansprechend aufbereiten, Ausstellungen gestalten, eine Mitmachaktion anregen • Mit einer toleranten Haltung mit anderen konstruktiv und empathisch kommunizieren und austauschen und einen Perspektivenwechsel einnehmen • Situationsangewandt Empathie, Hilfsbereitschaft, Kommunikationsfähigkeit, Kooperationsfähigkeit und Teamfähigkeit zeigen • Selbstwahrnehmung und realistische Selbsteinschätzung • Zu kindgerechten Fragestellungen zu Sach-, Sinn- und Lebensfragen philosophische Gespräche führen • Über grundlegende Kenntnisse verschiedener Religionen und deren Ethik verfügen • »Große Fragen« stellen lernen • Über Kenntnisse des Bedingungsgefüges und Probleme des Zusammenlebens verfügen • Werteinsichtig urteilen • In ethischen Fragen einen eigenen Standpunkt einnehmen und vertreten	Ethik ist Nachdenken über Moral. Sie reflektiert und diskutiert die Begründungen von Normen und Handlungen. Ihr Ziel ist es nicht nur erklärend, sondern kritisch handlungsleitend zu sein, indem sie die Plausibilität von Moral und Normen hinterfragt, die Folgen von Entscheidungen und ihrer Alternativen zu antizipieren versucht sowie Diskursverfahren zur Bearbeitung von Dissensen bereitstellt. Ethische Überlegungen sind dabei ein Baustein zur Orientierung und zur Neuorientierung. Ethikunterricht begründet sich auf der in unserer Verfassung beschriebenen freiheitlich-demokratischen Staats- und Gesellschaftsordnung und bekennt sich in seinen Inhalten zum Gedanken der Humanität, der gegenseitigen Achtung und Toleranz des Mitmenschen. Ethikunterricht in der Grundschule unterstützt die Kinder dabei, selbstständig Verantwortung für ihr Handeln zu übernehmen, sich selbst und andere in ihren Bedürfnissen und Motiven wahrzunehmen, werteorientiert und werteinsichtig für sich und mit anderen zu urteilen, zu handeln und lebenswert zusammenzuleben. Bestimmt wird das Handeln von der Achtung vor der Würde des Menschen, Selbstbeherrschung, Verantwortungsgefühl und Verantwortungsfreudigkeit im Geiste der Demokratie. Im Rahmen der Beschäftigung mit philosophischen Fragestellungen als einer reflektierten und ganzheitlichen Auseinandersetzung mit menschlichem Handeln sowie als ethische Reflexion im Rahmen einer klärenden Untersuchung moralisch-ethischer Grundsätze der Lebensführung, gehen die Kinder in altersgemäßer Weise den »großen Fragen des Lebens« nach. Themenfelder des Ethikunterrichts in der Grundschule umfassen zum Beispiel: • Menschsein: Sich selbst begegnen • Zusammenleben: Dem anderen begegnen • Religion und Kultur: Dem Leben begegnen • Leben in der modernen Welt (vgl. Bayerisches Staatsministerium für Bildung und Kultus, Wissenschaft und Kunst 2014) Dabei leistet das Fach Ethik einen grundlegenden Beitrag zu den übergreifenden Bildungs- und Erziehungszielen Werteerziehung, Soziales Lernen, Familien- und Sexualerziehung, Politische Bildung, Kulturelle Bildung und Interkulturelle Bildung sowie Bildung für Nachhaltige Entwicklung (Umweltbildung, Globales Lernen) (vgl. LPPlus Bayern 2014).

Tipp

- Philosophieren: Ein Zuhörtraining, das gegenseitiges Zuhören fördert, unterstützt alle Beteiligten, sich als ein selbstständig denkendes und von anderen angenommenes Wesen, das sich offen fragend und vernehmend das Leben und seine Welt erschließt, wahrzunehmen.
- Um Sachinformationen zu sammeln, sollten unterschiedliche Quellen genutzt und auf Gehalt reflektiert werden.
- Um verschiedene Meinungen kennenzulernen, können die Kinder einander zuhören, Kommentare lesen und verfassen.
- Zum Austausch mit anderen lohnt sich oft die eigene Position mit Argumenten in Stichworten zu notieren, um nichts zu vergessen.
- Um Argumente in ihrer Wertigkeit zu ordnen, kann man sie, wenn sie aufgeschrieben sind, nummerieren und nach ihrer Bedeutung hierarchisieren.
- Für die Kinder ist es wichtig, dass nicht immer die Anzahl der Argumente, sondern die Gewichtigkeit der Argumente zur Urteilsbildung entscheidend ist.
- Um andere Perspektiven einzunehmen, eignen sich szenische Darstellungen, Rollenspiele oder einen Brief aus einer anderen Perspektive zu verfassen.
- Eine Skala von 0 bis 10 hilft zur Einordnung einer Entscheidung (z. B. 0 = ich stimme nicht zu, 10 = ich stimme voll zu) und zum Einnehmen eines Standpunktes.

Mit Kindern ein philosophisches Gespräch führen

Möglicher Lehrweg	Aufmerksamkeitsrichtungen	Beispiel
Anfangsphase	• Ritualisierte gemeinschafts- und identitätsstiftende Handlungen	• Ein ritualisierter Beginn, der jedem Kind das Ankommen in der Gemeinschaft ermöglicht, gibt Sicherheit und ist kommunikatives Ausdruckshandeln der Lerngruppe • Kombiniert mit einem Spruch oder Lied, werden positive Emotionen für den Unterricht gelegt • Fragen der Kinder mit philosophischem Hintergrund können zum Beispiel in einem Philosophiebriefkasten gesammelt und zum Ende der Anfangsphase gezogen und ausgewählt werden • Alternativ werden Fragestellungen aus Kinderbüchern, philosophischen Texten etc. für Kinder von der Lehrkraft in den Unterricht mit eingebracht
Einstieg	• Frage der Kinder mit philosophischem Hintergrund oder eine philosophische Fragestellungen, die die Lehrkraft mit einbringt und inszeniert	• Ausgangspunkt philosophischer Reflexion: eine Geschichte oder ein Bildimpuls, konkrete Gegenstände, Symbole, Erfahrungen und sinnliche Wahrnehmungen (erleichtern einen mehrdimensionalen Zugang der Kinder zur Fragestellung) • *Ziel*: Betroffenheit von der Rätselhaftigkeit des Seins, Wundern und Staunen

<table>
<tr><th>Möglicher Lehrweg</th><th>Aufmerksamkeitsrichtungen</th><th>Beispiel</th></tr>
<tr><td>Zielangabe</td><td>• Klare Formulierung in kindgerechter Form</td><td>• Formulierung der Frage durch die Kinder und die anschließende Auswahl einer Frage für das philosophische Gespräch

Impuls:
• »Kann ein Kuschelkissen ein Freund sein?«
• »Was ist Glück?«</td></tr>
<tr><td>Bearbeitung

Vorläufige Vorstellung entwickeln

Austausch</td><td>• Entwickeln einer vorläufigen Vorstellung zur philosophischen Fragestellung in Einzelarbeit
• Austausch und Prüfen erster subjektiver Sichtweisen
• Objektivierung im Dialog im Plenum mit der Unterstützung der Lehrkraft als Moderator
• Zusammenführen der gewonnenen Erkenntnisse</td><td>• Bewusste Visualisierung, Gestaltung und Formulierung eigener Empfindungen, Einfällen, Ideen, Meinungen und Argumentationen zur ausgewählten Frage
• Die Verschriftlichung ist dabei eine Möglichkeit, ergänzend können Zeichnungen, Symbolarbeit, Farbinszenierungen hinzukommen
• Nutzen der Kooperationsformen zum ko-konstruktiven Austausch mit dem Partner, in der Kleingruppe sowie abschließend im Plenum (z.B. in der Sozialform des Sitzkreises)

Gesprächsführung der Lehrkraft mit nicht wertenden Impulsen und Fragen:
• »Kannst du ein Beispiel dazu geben?«
• »Kann man das auch anders sehen?«
• »Kann jemand übersetzen, was damit gemeint ist?«
• »Was würde deine Mutter/Oma dazu sagen?«
• Zusammenführung der Erkenntnisse durch eine Visualisierung im Bodenbild (z.B. durch eine Begriffsblume mit Wortkarten)</td></tr>
<tr><td>Abschluss und Wertung</td><td>• Reflexion über das philosophische Gespräch</td><td>• Zusammenfassen des Gesprächsinhalts
• Bewertung des Gesprächsverlaufs

Persönliche Schwerpunktsetzung:
• »Mein wichtigster Gedanke heute ...«
• »Was ist noch offen?«
• »Worüber möchte ich noch weiter nachdenken?«</td></tr>
</table>

Für den Fachbereich charakteristisch

Sich philosophischen Fragen und Antworten mit Kindern anzunähern, ist auf unterschiedliche Wegen möglich, die auch miteinander kombiniert werden können:

- Die phänomenologische Methode schärft die Beobachtungs- und Wahrnehmungsfähigkeit von Kindern
- Eine Fragestellung wird zunächst zum Beispiel mit einem Gegenstand oder mehreren Utensilien, Personen, einer Situation oder einer besonderen Handlungsweise mit möglichst vielen Sinnen erfasst und anschließend beschrieben
- Eine Lehrererzählung kann die Einführung flankieren. Erst im zweiten Schritt erfolgt ein reflexiver Zugang
- Die hermeneutische Methode folgt im Schwerpunkt einer Interpretation des Textes über offen gehaltene Erschließungsfragen
- Im Rahmen der analytischen Methode werden abstrakte Begriffe in mögliche verschiedene Bedeutungsfacetten (z.B. in Begriffsblumen) aufgegliedert
- Die dialektische Methode nutzt gezielte Fragetechnik der Lehrkraft als Moderator, um die Kinder zum (weiterführenden) Nachdenken und eigenem Denken zu bringen
- Die spekulative Methode ermöglicht den Kindern im Rahmen von Gedankenversuchen neue Gedanken, erweiterte Begriffsfacetten oder andere Perspektiven auf die Welt zu bekommen, die nur evtl. oder gar nicht vorkommen, um »selbstverständliche« Dinge aus dem Alltag mit neuen Augen zu sehen und weiterzudenken
- Gedankenversuche eröffnen die Möglichkeit, mögliche Folgen einer Behauptung, einer Regel oder einer Handlung anzudenken
- Eine ethische Frage kennzeichnet sich dadurch, dass sie normativ ist und einen Handlungsbezug aufweist, eine allgemeinverbindliche Lösung verspricht und zentrale Güter und Werte tangiert

Tipp

- Für das Brainstorming in der ersten Bearbeitungsphase eignen sich Kreativitätsmethoden wie Mindmap, Cluster, aber auch Gestaltungstechniken aus Kunst und Musik sowie Methoden handlungs- und produktionsorientierten Literaturunterrichts.
- Den Fragen und Gedanken aller Beteiligten wird von den Zuhörern und der Lehrkraft mit Aufmerksamkeit ohne Wertung begegnet.
- Es ist unabdingbar, miteinander wertschätzend, respektvoll und tolerant umzugehen.
- Gesprächsregeln müssen vereinbart und eingehalten werden.
- Passende philosophische Fragen erkennt man daran, dass es mehrere Antworten gibt und die Fragestellungen alle Menschen betreffen.
- In einem philosophischen Gespräch ist die Lehrkraft Moderator und gibt ihre eigene Meinung nicht in die Runde mit ein.
- Die Lehrkraft hilft dabei, Momente und Inhalte zu strukturieren, zum Beispiel durch Beschriften von Wortkarten, die im Bodenbild im Sitzkreis abgelegt und (von den Kindern) gruppiert werden.
- Am Ende der Philosophiesequenz zu einer Fragestellung gibt es unter Umständen eine gemeinsame Antwort (Konsens) oder unterschiedliche Meinungen (Dissens). Niemand kann behaupten, die allumfassend-richtige Antwort gefunden zu haben. Dies ist bestimmende Grundhaltung im Gespräch.
- Am Ende einer Philosophiesequenz werden die einzelnen Antwortaspekte noch einmal zusammengefasst und Punkte hervorgehoben, über die es sich noch lohnt, weiter nachzudenken.
- In der Plenumsphase wird im gemeinsamen Gespräch vor allem mit sprachlichen Handlungen behauptet, nachgefragt, geprüft, bestritten, zugestimmt, abgelehnt usw. Dazu bedarf es der Aufmerksamkeit der Lehrkraft, um den Gesprächsverlauf der Kinder untereinander zu unterstützen.
- Mit Kindern zu philosophieren geschieht in einer Atmosphäre, in der kein Zeitdruck und keine besondere Erwartung herrscht.

Geeignete Kinderbücher mit philosophischen Fragestellungen:

- Der Regenbogenfisch • Marcus Pfister
- Toto, der Schatzsucher • Helme Heine
- Irgendwie Anders • Kathryn Cave
- Der Boxer und die Prinzessin • Helme Heine
- Frederick • Leo Lionni
- Liebesglück • Helme Heine
- Die vier Glückssucher • Maren Kiepsel
- Die große Wörterfabrik • Agnès de Lestrade und Valeria Docampo
- Das Monster vom blauen Planeten • Cornelia Funke
- Liebesglück • Helme Heine

Förderunterricht

5

Förderunterricht in der Grundschule kann organisatorisch in Kleingruppen oder als Förderstunde für die gesamte Klasse ausgewiesen sein. Er hat den Anspruch auf noch umfassendere individuellere Förderung, mit dem Ziel, Lernschwierigkeiten und Lücken im Lernprozess zu beheben, sodass Kinder ihre Grundbasis schulischer Fähigkeiten und Fertigkeiten zum Anschlusslernen für das Weiterlernen weiter festigen. Die Förderung erfolgt bei besonderem Förderbedarf in der Regel bei Schwierigkeiten im Lesen, Rechtschreiben oder auch beim Rechnen, in manchen Fällen auch im motorischen Bereich im Sportförderunterricht. Für Kinder mit nicht-deutscher Muttersprache ist der Förderunterricht beim Erlernen der Sprache eine große Hilfe.

Förderstunde

Möglicher Lehrweg	Aufmerksamkeitsrichtungen
Vorlaufend	• Lernstandsfeststellung und -beschreibung
Anknüpfung	• Organisations- und Ordnungsrahmen • An exemplarischer Aufgabe Strategiewissen zur Lösung wiederholen
Zielangabe	• In kindgerecht formulierter Form • An dieser Stelle ansprechen, wo es aufgrund der Erhebung am meisten Probleme gab
Übung	• Medieneinsatz • Material • Differenzierung/Individualisierung • Übungsintensität • Selbstkontrolle ermöglichen • Arbeits-, Kontroll- und Berichtigungsverhalten der Kinder • Lehrkraft als Berater, Beobachter, Unterstützer im Einzelfall oder in der Kleingruppe
Reflexion	Bezüglich der: • Übungen • Fachbegriffe • Sprachverhalten • Sprachmuster • Flexibilität bezogen auf Kinderäußerungen und deren Erweiterung
Abschluss	• Kinder werden noch mal gesammelt, positiv bestärkt

Mögliche Schwierigkeiten in der Unterrichtseinheit

- Übung zu früh, Aufgabenschwerpunkt und Strategien zum Lösen werden nicht erfasst
- Übungsphase zu kurz
- Differenzierung/Individualisierung und deren Zuordnung zu wenig passgenau
- Unpassender dem Unterrichtsinhalt und Entwicklungsstand angemessener didaktischer Materialeinsatz
- Reflexionsgehalt zu allgemein
- Lehrkraft erfasst die Kinderleistungen und mögliche Schwierigkeiten (z. B. auch durch Unterforderung) nicht und greift sie weder in der Reflexionsphase noch in der sequenziellen Weiterarbeit auf

Die Kinder im Blick	**Didaktische Grundsätze**
Kinder mit schwächeren Schulleistungen werden gefördert, um individuelle Schwächen auszugleichen. Sehr oft handelt es sich dabei um Kinder, die Unterstützung in den grundlegenden Kulturtechniken des Lesens, (richtig) Schreibens oder in Bereichen der Mathematik oder anderem Förderbedarf benötigen. Lernschwierigkeiten bestehen zum Beispiel in der mangelnden Fähigkeit, das eigene Lernen zu strukturieren. Bei der Bewältigung von Aufgaben werden Lernstrategien wenig zielführend eingesetzt und es bestehen zuweilen Defizite im Bereich des Arbeitsgedächtnisses sowie der Konzentration und Motivation für schulische Anforderungen. Im Weiteren weisen Kinder mit schwächeren Schulleistungen tendenziell geringeres fundierendes Vorwissen auf, in das sie neu Erlerntes weniger effektiv einbetten können. Die Kinder benötigen deswegen neben der inhaltlichen Stütze auch Stärkung im Bereich des Selbstwertes und Selbstvertrauens sowie meist emotionale Zuwendung bei klarer Strukturierung.	Eine Grundlegende Diagnostik ist die Basis (individueller) Förderung • Ganzheitlichkeit und Vielsinnigkeit • Handlungsorientierung • Transparenz von Zielen und Inhalten • Emotionale Unterstützung • Erkennen und Bestärken kleiner Fortschritte • Lernentwicklungsgespräche mit allen am Lernprozess des Kindes Beteiligten • (Individuelle) Lernvereinbarungen • Sorgfältige Beobachtung des Kindes • Beschreiben auffälliger Verhaltensweisen • Feststellen des Leistungsstandes • Planen von Strategien zur Förderung • ggf. Einbeziehung der Beratungslehrkräfte und Schulpsychologen • Gespräche mit den Eltern
Für den Fachbereich charakteristisch	**Typische Handlungen im Fachbereich**
Fördern und Fordern im Rahmen des Umgangs mit Heterogenität und differenzierenden Maßnahmen ist Bestandteil jedes Unterrichtens. Ergänzend zu diesen unterrichtlichen Anstrengungen ist in den meisten Stundentafeln der Grundschule ergänzend Förderunterricht ausgewiesen. Förderunterricht hat in der Regel den Anspruch, leistungsschwächeren Kindern die Möglichkeit zu geben, Lernlücken zu schließen. Gleichzeitig bietet Förderunterricht die Chance, leistungsstarken Kindern mit Aufgabenstellungen zu konfrontieren, die sie besonders herausfordern (vgl. Kapitel 5, S. 104: »Forderunterricht«). Fördermaßnahmen sind die Aufgabe aller Lehrkräfte, die in einer Klasse unterrichten. Gegenseitige Absprachen und kollegialer Austausch erhöht die Wirksamkeit von Fördermaßnahmen erheblich. Effektiver Förderunterrichts erfolgt im Dreischritt. *Lernprozesse der Kinder* • Verstehen → Diagnostik • Gestalten → Förderplan • Überprüfen und Begleiten → Evaluation	Die typischen Handlungen richten sich je nach individuellem Förderschwerpunkt. Aufmerksamkeitsrichtungen zum jeweiligen Förderschwerpunkt finden sich in den einzelnen Fächern und Fachbereichen in diesem Werk.

Dabei geht der Förderung und Forderung der Kinder stets eine informelle Diagnostik voraus, indem die Fähigkeiten und Fertigkeiten sowie zum Beispiel auch Vorläuferfähigkeiten erhoben werden, um gezielt und passend Förderansätze zu entwickeln. Hauptschwerpunkt der Förderung sind meist Hilfestellungen beim Erlernen des Lesens und des Rechtschreibens oder bei besonderem Förderbedarf in Mathematik, Vorläuferfähigkeiten, ggf. auch Hilfen zur Lebensbewältigung sowie Förderung von Kindern im Bereich Deutsch als Zweitsprache oder auch im Sportförderunterricht.

Hinweis: Zur individuellen Lernstandserfassung gehört das diagnostische Gespräch, da die Lehrkraft erst in diesem Dialog Einblicke in die Gedankenwelt der Kinder erhält. Daraus generiert sich das »Warum rechnet das Kind falsch?« im Vergleich zu rein schriftlichen Erhebungen, die Informationen über das »Was macht das Kind falsch?« Für das diagnostische Gespräch braucht die Lehrkraft Fachwissen, Raum und Zeit, das Vertrauen des Kindes sowie die Bereitschaft zur Differenzierung und Individualisierung in der Umsetzung der abgeleiteten Fördermaßnahmen.

Für eine effektive Förderung von Kindern empfiehlt sich der rechtzeitige Beginn von Fördermaßnahmen. Ein Abwarten, dass sich auffällige Leistungs- und Verständnisschwierigkeiten »auswachsen« werden, hat sich nicht bewährt.

Im Rahmen individualisierender Maßnahmen bietet die Vorlage zum »Individuellen Förderplan« bewährte Aufmerksamkeitsrichtungen zur Dokumentation.

Beispiel für einen individuellen Förderplan

Name	Klasse	Schuljahr	Schulbesuchsjahr	Klassenleitung

Beschreibung der Lernausgangslage:

Förderschwerpunkte	☐ Mathematik ☐ Deutsch ☐ Lernverhalten ☐ Basale Fertigkeiten ☐ Sprache/Kommunikation ☐ ____________

Ziel: ____________

Beteiligte: ____________

Maßnahme • Material:	Beobachtungen:

Besonderheiten in der Biographie des Schülers/der Schülerin (vorschulisch/schulisch/familiär/im sozialen Umfeld/medizinisch):					
Stärken des Kindes • Interessen, Hobbies ...					
☐ Sonderpädagogischer Förderbedarf	☐ Notenbefreiung	☐ Nachteilsausgleich	☐ Lesestörung	☐ Rechtschreibstörung	☐ Lese-/Rechtschreibstörung
Weitere Kooperationspartner: ☐ MSD ☐ Schulkind-Betreuung ☐ Fachlehrer ☐ Förderlehrer ☐ Logopäde ☐ Erziehungsbeistand ☐ Schulpsychologe ☐ Beratungslehrkraft ☐ Ergotherapeut ☐ Eltern-Kind-Förderung ☐ Jugendhilfe ☐ Hort ☐ Sonstige(s) Getroffene Vereinbarungen mit den Kooperationspartnern:					
Weitere getroffene Vereinbarungen:					

Forderunterricht für leistungsstarke Kinder

Begabung meint das leistungsbezogene Entwicklungspotenzial einer Person, das Fähigkeiten, Persönlichkeitsmerkmale sowie psychosoziale Fertigkeiten umfasst. Leistungsstark umfasst in der Terminologie die Leistungshandlung selbst sowie resultierende Ergebnisse.

Besonders leistungsstarke Kinder können, wenn schulorganisatorisch möglich, entweder in eigenen homogenen Gruppen eine Förderung durch (Heraus-)Forderung erhalten oder über Aufgaben mit natürlicher Differenzierung im Klassenverband unterrichtet werden.

Weitere mögliche Maßnahmen:

- *Enrichment*: Die Hinzunahme des Enrichment-Modells ermöglicht es, den Unterricht mit erweiterten bzw. vertiefenden Inhalten bereichernd zu gestalten.
- *Akzeleration*: Hier wird der Grundlehrstoff in kürzerer Zeit erlernt und anschließend besteht die Möglichkeit, Inhalte höherer Jahrgangsstufen heranzuziehen.
- *Drehtürmodell*: Es wird den Schülerinnen und Schülern ermöglicht, ein Unterrichtsfach, in welchem sich eine besondere Begabung zeigt, in einer höheren Jahrgangsstufe zu besuchen.
- *Hochbegabungsklassen*: Manche Schulen bieten zum Beispiel im Zuge eines Schulversuchs sogenannte »Begabtenklassen« an. Hier werden Kinder mit einer besonders hohen Leistungsfähigkeit in einer Klasse zusammengefasst.

Möglicher Lehrweg	Aufmerksamkeitsrichtungen	Beispiel
Stundenbeginn	• Begrüßung, zum Beispiel auch in verschiedenen Sprachen • Ritualisierter Beginn (z. B. mit einem Lied, Rap, Gedicht, Spruch, Datum ...) • Gefühlsrunde • Erste kreative Anregung	• Ankommen ermöglichen • Wahrnehmen jedes Kindes • Möglichkeit zum Ausdruck emotionalen Empfindens • Kreative Anregungen: aus einem Symbolkorb zwei Symbole in Zusammenhang bringen, Fantasiebegriffen eine Bedeutung geben, zu Bildkarten eine kurze Geschichte erzählen, Rätselgeschichten, Drudel, Bilderrätsel, Fehlersuchbilder, Detektivspiele, Knobelaufgaben...
Materialangebot	• Benennen des Materials • Finden von Eigenschaften und besonderen Merkmalen • ggf. erstes Explorieren und händisches »In-Besitz-Nehmen« • Wortspeicher anlegen • Finden vielfältiger Forscherfragen	• Das Materialangebot kann thematisch fokussiert sein (z. B. die Hundertertafel aus dem Mathematikunterricht) • Je nach Zielstellung der Unterrichtseinheit kann auch die »willkürlich« zusammengestellte Kombination unterschiedlicher Dinge anregend sein
Zielangabe	Thematisch und kindgemäß formuliert	• Schaffen von Problemsensitivität
Arbeitsauftrag	• Verständnis der Zielstellung und der Vorgehensweise sicherstellen • ggf. Identifikation von fachlichen oder thematischen Herausforderungen, die im Arbeitsauftrag stecken • ggf. individuelle Schwerpunktsetzung des Kindes, an welcher Lösung es arbeiten möchte	• Bei offeneren Arbeitsaufträgen Kinder konkret in die Planung des Vorgehens einbinden oder individuelle Lösungsplanung einfordern • Mögliche Themenfelder, ggf. interessengebunden: (Darstellende) Kunst, Literatur, Geschichte, Mathematik, Naturwissenschaften, Politik, Sport, Theater, Musik, Film ...
Erarbeitung Entdeckerzirkel	• Eine fundierte Einzelarbeit ist immer die Voraussetzung für eine gelungene Partner- und/oder Gruppenarbeit • Entdeckerzirkel: Think-Pair-Share-Methode • Rolle des Lehrers in dieser Phase: Moderator, Impulsgeber, individuelle Hilfe, Zeit für diagnostische Beobachtungen	• Die Kinder entdecken zum Beispiel Muster und Strukturen im jeweiligen Fachbereich und nutzen diese als Lösungshilfe • Die Kinder nutzen Forschermittel (z. B. Farben, Symbole, Pfeile), um ihr Vorgehen für sich und andere sichtbar zu machen • Recherchemöglichkeiten ermöglichen

Möglicher Lehrweg	Aufmerksamkeitsrichtungen	Beispiel
Zusammenführung	• Schüler präsentieren für andere nachvollziehbar ihre Ergebnisse • Die Lehrkraft unterstützt ggf., fragt nach und moderiert den Präsentationsprozess • Lösungsvielfalt der Kinder als Lehrkraft positiv bestärken • Vergleichen der Beobachtungen und Deutungen	• Auf für die Zuhörer nachvollziehbare Präsentation achten • Immer wieder versprachlichen lassen • Zusammenführung der Erkenntnisse der Kinder • Gezieltes Weiterführen der Beobachtungen • Versprachlichung der Erklärungen
Reflexion	• Erörtern der Ergebnisse • Überprüfen der Entdeckungen (z. B. auf Richtigkeit, Nützlichkeit, Ökonomie ...)	• Das Erkennen von Auswirkungen ermöglicht den Übergang in ein philosophisches Gespräch in der unterrichtlichen Weiterarbeit
Instruktion (fakultativ)	• Lehrkraft als Fachkraft gibt ggf. weiterführend vertiefende Informationen	• Alternativ die Informationslücke notieren und als Rechercheaufgabe für alle in die unterrichtliche Weiterarbeit mit aufnehmen
Weiterführung und Ausblick	• Überprüfen des gefundenen Musters oder der Struktur an passende Aufgabenstrukturen • Anregung zur inneren Rekapitulation der behandelten Inhalte und neu gewonnenen Erkenntnisse	• Auf korrekte Versprachlichung und inhaltliche Richtigkeit achten • Möglichkeit zur Formulierung ungeklärter oder weiterführender Fragen • Impuls: »Das interessiert mich jetzt noch ...«

Die Kinder im Blick	Für den Fachbereich charakteristisch
Etwa 20 Prozent der Kinder sind leistungsstark – meistens in einem Bereich, seltener in mehreren. Etwa 15 bis 20 Prozent der Kinder eines Jahrgangs sind potenziell hoch leistungsfähig und haben das Anrecht auf für sie passende Förderung durch (heraus-)fordernde Aufgabenstellungen. Leistungsstarke Kinder nach KMK-Bildungsstandards erbringen Leistungen, »die bei sehr guten oder ausgezeichneten individuellen Lernvoraussetzungen und der Bereitstellung geeigneter Lerngelegenheiten innerhalb und außerhalb der Schule erreicht werden können und die bei Weitem die Erwartungen der KMK-Bildungsstandards übertreffen«. Auf der Kompetenzstufe V in 2016 (IQB Bildungstrend) sind Kinder der 4. Jahrgangsstufe zu • 23 Prozent in mindestens einem der Fächer Mathematik oder Deutsch • 13 Prozent nur Mathematik • 16 Prozent nur Deutsch • 7 Prozent Mathematik und Deutsch besonders leistungsstark. Daraus lässt sich schlussfolgern, dass es mehr bereichsspezifisch leistungsstarke Kinder gibt als allgemein leistungsstarke (Neuendorf/Kuhl/Jansen 2017).	• Die Leistungsentwicklung dieser Kinder erfolgt kumulativ von Potenzial, über Kompetenz hin zu Expertise und besonderen kreativen Beiträgen – mit zunehmender Spezialisierung. • Psychosoziale Fertigkeiten und Persönlichkeit gewinnen im Prozess der Leistungsentwicklung an Bedeutung. • Im Grundschulalter geht es vor allem darum, diese Kinder anzuregen, zu ermutigen und durch systematische Instruktion und angeleitetes Üben zu weiteren Lernfortschritten zu begleiten und zu unterstützen. • Kooperation mit Externen wie etwa weiterführende Schulen, Angebote der Kinder-Universität, Anbieter von »besonderen« Kursen ... • Diagnostik und (Heraus-)Forderung im Bereich Sprachverständnis, wahrnehmungsgebundenes logisches Denken, Arbeitsgedächtnis und Verarbeitungsgeschwindigkeit in Kombination mit ansprechenden und Kreativität ermöglichenden Aufgabenstellungen. • Für aussagekräftige Diagnostik ist das Kombinieren von zwei oder mehr Testverfahren anzuraten. Die Stabilität und Vorhersagekräftigkeit der Ergebnisse hängt von der Güte des Tests und dem Alter des Kindes ab und ist umso instabiler je jünger die Kinder sind.

Didaktische Grundsätze	Typische Handlungen für den Fachbereich
• Grundhaltung der Lehrkraft, dass in der Klasse tendenziell bis zu 30 Prozent der Kinder leistungsstark sind. Diese Kinder und deren spezifische Stärken gilt es zu identifizieren und zu fordern. • Stärkenorientiertes (Heraus-)Fordern in den spezifischen Stärken dieser Kinder hin zu sich entwickelnder Spezialisierung. • Ganzheitliches Fördern umfasst ergänzend Kognition und die Vermittlung psychosozialer Fertigkeiten (z.B. im Bereich der Selbstregulation) oder Lernstrategien sowie die Stärkung der Persönlichkeit (z.B. im Bereich des Selbstvertrauens). • Begabungen und Potenziale anregen, auch durch das Heranführen an für die Kinder neue Themenfelder. • Systematische Instruktion und angeleitetes Üben und Vertiefen. • Herausstellen der Lernfortschritte. • Schwerpunkt auf strategieorientiertes Arbeiten. • Unterstützen der Selbstregulation. • Bekräftigen von Fortschritten im Durchhaltevermögen. • Stärken des Selbstvertrauens. • ggf. sozialintegratives Eingliedern dieser Kinder unterstützen. • Ermöglichen kreativen Freiraums.	• Umgang mit herausfordernden Aufgabenstellungen • Für sich und andere (strategische) Vorgehensweisen transparent machen • Handlungspläne entwerfen und durchführen • Intensive Einzelarbeitsphasen • Mit anderen Entwicklungsgespräche führen • Kreative Herangehensweisen an Aufgabenstellungen • Ungewöhnliche Beiträge und Produkte • Sich selbst spezialisieren • Spezialisierungen für andere Kinder aus der Klasse zum Beispiel durch Präsentationen zugänglich machen • Individuellen Ziel(vereinbarung)en folgen

Kunst | 6

Kunstunterricht in der Grundschule unterstützt zum einen die Erweiterung sinnlicher Wahrnehmungs- und Gestaltungsprozesse und unterstützt den Erwerb von Bildkompetenz zwei- und dreidimensionaler Werke, das Ausleben von Kreativität und kindlicher Fantasie im Wechselspiel von Betrachten und Gestalten und regt die Entfaltung sinnlicher Wahrnehmungsprozesse sowie unmittelbarer Erfahrungen an.

(Werk-)Betrachten

Möglicher Lehrweg	Aufmerksamkeitsrichtungen	Beispiel
Einstimmung	• Hinführung zum Motiv und/oder Inhalt • Anregung zur Vorstellung von inneren Bildern	• Einstimmung mit möglichst vielen Sinnen, in dieser Phase oftmals das Ohr (durch Musik, einem gelenkten Kopfkino Bild/kurzen Text/Musik) • Alternative Möglichkeit: praktische Vorgestaltung zu Motiv und/oder Inhalt vor der eigentlichen Werkbetrachtung

Möglicher Lehrweg	Aufmerksamkeitsrichtungen	Beispiel
Werkbetrachtung und -erschließung	• Begegnung • Inszenierte Präsentation • Darstellung erster Eindrücke • Werkerschließung • Wahrnehmung im Detail • Aussage des Künstlers • Transfer individueller emotional affektiver Bezüge	*Begegnung mit dem Werk*: • »Mit-erlebenswerte« Präsentation des Werkes (z.B. bei einem Bildkunstwerk auf einer Staffelei, zunächst noch durch eine Decke verhüllt, die inszeniert gelüftet wird oder durch die Schlüssellochtechnik etc.) • Erstes Verweilen und Betrachten des Werkes (Musik zeigt an, dass betrachtet und nicht gesprochen wird) – Schwerpunkt der sinnlichen Wahrnehmung ist in der Regel das Auge • Sammeln erster spontaner Äußerungen (erste Eindrücke, Empfindungen, Assoziationen) • Systematisches Ordnen des Wahrgenommen und kriteriale Analyse des Kunstwerkes nach »Was?«, »Wie?« und »Womit?« (vgl. Tipps S. 115) *Subjektive Eindrücke der Kinder sammeln*: • »So wirkt das Bild auf mich ...« • »Die Idee/das Besondere an dem Kunstwerk ist (für mich) ...« • Vermutungen: Was könnte der Künstler ausdrücken? • Kindgerecht aufbereitete Ergänzungen der Lehrkraft zum Künstler (ggf. Kunstrichtung, Epoche, künstlerischer Gehalt) • Klärung von Verständnisfragen • Zusammenfassen der künstlerischen Aussage in sehr knapper Form • Gegebenenfalls weitere Methoden der Werkerschließung: (sprechende) Standbilder, szenische Darstellungen, Sprechblasen verfassen, Assoziationskette
Gestaltung	• Umsetzen der inneren und äußeren Eindrücke in einen produktiven Gestaltungsprozess	• Offener Gestaltungsauftrag mit korrelierenden Gestaltungskriterien aus der Werkerschließung • Wirkungsaspekt beachten • Gegebenenfalls Verwenden unterschiedlicher bildnerisch- technischen Mittel und künstlerischer Werkzeuge
Präsentation	• Vorstellen der Schülerprodukte	• Betrachten, Analysieren und Werten der Schülerprodukte nach den Gestaltungskriterien sowie nach »Was?«, »Wie?« und »Womit?« *Impuls*: • »So wirkt das Bild auf mich ...« • »Die Idee/das Besondere an diesem »Kunstwerk« ist (für mich) ...« • »Mein Tipp für dich ...« • Reihenfolge des Rückmeldens beachten: Zuerst die Kinder, die am Schülerprodukt nicht beteiligt waren, dann die »Kinderkünstler«, abschließend ggf. die Lehrkraft, auch als sprachbildendes Vorbild • »Sandwichkompliment«, gepaart mit Fachsprache (die in der Sequenz eingeführt, visualisiert, genutzt wurde) als wertschätzende Rückmeldung nutzen

Möglicher Lehrweg	Aufmerksamkeitsrichtungen	Beispiel
Abschluss	• Rückbezug zum Kunstwerk • Kunstverständnis anbahnen	*Impuls*: • »Meine Frage an den Künstler ...« • »Mich interessiert noch an dem Kunstwerk ...« *Abschließend bezogen auf das Kunstwerk der Werkbetrachtung* (dazu mit den Kindern vorentlasten: Was ist Kunst?): • »Ist das Kunst?« • »Begründe deine Meinung!« • Ausblick auf die Weiterarbeit

Gestalten

Möglicher Lehrweg	Aufmerksamkeitsrichtungen	Beispiel
Initiationsphase	• Allgemeines Einstimmen und Heranführen an die Aufgabenstellung • Motivierung, Thematisierung • Bildnerische Prozesse initiieren • Zielangabe des bildnerischen Problems • Kriteriengeleitete Aufgabenstellung • Antizipation von Möglichkeiten (ggf. Schwierigkeiten, Problemlösungsmöglichkeiten)	*Einstiegsmöglichkeiten*: • Realbegegnung, geführte Lehrererzählung, situative Anlässe, musikalische Impulse, Werkbetrachtung • Anknüpfung an Bekanntes, Präsentation der Kunstmaterialien als stummer Impuls • ggf. Objektbetrachtung/-beschreibung, sammeln, ordnen, erkunden, spielen, erzählen, wahrnehmen, beobachten, analysieren, mit mehreren Sinnen wahrnehmen *Definition der gestalterischen Aufgabe*: • *Innere Wahrnehmung*: Vorstellungswelten, Traum, Utopie, Fantasie, Empfindungen • *Äußere Wahrnehmung*: Erscheinungsformen aus Natur, Kultur, Technik, Kunst und Alltag • *Motiv bzw. Thema*: Mensch und Tier, Jahreszeiten, Elemente, persönliche Erlebnisse und Erfahrungen, Zufall und Ordnung • Wortschatzarbeit • Vorstellungen bilden und differenzieren • Ermöglichen intensiver innerer Vorstellungsbilder als Voraussetzung für einen kreativen Ausdruck
Exploration und Reflexion	• Gezielte und vielfältige Erkundung des bildnerischen Problems (ggf. Lösungsplanung) • Ausprobieren von Material, Technik • Aufgreifen von Widerständen, Entdecken von Zusammenhängen • Präsentation der Explorationsprodukte und -prozesse	• Vielfältiges probierendes Tun ohne Bewertungsdruck • Experimentieren, Variieren mit den bildnerischen Mitteln, Materialerkundung, Lösen von Teilschritten und -problemen, Gehen von Umwegen, Stellen neuer Fragen • Gestaltungsmöglichkeiten entdecken und erproben, üben • Reflexion als Kernstück der Exploration: Kokonstruktiver Austausch • Demonstration (z. B. Skizzieren, Vorzeigen, Vormachen)

Möglicher Lehrweg	Aufmerksamkeitsrichtungen	Beispiel
		Kriteriale Analyse der Schülerprodukte: • »Was? Wie? Womit?« • »So wirkt das Produkt auf mich ...« • »Die Idee/das Besondere an dem Kunstwerk ist (für mich) ...« *Rückführen auf*: • »Warum haben wir exploriert?« • »Was wollten wir herausfinden?« • »Wie ist es dir gelungen?« • »Welche Möglichkeiten ergaben sich?« *Bezogen auf den Auslöser/die Problemstellung*: • Analyse von Positiv-/Negativbeispielen, dabei wertschätzende Kommunikation pflegen • Tipps und Tricks zum Gelingen sammeln • Wirkungsaspekte mit Adjektiven beschreiben
Objektivierung und Gestaltung	• Klären und probierendes Lösen der bildnerischen Aufgabe • Gestaltungskriterien • Visualisierung der individuellen Bildaussage • Zeigen eigenen Könnens	• Bildnerisch komplexere Aufgabe stellen • Gemeinsames inhaltliches Grundverständnis sichern (wird z. B. ein Pferd gestaltet, werden gemeinsam Merkmale und Eigenschaften sowie das »Pferdhafte« des Pferdes gesammelt) • Anwenden, umsetzen, objektivieren • (Reflexions-)Ergebnisse aus der Exploration fließen in diese Phase ein, da sonst reiner Aktionismus *Gegebenenfalls*: • Individuelle Beratung durch Lehrkraft und/oder Kinder • Präsentation und Reflexion von Teillösungen • Zwischenreflexion(en) • Zusatzaufgaben für schnell arbeitende Kinder
Interpretationsphase	• Einordnung des Gelernten • Wertschätzende Würdigung der Schülerleistungen • Kriterienorientierte Analyse der Arbeitsergebnisse • Reflexion	*Kriteriale Analyse der Schülerprodukte*: • »Was? Wie? Womit?« • »So wirkt das Produkt auf mich ...« • »Die Idee/das Besondere an dem Kunstwerk ist (für mich) ...« • Zusammenhang mit der Exploration herstellen • Gegebenenfalls Prozessreflexion (z. B. Arbeitsverhalten, Offenheit, Experimentierfreude, Ideenvielfalt) • Erfahrungen integrieren: Präsentieren, Mitteilen, Auswerten, Überprüfen (ggf. Vergleich mit anderen (Kunst-)Werken)

Die Kinder im Blick	Didaktische Grundsätze
Die meisten Kinder zeichnen und malen bei Schuleintritt mit großer Lust und Leidenschaft. Betrachtet man die Zeichenfähigkeit eines Kindes kristallisiert sich ein stufenartiger Entwicklungsverlauf heraus, der die Variabilität des kindlichen Zeichnens vom Kritzeln über die ersten geometrischen Formen (Kreis, Viereck) bis zum figürlichen Zeichnen (Mensch- und Hauszeichnung) reicht. Erste zeichnerische Motive produzieren Kinder ab dem fünften Lebensjahr in der Phase des Sinnzeichnens oder des »intellektuellen Realismus« (vgl. Philipps 2011). Die Entwicklung dieser Phase charakterisiert sich in der Regel durch die Vereinheitlichung und Schematisierung der Bildstruktur und der einzelnen Konfigurationen. Dabei werden oft die Natur und die individuelle kindliche soziale Umwelt, menschliche Figuren, Tiere, Sonnen, Häuser, Bäume, Wiesen, Blumen etc. als Motiv und Motivkombinationen gezeichnet. Zu Schulbeginn weisen die Zeichnungen der Kinder oft große Ausdrucksstärke in kindlicher Originalität sowie Spontaneität auf. Dabei greift das Kind auf seine mentalen Repräsentationen zurück und beschränkt sich dabei auf das Wesentliche. Bei näherer formaler Betrachtung der Sinnzeichnungen der Kinder fallen folgende Besonderheiten auf: • Die naturgetreue Abbildhaftigkeit in der Darstellung von Größenverhältnissen gelingt dem jungen Kind noch nicht. In der Regel wird das groß dargestellt, was dem Kind besonders am Herzen liegt. • Auf dem Zeichengrund beginnt eine Ausrichtung der Bildelemente und diese stehen in ersten Beziehungen zueinander (Phänomen: vom Streubild zum Standlinienbild). • In »Röntgenbildern« (Transparenz) stellt das Kind Dinge dar, die man nicht gleichzeitig sehen kann, weil zum Beispiel ein Pullover die Arme verdeckt. Das Kind zeichnet Dinge, die es weiß, gleichzeitig weiß es mehr, als es sieht. Die Zeichnungen zeigen oft noch keine perspektivische Ansicht, sondern das gleichzeitige Darstellen von mehreren Ansichten eines Gegenstands (Phänomen: Umklappungen aus Gründen der Prägnanz (simultanperspektivische Darstellungen)). Perspektivisches Zeichnen tritt in der Regel erst ab dem zehnten Lebensjahr auf. Die Kinder verwenden realitätsbezogene Farben. Farbmischungen werden gegen Ende der Grundschulzeit bewusster eingesetzt. Im Alter ab acht Jahren erfolgt eine Umstrukturierung und ein Übergang zur pseudo-realistischen Phase. Die Zeichnungen werden realitätsnäher, Perspektive und Einhaltung des visuellen Modells sowie das Verhältnis der Dimensionen werden eingehalten. Die Kinderzeichnungen	Betrachten und Gestalten als konstituierende Arbeitsweisen sind, soweit möglich, nicht unabhängig voneinander, sondern immer gemeinsam im Unterricht in Verbindung mit reflexiven Anteilen zu realisieren. Um einen kreativen inneren Prozess und eine innere Anschauung des Kindes zu unterstützen, geht es darum, vielfältige Sinneswahrnehmungen (Schauen, Staunen, Empfinden, Erkunden) im Kunstunterricht zu ermöglichen, um den Kindern die Möglichkeit zu geben eine »innere Anschauung« zu generieren. Aus dieser »inneren Anschauung« konstruieren die Kinder individuelle Sinn- und Wertzuschreibungen, nähern sich der (Be-)Deutung von Kunstwerken und eigenen Kinderprodukten an. Durch das Ineinandergreifen von Begreifen und ästhetischer Erfahrungen entwickeln die Kinder expressive Kreationsimpulse, die sie als Gestaltungsideen im eigenen künstlerischen Ausdruck verwirklichen können. Ziel von Produktion und Rezeption ist es, ästhetische Erfahrungen zu initiieren und zu vertiefen. Betrachten umfasst vielschichtige Aktivitäten der Wahrnehmung mit dem Ziel, die Wahrnehmung, im Schwerpunkt visueller Phänomene zu differenzieren. Es gilt herauszufinden, Kunstwerke dahingehend wahrzunehmen, dass diese in ihren Elementen und zum Beispiel in dargestellten Gegenständen das Produkt bewusster Überlegungen ist. Die Analysen »Was?«, »Wie?« und »Womit?« gehen dabei immer der Analyserichtung »Warum?« voraus. Alle Feststellungen werden, wenn möglich, am Kunstwerk belegt und gezeigt. Den Kindern ist eine Vielzahl an gestalterischen Verfahren und Materialien im Lauf ihrer Grundschulzeit zugänglich zu machen. Dazu gehören zum Beispiel Malerei/Farbe, Grafik/Druckgrafik/Bildhauerei, Raum- und zeitgreifende Kunstformen, Medien, Architektur, Produktdesign, Grafik- und Kommunikationsdesign sowie Mode, Schmuck und Accessoires sowie Mischformen. Das Kennenlernen eines gestalterischen Verfahrens ist stets mit einer intensiven Exploration und Reflexion verbunden, bevor im Weiteren das Verfahren bewusst gestalterisch genutzt wird. Verfügen die Kinder über künstlerische Techniken, können sie selbstständig verschiedene Techniken am intendierten Wirkungsprodukt einsetzen und werden nicht von der Lehrkraft in ihrer Technikwahl eingeengt. Begleitend zu gestalterischen Verfahren benötigen die Kinder auch »Inhaltswissen« zu einem bildnerischen Problem. Kunstunterricht thematisiert deswegen Inhalts-, Abbildungs- und Ausführungskompetenzen.

Die Kinder im Blick	Didaktische Grundsätze
verlieren ihr »kindliches Aussehen«. Dabei zeigen sich bei vielen Kindern oft Frustrationen über die eigenen Fähigkeiten naturalistischen Abbildens (Meili-Schneebeli 1998), gleichzeitig wendet sich das Kind ab vom ich-betonten Selbstausdruck, wendet es sich einer direkteren Auseinandersetzung mit der Umwelt zu und erschließt sich andere Ausdrucksmöglichkeiten (digital, Körper, Comic, Zimmer).	Entwickeln einer differenzierten Entwicklungs-, Ausdrucks-, Darstellungs- und Gestaltungsfähigkeit der Kinder mithilfe künstlerischer Lernumgebungen und Haltungen, mithilfe derer das individuelle und gemeinsame sinnliche Wahrnehmen, Forschen, Erkunden, Imaginieren, Sich-Ausdrücken und Sich-Austauschen gefördert wird.

Typische Handlungen für den Fachbereich	Für den Fachbereich charakteristisch
• Gestalterische Grundlagen der bildnerischen Arbeit kennen und anwenden • Detailliertes und differenziertes Wahrnehmen der visuell erfahrbaren Welt in Bildern, Objekten und Aktionen • Deuten der Wahrnehmungen unter Einbezug eines Fachwortschatzes Kunst • Beschreiben von Wirkungen (z. B. unter Nutzen eines Gefühlswortschatzes und verwandter bildnerischer Techniken, Gestaltungselemente und -prinzipien und Ausdrucksqualität) • (Be)werten individueller Eindrücke • Entwickeln individueller Gestaltungsideen • Bewusstes visuelles Gestalten unter Einsatz bildnerischer Darstellungs- und Ausdrucksmittel als individuelle Ausdrucks- und Kommunikationsmöglichkeit • Explorieren und Reflektieren unterschiedlicher Gestaltungsverfahren, auch in Kombination verschiedener Verfahren • Individuelles und ko-konstruktives Reflektieren • Eigene Arbeitsergebnisse präsentieren und deren Gestaltungs- und Wirkungsabsicht erläutern • Wertschätzende Rückmeldung zu Schülerprodukten geben • Gestalterische Probleme erkennen und selbstständig Lösungen finden • Verschiedene Medien und Techniken in den Gestaltungsprozess integrieren • Mit Offenheit, Fantasie, Humor und Ernsthaftigkeit an eine bildnerische Aufgabe herangehen • Die eigene Arbeit als Prozess erfahren und als Befriedigung erleben *Das Gestalten umfasst unter anderem folgende grundlegende Verfahren*: • *Grafisches Gestalten*: Zeichnen, Drucken • *Farbiges Gestalten*: Malen, Collagieren, experimentelle Farbauftragsverfahren • *Gestalten mit technisch-visuellen Medien*: Fotografieren, Filmen, Computergrafik, elektronische Bildbearbeitung • *Räumliches Gestalten*: Formen, Bauen, Skulptieren • *Szenisches Gestalten*: Darstellende Spielformen, Aktion, Bühneneffekte • Arbeitsplatz einrichten und wieder aufräumen	Kunst ist die Gestaltung eines seelisch-geistigen Gehalts durch eine eigenwertige Form nach bestimmten Gesetzen – so das Oberverwaltungsgericht Münster in einer grundlegenden Entscheidung zur Kunstfreiheit im Jahre 1959. Das Fach Kunst eröffnet Kindern die Möglichkeit, sich mit Kunstwerken, Bildern, Objekten und Aktionen der mit dem Auge sichtbaren Bildenden Kunst, der sie umgebenden, erfahrungsbezogenen und gestalteten Umwelt (z. B. Design und Architektur) auseinanderzusetzen. Dazu gehören aber auch visuelle Medien (z. B. Fotografie und (elektronische) Bildbearbeitung) sowie die eigene schöpferisch-kreativen Imaginationswelt der Kinder und die daraus entstehenden Produkte, die von den Kindern nach unterschiedlichen Aufmerksamkeitsrichtungen der Rezeption, Reflexion und (Eigen-)Produktion wahrgenommen und erfasst werden. Aus diesen Eindrücken heraus explorieren und gestalten die Kinder individuell und/oder kooperativ eigene kreative Produkte unter Beachtung bewusst gewählter künstlerischer Gestaltungs- und Wirkungsabsichten (z. B. Motiv, Komposition, Material, (bildnerischer) Technik etc.). Bildnerische Techniken können sowohl eigener Gegenstandsbereich sein oder zum Beispiel in der Auseinandersetzung mit der Werkbetrachtung von Kunstwerken aus der Kunstgeschichte in die einzelnen Lernbereiche integriert werden. Kunstunterricht in der Grundschule ermöglicht unter anderem vielfältige ästhetische (sinnlich und sinnhafte) Erfahrungen, erweitert handlungs- und produktionsorientiert die Möglichkeiten bildnerischen Ausdrucks, unterstützt die Meinungsbildung durch kritische Auseinandersetzung mit Kunst durch Rezeption, Analyse, Produktion, Kommunikation, Wertung sowie Deutung und öffnet den Blick für einen erweiterten Kunstbegriff. Neben dem Erwerb künstlerischer Fachkompetenz durch Produktion, Reflexion und Rezeption erwerben die Kinder personale Fähigkeiten der Selbst-, Sozial- und Methodenkompetenz.

Tipp

Die folgenden Fragen haben sich vor allem beim intensiven Betrachten von Kunstwerken bewährt und werden ritualisiert und systematisch in der gleichen Abfolge absolviert. Sie erleichtern es zusätzlich, den Kindern ihre Eindrücke zu versprachlichen. Denkbar ist auch, dass die Analyserichtungen bei der wertschätzenden Betrachtung von Kinderprodukten aus dem Unterricht zum Tragen kommen.
Die Analyserichtungen sind kein Selbstzweck, sondern ermöglichen leichter eine Deutung des Kunstwerkes.
Analyserichtungen der Werkbetrachtung erfolgen in der Regel in einem ritualisierten Ablauf und nacheinander. Dabei haben sich die folgenden kindgemäßen Fragestellungen bewährt. Als veranschaulichend wertvoll hat es sich erwiesen, wenn die Aussagen der Kinder am Kunstwerk gezeigt werden, zum Beispiel indem bildnerische Mittel, Bildinhalte, Einzelheiten/Besonderheiten benannt und gezeigt, beschrieben, isoliert, hervorgehoben, assoziiert usw. werden.

Die Analyserichtung »Was?«
- Beinhaltet das systematische Beschreiben des Gesamtmotivs, das Benennen von herausstechenden Bildteilen, Erkanntem und Gedeutetem (z.B. Personen, Flächen, Farben, Lichtverhältnisse).
- Dabei ist es wichtig, »Unwichtiges« von »Bedeutsamen« zu unterscheiden. Leistungsstarke Kinder benutzen dazu auch einen Fachwortschatz wie etwa »Vordergrund«, »Mittelgrund«, »Hintergrund«.
- In manchen Lehrplänen gibt es einen verpflichtenden Fachwortschatz Kunst, den die Kinder aktiv beherrschen sollten.
- Als Symbol für das »Was?« eignet sich zum Beispiel eine Lupe.

Die Analyserichtung »Womit?«
- Beinhaltet die Analyse der bildnerisch-technischen Mittel, zum Beispiel *grafische Materialien* (Bleistift, Farbstift, Kohle, Tusche, Graphit, Neocolor, Filzstift, Kugelschreiber), *malerische Materialien* (Wasserfarben, Aquarellfarben, Gouache, Farbpigmente, Bindemittel), *Bildträger* (Papier, Karton, Wandtafel, Pausenplatz, Holz, Glas, Post-it, Recyclingmaterial), *plastische, konstruktive Materialien* (Ton, Plastilin, Wachs, Gips, Papier, Karton, Draht, Stoff, Holz, Farbenart, Abfall), *Werkzeuge des Künstlers* (Pinsel, Schwamm, Messer, Hammer, Säge, Feile, Hände, Farbrolle, Spachtel, Modellier- und Schnittwerkzeuge).
- Als Symbol für das »Womit?« eignet sich zum Beispiel ein Künstler-Werkzeugkasten.

Die Analyserichtung »Wie?«
- Beinhaltet die Anordnung und Verbindung formaler bildnerischer Grundelemente (Punkt, Linie, Fläche, Form und Figur, hell- dunkel, Farbauftrag, Farbwahl, Farbkontrast, Größe, Detailtreue, Harmonie, ggf. Räumlichkeit, Aufteilung des Bildes), bildnerischer Verfahren (Zeichnen, Malen, Drucken, Collagieren, Montieren, Modellieren, Bauen, Konstruieren, Spielen, Agieren, Inszenieren) und kunstorientierter Methoden (*Rezeptionsorientiert*: Hör-, Riech-, Schmeck-, Bewegungs- oder Tasterfahrungen bildnerisch darstellen; *Produktorientiert*: Darstellungsmöglichkeiten entdecken durch zum Beispiel Zerlegen, Vergrößern, Verkleinern, Drehen, Wiederholen, Abbilden, Verfremden, Umdeuten, Spiegeln).
- Als Symbol für das »Wie?« eignet sich zum Beispiel eine Symbolkarte mit einer Musterabbildung.

Die Analyserichtung »So wirkt das Bild auf mich ...«
- Beinhaltet den emotional-affektiven Bezug und das subjektive Wirkungsempfinden des Kunstwerks auf den Betrachter. Dabei nutzen die Kinder einen Gefühlswortschatz sowie treffende Adjektive.
- Leistungsstarke Kinder belegen ihren Eindruck als deutende Schlussfolgerung mit Beweisen am Kunstwerk, dabei nutzen sie in der Regel auch Analyserichtungen des »Was?« und »Wie?«, um ihren Eindruck weiterführend zu versprachlichen.

- Die Beziehung von Material, Technik und Motiv ermöglicht es, weiterführend die Wirkung des Kunstwerkes zu untersuchen. Leistungsschwächere Kinder erhalten eine Auswahl an Adjektiven, aus denen sie aussuchen können.
- Als Symbol für das »So wirkt das Bild auf mich ...« eignet sich zum Beispiel ein Herz.

Die Analyserichtung »Warum?«

- Erlaubt unterschiedliche Zugänge zum Kunstwerk über eine werk-immanente Deutung, das heißt die künstlerische Arbeit wird autonom, aus sich selbst heraus, interpretiert und eine individuelle Deutung getroffen (z.B. über das Verhältnis zwischen Thematik und Darstellung). Eine epochengeschichtliche, kunst- und/oder kulturgeschichtliche werkübergreifende Einordnung, aus dem ikonografischen Zusammenhang, wenn das Kunstwerk vorausgehende Kunstwerke aufgreift und zum Beispiel verändert oder im motivgeschichtlichen Zusammenhang, kann sich ggf. anschließen oder unter dem Aspekt Idee bzw. »Das Besondere an dem Kunstwerk ist ...« erfolgen.
- Im Rahmen biographischer Deutung haben sich komprimierte Aussage(n) des Künstlers zu seinem Kunstwerk bewährt. Diese ergeben sich in der Regel in der Auseinandersetzung der Lehrkraft mit der Sachstruktur zum Werk. Dabei wird die wesentliche Aussage auf einen oder zwei Sätzen verdichtet und zu einer Abbildung des Künstlers (falls vorhanden) in Form einer Sprechblase integriert (z.B. »Mit meiner Kunst möchte ich ...«).
- Als Symbol für das »Warum?« eignet sich zum Beispiel ein Doktorhut.

- Methodisch schildern erst die Kinder ihren Eindruck mit den Analyserichtungen »So wirkt das Bild auf mich ...«. Dabei nutzen sie einen Gefühlswortschatz. Ergänzend kommt die Deutungsrichtung der Idee/»Das Besondere an dem Kunstwerk ist ...« hinzu. Daran anschließend ergänzt zum Beispiel die Lehrkraft in einem kindgerecht aufbereiteten Infoblock Informationen zu Künstler, Werk, Entstehung, ggf. werkübergreifend auch zur Epoche. Das Anregen der Erinnerungen (»Woran erinnert dich das Kunstwerk?«) ermöglicht einen Brückenschlag zur Lebens- oder Fantasiewelt des Kindes.
- Ein Künstlerkoffer mit beispielhaften »klischeehaften« Utensilien eines »Künstlers« (z.B. Malerkittel, Barrett, Malerpalette, Pinsel, Acrylfarben, Kreiden usw.) kann als stummer Impuls zu Beginn jeder Unterrichtsstunde symbolisieren, dass der Kunstunterricht beginnt.
- Eine Staffelei (evtl. mit einem Lichtspot) kann bei entsprechender Bildgröße einem Kunstwerk die passende Inszenierung und Wertigkeit vermitteln.
- Musik zur Werkbetrachtung kann die sinnhafte Wahrnehmung unterstützen und Emotionen beeinflussen und sollte deshalb gezielt ausgewählt werden. Findet man keine passende Musik, können Gemurmel und Sprachfetzen eine Möglichkeit sein, um Museumsatmosphäre zu erzeugen, schließlich wird auch im Museum nicht zu jedem Werk ein eigener Titel gespielt. Das Hören der Musik ist für die Kinder auch das Zeichen für »Solange du die Musik hörst, betrachtest du das Kunstwerk ganz genau für dich«. Dadurch wird die Bildwahrnehmung intensiviert und verlangsamt.
- Bei Arbeit mit Wasser oder anderen Flüssigkeiten werden alle Schultaschen verschlossen.
- Wasser (z.B. für das Gestalten mit Wasserfarben) kann mit einer Zimmerpflanzengießkanne (von der Lehrkraft) verteilt werden, um langes Anstehen am Waschbecken zu vermeiden.
- Manche Lehrpläne geben konkrete Künstler vor, die behandelt werden sollen. Andere Lehrpläne geben mehr Freiraum. Bewährt haben sich Werke, zu denen Kinder rasch einen emotionalen Bezug aufbauen (auch Irritation oder Ablehnung ist dabei Emotion, die näher mit der Werkbetrachtung konkretisiert wird), in der Personen, Tiere oder Situationen aus der konkreten kindlichen Erfahrungswelt dargestellt werden. Weitere Aufmerksamkeitsrichtungen können Fantasiewelten, Techniken, Materialien etc. sein. Werkbetrachtungen müssen sich nicht auf zweidimensionale Werke beschränken.

- Unsere Lieblingswerke der Bildenden Kunst zur Werkbetrachtung mit Kindern beinhalten in der Regel mehr als eine Person oder ein (Fantasie-)Tier, da dadurch das Einfühlen und das Formulieren von fiktiven Gesprächen und weiteren szenischen Interaktionen erleichtert wird.
- Entscheidend ist in der Werkbetrachtung ein offener Gestaltungsauftrag, der individuelle Ausprägungen der Schülerprodukte ermöglicht.
  - Nicht: »Wir drucken alle den gleichen Igel mit seinen Stacheln«, sondern: »Gestalte, was der Igel Überraschendes entdeckt. Verwende dazu auch (im Sinne von: »Du kannst mehrere Techniken verwenden, wenn du möchtest«) Druckmaterialien«.
  - Nicht: »Male die Silhouette des ›blauen Pferdes‹ von Franz Marc in der Farbe aus, wie du dich fühlst«, sondern: »Franz Marc hat das Pferd blau gemalt, weil er auf seinen Bildern das gemalt hat, was er fühlte und dabei die Welt nicht dargestellt, wie sie wirklich ist. Bei ihm hatten die Farben eine besondere Bedeutung. Gestalte selbst ein echtes Tier oder ein Fantasietier, dich selbst oder einen anderen Menschen. An der Körperhaltung und an deiner Farbwahl soll erkennbar sein, wie sich die Gestalt fühlt«.
- Wenn es einmal schnell mit der Unterrichtsvorbereitung gehen muss, kann sich die Lehrkraft nach einer Sachanalyse an den Planungsschritten »Was?« (Thema aus dem Erfahrungsbereich der Kinder), »Womit?« (Material und Techniken) und dem »Wie?« (Gestaltungskriterien) orientieren.
- Unsere Lieblingsmethoden zur aktiven Werkbetrachtung: sprechendes Standbild, Sprech- und Denkblasen, gestalterische oder szenische Darstellung mit Dialogen (»Was könnte zeitlich vorher/nachher passiert sein?« oder »Was könnte räumlich rechts/links/oberhalb/unterhalb des Bildausschnittes passieren?«), Titel erfinden, Ausschnitte ergänzen oder umgestalten.
- Gestalterische Aufgabenstellungen finden sich im Spannungsfeld von formaler Schulung und freiem Ausdruck und bilden den Erlebnishorizont für selbstständige Problemlösungsprozesse der Kinder. Motive lassen sich sowohl über die Begegnung mit der Natur, durch Bilder (Kunst, Werbung, Trivialbilder), Objekte (Kunst, Alltag), Design, Architektur als auch über neue Medien erschließen.
- Das Erproben und Reflektieren einer für die Kinder neuen künstlerischen Technik folgt dem Lehrweg bildnerischen Gestaltens. Dabei nimmt allein das fundierte Explorieren und gehaltvolle Reflektieren einen Zeitraum von oft mehr als 45 Minuten ein.
- Ritualisierter Einstieg in den Kunstunterricht: Bewährte Möglichkeiten für den Beginn des Kunstunterrichts sind zum Beispiel ein Künstlerkoffer als stummer Impuls, Finden von Lösungsmöglichkeiten von Drudelrätseln zur Förderung der Kreativität, Benennen des eigenen Befindens mit Farbkarten (»Heute geht es mir gelb, weil ...«), Tagebuchzeichnen, Arbeit im Skizzenbuch zu leiser Klaviermusik.
- Zur Präsentation von Schülerprodukten wird zu jeder Arbeit eine Zahl gelegt. Die Kinder können dann sprechen (»Bei dem Kunstwerk mit der Nummer 5 fällt mir auf, dass ...«). Werden die Schülerprodukte am Boden ausgelegt kann eine wertige (schwarze) Decke einen ansprechende Umrahmung der Arbeiten bieten.
- Im Rahmen der Werkbetrachtung kann auch eine Vorgestaltung der Kinder vor dem Betrachten des eigentlichen Kunstwerkes erfolgen (z. B. ein Bilddiktat, eine gelenkte Fantasie- und oder Stimmungsreise). In diesem Fall werden zunächst die Kinderprodukte verglichen und ggf. auf Gemeinsamkeiten und Unterschiede analysiert. Im Folgenden kommt das eigentliche Kunstwerk zur Betrachtung und Analyse. Das Kunstwerk erhält dabei einen »gleichwertigeren« Stellenwert und ist eine weitere Lösung eines bildnerischen Problems, das in der Analyse an passenden Stellen mit den Lösungen der Kinder verglichen und auf Gemeinsamkeiten und Unterschiede versprachlicht wird. In der Regel entfällt dann eine eigene weitere Gestaltungsphase, weil die Kinder im Rahmen der Vorgestaltung bereits gestalterisch tätig waren.
- Die Phase der Werkbetrachtung und -erschließung beinhaltet einen Transfer des zuvor Bearbeiteten. Das heißt, dass Kinder zum Beispiel emotional affektive Bezüge aufgreifen, die

sie aufgrund der Bildaussage bzw. der Botschaft des Künstlers inhaltlich bewegen, und übertragen das Ganze in ihre Erfahrungswelt. Alternativ können in dieser Phase auch die Materialität oder die Technik des Künstlers genutzt werden, um mit diesen einen Transfer zu leisten. Problematisch wird es, wenn Inhalt und Technik zusammen übernommen werden und es »ein Bild malen wie Picasso wird«. Das kann nicht als Transfer bezeichnet werden.

- Der Impuls »Meine Frage an den Künstler ...« führt die Kommunikation mit dem Künstler und seinem Kunstwerk weiter. Der Künstler gibt mit seinem Werk ein Statement bzw. eine Antwort (z.B. auf ein gesellschaftliches Phänomen oder eine individuelle Frage). Der Impuls lädt ein: »Kann ich mit der Antwort etwas anfangen? Habe ich andere Antworten/Fragen, die sich mir jetzt neu stellen?«
- Die Analyserichtungen zur Werkerschließung lassen sich alternativ auch mittels Methoden zur Bildbetrachtung erarbeiten. Dabei ist es wichtig, welchen Schwerpunkt sich die Lehrkraft setzt. Ist zum Beispiel das »Wie« wichtig, weil später mit der Technik weitergearbeitet wird, wird das fokussiert.
- In der Phase der Werkbetrachtung und -erschließung, muss darauf geachtet werden, dass keine rein kognitive Zugangsweise fokussiert wird, sondern die emotional subjektive Erschließung ihren Raum behält.

7 Mathematik

Mathematikunterricht in der Grundschule knüpft an die Lebenswelt der Kinder sowie vorschulische Erfahrungen an, um aus diesen den Erwerb grundlegender mathematischer Kompetenzen zu ermöglichen. Konzeptionell ist die Mathematik als ein aktiv-konstruierend entdeckender Prozess ausgelegt.

Lehrwege

Der Anfangsunterricht in Mathematik wird oft in sehr kurzen Einheiten gemeinsamen Lernens verwirklicht. Aufgrund dessen wird auf eine Darstellung der Phasierung der Lehrwege im Anfangsunterricht verzichtet. Sequenziell folgt auf Phasen grundlegender Einführung individuelles und kooperatives Üben, Anwenden und Reflektieren der mathematischen Inhalte.

Die Kinder im Blick

Kinder haben beim Eintritt in die Grundschule bereits zahlreiche meist unreflektierte Erfahrungen mit mathematischen Begebenheiten in den Bereichen Form, Größe, Gewicht, Mengen, Relationen, Zeit, Reihenfolge, Zuordnung, Zählen, Zahlwörter, Ziffern etc. in verschiedenen Alltagssituationen, denen bestimmte mathematische Strukturen zugeordnet werden können, gesammelt. Die Heterogenität bezüglich der Vorläuferfähigkeiten ist sehr groß, zum Beispiel:

- Körperschema
- Orientierung im Raum (rechts/links, vor/hinter, über/unter)
- Basalem Seh- und Hörverstehen
- Benennen von Sachverhalten, Gemeinsamkeiten und Unterschieden
- Auge-Hand-Koordination, Feinmotorik
- Figur-Grundunterscheidung
- Differenzierte visuelle Wahrnehmung

Die Kinder im Blick

- Zählen mit Antippen
- Zahlwörter benutzen
- Reihenfolgen erkennen und fortsetzen, sortieren, gruppieren
- Simultaner Anzahlerfassung bis 5
- 1:1-Zuordnungen herstellen
- Qualitatives Vergleichen
- Einsicht in die Invarianz von Mengen und einfaches Rechnen

Das mengen- und zahlenbezogene Vorwissen ist die zentrale Vorläuferfähigkeit für das Begreifen von und Umgehen mit Zahlen und Operationen in Mathematik. Im Hinblick darauf unterscheiden sich Kinder zum Schuleintritt sehr, da sie unterschiedlichste Erfahrungen mit Zahlen und Formen bzw. Mathematik in ihrer Umwelt sowie in vorschulischen Einrichtungen sammeln konnten.

Didaktische Grundsätze

Anknüpfung an mathematische Vorläuferfähigkeiten und kontinuierliche Förderung in kleinen, altersangemessenen Übungseinheiten (z. B. ritualisiert zu Tagesbeginn und/oder vor der Begegnung mit mathematischen Inhalten).
Dazu gehören zum Beispiel:

- Umgang mit Raum- und Lagebeziehungen (lang/kurz, oben/unten, vorn/hinten, dazwischen/daneben, innen/außen, rechts/links)
- Kennen und Benennen von ausgewählten räumlichen Körpern (z. B. Kugel, Würfel) und Flächenformen (z. B. Kreis, Quadrat, Rechteck, Dreieck) anhand von konkreten Gegenständen oder passendem Material, ggf. auch mit Zeigen von Merkmalen und Eigenschaften (z. B. rund, eckig, Anzahl der Ecken und Kanten)
- Vergleichen, Klassifizieren und Ordnen von Objekten und Materialien nach unterschiedlichen Kriterien
- Erste Einsichten in die Invarianz von Größen und Mengen
- Simultanes Erfassen der Anzahl von Objekten bis 5
- Gebrauch von Zahlwörtern
- das Abzählen von Objekten
- Erkennen von Zahlen im Alltag der Kinder
- Zusammenfassen und Gliedern einer kleinen Menge von Objekten
- Einfache Zahlbeziehungen (Nachbarzahlen, eins mehr, eins weniger)
- Erkennen von einfachen Mustern und Ornamenten

Unterrichtliche Umsetzung

In der unterrichtlichen Umsetzung sind die Versprachlichung der Handlungen, das handlungsbegleitende Sprechen zum Beschreiben von Sachverhalten, Gemeinsamkeiten, Unterschieden, Erkenntnisse und Einsichten über Sachverhalte, Strategien zum »Problemlösen« zur Präzisierung der Erfahrungen als Voraussetzung zum Bilden innerer mentaler Modelle von wesentlicher Bedeutung.

Dabei ist das Ziel, die aktive Auseinandersetzung der Kinder mit mathematischen Fragestellungen individuell, kooperativ und ko-konstruktiv sowie im Austausch mit der Lehrkraft auf beiden Seiten zu wecken und zu freudvollem motivierendem Handeln mit mathematischen Inhalten zu aktivieren und die Entwicklung von Sensibilität für mathematische Zusammenhänge und mathematische Denkstrukturen zu fördern.

- Im Anfangsunterricht Mathematik geht es darum, Kindern von Anfang an gezielte Angebote zur Förderung mathematischer Vorläuferfähigkeiten zu machen, die ihr Interesse an Mengen und Zahlen wecken und erhalten. In der konkreten Beschäftigung mit Alltagsgegenständen und der konkreten Auseinandersetzung mit der Lebenswelt erfolgt ein kindgerechter Lebensweltbezug.

- Der Aspekt der Ko-Konstruktion, des Mit- und Voneinander-Lernens wird durch das Austauschen von Ideen, Lösungswegen und Vorgehensweisen erreicht.
- Aufbau eines tragfähigen Zahlverständnisses, das heißt Zahlen werden mit Bedeutungen verknüpft, verschiedene Darstellungsformen im Rahmen intermodalen Transfers miteinander vernetzt und bestehender Beziehungsreichtum von Zahlen (z. B. in kardinaler und ordinaler Hinsicht) genutzt. Aktivitäten am Fünfer-, Zehner- und Zwanzigerfeld ermöglichen dabei quasi-simultanes Erfassen von Anzahlen und schulen den Kardinalzahlaspekt an. Versprachlichungs-Anreize ermöglichen den Aufbau mentaler Rekonstruktion kurz gesehener Plättchenanzahlen. Die Nutzung von Zahlbeziehungen zwischen einer Zahl (dem Ganzen) und ihren Teilen (3 Zahlen und 4 Aufgaben, zum Beispiel: 7, 3, 4 als $3 + 4 = 7$; $4 + 3 = 7$; $7 - 3 = 4$ und $7 - 4 = 3$) ist ein wichtiger Beitrag zur weiteren Festigung des Zahlverständnisses und dient als Prophylaxe von Rechenfehlern.
- Aufbau eines tragfähiges Operationsverständnis durch die Auseinandersetzung mit mündlichen und/oder schriftlichen Rechen- und Bildgeschichten aus dem Alltagsleben der Kinder (z. B. bei das Hinzukommen oder Hinzulegen bzw. des Weggehens oder Weglegens im Rahmen des Aufbaus von Operationsvorstellungen zum Addieren und Subtrahieren).
- Aufbau eines tragfähigen Stellenwertverständnisses durch Verstehen, dass Anzahlen fortgesetzt gebündelt werden, um sie mit nur wenigen Ziffern oder mit Material übersichtlich darzustellen.
- Unbedingt: Förderung des Ablösens vom zählenden Rechnen.
- Gemeinsame Einführungen folgen Aufgabenstellungen mit natürlicher Differenzierung (z. B. in Lernumgebungen).
- Lernstandserfassungen mit Interview der Kinder zur Versprachlichung ihres Vorgehens sind die Grundlage für individuelle Förderung.
- Kontinuierliches Trainieren der Simultanerfassung hin zur quasi-simultanen Erfassung auch von größeren Anzahlen durch das strukturierte Untergliedern der Gesamtmenge in einzelne Untergruppen, die sich wiederum ökonomisch zur Bestimmung der Gesamtzahl zusammenfügen lassen. Dies fördert den Aufbau passender mentaler Vorstellungsbilder hin zum Aufbau eines tragfähigen Zahlverständnisses und unterstützt die Ablösung vom zählenden Rechnen.
- Eine stärkenorientierende Rückmeldekultur im Fach Mathematik bereitet den Boden für eine positive Haltung und Einstellung des Grundschulkindes.
- Herausfordernde und motivierende Aufgabenstellungen, die einen Zugang auf unterschiedlichem Leistungsniveau beinhalten, sind Antrieb für die Kinder, sich zunehmend selbstständig mit mathematischen Inhalten zu beschäftigen und dabei ihr lösungsorientiertes Vorgehen für sich und andere nachvollziehbar zu versprachlichen und ggf. sogar zu verbildlichen.
- Mathematikkonferenzen mit der Lehrkraft als Moderator nehmen das operative Prinzip ernst und untersuchen mathematische Inhalte auf Veränderbarkeit, Erweiterungen, Umkehrbarkeit usw.

Geometrie

Möglicher Lehrweg	Aufmerksamkeitsrichtungen	Beispiel
Kopfgeometrische Phase	• Auf den Hauptschwerpunkt der Stunde abgestimmt • Strategien zum geschickten Lösen versprachlichen und ggf. Demonstrieren ermöglichen • Begriffe korrekt verwenden • Zum Beispiel geometrische Gebilde anhand der Beschreibung von Merkmalen vorstellen • Lage, Größe und Form geometrischer Formen in Gedanken variieren und kombinieren	• Möglichkeit im Bereich Körper: Bausteine erraten (Merkmale beschreiben, Kinder notieren die Körperformen, z. B. Quader, Trapez, Zylinder, Würfel) • Impuls: »Baue eine Kirche/ein Haus/einen Turm aus Bausteinen, beschreibe deinem Partner, wie du vorgehst«
Begegnung mit der mathematischen Problemstellung Aktivierung von Vorwissen Zielangabe	• Einführung der Aufgabenstellung als Problem • Anlegen bzw. Wiederholen des Wortspeichers zum Bearbeiten der Aufgabenstellung am konkreten Beispiel • Stellen des Forscherauftrags	• Stummer Impuls: Unterschiedliche Körper als Bausteine aufdecken • Kinder verbalisieren Bezeichnung und Merkmal (Wortspeicher anlegen oder wiederholen) • Auftrag: Gebäude bauen und Baupläne zeichnen (Seitenansicht), sodass ein anderer sie nachbauen kann (Zeichnungsmöglichkeiten ggf. vorentlasten)
Erarbeitung Entdeckerzirkel	• Entdeckerzirkel: Think Pair Share-Methode • Möglichkeiten finden und für sich und andere verständlich modellieren	• Es geht darum, dass die Kinder in der Wechselwirkung zwischen dem Objekt, der Operation und den Auswirkungen der Operationen auf das Objekt erproben und über hypothesengeleitetes Probieren selbstwirksam handeln
Zusammenführung	• Schüler präsentieren für andere nachvollziehbar ihre Ergebnisse • Die Lehrkraft unterstützt, fragt nach und moderiert den Präsentationsprozess	*Präsentation der Ergebnisse mit Verbalisierung*: • »Mein bestes Bauwerk« verbal beschreiben: »Ich stelle einen Quader aufrecht auf den Tisch. Darauf lege ich einen Würfel« • »Welche Schwierigkeiten sind dir begegnet?« • »Welche Lösung hast du dafür entwickelt?« • Verschiedene Darstellungen bei gleichen Bauwerken: »Können zwei Bauwerke ineinander überführt werden durch Umlegen eines Bausteines?« • Immer wieder versprachlichen lassen

Möglicher Lehrweg	Aufmerksamkeitsrichtungen	Beispiel
Anwendung	• Operatorische Durcharbeitung: Das Anwenden der Prinzipien der Reversibilität, Assoziativität und Kompositionsfähigkeit führt zu einem wirklichen Verstehen der geometrischen Operation	• Weitere eigene Bauwerke bauen, zeichnen und/oder Bauwerke anhand der Zeichnungen anderer nachbauen • Das Ineinandergehen der Repräsentationsebenen ermöglicht vertieftes Verständnis *Versprachlichungsmöglichkeiten*: • Verändern von Bedingungen • Was bleibt gleich? • Was verändert sich?
Transfer: Umweltbezug	• Übertragen der Erkenntnisse in Sachzusammenhängen aus der kindlichen Erfahrungswelt und konkreten Umwelt und ggf. anderen geometrischen Aufgaben	• Bilder von komplexeren (berühmten) Bauwerken • Identifizieren von »Körperelementen« • Im Weiteren: Würdigung der Schülerergebnisse durch Ausstellen der Bauwerke und Zeichnungen

Die Kinder im Blick	Didaktische Grundsätze
Ein Modell zur Entwicklung geometrischen Denkens wurde von Dina van Hiele-Geldof und Pierre Marie Rein van Hiele entwickelt, das sich in fünf Stufen gliedert (vgl. Rein van Hiele 1984). Die ersten drei sind besonders grundschulrelevant. Die Niveaustufen werden wie folgt beschrieben (vgl. Franke 2007). *Niveaustufe 0*: Anschauungsgebundenes Denken • Geometrisches Denken ist stark an Material gebunden • Geometrische Objekte werden als einprägsames Ganzes wahrgenommen • Figuren wie Quadrat, Rechteck, Dreieck, Viereck und Kreis werden benannt (ohne nähere Begründung) • Bestandteile und Eigenschaften werden nicht erkannt *Niveaustufe 1*: Analysieren geometrischer Figuren und Beziehungen • Wahrnehmung auch von Eigenschaften von Objekten werden wahrgenommen • Beschreibung und Erkennen von beschriebenen geometrischen Objekten • Klassifizierung (sortieren) ist möglich, allerdings in der Regel keine Klasseninklusionen *Niveaustufe 2*: Erstes Ableiten und Schließen • Klasseninklusion ist möglich • Erste Ableitungen und logische Schlüsse sind möglich	Die Repräsentationsebenen enaktiv, ikonisch und symbolisch werden vernetzend im Rahmen eines intermodalen Transfers genutzt. Entscheidend ist, dass es sich dabei nicht um eine Abfolge von Handlungsschritten (überspitzt formuliert: erst etwas anfassen, dann ein Bild davon zeichnen und dann den Fachbegriff nennen) handelt, sondern dass es sich bei den unterschiedlichen Repräsentationen immer um das eigentlich Gleiche handelt, das im Unterricht miteinander und immer wieder in Verbindung gebracht und in ihren Zusammenhängen und Abhängigkeiten reflektiert wird und daraus Regeln und Gemeinsamkeiten sowie Unterschiede abgeleitet werden. Wirkliches anschauliches und konkretes Handeln ist die Voraussetzung für anschauliches, konkretes Denken beim effektiven Operieren als Handeln in der Vorstellung und abstraktes, logisches Denken im rein vorstellenden Operieren. Zeichnerisches Handeln wird als Unterstützung des Denkens durch zeichnerische Darstellung genutzt und immer wieder auf die konkrete Handlung und Handeln in der Vorstellung rückbezogen und erweitert. Im Rahmen intermodalen Transfers werden die Kinder immer wieder gefordert, die Merkmale der Operationen der Reversibilität (die Operation kann auch in umgekehrter Richtung ausgeführt werden), der Assoziativität (verschiedene Lösungswege führen zum gleichen Ergebnis) und der Kompositionsfähigkeit (mehrere Teiloperationen können zu einer zusammengefasst werden

Die Kinder im Blick	Didaktische Grundsätze
Niveaustufe 3: Geometrisches Schließen/Deduktion • Verstärkter Einsatz logischer Schlussfolgerungen • Erkennen der Rolle von Definitionen, Axiomen, Sätzen und Beweisen *Niveaustufe 4*: Strenge, abstrakte Geometrie • Formale, abstrakte Geometrie • Gleichwertigkeit verschiedener Definitionen wird erfasst • Aufbau und Vergleich von Axiomensystemen • Tätigkeiten und Aufgabenstellungen auf den jeweiligen Denkniveaus sind bei unter anderem bei Franke (2009) dargestellt	bzw. eine zusammengesetzte Operation kann in ihre Teiloperationen aufgelöst werden) anzuwenden. Der Unterricht fördert den Aufbau von mentalen Modellen als interne Repräsentationen geometrisch-mathematischer Begriffe. Dazu gehören sowohl ein Abstraktionsprozess (z. B. werden Beschriftungen auf der Müsliverpackung ignoriert und der Körper ist trotzdem als Quader erkennbar) als auch ein Idealisierungsprozess (z. B. werden beim Grundrisszeichnen in die Linien auf dem Blatt Zimmerecken mit bestimmten Eigenschaften interpretiert). Eigenschaften werden in ein reales Objekt hineingesehen. Der Aufbau dieser Modelle umfasst umfangreiche und wiederholende sprachliche, bildliche und handlungsbezogene Aktivitäten, um es den Kindern zu erleichtern, die an einem Objekt erworbenen mentale Modelle auf andere Objekte übertragen zu können. Der Aufbau angemessener Vorstellungen entwickelt sich aus dem Wechselspiel von Handlungen an konkreten Objekten, Wahrnehmungen an weiteren Gegenständen und Bildern sowie aus der Beschreibungen von geometrischen Objekten. Dies ist kein Nacheinander, sondern es kommt in der Inbeziehungsetzung der unterschiedlichen Darstellungen und Handlungen sowie der Reflexion zu inneren Anschauungen und Repräsentationen und es werden Beziehungen zu anderen Begriffen und mentalen Modellen möglich. Bei Vorstellungsproblemen: Zurückgreifen auf das (reflektierte) Handeln mit Materialien. Kopfgeometrie: Häufige (tägliche) kleine Übungen sind sinnvoll. (Geometrischer) Begriffserwerb erfolgt durch das Aneignen von Prototypen, Exemplaren oder typischen Vertretern von geometrischen Kategorien. Das Begriffsverständnis wird durch Beispiele und Nicht-Beispiele, zutreffende und nicht-zutreffende Merkmale und Eigenschaften, die Bezeichnung des Fachbegriffs und eine Definition konstruiert.

Typische Handlungen für den Fachbereich	Für den Fachbereich charakteristisch
• Orientieren im unmittelbaren Umfeld • Räumliche Beziehungen zwischen Objekten des Alltags beschreiben • Pläne, Karten und Ansichten zur räumlichen Orientierung nutzen • Räumliches Vorstellungsvermögen beim Beschreiben (z. B. Einsatz bei der Beschreibung von Körpern und deren Lage zueinander sowie bei mentaler Handlungen; Einsatz bei der Untersuchung, Beschreibung und beim Vergleich geometrischer Flächen- und Körperformen)	In den Bildungsstandards im Fach Mathematik für den Primarbereich Beschluss vom 15.10.2004 werden für den mathematischen Bereich »Raum und Form« folgende Bereiche genannt: • sich im Raum orientieren • geometrische Figuren erkennen, benennen und darstellen • einfache geometrische Abbildungen erkennen, benennen und darstellen sowie • Flächen- und Rauminhalte vergleichen und messen

Typische Handlungen für den Fachbereich	Für den Fachbereich charakteristisch
• Flächen- und Rauminhalte werden handelnd bestimmt und verglichen • Geometrische Muster herstellen und deren Gesetzmäßigkeiten erkennen und anwenden • Maßstab beim Vergrößern und Verkleinern anwenden • Eigenschaften von Figuren (z. B. Symmetrie) erkennen und erzeugen • Formen und Kneten (z. B. von Vollmodellen geometrischer Körper) • Arbeit mit (Steck-)Würfeln • Zerlegen und Zusammensetzen von Flächen • Bauen von Gebäuden mit Würfeln, Kantenmodelle von Körpern (z. B. aus Stäben und Knetgummikugeln) • Vielfältiges Arbeiten und Konstruieren mit dem Geobrett, Zirkel, Geodreieck, Schablonen, Lineal • Legen von Mustern und Parkettierungen • Ordnen, Schneiden, Zeichnen, Umfahren, Falten, Drehen, Spiegeln	Der Fachbereich »Geometrie« bietet den Kindern vielfältige Möglichkeiten zur Denkerziehung, zur Raumerfassung und -bewältigung, zur Kreativitätsförderung und der Erschließung der Umwelt in konkreten Situationen. Im Rahmen der Raumvorstellung wird unterschieden zwischen: • *räumlicher Orientierung* als Fähigkeit, sich wirklich oder gedanklich im Raum zu orientieren, zunächst in Bezug auf den eigenen Blickwinkel und die Objekte sind konkret vorhanden; • *räumlicher Vorstellung* als Fähigkeit, räumliche Objekte und deren Lage zueinander in der Vorstellung reproduzieren zu können (durch Zeichnung oder sprachliche Wiedergabe). Es erfolgt auch ein Perspektivenwechsel, zum Beispiel als »Beobachter«, Objekte sind mental reproduziert; • *räumliches Denken* als gedankliche Operation von Vorstellungsinhalten, die zum Beispiel ihre Lage und ihre Beziehungen zueinander in der Vorstellung verändern, mental reproduzierte Objekte können auch in Bewegung sein. Über das Sammeln von reflektierten Erfahrungen mit konkretem Material und folgenden Abstraktionsprozessen lernen die Kinder, sich in einer von Formen, Figuren und Körpern mitbestimmten Umwelt mithilfe der Raumvorstellung zurechtzufinden.

Tipp

- Geometrische Inhalte werden nicht an einem Block unterrichtet, sondern die Inhalte verteilen sich immer wieder und wiederholend über das ganze Schuljahr.
- Handlungserfahrungen und wiederholende konkrete Tätigkeiten sind Grundlage effektiven Operierens.
- Die Versprachlichung und das Reflektieren von Handlungen, der intermodale Transfer, sind sehr wichtig. Bloßes Handeln ohne Reflexion und Wechsel der Repräsentation bleiben sonst auf dem Niveau von Bastelstunden.
- Damit die Kinder begriffssicher sind, muss auch die Lehrkraft begriffssicher sein und Objektbegriffe sowie Eigenschaftsbegriffe abgrenzen können.
- Wenig geeignet sind geometrische Aufgaben, die dem Schüler ein kleinschrittiges Vorgehen wie eine Bastelanleitung vorgeben.
- Klassische Leitfragen im Sinne des operativen Prinzips sind: »Was bleibt gleich?« oder »Was verändert sich?«

Handlungsmöglichkeiten zur kopfgeometrischen Phase

1. Präsentation der Aufgabenstellung durch Sprache und Modell oder Abbildung.
2. Lösen der Aufgabenstellung mithilfe des räumlichen Vorstellungsvermögens. Im Rahmen selbstgewählter Differenzierung Hilfsmittel ermöglichen.
3. Präsentation des Ergebnisses, Versprachlichen und konkretes Zeigen der Lösungsstrategien am Modell, Bild etc.

Größen

Möglicher Lehrweg	Aufmerksamkeitsrichtungen	**Beispiel:** Gewichte
Ausgangssituation **Zielangabe**	• Eine kindgerechte Ausgangssituation mit Lebens- und Alltagsweltbezug fundiert die Notwendigkeit der Erarbeitung einer Größe emotional und sachlogisch • Eingrenzen der Sachsituation auf einen Größenbereich, oftmals verbunden mit einem komparativen Vergleich	*Mithilfe einer echten Schultasche im Sitzkreis wird eine Ausgangssituation geschaffen, die durch eine Lehrererzählung flankiert wird:* • Mutter findet, die Schultasche ist zu schwer • Neben Büchern und Heften findet sie in der Schultasche auch vier Spielzeuge (z. B. Ball, Würfel, Kartenspiel, Seifenblasen) • Die Mutter besteht darauf, dass das Kind nur das Spielzeug mitnehmen darf, das am leichtesten ist • Impuls: »Welches Spielzeug ist am leichtesten?«
Erarbeitung Visuelles Vergleichen und Ordnen Manuelles Vergleichen und Ordnen Vergleichendes Wiegen mit einer Tafelwaage	• Das Vergleichen und Abschätzen von Relationen der ausgewählten Größe mit den Augen und falls möglich mit den Händen führt zu vorläufigen Ordnungsrelationen • Wichtig ist, dass die Lösungen der Kinder nicht mit »richtig« oder »falsch« bewertet werden, da es sich ja um Vermutungen handelt • Bei der Vorstellung der Reihenfolgen wird auf die Begründung der Vermutungen besonderen Wert gelegt • In der Regel kommen die Gruppen zu unterschiedlichen Ergebnissen und es wird die Notwendigkeit eines alternativen Handelns evident • Klären des Prinzips einer Tafelwaage mit dem Vergleich einer Wippe: Demonstration des Ablesens, woran erkennbar ist, welches Spielzeug schwerer ist • Möglichkeit der Notation im Kreuzdiagramm Die Pfeilvorschrift → bedeutet: Spielzeug 1 »... ist schwerer als ...« Spielzeug 2	*Visuelles Vergleichen und Ordnen* • Tipp: Für die Auswahl der Spielzeuge ungefähr gleich schwere Gegenstände auswählen, die sich am besten auch im Volumen unterscheiden • Impuls: »Du kannst die Spielzeuge hier mit deinen Augen ansehen. Ordne. Zu Beginn steht das leichteste Spielzeug« • Für jede Gruppe Bildkarten der Spielzeuge zum Aufkleben zum Ordnen nach Gewicht nach Augenschein auf einen Streifen und Bildkarte »Auge« *Manuelles Vergleichen und Ordnen: Handwaage* • Für jede Gruppe • Bildkarten der Spielzeuge zum Aufkleben auf einen Streifen und Bildkarte »zwei Hände«
Auswertung	• Das Kreuzdiagramm wird an der Tafel als Pfeilbild zusammengeführt • Rückgriff auf Zielangabe • Beantwortung der Frage aus der Zielangabe • Ordnen der Spielzeuge nach ihrem Gewicht • Herausarbeiten der Transitivität • Aus a > b und b > c folgt a > c	• Auf Versprachlichung achten (»... am leichtesten ist ...« bzw. »... am schwersten ist ...«) • Wortspeicher anlegen • Ändern der Pfeilvorschrift: Pfeilvorschrift → bedeutet: Spielzeug 2 »... ist leichter als ...« Spielzeug 2 (Ändern und Versprachlichen im Kreuzdiagramm) • Ein fünftes Spielzeug als Bild mit der Information »der Gegenstand ist der zweitschwerste« einfügen

Möglicher Lehrweg	Aufmerksamkeitsrichtungen	**Beispiel:** Gewichte
Reflexion	• Wann ist der Einsatz einer Tafelwaage sinnvoll? • Wann benötigt man genaue Angaben? • Wie erhält man genaue Angaben? • Abschließend: Soll ein Spielzeug überhaupt mit in die Schule gebracht werden?	Gegebenenfalls Messwerkzeuge zur Auswahl (z. B. Personenwaage, Babywaage, Körperfettwaage, Briefwaage, Kofferwaage, Küchenwaage, unter Umständen digitale und/oder analoge Anzeige)

Mögliche sequenzielle Lehrwegsschritte als didaktische Stufenfolge zur Erarbeitung von Größen
In Lehrgängen und Lehrwerken wird eine Stufenfolge mit fließenden Übergängen für die unterrichtliche Behandlung von Größen empfohlen (vgl. Radatz/Schipper 1999).

Unseres Erachtens sind die einzelnen Stufen als Aufmerksamkeitsraster zur Planung der jeweiligen Unterrichtssequenz zu sehen. Je nach Sach- und/oder Ausgangssituation ist die geplante Abfolge der Lehrwegsschritte in pädagogischer Verantwortung abzuwägen. Die Lehrwegsschritte können so verstanden werden, dass wenn eine Stufenfolge in der gesamten Folge fehlen sollte, es einer guten pädagogischen Begründung bedarf und gleichzeitig ein striktes Einhalten der Reihenfolge der Stufenfolge in der aktuellen Diskussion umstritten ist.

1. Wiederholendes Sammeln von Erfahrungen zum Ordnen und Sortieren unter Beachtung der passenden Versprachlichung bezüglich passender Adjektive (größer, kleiner, länger, kürzer, schwerer, leichter), zu den Maßeinheiten (Länge, Zeitspannen, Entfernungen) und geeigneten Messwerkzeugen mit konkreten Handlungen zum Aufbau und Verinnerlichen von Stützpunktvorstellungen.
2. Direktes Vergleichen von Repräsentanten: Jede Ordnungsrelation ist dabei transitiv (wenn a größer als b und b größer als c ist auch a größer als c).
   Bei Gewichten oder Zeitspannen kann es zu Schwierigkeiten kommen, weil dies visuell nicht immer möglich ist und bei Zeitspannen ein gleicher Startpunkt zum direkten Vergleich relevant ist.
3. Indirektes Vergleichen mit selbst gewählten Maßeinheiten: Bei diesem Verfahren kommt ein drittes Objekt als Mittler und selbst gewählte Einheit zum Einsatz (z. B. eigene Körpermaße zum Messen von Längen).
   Dieses Verfahren kann zu Verwirrungen und Fehlvorstellungen führen und sollte deswegen mit besonderer Verantwortung reflektiert werden.
4. Indirektes Vergleichen mit standardisierten Maßeinheiten: Hierbei geht es darum, zum einen Verständnis für die jeweilige Maßeinheit und deren Unterteilung aufzubauen und das passende Maß zum Objekt zu finden (so wird ein Kindergeschenkpäckchen zum Versenden auf dem Postweg in der Regel nicht in Tonnen gemessen). Dabei sollte den Kindern Gelegenheit gegeben werden, mit verschiedenen Messwerkzeugen konkret hantieren zu können.
5. Umrechnen von Maßeinheiten: Nach konkreten vielzähligen Erfahrungen mit dem jeweiligen Größenbereich werden die Kinder sicherer in den Beziehungen zwischen den Maßeinheiten, indem sie diese vergröbern oder verfeinern. Besonderer Wert wird auf die Bedeutung des Kommas und deren Auswirkung auf den Stellenwert in den unterschiedlichen Größenbereichen gelegt. Ein Einbinden in lebenspraktische Sachverhalte erleichtert den weiteren Aufbau von Stützpunktvorstellungen.
6. Aufbau von Größenvorstellungen: Realistische Grundvorstellungen zu Größen entstehen nicht von selbst, sondern über das wiederholte Messen und Anwenden in konkreten Situationen. Dadurch wird es den Kindern ermöglicht, sich ein inneres Lexikon an Repräsentanten und Stützpunktvorstellungen zu generieren, die das Vergleichen und Schätzen erleichtern.

7. Rechnen mit Größen: Rechnen mit Größen ist immer dann sinnvoll, wenn es beziehungsreich mit konkreten Sachverhalten geschieht. Das formale Rechnen unterscheidet sich für die Kinder hierbei kaum vom Zahlenrechnen, für die Kinder wird gefühlt lediglich eine Einheit dahinter geschrieben. Sinnvoller und lernwirksamer ist das Berechnen von Unterschieden, das Ergänzen zur nächsthöheren Einheit sowie das Rechnen mit Größen, die unterschiedlich angegeben sind.

Die Kinder im Blick

Mit dem Größenbereich »Längen« haben die Kinder und auch schon die Schulanfänger die größte Erfahrung. Die möglichen Messwerkzeuge sind in der Regel bekannt, auch wenn der korrekte Vorgang des Messens noch genau besprochen werden muss. Deswegen kann in diesem Bereich auf den indirekten Vergleich mit willkürlichen Maßeinheiten verzichtet werden. Bei der Kommaschreibweise tritt an die erste Stelle nach dem Komma der Dezimeter, der den Kindern unter Umständen noch vom Elternhaus nahegebracht wird. Schwierig ist für manche Kinder die Invarianz von Längen, zum Beispiel dass ein Faden aufgerollt weiterhin die gleiche Länge behält wie ausgerollt.

Mit diesen Schwierigkeiten werden die Kinder unter anderem in den folgenden Größenbereichen konfrontiert:
Im Größenbereich *Zeit* ist es für die Kinder zunächst schwer zwischen Zeitpunkt und Zeitspanne sowie subjektiv empfundener Zeit zu unterscheiden. Ein Zeitpunkt ist ein Skalenwert auf einem Messgerät. Ein direkter Vergleich von Zeitspannen ist nur bei zeitgleichem Beginn (oder Ende) am selben Ort möglich. Je länger die Zeitspannen dauern, desto schwerer fällt es den Kindern, ein passendes Äquivalent an »Zeitgefühl« für eine Zeitspanne zu entwickeln. Die nicht-dekadische Einteilung der Zeit ist eine weitere Schwierigkeit ebenso wie die Einteilung in viertel und halbe Stunden sowie je nach Regionalität die unterschiedlichen Zeitangaben für den gleichen Zeitpunkt (13.45 Uhr ist in Bayern dreiviertel zwei Uhr, in anderen Gegenden aber viertel vor zwei Uhr).

Im Größenbereich *Geldwerte* ist in den ersten beiden Jahrgangsstufen eine Schwierigkeit, dass in der Lebenswirklichkeit die Preise in Euro und Cent angeben sind, die Zahlenräume unter Umständen aber erst bis 10 oder 20 systematisch erschlossen sind. Nicht alle Kinder erfassen zu Beginn, dass 1 Euro mehr wert sind als 23 Cent. Ebenso kann ein großes Paket mit Stroh für ein Haustier viel billiger sein als ein kleines Päckchen mit einem Ring. Geldwerte sind des Weiteren eine Zähl- und keine Messgröße, die Einheiten sind nicht beliebig klein wählbar. Dafür hat jedes Kind bereits Vorerfahrungen mit Geld und Geldwerten. Aus dem Einkaufsprospekten kann man erkennen, dass das gleiche Produkt einen unterschiedlichen Preis haben kann.

Didaktische Grundsätze

In der Grundschule geht es darum, stabile Größenvorstellungen aufzubauen, Messerfahrungen zu sammeln, Sachsituationen zu lösen und auf Plausibilität zu prüfen sowie Größen mithilfe verinnerlichter Stützpunktvorstellungen zu schätzen.

Die Einführung jeder Größe muss mit konkreten Erfahrungen flankiert werden. Dazu gehören zum Beispiel unterschiedliche und vielfältige Messhandlungen mit unterschiedlichen Messinstrumenten. Daraus kann sich dann ein aus der Situation sich ableitendes Umrechnen ergeben.

Der Aufbau von Größenvorstellungen erfolgt zum einen über das wiederholte Messen und geschieht nicht von selbst. Dazu gehört des Weiteren das In-Bezug-Setzen und Versprachlichen zu Repräsentanten, auch zu deren Vielfachen und Teilern in Bezug auf das Messergebnis.

Reines Wechseltraining zwischen den Einheiten einer Größe bleibt ohne konkrete Anschauung oft leeres Wissen und zum Teil unverstandenes »Komma- und Nullengeschiebe«.

Formales Rechnen mit Größen (125 cm + 78 cm =) trägt nicht weiter zum Aufbau von Größenvorstellungen bei und bleibt eher auf der Stufe des Zahlenrechnens. Besser geeignet ist das Rechnen mit Größen, die sich in den Angaben unterscheiden (z. B. 1,84 m + 78 cm =) oder das Ergänzen zur nächsthöheren Einheit.

Die Behandlung von Größen ist untrennbar verbunden mit dem Aufbau konkreter Stützpunktvorstellungen sowie konkreten Messhandlungen.

Dem Vergleichen von Größen sollte genügend Raum gegeben werden, da die zu bewältigenden Einzelleistungen nicht zu unterschätzen sind (z. B. Bezug auf eine Größe nehmen, diese direkt vergleichen, Messergebnisse ordnen, Invarianzen wahrnehmen, Transitivität schulen).

Das Rechnen mit Größen wird immer mit kindgerechten Sachsituationen verbunden (z. B. Gewichte): Kochen, Backen, Packen, Postsendungen.

Zwischen Masse und Gewicht wird in der Grundschule nicht unterschieden.

Schätzen ist das In-Bezug-Setzen einer erinnerten Stützpunktvorstellung zu der zu schätzenden Größe. In der Reflexion geht es dann nicht um »richtig« oder »falsch« geschätzt, sondern

Die Kinder im Blick	Didaktische Grundsätze
Im Größenbereich der *Gewichte* assoziieren die Kinder das Gewicht eines Körpers stark korrelierend mit dem Volumen, den ein Körper einnimmt. Dazu kommt, dass bei der Handwaage Gewichtswahrnehmungen durch den aufliegenden Druck verzerrt werden und der gleiche Körper in der rechten Hand sich schwerer/leichter anfühlt als in der linken. Daraus lässt sich der notwendige Einsatz von Messgeräten sinnlogisch ableiten. Der Umgang mit unterschiedlichen Waagenarten ermöglicht eine Vielzahl an Erfahrungen. Für den Bereich der *Hohlmaße* zur Angabe von Volumina ist auch die Bruchschreibweise oft schwierig zu verstehen. Unterschiedliche Messgeräte sind oft mit ungleichen Abstand skaliert. Im Bereich der *Fläche* ist es nicht immer leicht zu verstehen, dass ein gleicher Flächeninhalt ganz unterschiedliche Formen und Konturen annehmen kann. Die Unterscheidung zwischen Fläche und Umfang führt zuweilen auch zu Verwirrung.	um die Angemessenheit und Brauchbarkeit der Schätzung. Dies kommt besonders gut bei Fermi-Aufgaben oder »Kann das stimmen«-Aufgaben zum Tragen. Diese tendenziell realitätsbezogenen Aufgaben ermöglichen das Erforschen, das Überschlagen, das Arbeiten mit großen Zahlen, das Umrechnen von Größen, das Nutzen von Alltagswissen, das Argumentieren, das Kommunizieren, die Selbstständigkeit und das Anwenden heuristischer Strategien in besonderem Maße. »Kann das stimmen«-Aufgaben sind dabei für Kinder einfacher zu lösen als Fermi-Aufgaben. Kinder sehen oft keinen Sinn im Schätzen, wenn nachher gemessen wird, ohne das Schätzen zu reflektieren. Deshalb ist der didaktische Ort des Schätzens gut zu überlegen.

Typische Handlungen für den Fachbereich	Für den Fachbereich charakteristisch
• Stützpunktvorstellungen zu den einzelnen Größenbereichen aufbauen, sammeln und dokumentieren • Mithilfe von Stützpunktvorstellungen alltagstaugliche, weitgehend realistische Größen schätzen und die Größenangabe begründen • Messhandlungen durchführen • Messhandlungen mit unterschiedlichen Messwerkzeugen innerhalb des gleichen Größenbereichs sachgerecht durchführen und die passenden Werte ablesen • Messergebnisse mit der passenden Einheit richtig aufschreiben • Messergebnisse in ihren Relationen in Listen, Diagrammen oder anderen Datenverarbeitungen darstellen • Indirekte Schlüsse aus Größenangabe ziehen (wenn $a > b$ und $b > c$ ist auch $a > c$) • Größen in Sachsituationen verwenden und die Ergebnisse auf Plausibilität prüfen • Einheiten innerhalb eines Größenbereichs umrechnen • Vergleichen, Unterscheiden, Ordnen von Größen, Schlüsse ziehen, Gesetzmäßigkeiten erkennen • Größen direkt und indirekt miteinander vergleichen	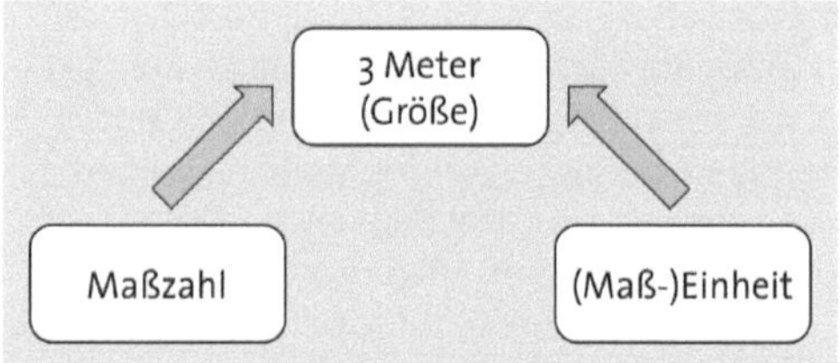 *Messen*: feststellen, wie oft ein Repräsentant einer als Einheit dienenden Größe in einem Repräsentanten einer anderen Größe gleicher Art enthalten ist. Durch die Abstraktion eines Gegenstands oder Sachverhalts auf eine messbare Eigenschaft und einen Zahlenwert, wird diese zum Beispiel vergleichbar, quantifizierbar und bei den Größen in der Grundschule addierbar. Das vielfältige und wiederholende Messen ist basal, um Grundvorstellungen zu bestimmten Einheiten zu ermöglichen. *Lebenswirklichkeit*: Die Grundlegung von Größenvorstellungen und der Umgang mit Größen ist in der Grundschule immer mit sinnlogischen und aus der Lebenswirklichkeit der Kinder erwachsenen Ausgangssituation verbunden. *Stützpunktvorstellungen*: Aus unterschiedlichen Sachsituationen heraus zu den entsprechenden Einheiten einer Größe eine kindgerechte Bezugsgröße und Vorstellung. Schätzen setzt umfangreiche Erfahrungen mit Messhandlungen und Größen voraus, sonst bleibt es beim blinden Versuch. Schätzen ist das In-Bezug-Setzen einer erinnerten Stützpunktvorstellung zu der zu schätzenden Größe.

Tipp

Bedeutung der Wortspeicherarbeit: Größen haben ihren spezifischen Wortschatz, auch im Vergleich mit ihren Ordnungsrelationen und ihrer Umkehrrelation, zum Beispiel:

- Längen: »... ist kürzer/länger als ...«
- Rauminhalte: »... ist voller/leerer als ...«
- Gewichte: »... ist leichter/schwerer als ...«
- »Zeitspannen: »... dauert kürzer/länger als ...«
- Geld: »... kostet mehr/weniger als ...«
- Flächeninhalte: »... hat eine größere/kleinere Fläche als ...«)

Bei Äquivalenzrelationen spricht man von:

- deckungsgleich/ist so lang wie ... (Längen)
- gleiche Kaufkraft/ist wertgleich (Geldwerte)
- dauert genauso lange wie ... (Zeitspannen)
- ist zerlegungsgleich/hat die gleiche Fläche wie ... (Flächeninhalt)
- ist gleich schwer wie ... (Gewichte)
- fasst genauso viel wie ... (Rauminhalt)

Die Anlage eines Größenportfolios über die gesamte Grundschulzeit kann den Fundus an Messerfahrungen, Größenrepräsentanten und Messwerkzeugen sowie deren Handhabung emotional und rational fundieren.
Die Bereitstellung vielfältiger Messwerkzeuge zum gleichen Größenbereich motiviert die Kinder zum sachgerechten Gebrauch und ist vielfältiger Versprachlichungsanreiz zum passenden Einsatz des jeweiligen Werkzeugs in Bezug auf die Messabsicht.
Das unreflektierte Messen mit nicht standardisierten Maßeinheiten kann zu Fehlvorstellungen führen, zum Beispiel, dass Messen ein fortgeführtes Zählen ist, bei der die der Messung zugrundeliegende Einheit vernachlässigt werden kann.
Als erster Größenbereich in der Grundschule eignen sich Längen besonders, weil die Kinder dazu vielfältige Vorerfahrungen haben, bereits mit Messgeräten umgegangen sind und sich dieser Größenbereich leicht veranschaulichen lässt.
Beim Reflektieren des richtigen Messens mit unterschiedlichen Messwerkzeugen wird besprochen:

- Was kann ich mit dem Werkzeug messen?
- Welche Einheit wird gemessen?
- Wo wird das Messwerkzeug angelegt?
- Wo wird abgelesen?
- Woran erkennt man eine Untereinheit?
- Wie liest man Zahlen ab?
- Was bedeuten ggf. die Striche?
- Was lohnt sich genau zu messen, wo reicht eine Schätzung?

Möglicher Lehrweg	Aufmerksamkeitsrichtungen	Beispiel
Warmup	Passend zum Themenschwerpunkt der Anforderung der mathematischen Aufgabenstellung	
Begegnung mit der mathematischen Problemstellung Aktivierung von Vorwissen Zielangabe	• Anknüpfen oder Erkunden/Entdecken des neuen bzw. Anknüpfung an bekanntes Aufgabenformat • Anlegen bzw. Wiederholen des Wortspeichers zum Bearbeiten des Aufgabenformats am konkreten Beispiel • Formulierung des Forscherauftrags (zum Erfassen von Mustern und Strukturen im Aufgabenformat)	• Besonders gut eignen sich Aufgabenformate mit natürlicher Differenzierung, die eine Spannbreite der Lösungsmöglichkeiten eröffnet (z. B. hinsichtlich der Anzahl der gefundenen Lösungen sowie der Vorgehensweise: systematisches vs. willkürliches Probieren und Strukturieren)
Erarbeitung Entdeckerzirkel	• Eine fundierte Einzelarbeit ist immer die Voraussetzung für eine gelungene Partner- und/oder Gruppenarbeit • Entdeckerzirkel: Think-Pair-Share-Methode • Impuls: »Du arbeitest zuerst allein und versuchst, möglichst viele Entdeckungen zu machen. Markiere mit Forschermitteln, was dir auffällt und notiere es so, dass andere auf einen Blick nachvollziehen können, wie du vorgegangen bist. Die Mathe-Sprache kann dir dabei helfen. Danach gehst du in deine Forschergruppe und tauschst dich mit den anderen aus. Haltet die Zusammenhänge, die ihr entdeckt, fest (z. B. auf Wortkarten)«	• Die Kinder entdecken Muster und nutzen diese als Lösungshilfe der »guten Aufgabe« sowie zur Kontrolle der Lösungen • Dazu nutzen sie Forschermittel der Mathematik (z. B. Farben, Symbole, Pfeile), um ihr Vorgehen für sich und andere sichtbar zu machen • Leistungsschwächere Kinder erhalten durch den Austausch mit ihren Klassenkameraden die Gelegenheit, deren Entdeckungen zu verstehen und nachzuvollziehen • Rolle des Lehrers in dieser Phase: Moderator, Impulsgeber, individuelle Hilfe, Zeit für diagnostische Beobachtungen
Zusammenführung	• Schüler präsentieren für andere nachvollziehbar ihre Ergebnisse • Die Lehrkraft unterstützt ggf., fragt nach und moderiert den Präsentationsprozess	• Auf für die Zuhörer nachvollziehbare Präsentation achten • Immer wieder versprachlichen lassen • Sollte ein Muster oder eine Struktur offen bleiben, ggf. als Lehrkraft diese als stummen Impuls präsentieren und mit den Kindern versprachlichen
Anwendung	• Überprüfen des gefundenen Musters oder der Struktur an passende Aufgabenstrukturen • Als Einzel- oder Partnerarbeit sowie im Plenum möglich	• Auf korrekte Versprachlichung und inhaltliche Richtigkeit achten • Einsatz von Forschermitteln
Transfer (fakultativ)	• Übertragen auf eine erweiterte, leicht veränderte Aufgabenstellung	• Beispiel: »Wie verändert sich das Muster, wenn es …«

<table>
<tr><th>Die Kinder im Blick</th><th>Didaktische Grundsätze</th></tr>
<tr><td>Werden die Kinder die ersten Male mit »guten Aufgaben« konfrontiert, fällt es nicht jedem Kind leicht, sofort Entdeckungen zu machen.

Deshalb ist es von besonderer Bedeutung, die »Entdeckerlust« und -freude durch positive Bestärkung auch schon von Bemühungen zur Auseinandersetzung mit »guten Aufgaben« zu wecken und zu erhalten, indem Kinder in ihrem Such- und Probierverhalten Hilfen an die Hand bekommen, wie sie ihren Denkweg visualisieren und mit Wörtern aus dem Wortspeicher »Mathematik« für sich und andere deutlich machen können.

Das positive Bestärken einer Denk- und Arbeitshaltung, sich auch auf andere Lösungswege einzulassen und diese nachzuvollziehen ist nicht nur geeigneter Anlass zur Versprachlichung mithilfe der Lehrkraft und der anderen Kinder, sondern es ist wesentlicher Bestandteil von Könnens-Erfahrungen und der Erweiterung des Handlungspotenzials eines jeden Kindes.

Der Einsatz von Forschermitteln sollte Kindern an geeigneten Beispielen von der Lehrkraft vorgemacht und der Nutzen der jeweiligen Forschermittel reflektiert werden.</td>
<td>Da die »guten Aufgaben« so vielfältig sind, ist es notwendig, den Lehrweg an die Aufgabenstellung und heterogene Klassensituation anzupassen.

Durch die individuelle und gemeinsame Bearbeitung von Aufgaben werden bei den Schülern Lernprozesse zur Entwicklung und Konsolidierung von Kompetenzen angeregt. Grundlage jedes Entdeckerzirkels, bei dem mehrere Kinder in der Gruppe ihren Lösungsansatz vergleichen, ist immer eine fundierende Einzelarbeit.

Bevor die Kinder mathematische Muster und Strukturen entdecken, müssen allen Kindern die Bedingungen, die für die Bearbeitung notwendig sind, klar sein.

Erklärpriorität liegt bei den Kindern! Die Lehrkraft greift nicht ein im Prozess der Einzelarbeit und lässt ein probierendes Suchen und Orientieren der Kinder zu und ermuntert dazu. Keinesfalls doziert die Lehrkraft (vorschnell), wie (einfach) die Aufgabe zu lösen ist und die Kinder können im besten Fall nur die Gedankengänge der Lehrkraft nachvollziehen, ohne sich selbst welche gemacht zu haben.

Das Anlegen eines Wortspeichers in Mathematik ist die Grundvoraussetzung, sich über Mathematik zielführend austauschen zu können.

Sechserschritt des Lernprozesses im Unterricht implementieren:
1. Erfassen der mathematischen Ausgangsfrage/-situation
2. Erste naive Annäherung und Informationen gewinnen (zählen, messen, schätzen, vermuten)
3. Entdeckte Zusammenhänge für sich und andere im gegenseitigen Austausch mit Forschermitteln transparent machen und visualisieren
4. Lösungsmöglichkeiten anderer nachvollziehen und diskutieren
5. Gefundene Muster und Strukturen auf gleiche Formate (z. B. mit anderen Zahlen oder Größen) übertragen und überprüfen
6. Mathematisches Experimentieren: Verändern von Parametern in der Aufgabe und deren Auswirkungen nachgehen

Nutzen der »VEEE-Methode«: Verstehen (der Aufgabenstellung) • Erforschen • Entdecken • Erklären

In einer Unterrichtsstunde kommt es nicht auf die Anzahl der bearbeiteten Aufgaben an, sondern auf die Qualität des Umgangs mit »guten Aufgaben«. Wichtig dabei ist sicherzustellen, dass die Lernenden die Aufgabe verstanden haben, das nötige Vorwissen verfügbar ist und die Materialien, die zur Aufgabenbearbeitung nötig sind, zur Verfügung stehen.</td></tr>
</table>

Typische Handlungen für den Fachbereich	Für den Fachbereich charakteristisch
• Sicherer Umgang mit mathematischen Fachbegriffen aus dem Wortspeicher zur Bearbeitung der Aufgabenstellung (z. B. bei einem Zahlengitter: Reihe, Spalte, Tabelle/Gitter, Startzahl, Zielzahl, addieren, subtrahieren) • Strukturiertes Darstellen eigener Lösungsversuche mithilfe von mathematischen Forschermitteln (z. B. Farben, Symbolen, Pfeilen, Rechenstrich, Diagramme, Tabellen, Plättchen, Dienes-Material) • Vorstellen eigener Lösungswege • Einlassen und Nachvollziehen der Lösungswege anderer Kinder • Elaboriertes Suchverhalten: geschickt probieren, Muster antizipieren und überprüfen, Möglichkeiten anordnen, Aufgabenstellung vereinfachen, von hinten her denken	Gute Aufgaben ... • fordern und fördern, dass Schüler selbst entdecken, erkennen, erklären • sind Aufgaben mit Substanz • verstehen und präsentieren den Schülern die Mathematik als Wissenschaft von Mustern und Strukturen • benötigen wenig Erklärungen • nutzen/ermöglichen den Entdeckerzirkel nach der »Think-Pair-Share«-Methode • erfordern wenig Material • bauen auf natürliche Differenzierung • fordern Stärken heraus • lassen die Freiheit des Lösungsweges, der Hilfsmittel, der Darstellungsweisen zu • Sinnverwandt sind Lernumgebungen als eine Erweiterung einer guten Aufgabe • Lernumgebungen bestehen aus einer Sammlung kleiner Aufgaben, die einen gemeinsamen Fokus haben oder einer einheitlichen Fragestellung folgen • Lernumgebungen bieten viel natürliche Differenzierung, regen zum Lösen an, sind mathematisch gehaltvoll und brauchen wenig Aufwand in der Vorbereitung (vgl. Hirt/Wärtli 2008)

Tipp

Gute Aufgaben bieten immer die Möglichkeit natürlicher Differenzierung. Scheinen auch diese Möglichkeiten bei leistungsstarken Kindern ausgereizt, kann man diese Kinder herausfordern, indem sie verschiedene Darstellungsformen ihrer Entdeckungen visualisieren sollen.
Enaktive Darstellungsmittel können als weiteres »Beweismaterial« zum Sichtbarmachen von Mustern und Strukturen von Aufgaben herangezogen werden. Dabei verlieren die Darstellungsmittel gleichzeitig ihren »Nachhilfecharakter« für weniger leistungsstarke Schüler.
Mit einfachem Zahlenmaterial arbeiten. Zahlengitter im Zahlenraum bis 20 können auch in der vierten Jahrgangsstufe anspruchsvoll sein, um eine bestimmte mathematische Struktur zu erfassen. Der Schwerpunkt liegt dabei genau auf diesem Bereich und muss nicht durch (über-) große Zahlen für einige Kinder »unnötig« schwieriger werden.
Bei den ersten Begegnungen mit Lernumgebungen ist es oft hilfreich, während des Bearbeitens eine kleine Zwischenreflexionsphase mit einer kleinen Gruppe im Gesprächskreis einzuschieben für die Kinder einzuschieben, die nicht in die Aufgabe finden.
Zur Anwendung und zum Überprüfen von Mustern und Strukturen sollte die Aufgaben nicht aufwändig verkompliziert werden. Oft genügt es, das Zahlenmuster an einer Stelle um 1 zu vergrößern oder zu verringern und die Auswirkungen zu überprüfen und mathematisch zu belegen.

Sachsituationen und Mathematik in Beziehung setzen

Möglicher Lehrweg	Aufmerksamkeitsrichtungen	Beispiel
Warmup	• Auf den Hauptschwerpunkt der Stunde abgestimmt	• Stützpunktvorstellungen zu Größen • Aufgaben zum Übersetzen von Sachmodellen in mathematische Modelle auf leichtem bis mittlerem Niveau (z. B. auf Wimmelbildern Rechenaufgaben herauslösen und begründen)
Begegnung mit der mathematischen Problemstellung Aktivierung von Weltwissen und mathematischem Vorwissen Zielangabe	• Begegnung mit dem Sachproblem • Erfassen des Problems in inhaltlich-sprachlicher sowie ggf. auch in mathematisch-struktureller Hinsicht • Anlegen bzw. Wiederholen des Wortspeichers zum Bearbeiten des Aufgabenformats am konkreten Sachproblem • Sachproblemfrage in kindgerechter Form	• Je nach Leistungsniveau der Klasse wird auch die Folgephase der Erarbeitung nur im Ausnahmefall lehrergeleitet im Sinne des Modellierens von Lösungsstrategien gestaltet. Für die Kinder lernwirksamer ist das Erproben und Reflektieren eigener Lösungswege • Bewährt hat sich in inhaltlicher Hinsicht besonders das Klären unbekannter Wörter, ggf. im Durchgehen »Wort für Wort«, um ein gemeinsames Verständnis grundzulegen
Erarbeitung Entdeckerzirkel	• Eine fundierte Einzelarbeit ist immer die Voraussetzung für eine gelungene Partner- und/oder Gruppenarbeit • Entdeckerzirkel: Think-Pair-Share-Methode • Arbeitsauftrag: »Du arbeitest zuerst allein und versuchst, die Aufgabe zu lösen. Markiere an der Aufgabe, was dir auffällt und gestalte deinen Weg zur Lösung so, dass andere auf einen Blick nachvollziehen können, wie du vorgegangen bist. Die Mathe-Sprache kann dir dabei helfen. Danach gehst du in deine Entdeckergruppe und tauschst dich mit den anderen aus. Haltet die Lösungswege, die ihr gefunden habt fest«	• Überführen des Sachproblems in ein mathematisches Modell • Integration des Sachmodells in vorhandene mathematische Grundvorstellungen • Mathematisches Lösen der Aufgabe • Interpretieren und In-Bezug-Setzen der Lösung zum Sachproblem durch Plausibilitätsprüfung(en) • Gegebenenfalls Einigen auf einen Lösungsweg zum Vorstellen im Plenum oder verschiedene Präsentation verschiedener Vorgehensweisen unter Abwägen möglicher Vorteile beim jeweiligen Vorgehen
Zusammenführung **Präsentation**	• Schüler präsentieren für andere nachvollziehbar ihre Lösungswege und Ergebnisse • Die Lehrkraft unterstützt ggf., fragt nach und moderiert den Präsentationsprozess	• Auf für die Zuhörer verständliche Präsentation achten • Immer wieder versprachlichen lassen • Sollte ein Lösungswege oder Vorgehen offen bleiben, ggf. als Lehrkraft diese als stummen Impuls präsentieren und mit den Kindern versprachlichen

Möglicher Lehrweg	Aufmerksamkeitsrichtungen	Beispiel
Reflexion	• Reflexion und Vergleichen der (unterschiedlichen) Lösungswege • Alternative Lösungswege finden und vergleichen • Mit anderem Zahlen die gleiche Aufgabe lösen • Struktur der Aufgabe herausarbeiten und hervorheben	• Auf korrekte Versprachlichung und inhaltliche Richtigkeit achten *Mögliche Impulse:* • »Das war besonders wichtig ...« • »Der entscheidende Lösungsgedanke ...« • »Diese Darstellung des Lösungsweges konnte ich besonders gut nachvollziehen ...« • »Eine ähnliches Problem könnte lauten ...«
Transfer (fakultativ)	• Übertragen auf eine strukturgleiche, ggf. auch leicht veränderte Aufgabenstellung	• Alternativ die gleiche Aufgabe auf das Wesentlichste zusammenkürzen oder ergiebig erweitern

Die Kinder im Blick	Didaktische Grundsätze
Der Umgang mit Sachproblemen ist für die Kinder sehr anspruchsvoll, da sie neben der Lesekompetenz, im Bereich des Weltwissens sowie der Konnektivität von Sachebene und mathematischer Ebene gefordert sind. Dies können Gründe sein, dass vor allem in Klassen, die von der Lehrkraft und der Klassengemeinschaft fachlich und sozial begleitet und in ihren Suchverhalten der Lösungen bekräftigt werden, größere Freude am Umgang mit Sachproblemen haben. Im Zusammenhang mit Sachrechnen machen die Kinder die Erfahrung, dass sich Sachrechenaufgaben als kleine, sehr eng gefasste Situationen darstellen, in denen mit und ohne Sinn Zahlen vorkommen, die mit Rechenzeichen kombiniert werden. Nahezu in allen Sachrechenaufgaben gibt es in der Erlebniswelt der Kinder eine eindeutige Lösung. Unter anderem aus diesen Erfahrungen heraus, lässt sich feststellen, dass nicht wenige Grundschulkinder auch bei sogenannten »Kapitänsaufgaben« Rechnungen und Lösungen zu Ergebnissen bringen, obwohl zur Aufgabe keine Rechnung möglich ist, weil sie sich nur an Oberflächenmerkmalen der Zahlen und vermeintlichen Signalwörtern orientieren und eher spontane Lösungsansätze verwirklichen, ohne deren Plausibilität zu prüfen.	• Verwenden kindgemäßer authentischer und emotionaler ansprechender Aufgabenformate. • Fragefreundliches Klima. • Sachprobleme zunächst immer inhaltlich auf sprachlicher Ebene klären, die »weltliche« Situation klären und mit ihr vertraut werden, erst dann mathematisch durchdringen. • Alle unbekannten Begriffe in einer Aufgabenstellung klären. • Intermodalen Transfer zwischen verschiedenen Repräsentationsebenen und Darstellungsformen pflegen, dabei mehrere Darstellungsebenen wie Handlungen oder Zeichnungen kombinieren und versprachlichend auslegen. • Zur Übung und Anwendung im Anschluss an ein gelöstes Sachproblem immer wieder strukturgleiche Aufgaben mit anderen Zahlen, Namen und Situationen anbieten. • Hilfsmittel und Strategien im Unterricht gezielt üben, dazu Aufgaben gleicher Art zusammenstellen. • Grundvorstellungen von Rechenoperationen immer wieder (handelnd) grundlegen. • Wortspeicher zu den Rechenoperationen anlegen. • Markierungstechniken grundlegen, dabei die Problematik reflektieren, dass Wichtiges von Unwichtigem getrennt werden muss und Verstandenes von Unverstandenem. • Modellieren, Argumentieren und Begründen des Vorgehens hat in der Regel einen höheren Stellenwert im Unterricht als das Ausrechnen auf der Ebene bloßer Rechenfertigkeit. • Im Unterricht werden unterschiedliche Arten von Aufgaben (z. B. eingekleidete Aufgaben, offene Aufgabenstellungen, »Kann das stimmen?-Aufgaben«, Knobelaufgaben, »Kapitänsaufgaben«) wiederholt und kontinuierlich behandelt.

Typische Handlungen für den Fachbereich	Für den Fachbereich charakteristisch
• Verbalisieren und nachstellen oder -spielen von Sachsituationen • Markieren wichtiger Informationen • Wichtige Informationen in Handlungen, Zeichnungen, Bilder, Sprache für sich und andere verständlich umsetzen • Aus den unterschiedlichen Darstellungsformen Informationen entnehmen und interpretieren • Fragen stellen • Rechenschritte aus interpretierten Sachsituationen entwickeln • Umgang mit Lösungshilfen • Kooperatives Arbeiten • Vorstellen eigener Lösungswege • Nachvollziehen der Lösungswege anderer • Vor- und Nachteile von unterschiedlichen Lösungswegen zur gleichen Aufgabe benennen • Lesestrategien zur inhaltlichen Textauffassung anwenden • Recherchemöglichkeiten bei Sprach- und Wortklärungen kennen • Flankierendes Rechenfertigkeitstraining • Mathematische Operationszeichen mit sprachlichen Begriffen verknüpfen können • Mathematische Grundvorstellungen auf Sachprobleme anwenden • Anwenden beweglichen Denkens zum Sachproblemlösen • Plausibilitätsprüfung von Ergebnissen durch »Überschlagen« und dem Anwenden von Stützpunktvorstellungen von Größen • Übersichtliche und für sich und andere klare Darstellung des Lösungsweges • Präsentation eigener Lösungswege in verständlicher Art für sich und andere	Die Auseinandersetzung mit Sachsituationen leistet einen wesentlichen Beitrag zur Welterschließung. Alltagsnahe Situationen, die dem Erfahrungs- und Emotionsbereich der Kinder treffen, werden mit möglichst unverfälschten Sachrechenanlässen verknüpft. Dadurch entsteht ein mathematischer Zugang und Analysemodul zur Problemlösung von Sachproblemen, die mithilfe mathematischer Mittel zu lösen versucht werden. Im mathematischen Modellierungskreislauf (vgl. Franke/Ruwisch 2010) erfassen die Kinder das Sachproblem zunächst inhaltlich, übertragen es im Folgenden auf ein mathematisches Modell und lösen das Problem mit mathematischen Möglichkeiten. Abschließend erfolgt ein Rückbezug der Lösung auf das Ausgangssachproblem und das Ergebnis unterliegt einer Plausibilitätsprüfung. Das Erfassen des Sachrechenproblems fordert die Kinder in mehrfacher Weise in Bezug auf ihre Lesekompetenz bezüglich ihres inhaltlichen Weltwissens, aber auch bezogen auf das »Lesen« und Interpretieren von Illustrationen, Plänen, Tabellen etc. sowie auf ihre mathematischen Fähigkeiten und Fertigkeiten. Aufgabenstellungen gibt es nicht nur im Bereich der Sachsituationen mit Größen, sondern auch im Fachbereich der Geometrie, der Daten, des Zufalls sowie der Wahrscheinlichkeit. Des Weiteren sind offene Aufgabenstellungen und abgewandelte Fermi-Aufgaben in Form von »Kann das stimmen?«-Aufgaben Bereicherung der Aufgabenkultur in der Grundschule (siehe auch www.dzlm.de).

Tipp

Bewährte Übungen zur Klärung des Sachverhalts sind die szenische Darstellung und das konkrete Handeln, der Versuch des Übersetzens von Handlungen oder Prozessen in eine Zeichnung oder Skizze sowie gezieltes Lesen und Arbeit an Begriffen. Dabei ist das Erstellen von Skizzen und Zeichnungen etwas, das eingeführt werden muss. Das ist für die Kinder eine echte Herausforderung.

Zum Erstellen von Zeichnungen oder Skizzen verwenden die Kinder die ihnen bekannten Farben, Zeichen und Symbole aus den Forschermitteln Mathematik.

Zur Präsentation der Ergebnisse visualisieren die Kinder an der Skizze oder am Lösungsplan ihre Gedankengänge und achten auf passende Versprachlichung. Dazu erhalten die Kinder ein ausreichend großes Papierformat, dass die Zuhörer auch erkennen können, worauf sich die vortragenden Kinder beziehen. Dabei geht die Klarheit der Skizze vor das Format.

Im Anschluss an die Präsentation von Lösungswegen können ergänzende Zeichnungen angefertigt werden.

Als hilfreich zum Erfassen und Anwenden von Strukturen hat sich das Verfassen eigener Aufgaben, zum Beispiel für eine Klassenaufgabenkartei bewährt. Mit der Variation von Aufgabenstellungen kann besonders gut qualitativ differenziert werden, ohne großen Aufwand durch Erweiterung des Sachverhalts mit neuen Daten und Ableitung neuer Fragen.

Um den Kindern ein echtes Kompetenzerleben im Lösen von Sachproblemen zu ermöglichen, müssen sie die Gelegenheit erhalten, strukturgleiche Aufgaben zu erarbeiten, auf die sie die erworbenen Denkmodelle anwenden können, um diese Lösungsvorgänge geläufig und variabel gestalten zu können.
Zur Aufgabenvariation kann man alternative Fragen entwickeln, Fragen finden, die man nicht beantworten kann, die Aufgaben auf das Wesentlichste kürzen oder »maximal« erweitern. Zusätzlich kann sich der Rahmen bei gleichen Zahlen ändern oder/und die Zahlen ändern sich bei gleicher Rahmenhandlung.

Stochastik

Stochastik ist ein Sammelbegriff für die Gebiete der Wahrscheinlichkeitstheorie und Statistik und untergliedert sich in der Grundschule in Einführung in statistische Fragestellungen, Kombinatorik und Wahrscheinlichkeit.

Einführung in statistische Fragestellungen

Möglicher Lehrweg	Aufmerksamkeitsrichtungen	Beispiel
Warmup	• Abgestimmt auf den Stundenschwerpunkt • Mengen vergleichen • Bei Vorwissen ggf. Diagramme lesen und interpretieren	• Anhand von Bildkarten mit Dingen aus dem Klassenzimmer Formulierung trainieren, zum Beispiel: mehr/weniger als« oder »um ... mehr/weniger als« (z. B. »Wir haben mehr Buntstifte als Scheren« oder »Wir haben weniger Pflanzen als Stühle im Klassenzimmer«) • Säulendiagramm (z. B. zu Haustieren der Kinder in der Klasse): Aussagen des Lehrers durch Gesten (Daumen hoch/runter) als richtig oder falsch kennzeichnen (z. B. 4 Kinder haben Hunde als Haustier. Es sind zwei Kinder mehr, die Hasen haben als Hunde)
Ausgangsfrage bestimmen **Daten sammeln**	• Die Ausgangsfrage ist im Interessenshorizont der Kinder • Zur Ausgangsfrage werden Daten gesammelt (auch vorlaufend möglich)	Kinder geben ihre Stimmen (z. B. in dem sie einen Baustein in eine Schüssel geben) zu kindgemäßen Fragestellungen ab: *»Das sind Wir! Unsere Klassen in Zahlen?«* • »Wie alt bist du?« • »Wie viele Geschwister hast du?« • »Hast du ein Haustier?« bzw. »Hast du mehrere Haustiere?« • »Wie kommst du zur Schule?« • »Welche Sportart ist deine Lieblingsport-art?« *Tempo 30 in der Schulstraße:* • »Wie hoch ist das Verkehrsaufkommen und wie schnell fahren die Fahrzeuge?«

Möglicher Lehrweg	Aufmerksamkeitsrichtungen	Beispiel
Daten verarbeiten und abbilden Zielangabe Modellierung Zusammenführung	• Präsentation des Datenmaterials in unübersichtlicher Form • Impuls: »Wir erheben und vergleichen Daten und stellen unsere Ergebnisse übersichtlich dar« • Finden von Möglichkeiten zur »Darstellung von Daten auf einen Blick« • Schüler präsentieren ihre Darstellungen für andere nachvollziehbar	• Überleitung zur Zielangabe: »Wir möchten unsere Ergebnisse den anderen Klassen in der Schule zeigen, dass sie auf einen Blick erkennen können, wie unsere Stimmenabgabe ausgefallen ist« • Das Finden von Möglichkeiten kann materialgestützt und handlungsorientiert mit den als Stimmen gesammelten Bausteinen erfolgen, die je nach Lage als Balken- oder Säulendiagramm gruppiert werden erfolgen • Die Lehrkraft unterstützt ggf., fragt nach und moderiert den Präsentationsprozess der von den Kindern gefundenen Möglichkeiten
Daten lesen, interpretieren und diskutieren	• Reflexion und Interpretation der Darstellungen • Überprüfen der Darstellungen auf Aussagekraft und Richtigkeit • Beschreiben von Vor- und Nachteilen der jeweiligen Darstellungsform	• Zuerst äußert sich die Klasse zur jeweiligen Darstellung, dann die Kinder, die die Darstellung erstellt haben • Auf passende Versprachlichung (z. B. Ausreißer für extreme/untypische Werte, Messfehler, Übertragungsfehler, kleinster Wert, größter Wert, Gipfel und Täler in der Verteilungsform, häufigster Wert, Lücke im Datensatz) achten • Sollte eine Darstellung(sform) noch offen bleiben, ggf. diese als Lehrkraft als stummen Impuls präsentieren und mit den Kindern versprachlichen
Reflexion	• Teilaspekte der Datenkompetenz fokussieren	Zum Beispiel: • »Was ist (nicht) dargestellt?« • »Welche Vorteile hat diese Darstellung?« • »Welche Aussagen kann man überprüfen, welche nicht?« • »Stichprobenumfang ...«
Anwendung	• Anhand weiteren Datenmaterials werden weitere Darstellungen erstellt	• Alternativ eine neue Ausgangsfrage bestimmen, Daten sammeln und aufbereiten

Die Kinder im Blick	Didaktische Grundsätze
Das Überführen von Daten in Diagramme erfolgt zunächst auf der enaktiven Ebene (z. B. Abgeben von Stimmen mit einer Murmel in eine Schüssel) und in der Weiterführung auf die ikonische Ebene (z. B. das Erstellen eines Diagrammes) nachvollziehbar und anschaulicher. Im Weiteren lernen die Kinder auch eigene Diagramme, immer ausgehend vom konkreten Material, bildlich und symbolisch abzubilden, Überschriften zu finden sowie Diagramme mit mächtigeren Häufigkeiten zu erstellen, zu versprachlichen und im Rahmen intermodalen Transfers zu vergleichen. Das Lesen und Interpretieren von Diagrammen stellt die anspruchsvollste Anforderung an die Kinder dar. Dazu entnehmen die Kinder zunächst die Informationen, die für sie entnehmbar sind. Aufgrund dieser Datenmenge ist es ihnen möglich, auch erste Beziehungen zwischen den Daten zu erkennen, in dem Daten verglichen werden. In der anspruchsvollsten Form können Kinder Einflussfaktoren der Daten kritisch hinterfragen (z. B. ist es ein Unterschied, ob man ein Kindergartenkind zum Thema	Das statistische Vorgehen gliedert sich immer in einen formal einzuhaltenden klaren und stringenten Ablauf, der auch im Unterricht und der Unterrichtssequenz abgebildet wird. 1. Der Prozess einer vollständigen Erhebung beginnt immer mit einer oder mehreren Ausgangsfragen 2. Lebensweltbezug der Ausgangsfrage zu den Kindern beachten 3. Feststellung und Festlegung möglicher Merkmalsausprägungen (Merkmale können verschiedene Werte annehmen, die Merkmalsausprägungen genannt werden. Bei Befragungen sind die Merkmalsausprägungen die Antwortmöglichkeiten, die der Befragte angeben kann, z. B. beim Merkmal Geschlecht sind die Ausprägungen weiblich, männlich, divers)

Die Kinder im Blick	Didaktische Grundsätze
Hausaufgaben befragt oder einen Drittklässler), gleichzeitig auch erste Verallgemeinerungen treffen. Typische Fehler, die bei der Erstellung und der Interpretation von Daten von Kindern gemacht werden, sind: • Fehlende Beschriftungen aller Art • Falsche Beschriftungen • Ungleiche proportionale Verhältnismäßigkeiten • Häufigkeitsdarstellungen beginnen nicht bei Null • Zeichenfehler (z. B. ungenaues Zeichnen, falsche Eintragen) • Die erhobenen Merkmale passen nicht zur Ausgangsfrage • Die Daten werden nicht miteinander in Beziehung gesetzt und verglichen • Es werden keine Ableitungen und Schlussfolgerungen aus der Interpretation von Daten getroffen • Die Datenerhebung wird nicht kritisch hinterfragt Je lebensweltbedeutsamer die Fragestellungen für die Kinder sind, desto höher ist die intrinsische Motivation zur Identifikation mit den Ergebnissen.	4. Auswahl geeigneter Messmethoden 5. Erheben und Sammeln der Daten 6. Organisieren, ggf. Reduzieren oder Erweitern des Datenmaterials 7. Aufbereiten des Datenmaterials »auf einen Blick« 8. Analyse und Interpretation des Datenmaterials 9. Kritisches Hinterfragen der gewonnenen Schlussfolgerungen 10. Rückbezug zur Ausgangsfrage/den Ausgangsfragen Hinweis: Das Erheben, Darstellen und Interpretieren von Daten erfolgt im Unterricht immer im gegenseitigen sinnstiftenden Zusammenhang (z. B. »Welche Essensgerichte sollen beim Schulfest angeboten werden?«)

Typische Handlungen für den Fachbereich	Für den Fachbereich charakteristisch
• Eindeutige Fragestellungen bestimmen, zu denen Daten gesammelt werden können • Bestimmen des Merkmals, das untersucht werden soll: »Wie oft würfelt die Klasse 3a eine 6, wenn jedes Kind vier Mal würfelt?« • Messverfahren festlegen • Mit Messmethoden umgehen, zum Beispiel eine Liste (Urliste) erstellen: Mit dieser werden die Daten während der Erhebung in der Reihenfolge des Auftretens notiert. Sie enthält eine Auflistung aller ermittelten Daten • Unübersichtliche Datenmengen in eine übersichtliche Datenaufbereitung überführen • Häufigkeitstabellen anlegen • Strichlisten führen (z. B. mit Fünferbildung) • Daten aus Diagrammen lesen und interpretieren • Daten kritisch hinterfragen und Einflussfaktoren berücksichtigen (z. B. »Wie oft wurde gewürfelt? 4 Mal oder 200 Mal?«) • Bei geeigneter Fragestellung versuchen eine Prognose aus Daten abzuleiten • Exaktes Zeichnen von Diagrammen mit Hilfsmitteln (Lineal, Schablonen) • Beschriften von Achsen • Übertragen der relevanten Merkmale • Passenden Beginn der Ausprägungsmerkmale einhalten (z. B. die Grundlinie bei Säulendiagrammen) • Befragungen durchführen • Beobachtungen durchführen • Einfache Versuche oder Experimente durchführen und auswerten • Diagramme mit digitalen Medien erstellen • Einflussfaktoren bestimmen (z. B. Anzahl der Buskinder in der Klasse in Abhängigkeit der Entfernung zum Schule, Wohnort/Adresse)	In der Statistik geht es darum, dass Methoden zur Generierung, Erhebung und Analyse von Beobachtungen entwickelt werden, um eine möglichst umfängliche Anschauung von Untersuchungsphänomenen zu erhalten. Bei einer Datenerhebung werden interessierende Eigenschaften von Personen oder Objekten untersucht. Dazu werden die Daten vorher gesammelt, dann verarbeitet und abgebildet. Im Weiteren werden sie interpretiert und diskutiert, um die entstandenen Ergebnisse abschließend evaluieren und für die Weiterarbeit nutzbar zu machen. Die Eigenschaften einer statistischen Einheit wird als Merkmal bezeichnet. Hat man diese festgelegt, kann die eigentliche Untersuchung beginnen. Zu den Phasen einer statistischen Untersuchung gehört zunächst die Planung. Ist diese erfolgt, werden verschiedene Möglichkeiten der Datenerhebung erörtert und nach dem Einsatz der Methoden die erworbenen Informationen kontrolliert, ausgezählt und aufbereitet. Die Darstellung der Daten kann in unterschiedlichen tabellarischen oder grafischen Formen erfolgen. In einem letzten Schritt werden die Daten analysiert und interpretiert. Dabei ist es wichtig, den Rückbezug zur zu Beginn erworbenen Fragestellung zu ziehen, um zu klären, ob diese angemessen beantwortet werden konnte.

Tipp

Anlegen von spezifischem Wortspeicher, am Beispiel »Das sind wir – die Klasse 3b«:
- »Die meisten Kinder ...«
- »Die wenigsten Kinder ...«
- »Keine Kinder ...«
- »Alle Kinder ...«
- Strich, Linie, Kurve, Balkendiagramm, Säulendiagramm, Streifendiagramm, Kreisdiagramm, Liniendiagramm, Flächendiagramm, Entwicklung, Daten, Anzahl, häufig, oft, wenig, mehr, ist die Hälfte von, ist doppelt so viel, Skala, Achse, Achsenbedeutung, auszählen, Stimme abgeben etc.

Die Querverbindung zu Deutsch/Sprachgebrauch untersuchen nutzen: Steigerung von Adjektiven

Weitere Reflexionsimpulse:
- »Überrascht hat mich ...«
- »Nicht überrascht hat mich ...«
- »Jetzt interessiert mich ...«

Klemmbretter als praktikable und portable Schreibunterlagen bei Auszählungen mittels Strichlisten haben sich bewährt.
Das Abgeben von Stimmen im Urnensystem per Kugel in eine Schüssel führt zu einer Unübersichtlichkeit der Anzahl der abgegebenen Stimmen. Dies kann didaktisch genutzt werden, um mit den Kindern zu reflektieren, wie es gelingen kann, diese unübersichtliche Form der Stimmenanzahl in eine übersichtlichere Darstellung zum Erkennen relevanter Informationen auf einen Blick überführt werden sollte. Alternativ eignen sich auch Bausteine oder Bausteckssteine, diese lassen sich oft noch besser stapeln bzw. ordnen als Hinführung zum Säulen- oder Balkendiagramm.
In den Bedingungen muss festgelegt werden, ob die Klasse als Ganzes einen Datensatz erhebt oder ob jedes Kind Daten generiert.
Das Zeichnen von Diagrammen ist mithilfe von Kästchenpapier oder einer Schablone für alle Kinder zu meistern. Ein Farbwechsel nach 5 erleichtert das Ablesen und Vergleichen der Daten.

Kombinatorik

Möglicher Lehrweg	Aufmerksamkeitsrichtungen	Beispiel
Warmup	• Abgestimmt auf den Stundenschwerpunkt	• Zuordnungsbilder, Wimmelbilder, Labyrinthe
Begegnung mit der mathematischen Problemstellung aus einer konkreten Sachsituation Aktivierung von Vorwissen Zielangabe	• Einführung in die Sachsituation (z. B. Kindergeburtstag und Geschenke) • Emotionales Ankommen in der Sachsituation • Je nach Stellung in der Sequenz Vorwissen aufgreifen und mathematische Fachsprache versprachlichen (Wortspeicher anlegen) • *Exemplarisch*: »Wie viele Möglichkeiten gibt es ...« • Festlegen der Bedingungen: »Was ist an Anordnungen erlaubt?«	• Besonders gut eignen sich Sachsituationen, die eine klare Reihenfolge bedingen, zum Beispiel: die Kombination von drei unterschiedlichen Geschenken, zwei Verpackungsfarben und drei Schleifen. Die Reihenfolge ist vorgegeben: erst wird das Geschenk genommen, dann verpackt und anschließend mit einer Schleife verziert • Beim Festlegen der Bedingungen geht es auch darum festzulegen,

Möglicher Lehrweg	Aufmerksamkeitsrichtungen	Beispiel
Bedingungen festlegen Vermutungen zur Anzahl der Möglichkeiten	• *Arbeitsauftrag*: »Finde heraus, wie viele Möglichkeiten es gibt. Dokumentiere, wie du vorgegangen bist, um alle Möglichkeiten zu finden und keine Möglichkeit doppelt ist. Du kannst dazu auch die Forschermittel aus der Mathematik (Farben, Striche, Symbole) verwenden. Notiere es so, dass andere auf einen Blick nachvollziehen können, wie du vorgegangen bist« • Schätzen von Möglichkeiten	was beim Finden von Möglichkeiten nicht erlaubt ist (so würde im Geschenkebeispiel ausgeschlossen, dass ein Geschenk mehrere Schleifen erhält oder zwei Mal verpackt wird. Dies wird an der Tafel fixiert und ggf. am Beispiel einmal gezeigt. • Vermutungen an der Tafel oder Wortkarten festhalten
Erarbeitung Entdeckerzirkel	• Eine fundierte Einzelarbeit ist immer die Voraussetzung für eine gelungene Partner- und/oder Gruppenarbeit • Entdeckerzirkel: Think-Pair-Share-Methode • Im Plenum werden in der Zusammenführung ausgewählte Anordnungen besprochen • Lehrerrolle als Moderator sowie individuelle Hilfe	• Es geht darum, dass die Kinder sich mit den Möglichkeiten des Probierens und im Folgeschritt des systematischen Ordnens auseinandersetzen • Leistungsschwächere Kinder erhalten durch den Austausch mit ihren Klassenkameraden die Gelegenheit, deren Entdeckungen zu verstehen und nachzuvollziehen
Zusammenführung	• Vorstellen und Vergleich der Anordnungen hinsichtlich der Kriterien Verständlichkeit, Gruppierung, Anordnung, saubere Zeichnung, unterstützende Mittel (z. B. Farbwahl) und Eindeutigkeit zum Finden aller Möglichkeiten und dem Ausschluss doppelter Möglichkeiten	• Auf für die Zuhörer verständliche Präsentation achten • Immer wieder versprachlichen lassen
Transfer Darstellungsform Alltagsphänomene	• Präsentation einer weiteren Darstellungsmöglichkeit • Finden von gleichartigen Kombinationsmöglichkeiten im Alltag (evtl. Beispiele vorgeben, Kinder entscheiden über Analogie) • Impuls: »Was wäre, wenn du ein weiteres Geschenkband hast? Wie viele Möglichkeiten gäbe es dann?«	• Das Handlungsrepertoire der Kinder auch durch eine den Kindern unbekannte oder ungewöhnliche Darstellung erweitern, die zunächst als stummer Impuls präsentiert und dann miteinander versprachlicht wird

Die Kinder im Blick	Didaktische Grundsätze
Gerade zu Beginn von Unterrichtssequenzen im Fachbereich »Kombinatorik« hat die Handlungskompetenz der Kinder Priorität. Dabei gelingt es bereits einigen Erstklässlern, ihr systematisches Probier- und Suchvorgehen zu visualisieren. Zur Versprachlichung kann die Lehrkraft unterstützend und modellierend wirken. Die Verbalisierungskompetenz entwickelt sich vielfach allmählich und bedarf neben ausreichender Übungsangebote der ermunternden Unterstützung durch die Lehrperson. Als besonders lernförderlich erweist sich die Würdigung der verschiedenen Lösungsansätze im Unterricht.	*Vorbereitungen der Lehrkraft*: • Sachstruktur der kombinatorischen Aufgabe erfassen: Aufgabentyp bestimmen (Werden alle möglichen Elemente verwendet? Ist die Reihenfolge der Anordnung wichtig? Sind Wiederholungen zugelassen (z. B. Zurücklegen einer Kugel)? *Bedingungen klar für die Kinder formulieren*: • Bei einer Fußballaufgabe zur Erstellung eines Spielplanes (4 Mannschaften – jeder gegen jeden – wie viele Spiele?) ist zum Beispiel zu beachten, dass eine Mannschaft nicht gegen sich selbst spielen kann

Die Kinder im Blick	Didaktische Grundsätze
Die Diskussion über die beschrittenen Lösungswege ermöglicht und fördert dann ein Hinwenden zu effizienten Strategien. *Indikatoren für Lernfortschritte*: • Abkehr vom rein ausprobierenden Handeln • Zunahme der Anzahl richtiger Lösungen kombinatorischer Aufgaben • Visualisierendes Darstellen des Vorgehens wird für Außenstehende nachvollziehbar(er) • Elaborierung bisheriger Bearbeitungswege bzw. Erweiterung des Strategierepertoires • Transferleistungen (Erkennen und ggf. Nutzen struktureller Gemeinsamkeiten beim Lösen von Aufgaben; eigenes Konstruieren strukturgleicher Aufgaben) • Entwickeln bzw. Ausdifferenzieren verbaler Beschreibungen Verbalisierung: Eine schriftliche Formulierung ihres Lösungsweges ist selbst für die Kinder im zweiten Schuljahr schwierig. Sie müssen sich vieler, zum Teil intuitiver Entscheidungen und Vorgehensweisen in ihrem Lösungsprozess bewusst werden und sie in Worte fassen. So gibt es etliche Schüler, die zwar alle möglichen Kombinationen finden, aber ihren Weg noch nicht verbal beschreiben können. Mündliche Erläuterungen gelingen den Kindern in aller Regel leichter als schriftliche. Manche Bemerkungen verdeutlichen das Bemühen um eine Begründung, wenngleich die Antwort keinen erklärenden Wert besitzt (»Ich finde keine mehr« oder »Sonst wären welche doppelt«). Impuls-Tipp: »Schneide deine Ergebnisse aus und ordne sie neu« (nicht im Heft, sondern auf einem Blatt Papier arbeiten). Es gibt aber auch bereits in der 1. Jahrgangsstufe Ansätze von weitergehenden Beschreibungen, vornehmlich bei leistungsstärkeren Kindern, die bereits alle Lösungen finden.	• Außerdem ist zu beachten, dass jede Mannschaft nur einmal gegen jede andere spielen darf • Offenheit der Lehrkraft für eine Vielzahl verschiedener Lösungswege • Führen mathematischer Gespräche anbahnen • Einführungsklarheit: Eine Einführung muss sicherstellen, dass jedes Kind die Problemstellung verstanden und einen Zugang zur Aufgabe gefunden hat *Erklärpriorität liegt bei den Kindern*: • Die Lehrkraft greift nicht ein im Prozess der Einzelarbeit und lässt ein probierendes Suchen und Orientieren der Kinder zu und ermuntert dazu • Keinesfalls doziert die Lehrkraft (vorschnell) wie (einfach) die Aufgabe zu lösen ist und die Kinder können im besten Fall nur die Gedankengänge der Lehrkraft nachvollziehen, ohne sich selbst welche gemacht zu haben • *Lösungswegswertschätzung*: Die unterschiedlichen Denkwege der Kinder, ihre visualisierte Darstellung und Reflexion treten in den Vordergrund. Fehler werden zum Ausgangspunkt und Versprachlichungsanreiz, um andere Lösungswege genauer zu betrachten • *Aufgabengründlichkeit*: Statt viele Aufgaben abzuarbeiten, werden bewusst nur wenige angeboten. Ziel ist es, dass alle Kinder Einsicht in mathematisch- kombinatorische Strukturen gewinnen können • *Erweitern des Handlungspotenzials der Kinder bezüglich systematischer Darstellungen zum Lösen kombinatorischer Aufgabenstellungen*: Falls von den Kindern keine oder nur sehr eindimensionale Möglichkeiten der Darstellung kommen, kann die Lehrkraft weitere Darstellungsformen (z. B. Kreuzdiagramm oder Schemadarstellungen) anbieten und mit den Kindern entwickeln und durcharbeiten sowie reflektieren

Typische Handlungen für den Fachbereich	Für den Fachbereich charakteristisch
• Durch systematisches Probieren zu Beginn auf enaktiver Ebene möglichst einfache Wege zur Anzahlbestimmung finden und dabei ausschließen können, dass Möglichkeiten doppelt gezählt oder vergessen wurden • Zählen von Möglichkeiten und Vollständigkeit der eigenen Lösungen auch auf ikonischer Ebene und gegenüber anderen begründen können • Systematisches Darstellen von Lösungswegen unter der Prämisse: »Wie stelle ich sicher, dass ich alle Möglichkeiten gefunden habe und keine doppelt sind?« (Baumdiagramm, Skizzen, Zeichnungen, Tabellen, Kreuzdiagramm, schematische Darstellungen) • Rechnen: Das Verwenden kombinatorischer Zählstrategien baut auf systematischen Auflistungen auf.	Kombinatorik ist ein Teilbereich der »Stochastik« neben Wahrscheinlichkeit und Statistik. Der Teilbereich »Kombinatorik« befasst sich mit den Fragen: • »Wie viele Möglichkeiten gibt es eigentlich ...?« • »Welche Bedingungen gelten?« • »Welche Möglichkeiten gibt es eigentlich?« Es geht zunächst um das Probieren und in der Weiterführung das systematische Ordnen, um möglichst einfache Wege zur

Typische Handlungen für den Fachbereich	Für den Fachbereich charakteristisch
Die Idee ist es, sich zu überlegen, wie die Anzahl aller Objekte möglichst geschickt zusammengezählt werden kann. Dazu ist es möglich sich zunächst bildlich und später hypothetisch zu überlegen, wie man die Objekte geschickt zusammenstellen und auszählen und wenn das verstanden wurde auch berechnen kann • Sicherer Umgang mit mathematischen Fachbegriffen aus dem Wortspeicher zur Bearbeitung der Aufgabenstellung • Strukturiertes Darstellen eigener Lösungsversuche mithilfe von mathematischen Forschermitteln (z. B. Farben, Symbole, Pfeile, Rechenstrich, Diagramme, Tabellen) • Vorstellen eigener Lösungswege • Einlassen und Nachvollziehen der Lösungswege anderer Kinder • Elaboriertes Suchverhalten: geschickt probieren, Muster antizipieren und überprüfen, Möglichkeiten anordnen, Aufgabenstellung vereinfachen, von hinten her denken ...	Anzahlbestimmung von Möglichkeiten mit einfachen kombinatorischen Aufgaben zu finden. Für die geschickte Bestimmung aller Möglichkeiten gibt es in der Kombinatorik eine Vielzahl verschiedener Lösungswege. Wichtig ist dabei besonders, ausschließen zu können, dass Möglichkeiten doppelt gezählt oder vergessen wurden, also die Vollständigkeit der Lösungen begründen zu können.

Tipp

Gut geeignet sind Aufgabentypen, die eine bestimmte Reihenfolge von Handlungsfolgen bereits vorgeben, zum Beispiel: Ein Geschenk wird mit Geschenkpapier eingepackt und dann kommt eine Geschenkpapierschleife drauf. Dies erlaubt einen leichteren Vergleich von Darstellungen. Bei der Kombination von Kleidungsstücken kann die Reihenfolge unterschiedlich sein. Beim Kombinieren von Kleidungsstücken (z. B. Hosen, Strümpfe und Hemden) kann man zuerst Strümpfe anziehen, dann Hose, dann Hemd oder zuerst Hemd, dann Strümpfe und dann Hose. Je nachdem kann es für leistungsschwächere Kinder schwieriger sein, die Darstellung zu erfassen. Bei den Strümpfen kann zusätzlich die Schwierigkeit auftreten, dass Kinder (wenn die Bedingung nicht klar gestellt ist, dass eine Person immer gleichfarbige Strümpfe anzieht) beginnen, zusätzlich die Sockenfarben zu kombinieren und dadurch eine erweiterte Anzahl von Kombinationsmöglichkeiten erzielen, die von der Lehrkraft nicht intendiert waren.
Dabei muss die Bedingung immer klar für die Kinder besprochen sein und festgehalten werden. Am Beispiel der Eistüte muss zum Beispiel festgelegt werden, ob drei gleiche Eiskugeln auch als Lösung gelten, ob es einen Unterschied macht, ob die Eiskugeln aufeinander oder auch nebeneinander angeordnet werden. Gilt es als Lösung, wenn Schokolade neben Vanille ist? Was ist, wenn die Eiswaffel spiegelbildlich gedreht wird usw.
Sollte die Lehrkraft zur Erweiterung der Darstellungsmöglichkeiten einen eigenen Vorschlag machen (z. B. ein Kreuzdiagramm), diese zunächst als stummen Impuls präsentieren und dann mit dem Betrachtungsauftrag »Wie kann mit dieser Darstellung sichergestellt werden, dass alle Möglichkeiten des Kombinierens gefunden wurden und keine doppelt vorhanden sind?« analysieren lassen, ob diese Darstellung tatsächlich zielführend ist und weswegen (z. B. Vergleich der Übersichtlichkeit im Kreuzdiagramm und im Baumdiagramm ...).
Das Verwenden mathematischer Forschermittel (Pfeile, Farben, Symbole) erleichtert die Sinnentnahme bei der Betrachtung von Darstellungsformen von Lösungswegen auch in der Kombinatorik. Im Unterrichtsgespräch sollte stets Zeit zum Verweilen und zum Analysieren der systematischen Darstellungsformen eingeplant werden. Mehrfaches Versprachlichen durch unterschiedliche Kinder erhöht den Durchdringungsgrad.
Zum systematischen Darstellen des Vorgehens können unstrukturierte weiße Blankoblätter verwendet werden, um keine Lösungsstruktur vorzugeben.
Sollte mit Legematerial gearbeitet werden, sollte immer mehr Material als zur kompletten Lösung notwendig ist ausgegeben werden. Über diese Irritation kann ein weiteres Durchdringen »Habe ich alle Möglichkeiten gefunden, habe ich keine doppelt?« angeregt werden.

Möglicher Lehrweg	Aufmerksamkeitsrichtungen	Beispiel
Warmup	• Einordnen von Ereignissen nach sicher/unmöglich/möglich • Eine Kopfrechenphase mit arithmetischen Aufgaben ist für diesen Fachbereich nicht notwendig	• Zum Beispiel im Erzählbasar darauf achten, dass Ereignisse bezüglich der Einschätzung nach sicher/unmöglich/möglich von den Kindern begründet werden
Begegnung mit der mathematischen Problemstellung aus einer konkreten Sachsituation	• Emotionales Ankommen in einer kindgerechten mathematischen Ausgangssituation (z.B Glücksräder am Jahrmarkt, Würfeln bei Gesellschaftsspielen, Ziehen von Kugeln aus einem Säckchen) • Versprachlichen: Wann wird gewonnen, wie ist ein Gewinn zu erkennen?	• Kindgerechte Visualisierungen verwenden
Ausgangsfrage bestimmen Zielangabe Bedingungen bestimmen	• Aus der kindgerechten mathematischen Ausgangssituation ergibt sich die Zielangabe (z.B. »In welchem Säckchen/mit welchem Glücksrad ist die Gewinnchance am höchsten?«) • Bedingungen genau bestimmen: Ausgangslage, mögliche Ergebnisse, Art und Weise der Durchführung, Durchführung immer unter gleichen Bedingungen durchführen	• Gegebenenfalls an das Vorwissen der Kinder zu Zufallsexperimenten anknüpfen (zufällige Ereignisse entstehen als Ergebnis von Zufallsexperimenten, es ist nicht vorhersagbar, welcher Ausgang des Experiments eintritt)
Durchführung Erwartungen formulieren und Hypothesen bilden Datenerhebung durchführen, Anwenden stochastischer Arbeitsweisen	• Die Kinder vermuten mögliche Erkenntnisse und begründen ihre Meinung • Klären der Anzahl der Wiederholungen, Festlegen der Stichprobe zur Überprüfung • Benennen der Notwendigkeit der Notation der Ergebnisse (als offenerer Arbeitsauftrag, um die gefunden Notationsmöglichkeiten als Reflexionsanlass zu nutzen) oder bei Vorwissen die Notation (z.B. mit Strichlisten) • Eine arbeitsteilige Durchführung in Einzel-, Partner- oder Gruppenarbeit erhöht die quantitative Stichprobe • Die Ergebnisse werden kontinuierlich schriftlich festgehalten	• Festhalten der Meinungen auf Wortkarten oder als Meinungsbild mit Anzahl von Stimmen • Das Dokumentieren der Erwartungen erlaubt eine Rückschau nach dem Durchführen des Zufallsexperiments und dessen Auswertung
Versuchsergebnisse und Daten zusammenführen, auswerten und erklären Daten zusammenführen Daten erklären	• Die Stichproben der einzelnen Schüler(gruppen) werden übersichtlich kombiniert und zu einem Gesamtschaubild zusammengefasst • Begründungszusammenhänge für das Gesamtergebnis finden und am konkreten Beispiel erläutern • Abweichungen vom erwarteten Ergebnis zum Beispiel durch die Versuchsbedingungen und den Zufall erklären	• Die Querverbindung zum Bereich Daten nutzen und ggf. versprachlichen

Möglicher Lehrweg	Aufmerksamkeitsrichtungen	Beispiel
Prognose(n) ableiten und für die Weiterarbeit nutzen Abgleich mit Erwartungen und Hypothesen	• Begründen und beurteilen, ob die Bedingungen und die Gestaltung des Zufallsexperiments für faire Spielbedingungen sorgt, ggf. Veränderungen mit bestimmten Absichten ableiten • Versuchsergebnisse mit Prognose und Erwartungen vergleichen	• In einer Form der Anwendung und des Transfers eigene Spielregeln entwerfen (z. B. dass das jeder Spieler auf jeden Fall gewinnt/der Spielleiter auf jeden Fall gewinnt)

Die Kinder im Blick	Didaktische Grundsätze
Die Kinder haben Vorerfahrungen und zum Teil Fehlvorstellungen mit dem »Zufall« und dem »Glücksspiel« mit Würfeln. So glauben manche, dass ihre Lieblingszahl am häufigsten gewürfelt wird, die 6 am wenigsten gewürfelt wird, wenn man sie braucht oder die Kinder entwickeln fantastische Vorstellungen (z. B. kleines Einhorn sitzt im Würfel und beeinflusst das Würfelergebnis). Diese Fehlvorstellungen werden unter anderem durch erwachsene Spielbegleiter noch gefördert. Emotional gefangen und mit zu geringer Stichprobenanzahl zu Würfelergebnissen sind diese Vorstellungen zum Teil sehr hartnäckig oder existieren gleichrangig neben den im Unterricht vermittelten. Erlebnisse mit dem Zufall können des Weiteren auch Kinder verunsichern, weil es kein sicheres Ergebnis einer Handlung gibt. Die Kinder tendieren dazu, sich eher an den günstigen Möglichkeiten zum Prognostizieren einer Gewinnchance zu orientieren als an den ungünstigen. Grundschülern gelingt es im Lauf der Grundschuljahre bei kontinuierlicher Thematisierung im Unterricht, Aufgaben zum Einschätzen von Gewinnchancen, auch mit unterschiedlichen Zufallsgeneratoren zu erfassen. Vergleiche mithilfe des Verhältnisbegriffs »eher wahrscheinlich/eher unwahrscheinlich« aus dem Bereich des Möglichen fallen schwerer als das klare Feststellen von »sicher« oder »unmöglich«. Das Verständnis für Relationen wird in der Grundschule grundgelegt.	• Vorerfahrungen der Schüler thematisieren und reflektieren, vor allem im Sprachgebrauch, um den Unterschied zwischen Umgangssprache und mathematischer Fachsprache bewusst zu nutzen. • Grundsätzlich den Schülern Möglichkeiten zu verschiedenen Lösungswegen geben. • Aufgabenstellungen auswählen, die ein Vorgehen auf enaktiver Ebene, ein tieferes Verständnis, das Erkennen von Gesetzmäßigkeiten sowie ein Überwinden von Fehlvorstellungen ermöglichen. • Bei der Analyse von Möglichkeiten ist es wichtig, die Endresultate und den Entstehungsprozess der Möglichkeiten kritisch zu betrachten. Dabei geht es auch darum, die typisch stochastischen Handlungsschritte (Ausgangsfrage, Ersterwartungen formulieren, Daten ermitteln und interpretieren, prognostizieren und schätzen von Wahrscheinlichkeiten auf der Grundlage von Häufigkeiten, Ersterwartungen aufgrund der experimentellen Ergebnisse verifizieren und falsifizieren) in den Blick zu nehmen. • Statistisch: Empirische Herangehensweisen des enaktiven Handelns beim Durchführen von Zufallsexperimenten können durch kombinatorische Wege ergänzt und zum vertieften Verständnis und zur Versprachlichung, Modellierung und intermodalem Transfer genutzt werden. • Vorbereitungen der Lehrkraft: Sachstruktur der stochastischen Aufgabe erfassen und den Aufgabentyp bestimmen (Handelt es sich um ein- oder mehrstufiges Zufallsexperiment? Wie kann die Lebenswelt der Kinder beachtet werden (z. B. Werfen einer Münze, Würfeln mit einem (idealen) Spielwürfel, Drehen an einem Glücksrad oder mehreren Glücksrädern, Entnehmen von Kugeln aus einer Urne). • Bewusst auch Aufgaben und Ereignisse ohne Zufallsgeneratoren einbauen und zur Versprachlichung nutzen (mit dem Würfel eine 7 würfeln). • Bedingungen für das Durchführen von Zufallsexperimenten klar für die Kinder formulieren: Beim Ziehen von Kugeln aus einer Urne wird zum Beispiel die Kugel wieder ins Säckchen zurückgelegt: Wie oft wird gezogen? • Führen mathematischer Gespräche anbahnen. • Einführungsklarheit: Eine Einführung muss sicherstellen, dass jedes Kind die Problemstellung verstanden und einen Zugang zur Aufgabe gefunden hat. • Erklärpriorität liegt bei den Kindern. • *Lösungswegswertschätzung*: Die unterschiedlichen Denkwege der Kinder, ihre visualisierte Darstellung und Reflexion treten in den Vordergrund. Fehler werden zum Ausgangspunkt und Versprachlichungsanreiz, um andere Lösungswege genauer zu betrachten.

Die Kinder im Blick	Didaktische Grundsätze
Zum Teil haben die Kinder die mathematischen Begriffe der Wahrscheinlichkeit weiterhin mit umgangssprachlicher Konnotation. Deswegen ist es kontinuierlich notwendig, die Alltagsvorstellungen und umgangssprachlichen Verwendungen zur Wahrscheinlichkeit den mathematischen Fachbegriffen gegenüberzustellen und die daraus resultierende Spannung zur Versprachlichung zu nutzen.	• *Aufgabengründlichkeit*: Statt viele Aufgaben abzuarbeiten, werden bewusst nur wenige angeboten. Ziel ist es, dass alle Kinder Einsicht in mathematische Strukturen gewinnen können. • *Ziel in der Grundschule*: Einschätzen und Vergleichen von Wahrscheinlichkeiten, nicht das Berechnen von Wahrscheinlichkeiten.

Typische Handlungen für den Fachbereich	Für den Fachbereich charakteristisch
• Umgang mit Wortspeicher: Ereignis, zufällig, Zufall, sicher, unmöglich, möglich, eher wahrscheinlich, eher unwahrscheinlich, Chance • Wahrscheinlichkeiten an der Wahrscheinlichkeitsskala festlegen und begründen • Eine ausreichend hohe Stichprobe zu einem Zufallsexperiment festlegen und begründen • Zufallserscheinung(en) untersuchen • Ergebnisse interpretieren • Muster und Strukturen, Ähnlichkeiten und Unterschiede in Aufgabenstellungen und Ergebnissen, Notationen finden • Bei zufallsgeleiteten Spielen Wahrscheinlichkeiten abschätzen, Gewinnchancen einschätzen und begründen • Ergebnisse eines Zufallsexperimentes systematisch notieren • Wissen über die Wahrscheinlichkeit von Ereignissen nutzen, um beispielsweise in Spielsituationen Gewinnchancen abzuwägen und daraus strategische Spielentscheidungen abzuleiten • Zufällige Ereignisse in der Lebensumwelt finden und mit fachgerechten Begriffen beurteilen • Erkennen, dass es Ereignisse gibt, die vorhersehbar sind und diese von nicht vorhersehbaren Ereignissen unterscheiden • Eigene Spiele zu vorgegebenen Gewinnchancen entwickeln	Zufall ist neben »Kombinatorik« und »Statistik« ein Teilbereich der »Stochastik«. Eine Wahrscheinlichkeit gibt ein quantitatives Maß dafür an, wie gewiss ein bestimmtes Ereignis eintreten wird. Fachbegriffe in der Wahrscheinlichkeitsrechnung sind die Wortkombinationen »sicheres Ereignis« und »unmögliches Ereignis«. Ein sicheres und ein unmögliches Ereignis haben keinen zufälligen Charakter. Spricht man von Wahrscheinlichkeiten, so erfolgt dies immer im Zusammenhang mit irgendwelchen Ereignissen, zum Beispiel bei Zufallsexperimenten, die unter bestimmten Bedingungen eintreten können, aber nicht eintreten müssen, bei denen also mehrere Ausgänge möglich sind. Solche Ereignisse werden als zufällige Ereignisse bezeichnet. Über die notwendige ausreichend hohe Stichprobe bei Zufallsexperimenten ergibt sich die Verbindung zu statistischen Daten und ihrer Verarbeitung.

Tipp

In der Sequenzabfolge unterrichtlichen Handelns zur Bildung eines präformalen Wahrscheinlichkeitsbegriffs bieten sich folgende Bausteine an:

- Klären der umgangssprachlichen Verwendungen der Wörter »Wahrscheinlich« und »Wahrscheinlichkeit«
- Vergleichen der Wahrscheinlichkeiten unterschiedlicher Ergebnisse des gleichen Zufallsexperiments
- Einführung einer Wahrscheinlichkeitsskala
- Konsolidierung des Wahrscheinlichkeitsbegriffs durch Ableiten von Prognosen aus selbst ermittelten statistischen Daten eines aktiv durchgeführten Zufallsexperiments

Bewährte Impulse zur Prozessreflexion:
- Welcher Vorgang läuft ab/lief ab?
- Was wird beobachtet/wurde beobachtet?
- Welche Ergebnisse können eintreten/sind eingetreten?
- Welche Bedingungen beeinflussen/beeinflussten die Durchführung?

Zahlenraumerweiterung

Möglicher Lehrweg	Aufmerksamkeitsrichtungen	Beispiel: Zahlenraumerweiterung bis 1000
Kopfrechnen	• Mengen vergleichen und nach »mehr und weniger« ordnen • Zahlzerlegungsmöglichkeiten ausgewählter Zahlen bis 10/20 • Ordnen von Zahlen im bekannten Zahlenraum bis 100	• Auf passende Versprachlichung achten • Ordnen von Zahlen bis 100 in vielfältigen Aufgabenstellungen (z.B. Anordnen am Zahlenseil) und das Anordnen versprachlichen
Begegnung mit der mathematischen Problemstellung	• Wahrnehmen einer unstrukturierten Menge • Schätzhandlungen • Zielangabe in kindgemäßer Form	• Lehrkraft sammelt die Kinder im Sitzhalbkreis vor der Tafel: Präsentation von 1000 Ein-Centstücken auf einem Haufen • Schüler schätzen die Anzahl
Zielangabe	• Kindgemäße Formulierung	• Notation einzelner Schätzungen nach der Zielangabe: »Wie viele Ein-Centstücke sind es genau?«
Erarbeitung	• Überführen der unstrukturierten Menge in eine selbst gewählte strukturierte Form • Gruppenarbeit • Präsentation der Ergebnisse • Vergleich der Strukturierungshandlungen	• Die Lehrkraft verteilt Teilmengen der Gesamtmenge an Ein-Centstücken als »Haufen« auf den Gruppentischen • *Arbeitsauftrag*: »Wie kannst du die Menge der Ein-Centstücken so anordnen, dass du und andere, die vorbeikommen, die Anzahl auf einen Blick erkennen können?« • Präsentation als geführter Galerierundgang • Zuerst äußern sich die »Zuschauer«, wie sie vermuten, dass die Gruppe die Menge strukturiert hat und ob sie gut erfassen bzw. nachvollziehen können, wie sich die Gesamtteilmenge zusammensetzt • Im Folgenden äußert sich die Gruppe und erläutert ihre Gedanken und Strukturierungshandlungen • Am Ende des Rundgangs werden die Strukturierungshandlungen bezüglich Praktikabilität und Mengenerfassung »auf einen Blick« verglichen
Zusammenführung	• Bündeln der Teilmengen zur Gesamtmenge	• Anwenden der Bündelung der Einer zu Zehnern (z.B. 10 Eincentstücke in ein Filmdöschen), diese wieder zu Hunderten (10 Filmdöschen oder Zippbeutel mit je 10 Eincentstücken kommen auf eine Platte)

Möglicher Lehrweg	Aufmerksamkeitsrichtungen	Beispiel: Zahlenraumerweiterung bis 1000
		• 10 Platten mit je 10 Filmdöschen mit je 10 Eincentstücken sind insgesamt ein Tausender • Auf passende Versprachlichung zu den einzelnen Handlungen achten
Abschluss	• Erfassen der Gesamtzahl	• Rückblickende Visualisierung zu den Handlungsschritten mit den Kindern als Versprachlichungsanreiz • Abgleich mit den Schätzungen zu Beginn der Unterrichtseinheit

Impulse zur sequenziellen Weiterarbeit:

- Arbeit mit der Stellenwerttafel
- Zahlen lesen, schreiben, zusammensetzen
- Mit Ziffernkärtchen neue Zahlen bilden
- Zahlen akustisch darstellen (z.B. Einer klatschen, Zehner schnippen, Hunderter stampfen oder für jeden Stellenwert ein Orffinstrument auswählen: z.B. Einer: Handtrommel, Zehner Klangstäbe, Hunderter Schellenkranz)
- Orientierungsübungen im Tausenderfeld
- Zahlen vergleichen, Zahlen der Größe nach ordnen, Nachbarzahlen finden
- Zahlenstrahl und Rechenstrich, Zahlenfolgen bilden, Tausenderbuch, Arbeit mit Dienesmaterial

Die Kinder im Blick

Beim Übergang vom Kindergarten in die Grundschule unterscheiden sich die Kinder sehr in ihren Grunderfahrungen und Kompetenzen bezüglich ihrer arithmetischen Fähigkeiten.

Das geht aus unserer Erfahrung vom Bestimmen der Anzahl bis maximal drei hin zu flexiblen Rechnern mit einer mentalen Vorstellung der Größenrepräsentation der Zahlen im Zahlenraum bis 100 oder mehr. Die meisten Kinder verfügen über eine weitgehend fehlerfreie Zählkompetenz bis 10 oder 20 als Zahlwortreihe mit dem festen Startpunkt 1, jedoch oft ohne kardinales Verständnis. Mengen können aufgrund ihrer unterschiedlichen Ausdehnung oder Fläche bzw. ihres Volumens grob voneinander unterschieden werden. Manche Kinder haben besondere Lieblingszahlen, zum Beispiel ihr Alter, eine Glückszahl, bekannte Zahlen aus Märchen oder Geschichten, mit denen sie sich besonders verbunden fühlen.

Bei der Bildung eines Zahlbegriffes abstrahieren die Kinder von konkreten Gegenständen aus. Bei mehr als zwei Gegenständen konstruiert das Kind aus der jeweiligen Einheit des Einen (z.B. ein Gummibärchen und noch ein Gummibärchen und noch ein Gummibärchen) eine Vielzahl (insgesamt kategorisiert drei Gummibärchen), die nun durch Kognition als Einheit wahrgenommen und interpretiert und klassifiziert wird. Aus den Einzelelementen wird eine Reihe gebildet, eine Eins-zu-Eins-Zuordnung vorgenommen und abgezählt. Das letzte Zahlwort

Didaktische Grundsätze

- Ausgangspunkt für die Erweiterung des (individuellen) Zahlenraums der Kinder ist ein »eroberter« Zahlenraum und eine gesicherte Zahlvorstellung.
- Rechnen im (erweiterten) Zahlenraum konstatiert zählendes Rechnen als Entwicklungsschritt im Vorschulalter und bei Schuleintritt. Im Weiteren wird versucht, den Kindern Strategien anzubieten, sich vom zählenden Rechnen abzulösen, denn zählendes Rechnen ist als Hauptstrategie nicht tragfähig, weil es mit immer größeren Zahlenräumen zeitaufwändig, konzentrationsraubend und fehleranfällig ist.
- Beim Aufbau von Zahlvorstellungen geht es darum, beziehungsreiche Aufgabenstellungen, die mathematische Prinzipien beinhalten, zu stellen, die dann im Weiteren erweiterbar sind und als Basis für weitere Zahlvorstellungen und Zahlbeziehungen dienen.
- Zu einer tragfähigen Zahlvorstellung gehört es, Beziehungen und Zusammenhänge von Zahlen untereinander sowie die Beziehungen zwischen Zahlen und Mengendarstellungen zu erkennen und zu verstehen.
- Um sich Beziehungen zwischen Zahlen vorzustellen, ist eine kardinale Sicht auf Zahlen nötig. Dabei werden Mengen zueinander in Beziehung gesetzt.
- Die Kinder benötigen vor allem ein Verständnis für die kardinale und ordinale Bedeutung von Zahlen.
- Die Fähigkeit, strukturierte Zahlenmengen schnell »auf einen Blick« erkennen und darstellen zu können ist essenziell. Diese Fähigkeit zur quasi-simultanen bzw. strukturierten Anzahlerfassung generiert den Aufbau passender innerer Bilder und weiterer mentaler Vorstellungen.
- Nicht zu früh rechnen: Zeit nehmen für den Aufbau von Zahlvorstellung.

Die Kinder im Blick

bestimmt die Gesamtheit (das haben viele Kinder noch gar nicht sicher erfasst. Sie zeigen bei einer gelegten Reihe aus Steinen und der Aufforderung: »Zeig mir 2!« oft auf den zweiten Stein und nicht auf die Menge). Die Kinder gelangen nur über operative Leistungen zu einem tragfähigen Zahlbegriff.

Erst dann, wenn Kinder erfasst haben, dass keine Zahl für sich allein stehen kann, sondern stets im Zusammenhang mit anderen Zahlen steht, können sie die entstehenden Beziehungen nutzen und mithilfe von Strategien alle Aufgaben der Rechenfertigkeit im erschlossenen Zahlenraum durch bereits »bekannte« Aufgaben lösen. Die Kinder erkennen, nicht jede Aufgabe muss an sich neu und für sich alleinstehend gerechnet werden, wenn man die Verwandtschaft zwischen $7 + 5, 17 + 5, 27 + 5, 137 + 5$ usw. erkannt hat.

Didaktische Grundsätze

- Arbeit mit unstrukturierten Materialien, die eine dezimale Bündelung erforderlich machen, um die Relevanz der Bündelung erkunden zu können und eine Einsicht in den Aufbau des dekadischen Systems grundzulegen.
- Strukturierte Materialien und Darstellungen intensiv einführen, mit Wortspeicher belegen und Handlungen zum passenden Gebrauch festlegen.
- Schwierigkeiten bei der Erweiterung des Zahlenraums erfordern einen Rückschritt in kleinere Zahlenräume und eine Sicherung der Grundlagen.
- Der Aufbau unserer Zahlen im Dezimalsystem ist im bis zur 10 eingegrenzten Zahlenraum nicht möglich. Der Vorteil der Zehnerbündelung kann nicht erfasst werden. Für den Aufbau von Zahlvorstellung ist es daher auch in der 1. Jahrgangsstufe sinnvoll, den Zahlenraum bis 30 oder 100 zu öffnen. Die Einschränkung auf einen kleineren Zahlenraum ist jedoch für das Rechnen für einige Kinder sinnvoll.

Typische Handlungen für den Fachbereich

- Unstrukturierte Mengen in strukturierte Teilmengen gliedern und die Gliederungsabsicht versprachlichen
- Mengen nach Anzahl(en) vergleichen
- Mengen als Teile und Ganzes verstehen, dabei die Gesamtmenge in strukturierten Darstellungen »auf einen Blick« erfassen
- Eine (strukturierte) Menge (z. B. von Punkten) in Fünfer-/Zehner-/Hunderterstrukturanordnung bestimmen oder selbst einkreisen (ohne zu zählen)
- Vorwärts und rückwärts auch in unterschiedlichen Einheiten zählen
- Ergänzen und Vermindern zur ausgewählten nächsten Stufenzahl: Zehner, Hunderter, Tausender
- Strategien des Verdoppelns und Halbierens anwenden
- Zahlen der Größe nach ordnen
- Die Vorgänger und Nachfolger einer Zahl benennen
- Einzelne Zahlen auf dem Zahlenstrahl/Rechenstrich einordnen
- Schätzübungen bei vorhandener Mengenvorstellung
- Zahlzerlegungen
- Zahlenfolgen erkennen und fortsetzen
- Zahlen sprechen, zeigen, schreiben
- Anwenden nicht-zählender Rechenstrategien
- Weiterführend: Zahlen als Maßzahlen bei Größen

Für den Fachbereich charakteristisch

In unserem Alltag operieren wir ständig mit Zahlen: Zahlwörter wie Zehn, Hundert, Tausend, Million gehören zum allgemeinen Sprachgebrauch. In der Grundschule wird ein kompetenter Umgang mit Zahlen in unterschiedlichsten Alltagssituationen und verschiedenen Darstellungsformen grundgelegt. Zahlen stellen dabei Ordnungssysteme her und geben Orientierung. Mithilfe dieses Symbolsystems werden eindeutig Anzahlen, Mengen, Längen, Flächen und Volumina erfasst.

Im Zusammenhang mit der Größe »Geld« dienen Zahlenräume als numerischer Vergleichswert für den Waren-, Gebrauchs- und Tauschwert unterschiedlichster Güter.

In den Zahlenraumerweiterungen von bis zu 10 bis schließlich zur Million nutzen die Kinder grundlegende Vorstellungen zur Struktur des Zehnersystems zur Erfassung. Innerhalb des erschlossenen Zahlenraumes wenden die Kinder Rechenoperationen zu den vier Grundrechenarten im Kopf, halbschriftlich und schriftlich mit den Normalverfahren an.

Aufgaben des Eins-plus-Eins bis 20 werden erschlossen und strategisch automatisiert und flexibel angewendet.

Strategieorientiertes Erkennen von Mustern und Strukturen erleichtern ökonomisches Lösen von Aufgabestellungen.

Zum Zahlbegriff selbst gehören die Zahlbedeutung und -beziehungen, -darstellung und -auffassung sowie die Zahlwortreihe und das Lesen und Schreiben von Zahlen. Neben dem Kardinal- und Ordinalzahlaspekt wird in der Regel noch zwischen Maßzahlaspekt, Operatoraspekt und Rechenzahlaspekt unterschieden.

Tipp

Materialien, die sich recht gut bündeln lassen, sind Steckwürfel oder Perlen, die man zur Zehnerstange bündeln kann, indem man sie auf Pfeifenputzer auffädelt.
Bei der Arbeit mit strukturierten Darstellungen ist zu beachten:

- Ohne Vorwissen über die Gesamtanzahl der Elemente, können keine Teilmengen zum Zusammensetzen der Gesamtmenge gebildet werden
- Die gleiche unstrukturierte Zahldarstellungen kann von unterschiedlichen Kindern unterschiedlich interpretiert werden. Deshalb ist es wichtig, die Art der individuellen Wahrnehmung zu versprachlichen
- Um von unstrukturierten Darstellungen zu strukturierten zu gelangen, sind Vereinbarungen notwendig (z.B. 10 Punkte bilden eine Reihe)
- Wiederholte Gelegenheiten zur strukturierten Erfassung unstrukturierter Mengen geben (z.B. auch mit unterschiedlichen Materialien)

Vierphasenmodell zum Aufbau von Grundvorstellungen:

1. Das Kind handelt am geeigneten Material (nicht zählend) → Versprachlichen
2. Das Kind beschreibt die Materialhandlung mit Sicht auf das Material, ein Partner handelt
3. Das Kind beschreibt die Materialhandlung ohne Sicht auf das Material → Vorstellung
4. Das Kind arbeitet auf symbolischer Ebene, übt und automatisiert → ggf. Rückschritt auf vorherige Stufe (vgl. Wartha/Schulz 2011)

Musik

8

Musikunterricht in der Grundschule erweitert die musikalische Wahrnehmungs-, Erlebnis- und Ausdrucksfähigkeit und weckt die Freude und das Interesse der Kinder an der aktiven Begegnung und eigenen Gestaltung von Musik und musikalischen Elementen als künstlerische, individuelle wie soziale Interaktionsmöglichkeit hin zu ästhetischem Erleben, bewusstem Hören von Musik und ersten Annäherungen an kindgerechtes Musikverständnis.

Musik hören, erfassen und umsetzen

Möglicher Lehrweg	Aufmerksamkeitsrichtungen	Beispiel
Allgemeines musikalisches Warmup	• Physisches, psychisches und emotionales (ritualisiertes) Einstimmen auf den Musikunterricht • Aktivieren grundlegender instrumental-, stimm- und bewegungstechnischer Fähigkeiten	• Bewegungsübungen am Platz und im Raum, Übungen zur Körperhaltung, Übungen zum Atmen, Klatschübungen und mit der Stimme • Gegenseitiges individuelles und kollektives Wahrnehmen
Spezifisches musikalisches Warmup	• Vorentlastende werkbezogene Übungen	• Vorentlastende werkbezogene Übungen zu Rhythmus, Melodie (z.B. Echospiel, Grundschlagübungen, Tonfolgen, Wiederholungen in Melodie und Rhythmus, Rondo)

Möglicher Lehrweg	Aufmerksamkeitsrichtungen	Beispiel
Einstimmung	• Aufbau einer emotional gehaltvollen Ausgangssituation • Hinführung zum Stimmungsgehalt des Werkes • Gegebenenfalls Vorgestalten des zu erwartenden Höreindrucks	• Einsatz von Medien (z. B. Bildbetrachtung, Gedicht, Buchausschnitt • Gegebenenfalls Motiv benennen (z. B. Sommergewitter), Vorstellungen einer antizipierten Verklanglichung mit den Kindern sammeln • Gegebenenfalls Erzählung aus dem Leben des Komponisten • Einordnen der Lebensdaten in die Zeitleiste/Geschichtsfries • Vorgestalten zum Beispiel mit Instrumenten (z. B. bei programmatischer Musik) und Vergleich mit dem Werk, Vermuten von zu verwendenden Instrumenten, Klangfarben, Dynamik
Zielangabe	• Zielstellung der Stunde klären • Kindgemäße Formulierung	
Werkbegegnung	• Globaleindruck: Höreindrücke und Stimmungsgehalt beschreiben • Erschließen der musikalischen Form • (Wieder-)Erkennen von Motiven, Strukturen, Rhythmen, Melodien, Instrumenten(gruppen) • Wiederholende Werkbegegnung • Detaillierte Hörerfassung mit Höraufträgen	• Verbalisieren der Höreindrücke, ausgehend von Spontanäußerungen bis hin zur Verwendung fachspezifischer Begriffe (begriffliche Schwerpunkte: Lautstärke, Klangfarbe, Dauer, Tonhöhe, Tempo, Takt, Schichtung, Bauplan) • Charakterisieren der Musik durch Zuordnen von Eigenschaftswörtern • Gegebenenfalls Vergleich mit einer Vorgestaltung oder Schülervermutungen *Methodische Möglichkeiten*: • Gezielte Höraufgaben (z. B. bezüglich der Instrumente, Dynamik, Klangfarbe, Bauplan) • Erkennen von Wiederholungen, Erkennen gleicher Teile (z. B. Rondothema, Erstellen des Bauplans mithilfe farbiger Karten und Aufschreiben der Form, Bestimmen der Instrumente, Bestimmen der Funktion eines Musikstückes durch Zuordnung der Höreindrücke zu Bildern, zu Musikrichtungen wie etwa Tanzmusik oder Kirchenmusik ...) • Einordnen des Werkes in den gesellschaftlichen Rahmen
Transformation	• Die vielfältigen Eindrücke, die während der Werkbegegnung auf das Kind einwirken, werden Motor eigener, neuer Handlungen als Ausdrücke	• Imitieren, Nachsingen oder Nachgestalten der Höreindrücke mit verschiedensten zur Verfügung stehenden Mitteln • Mitspielen, Mitklatschen eines ostinaten Rhythmus, kleines Schlagwerk, Spiel-mit-Stücke • Improvisation von Motiven • Erfinden von Stücken mit gleicher Form (z. B. Rondo) • Umsetzen der Höreindrücke in Bewegung sowie szenischer oder grafischer Darstellung
Präsentation/Zusammenführung **Reflexion**	• Die Ergebnisse werden vorgetragen • Reflexionsrichtungen (z. B. Zusammenhang der Transformation und des ursprünglichen Werkes)	• Passenden Rahmen schaffen für eine Präsentation • Auffälligkeiten in der Transformation von Bild, Bewegung, Sprache, Musik • Finden von Gelegenheiten und Örtlichkeiten, an denen man solche Musik hören kann • Abschließende Impulse: »Meine Frage an den/die Komponisten«
Abschluss	• Würdigender Abschluss	• Feierlichen Rahmen setzen, Produkte würdigen, Harmonischer Ausklang • Abschlussritual

Die Kinder im Blick

Im Grundschulalter sind die Kinder im Alter von fünf bis sechs Jahren dazu in der Lage, Instrumente anhand ihrer Klänge in Instrumentenfamilien zu ordnen, verschiedene Instrumente im Zusammenklang zu erkennen und einfache Rhythmen nachzuklopfen. Außerdem können sie bereits Halbton-Unterschiede erhören, Tonartenwechsel wahrnehmen und sie beginnen ein tonales Zentrum aufzubauen. Zunehmend entwickeln sie Präferenzen für Konsonanz statt Dissonanz und Tonalität statt Atonalität.

Im Alter von sieben bis acht Jahren nehmen die Kinder bereits Harmonien und Gefühle im Erhörten wahr, sie legen ihr tonales System weiter fest, unterscheiden zwischen hoch und tief und können mehrere Aspekte gleichzeitig hören und auffassen. Außerdem unterscheiden sie erstmals verschiedene Musikstile. Im Alter von neun bis zehn Jahren sind die Kinder fähig, kleine Intervalle zu unterscheiden, Dur und Moll voneinander abzugrenzen und ein stabiles Tonalitätsgefühl aufzubauen (vgl. Gembris 2013). Vor allem in der Grundschule sind die Kinder noch sehr offen die für Ausdruckskunst durch eigene Bewegungen. In diesem Alter weisen die Kinder hohe Bewegungslust, Bewegungsfreude und Bewegungsausdruckswillen auf, der als Basis zur Forderung der Ausdrucksfähigkeit dient (vgl. Loritz/Schott 2015).

Für den Fachbereich charakteristisch

Das Hören von Musikwerken setzt sich aus zwei Hörvorgängen zusammen. Zum einen die »Perception«. Darunter wird die Reizaufnahme und -verarbeitung verstanden. Auf der anderen Seite die »Cognition«, welche den bewussten Erkenntnisakt des Hörens beschreibt. Stabile Repräsentation von Melodien und Rhythmen werden dabei beim Kind aufgebaut. Edwin Gordon erweitert diesen Vorgang um die »Audation«, den kognitiven Prozess, in dem die Kinder einem gehörten Klang eine musikalische Bedeutung geben und in einen musikalischen Sinnzusammenhang setzen (vgl. Brunner 2015).

Das integrierte Hören im Sinne des Modells der rotierenden Aufmerksamkeit von Gerhard Mantel integriert möglichst viele gleichwertige Hörarten. So umfasst Werkhören das emotionale Hören, die Wahrnehmung des Ausdrucks der Musik, ebenso wie das kompensatorische Hören und das Stillen emotionaler Bedürfnisse durch Musik. Unabdingbar für ganzheitliches Werkhören ist die kreativ-gestalterische Umsetzung des Gehörten als Folge sensomotorisches Hörens. So wird der durch Musik ausgelöste Bewegungsreiz in verschiedene Bewegungen, musikalische Nachgestaltungen oder Umgestaltungen transformiert. Ergänzende Bedeutung erhält das assoziative Hören, bei dem eigene Gedanken und Vorstellungen durch Musik geweckt werden. Basis für die Analyse von Musikwerken ist das bewusste und selektive Hören. Hierbei werden analytisch und intuitiv musikalische Regelhaftigkeiten und Parameter erkannt und durch Transferleistungen integriert (vgl. Helms/Schneider/Weber 2009, S. 159–162).

Aktives Musikhören ermöglicht unvoreingenommenes Annähern an bislang evtl. unbekannte Musik, eine handelnde Auseinandersetzung und gedankliches und emotionales ganzheitliches Eindringen in die vielfältige Welt der Musik.

Typische Handlungen für den Fachbereich

- *Rezeption und Produktion*: aktiv mit Parakomposition musizieren, Musik vorgestalten, spontan Musik begleiten, Begleitung zur Musik erfinden und einpassen
- *Rezeption und Reproduktion*: Melodie mitsingen, Mitspielsatz in geeigneter Notation, angeleitetes Musik Mitgestalten ohne Notation
- *Rezeption und Bewegung*: Grundbewegungen mitschwingen, einzelne Bewegungen erfinden, Choreografie erfinden oder nach Vorgabe ausführen
- *Rezeption und Sprache*: Wirkungsaspekte beschreiben, Wortspeicher anlegen und passend verwenden, Überschriften zuordnen oder selbst finden, (poetischen) Text zur Musik verfassen
- *Rezeption und künstlerisches Gestalten*: freies, assoziatives und grafisches Malen, Umsetzen von Musik in farbiges Gestalten, Darstellungen von Künstlern und Kindern passend zuordnen
- *Rezeption und Szene*: szenisches Spiel selbst entwickeln oder nach Vorgabe umsetzen
- *Rezeption und Reflexion*: Fachbegriffe (z. B. musikalische Parameter und deren Wirkung) verwenden, Strukturen erfassen und beschreiben, Zusatzinformationen, zum Beispiel zur Stilepoche, mit der Musik verbinden und ggf. Entwicklungen beschreiben, Erschließen des emotionalen, programmatischen oder strukturellen Gehalts des Musikstücks

Tipp

- Ausgewählte Kriterien der Werkauswahl sind zeitliche Dauer, handlungsorientierte Perspektive, einfache Struktur, Möglichkeit emotionaler Betroffenheit und bei Musik mit Texten die Textquantität und -qualität sowie Altersgemäßheit.
- Erzählende Musik, die außermusikalische Ereignisse beschreibt, kann eine passende Hinführung sein, zum Beispiel:
  - Musik, die Naturereignisse schildert: Beethoven: 6. Sinfonie, 2. Satz, Gewitter; Vivaldi: Die vier Jahreszeiten
  - Musik, die von Tieren handelt: C. Saint Saens: Karneval der Tiere; Rimsky-Korssakow: Hummelflug; Igor Strawinsky: Der Feuervogel
  - Musik, die Ereignisse beschreibt: Mozart: Die musikalische Schlittenfahrt; Mussorgski: Bilder einer Ausstellung
- Bei der Werkbegegnung auf optimale Klangqualität achten.
- Bei der Auswahl von Hörbeispielen im Musikunterricht sind Hörerfahrungen, Hörgewohnheiten und das Schülerinteresse von Bedeutung.
- Filmausschnitte und Musik in der Werbung bieten Ansatzpunkte, mit Schülern Musik im Unterricht zu thematisieren.
- Es können auch Informationen zu einem Werk, zum Komponisten oder zur Instrumentierung ein Anlass zum Musikhören sein.
- Angemessene Atmosphäre und Stimmung erleichtern die Konzentration und das Eingehen auf das Musikstück. Im Umfeld der Schülerinnen und Schülern ist ruhiges Zuhören eher unüblich und muss erst geübt werden. Um unnötige Störungen und Unterbrechungen vorzubeugen, ist es unbedingt nötig, die Hörbeispiele bzw. Hörausschnitte gezielt vorzubereiten und mit einer guten Audioqualität zu präsentieren.

Einfache methodische Regeln:
- Musik erst einschalten, wenn alle ganz still und hörbereit sind (z. B. Augen schließen, Kopf auf die Arme legen etc.).
- Regeln einführen (z. B. Wortmeldungen erst zulassen, wenn die Musik beendet ist).
- Während des Hörens wird nicht gesprochen, gibt es keine anderen Aktivitäten.
- Alle gewünschten Aktivitäten sind aktivierend und geschehen so leise wie möglich.
- Bei »Mitspielstücken«, die Musik nicht übertönen.
- Lehrervorbild (der Lehrer hört ebenfalls zu).

Singen

Möglicher Lehrweg	Aufmerksamkeitsrichtungen	Beispiel
Warmup	• Haltungs- und Atemübungen • Physisches, psychisches und emotionales (ritualisiertes) Einstimmen auf den Musikunterricht	• Übungen zur Körperhaltung (Wasser von den Armen schütteln, Schnee abklopfen, Nackenmuskulatur entspannen, Schulterkreisen, Marionettenhaltung einnehmen, Beine ausschütteln) • Übungen zum Atmen (Luftballonspiele, Federspiele, Riechen, Ein- und Ausatmen (dabei auf Zwerchfellatmung achten), über Handrücken ausblasen)
		• Bewegungsübungen am Platz und im Raum • Klatschübungen

Möglicher Lehrweg	Aufmerksamkeitsrichtungen	Beispiel
Zielangabe	• Zielstellung der Stunde klären • Formulierung in kindgerechter Form	
Einsingen/ Stimmpflege	• Stimmbildungsübungen durchführen (ggf. Koppeln mit (Teilen) der Melodie des Liedes) • Stimmtechnische Voraussetzungen schaffen	• Vorwegnahme und Isolation von melodischen, rhythmischen oder textlichen Schwierigkeiten, in der Regel einen Schwerpunkt wählen (z. B. Vorüben schwieriger Tonfolgen, Crescendo auf einem Ton, Clustersingen, Singen von Tonfolgen mit entsprechenden Silben)
Erarbeitung der Melodie	• Erschließen wesentlicher Teilaspekte • Erweiterung von Fertigkeiten, Kenntnissen und Einsichten • Ausdrucksmöglichkeiten entwickeln • Kognitive Erhellung und Durchdringung • Freude am Singen	• Visuelle Merkhilfen (Luftschrift, Linienschrift, Handzeichen, Notenbild) • Übungsmöglichkeiten (Vorsingen, Vorspielen, Notensuchen, Nachsummen, Nachsingen auf Klangsilben, Tempo variieren, Lautstärke, partnerweise) • Musiktheorie nicht isoliert, sondern in Verbindung mit der Liederarbeitung (z. B. Aufbau der Form und Struktur des Liedes) • Besondere Schwierigkeiten zusätzlich hervorheben durch akustische, visuelle oder andere Hilfen
Übung	• Vor- und Nachsingen von Teilen des Liedes • Methodisch abwechslungsreiches Singen des ganzen Liedes oder von Liedausschnitten • Klare Kriterien, auf die in der Übungsphase geachtet wird (z. B. Tonhöhe, Artikulation) • Freude am Singen • Synthetisieren der Einzelelemente des Liedes zum Liedganzen	• Audioaufnahmen zum Finden und Reflektieren von gezielten Übungsschwerpunkten nutzen
Präsentation/Zusammenführung **Reflexion**	• Die Ergebnisse werden vorgesungen/ vorgespielt • Reflexionsrichtungen (z. B. Sicherheit in Melodie, Rhythmus, Liedinhalt, Liedcharakter, Liedaufbau, Liedabsicht)	Weitere Reflexionsrichtungen: • »Entsprechen Melodie und Tonart dem Inhalt des Liedes?« • »Meine Frage an den Komponisten und den Verfasser des Liedes ...« • »Das Lied gefällt mir (nicht), weil ...«
Liedgestaltung	Eventuell in den folgenden Stunden: • Ideen zur Gestaltung sammeln • Gestaltungskräfte anregen und Möglichkeiten sammeln	Gegebenenfalls nur ansatzweise möglich, zum Beispiel: • Begleitformen finden • Vor- und Zwischenspiele • Instrumenteneinsatz • Wechselgesang • Dynamik und Tempo • Bewegungsgestaltung • Einsatz von Medien

Die Kinder im Blick	Didaktische Grundsätze
In immer weniger Haushalten wird gesungen. Angesichts der verfügbaren neuen Medien können Lieder schnell angeklickt, ggf. bei erneutem Hören auch wiedererkannt werden. Aktives Reproduzieren eines gewachsenen familiären Liedgutes aus der Kindergarten- und Vorschulzeit ist eher selten. Ein für Kinder geeigneter Tonumfang liegt im Tonbereich zwischen f1 und d2. Dabei liegen die tiefsten Töne bei c1/d1 sowie die höchsten Töne bei e2/f2. Im Singen geübte und geschulte Kinder können den Tonumfang auch über- bzw. unterschreiten.	• Förderung des musikalischen Selbstkonzepts durch ermöglichte Könnens-Erfahrungen, Übungen, Auftritte und Präsentationen sowie soziale Interaktionen. • Lieder nicht nur im Fach Musik singen und gestalten. • Lieder musikalisch und handlungsorientiert vermitteln. • Musikalische Fähigkeiten Schritt für Schritt entwickeln. • Neu zu Erlernendes vom Körper aus erarbeiten. • Variatives Üben und Wiederholen von Liedern. • Alle Kinder in den Musikunterricht einbeziehen. • Lernumgebung Musikraum gestalten: Musik braucht Platz. Deshalb sollte ein Musikraum genutzt oder Tische und Stühle an die Seite geräumt werden. Instrumente haben einen festen Platz und sind nicht unsichtbar in Schränken verräumt. • Erarbeitung der »Bausteine des Liedes«: ausgehend von Text, Rhythmus, Melodie und Form wird das Lied im Ganzen »zusammengesetzt« (synthetische Methode) oder analytisch als ganzheitliche Begegnung, Erfassen eines Gesamteindrucks und folgendem schrittweisen Erschließen besonderer »Bausteine des Liedes« erschlossen.

Typische Handlungen für den Fachbereich	Für den Fachbereich charakteristisch
• Singen (z. B. nachsingen, vorsingen, selbst singen ...) • Hören • Tanzen • Bewegen • Zu einem Lied spielen • Ein Lied begleiten • Über Musik und Lieder sprechen • Lieder gestalten • Kreative Formen (z. B. zur Musik und zum Lied malen oder ein Bild/Kunstwerk in Musik oder ein Lied umsetzen) • Melodie, Rhythmus, Liedinhalt, Liedcharakter, Liedaufbau, Liedabsicht unterscheiden und in der Wirkung beschreiben	Singen ist zum einen menschliches Ausdrucksmittel und Möglichkeit der Kommunikation und gleichsam geht es in der Schule auch um den Gesang zur Entwicklung gesanglicher und gestalterischer musikalischer Fähigkeiten und Fertigkeiten, zum Beispiel zur Entwicklung einer Kinderstimme. Lieder zu singen ermöglicht freudvolles und einfaches aktives Teilhaben an Musik, dem Erschließen von Liedern unterschiedlicher Kulturen sowie der eigenständigen Gestaltung von Liedern und Musik zur Integration ins Leben der Kinder.

Tipp

- Atmosphäre durch Bewegungsmöglichkeiten und ausreichend Platz schaffen, Einbezug von Körperarbeit und aktivierenden Übungen, nicht nur zu Stundenbeginn.
- »Eingrooven« bzw. Einstimmen: Damit werden eine rhythmische Sicherheit und das »Sich-Trauen«, mit der Stimme zu arbeiten, erreicht (z. B. Körperinstrumente, Sprechstücke, Wortspiele, Vocussion, Rhythmicals, Rap).
- Abbau von Singhemmungen: »Mentale Maskierung« zur Animation: Singende schlüpfen in eine Rolle (z. B. beim Fußball) und alle singen mit obwohl sie sonst immer erzählen, dass sie das nicht können. Dies funktioniert sehr gut in einer fremden Sprache (z. B. Lieder aus Afrika), mit einer besonderen Choreographie in einer szenischen Form (Verkleidung etc.).
- Veranschaulichung der Melodie/Tonhöhe durch Luftschrift (der relative Verlauf der Tonhöhen wird durch horizontale Handbewegungen angezeigt).
- Zum Beginn des gemeinsamen Singens den Anfangston/das Tempo vorgeben und einzählen (immer eine Zählzeit vor dem Singbeginn).
- Gesungen wird soweit möglich im Stehen, dazu vorher den Körper nochmals lockern, alternativ ist auch das Sitzen im Reitersitz mit aufrechtem Oberkörper an der vorderen Stuhlkante denkbar.

- Das separate Einüben von schwieriger Stellen (Text, Melodie und Rhythmus) wird in der Stimmbildungsphase vorentlastet und während der Liederarbeitung gezielt geübt.
- Das kompetente anstrengungsfreie Singen wird durch variantenreiche Übungen und Wiederholungen so abwechslungsreich gestaltet, dass auch mehrfaches Wiederholen freudvoll erlebt werden kann.
- Zur Ausgestaltung des Liedes können die Kinder oft selbstständig Bewegungen und Gesten finden, indem sie sich am Text, dem Rhythmus oder der Melodie orientieren.
- Lieder in kleinem oder großen Rahmen präsentieren zu können, schafft hohe Motivation und unterstützt das musikalische Selbstkonzept.
- Begleitung mit Körperinstrumenten (»Bodypercussion«, z.B. Stampfen, Patschen, Klatschen und Schnipsen) erfordert keinen weiteren Instrumenteneinsatz und kann in einfacher Form mit gleichbleibendem Rhythmus oder komplexer durch die Kombination unterschiedlicher Rhythmen- und Pausenwerte gestaltet werden.
- Die Präsentation eines Liedes kann mit unterschiedlichen Hilfen gestaltet werden (z.B. kann die Lehrkraft mit dem Gesicht zur Klasse stehen und helfend eingreifen oder sie kann sich hinter die Klasse stellen und nur mit ihrem Instrument führen).
- Wiederholtes Singen (mit Instrumentenbegleitung der Lehrkraft) sowie gestaltete Bewegungen, Bilder, Symbole etc. unterstützen das ganzheitliche Memorieren und Wiedergeben eines Liedes.
- In eine (sinnvolle) Geschichte integriert kann die Stimmbildungsphase auch ritualisiert weitgehend gleichlaufend ablaufen. Dabei wird zusätzlich ein passender inhaltlicher Bezug zum Liedinhalt geknüpft.

Improvisieren

Möglicher Lehrweg	Aufmerksamkeitsrichtungen	Beispiel
Allgemeines musikalisches Warmup	• Physisches, psychisches und emotionales (ritualisiertes) Einstimmen auf den Musikunterricht • Aktivieren grundlegender instrumental-, stimm- und bewegungstechnischer Fähigkeiten	• Bewegungsübungen am Platz und im Raum • Übungen zur Körperhaltung und zum Atmen • Klatschübungen • Einfache Begleitmuster und spieltechnische Übungen • Improvisationsvorübungen mit verschiedenen Klangmaterialien, Instrumenten und mit der Stimme • Gegenseitiges individuelles und kollektives Wahrnehmen
Spezifisches musikalisches Warmup	• Einen bekannten Grundimpuls erweitern und variieren	• Einsatz von »Bodypercussion«, Rhythmusinstrumenten, Klangbausteinen Instrumenten, Stimme • Improvisieren eines Teiles durch ein Kind und Imitation dieses Teiles durch die Gruppe
Hinführung **Zielangabe**	• Anbieten eines Improvisationsimpulses • Zielstellung der Stunde klären	• Aufbau einer spannungsvollen und tragfähigen Ausgangssituation (z.B. Sommergewitter, Herbstspaziergang, Unterwasserwelt) • Einsatz von Medien: Bilder, Gedicht, Buchausschnitt, Klangerlebnis
Exploration Vorstufe zur Komposition	• Wahl der Klangmöglichkeiten • Aktives Prüfen der Klang- und Spieleigenschaften passend zum Improvisationsimpuls	• Atmosphäre von Akzeptanz, Wertschätzung, Struktur und Sicherheit • Angebot an elementaren Rhythmus-, Geräusch- und Effekt- und Melodieinstrumente: (freie) Wahl des Klangmaterials

Möglicher Lehrweg	Aufmerksamkeitsrichtungen	Beispiel
	• Entwickeln von Konturen und Motiven	• Parameter variieren (Klang, Dynamik, Harmonie, Melodie, Rhythmus) • Bewegungsmöglichkeiten finden, ggf. Nutzen des Raumes
Improvisation	• Bilden und Verknüpfen kleiner musikalischer Sinneinheiten: Entwickeln einer vorläufigen Abfolge • Situative Zwischenreflexion(en) • Tatsächliche Abfolge, ggf. Notation • Strukturierung und Organisation der geschaffenen spieltechnisch-musikalischen Bausteine	Zwischenreflexion(en), zum Beispiel: • Wirkungsabsicht bzw. tatsächliche Wirkung • Inhalt, Spannungsaufbau, Motiv und Kontur • Mögliche Änderungen/Erweiterungen/Reduktionen • Einsatz von Spieltechniken, Wiederholungen, Gegensätze, Variation • Einsatz musikalischer Parameter (z. B. Dynamik und Tempo, Lautstärke), Begleitformen finden, Vor- und Zwischenspiele, Stimm- und Instrumenteneinsatz, Bewegungsgestaltung, Einsatz eines Dirigenten • Hilfestellungen: Rondo, Echo (Produktion und Imitation)
Übung	• Wiederholendes Üben mit ausgewählten Aufmerksamkeitsrichtungen (z. B. Spielfluss, Spannungsverlauf und Klangeindruck)	• Gegebenenfalls Audioaufnahmen zum Finden und Reflektieren von gezielten Übungsschwerpunkten nutzen
Präsentation/Zusammenführung Reflexion	• Die Ergebnisse werden vorgetragen • Reflexionsrichtungen (z. B. Spielfluss, Spannungsverlauf Klangeindruck, Stimmigkeit zum Improvisationsimpuls)	• Passenden Rahmen schaffen für eine Präsentation • Kinder für Präsentationsmöglichkeiten sensibilisieren (z. B: Anmoderation, weitere Gestaltungen) • Auffälligkeiten in der Umsetzung von Bild, Bewegung, Sprache, Musik *Weitere Reflexionsrichtungen, zum Beispiel:* • »Meine Frage an den Komponisten« • »Das Stück gefällt mir (nicht), weil …«
Abschluss	• Würdigender Abschluss	• Feierlichen Rahmen setzen • Produkte würdigen • Harmonischer Ausklang • Abschlussritual

Die Kinder im Blick	Didaktische Grundsätze
Freie Improvisationen und spontane Bereitschaft zu musikalischem Ausdruck und Gestalten haben Kinder eigentlich von Grund auf, indem sie zum Beispiel singen, summen, sich zu Musik bewegen usw. Mit dem Eintritt in die Grundschule und in der Konfrontation einer zum Teil verkopften Musikunterrichtsgestaltung kann es passieren, dass diese ursprüngliche Bereitschaft erst wieder geweckt werden muss, wenn vorher »Imitieren, Erlernen und Üben vorhandener musikalischer Bausteine« (Reithinger 2018) Hauptbestandteil des Musikunterrichts war.	• Förderung des musikalischen Selbstkonzepts durch ermöglichte Könnens-Erfahrungen, Übung, Auftritte und Präsentationen sowie soziale Interaktionen. • Improvisation vom Körper her erarbeiten. • Klangeigenschaften elementarer Rhythmus-, Geräusch- und Effekt- und Melodieinstrumente explorieren. • Improvisationen musikalisch und handlungsorientiert ermöglichen. • Nutzung aller musikalischer Parameter. • Lernumgebung Musikraum gestalten: Musik braucht Platz. Deshalb sollte ein Musikraum genutzt oder Tische und Stühle an die Seite geräumt werden. Instrumente haben einen festen Platz und sind nicht unsichtbar in Schränken verräumt. • Pentatonische Klangeigenschaften der Instrumente beachten und für die Improvisation nutzen.

Typische Handlungen für den Fachbereich	Für den Fachbereich charakteristisch
• Zu einem Improvisationsimpuls explorieren • Improvisationsimpulse gestalten, grafisch festhalten, präsentieren und reflektieren • Einsatz musikalischer Parameter in Verbindung mit elementaren Rhythmus-, Geräusch- und Effekt- und Melodieinstrumenten, Stimme und Körper • Wirkungsweisen benennen • Singen • Summen • Rhythmik • Hören • Tanzen • Bewegen • Über Musik und Lieder sprechen • Weitere kreative Formen zum Improvisationsimpuls anwenden	Es handelt sich beim Musikunterricht um einen sehr anspruchsvollen Fachbereich, in dem die Grenze zwischen Inhalt und Methode häufig unscharf ist und sich etliche Überschneidungen mit anderen Bereichen ergeben. So können beispielsweise gewinnbringende Wechselwirkungen mit den Bereichen Hörerziehung und Musiktheorie, Spieltechnik und Improvisation, Musikgeschichte und Werkanalyse entstehen. Dennoch muss »Musik erfinden« als eigenständiger Entwicklungsbereich betrachtet werden, der schließlich in das Komponieren eigener Werke unterschiedlichster Stilrichtungen münden kann (vgl. Reitinger 2018).

Tipp

- **Improvisieren kann auch stets ein Lehrwegsbestandteil in den anderen Fachbereichen der Musik sein und dort am passenden didaktischen Ort integriert werden.**
- **Die Töne, die gespielt werden, pentatonisch auswählen, um ein harmonisches Klangerlebnis zu ermöglichen.**
- **Vier oder acht freie Zählzeiten selbst zu gestalten, eröffnet kreativen Freiraum für die Kinder, sich selbst mit einbringen zu können.**

Rhythmus

Möglicher Lehrweg	Aufmerksamkeitsrichtungen	Beispiel
Allgemeines musikalisches Warmup	• Physisches, psychisches und emotionales (ritualisiertes) Einstimmen auf den Musikunterricht • Aktivieren grundlegender stimm- und bewegungstechnischer Fähigkeiten	• Bewegungsübungen am Platz und im Raum • Übungen zur Körperhaltung und zum Atmen • Klatschübungen • Einfache Begleitmuster und spieltechnische Übungen • Improvisationsvorübungen mit verschiedenen Klangmaterialien, Instrumenten und mit der Stimme • Gegenseitiges individuelles und kollektives Wahrnehmen
Spezifisches musikalisches Warmup	• Einen bekannten Grundimpuls wiederholen, ggf. erweitern und variieren	• Einsatz von Versen, Liedrhythmen oder Rhythmusstücken • »Bodypercussion«
Hinführung **Zielangabe**	• Anbieten eines neuen Rhythmuspulses • Zielstellung der Stunde klären	• Aufbau einer spannungsvollen und tragfähigen Ausgangssituation (z. B. Winterlandschaft, afrikanische Wüste) • Gegebenenfalls unterstützender Einsatz von Medien zur Veranschaulichung • Erlernen eines Sprechverses

Möglicher Lehrweg	Aufmerksamkeitsrichtungen	Beispiel
Erarbeitung	• Körperkoordinative rhythmische Übungen • Rhythmen hören und imitieren • Rhythmussprache erlernen	• Erfahrung von Gewicht, Metrum und Puls. Der Weg zum Rhythmus geht vom Großen zum Kleinen. Die Übungen sind kurz und regelmäßig, intensiv durch Vor- und Nachmachen eingeführt, in vielen Varianten und Spielen wiederholt und geübt, kleinschrittig im Schwierigkeitsgrad steigend und ggf. immer mit musikalischem Gestalten (Lied, Spielstück, Bodypercussion) verbunden • Übung mit unterschiedlichen Metren und Taktarten • »Patterns« aus der Stufe 2 werden auf Rhythmussilben (Solfège) wiederholt (z. B. Zoltan Kodaly: ta, ti • M. Gellrich: ta, te te • Rhythmusbausteine: Scho-ko-la-de) • Gegebenenfalls begleitende Zwischenreflexionen, hohe Eigenaktivität der Kinder • Zeitliche Übungsdauer beachten: Ist sie zu zeitlich kurz entsteht kein »Flow«
Variationen (er)finden und üben	• Rhythmen variieren und finden	• Vielfältige Improvisationsübungen (z. B. Solo oder Rondo) • Gegebenenfalls Übertragen auf »Bodypercussion«, Stabspiele, »Boomwhackers«, Rhythmusinstrumente • Gegebenenfalls zusätzlich Bewegungsmöglichkeiten finden und Nutzen des Raumes
Präsentation/Zusammenführung **Reflexion**	• Die Ergebnisse werden vorgetragen • Reflexionsrichtungen (z. B. Spielfluss, Klangeindruck, Zusammenspiel, Unterbrechungen, Halten des Grundpulses)	• Passenden Rahmen für eine Präsentation schaffen • Darbieten der einzelnen Erarbeitungen • Integration in das Spiel der Gesamtgruppe im Wechsel: Alle spielen, Solopart, dann wieder alle spielen ... *Weitere Reflexionsrichtungen, zum Beispiel*: • Einzählen, Auszählen, gemeinsames Spiel, Gleichzeitigkeit, Spieltechnik • Auffälligkeiten in der Umsetzung des Rhythmusteiles
Abschluss	• Würdigender Abschluss	• Feierlichen Rahmen setzen (z. B. Orchesteraufstellung) • Produkte zusammenfassend kriterial würdigen • Harmonischer Ausklang • Abschlussritual mit Schwerpunkt Rhythmus

Die Kinder im Blick	Didaktische Grundsätze
Zum Eintritt in die Grundschule gelingt es den Kindern zunehmend sicherer, Tonhöhe und Rhythmus zu bewältigen. Die Seitigkeiten rechts und links in Zusammenhang mit Patschrhythmen können auch unterschiedlich in einfacher Form ausgeführt werden. Zu rhythmisch eindeutiger Musik erfassen die Kinder den Beat. Im Laufe der Grundschulzeit werden die Kinder motorisch und koordinativ versierter. Texte, Bewegungsabläufe sowie rhythmische Fähigkeiten entwickeln sich hin zur Bewältigung auch komplexerer Formen (vgl. Moritz 2012, S. 5). Insgesamt sind Grunderfahrungen mit Rhythmik für die Kinder Quelle lustvoller Erfahrung mit Körper und Geist. Das Erleben des Beats und von Lautstärke sowie erlaubter Wiederholung schafft Freude an eigener Energie und ein Aufgehen im Klang. Insgesamt sind die rhythmischen Grundübungen auch mit geringen musikalischen Voraussetzungen von sehr vielen Kindern bewältigbar.	*Empfohlene Stufenfolge* (vgl. Fuchs 2015): 1. Körperkoordination, Erfahrung von Gewicht, Metrum und Puls 2. Rhythmen hören und imitieren 3. Rhythmussprache erlernen 4. Rhythmen variieren und finden 5. Rhythmen lesen 6. Rhythmen schreiben → Jede Stufe wird wiederkehrend variativ trainiert. • Von der Sprache über die Bewegung zum Instrument. • Körpernahe rhythmische Arbeit steht stets am Beginn durch beispielsweise Sprechverse oder Rhythmusbausteine. • Rhythmus erschließt sich am unmittelbarsten über die eigenen (Tanz-)Bewegungen als eine körperliche musikalische Erfahrung. • Einbezug von Instrumenten. • Rhythmische Basisarbeit kommt ohne Notenbilder aus. • Vermittlung durch auditive und visuelle Imitation und Reproduktion. • Synchronisierung der Gesamtgruppe durch einen gemeinsamen Hauptpuls. • Kontinuierliche Verwendung von Rhythmussprache. • Haupt- und Nebenimpulse zuerst auf neutralen Silben, ehe sie als Klanggesten/Instrumenten gespielt werden. • Folge sich wiederholender »Patterns« (nicht zu kurz und nicht zu lang, eintaktige Patterns schwerer als zweitaktige). • Rhythmischen Fluss entstehen lassen (nicht zu viel unterbrechen, nonverbale Zeichen einführen). • Rhythmussprache (Gordon/Kodaly: die-du, bumm tschak) kontinuierlich verwenden. • Erst alle Rhythmen gemeinsam lernen, dann differenzieren.

Typische Handlungen für den Fachbereich	Für den Fachbereich charakteristisch
• Metrum und Puls physisch empfinden und reproduzieren • Rhythmen gestalten und präsentieren • Rhythmen notieren • Rhythmen nach Notation spielen • Zu Rhythmen bewegen • Metren unterscheiden • Körper- und andere Instrumente rhythmisch einsetzen • Rhythmusinstrumente kennen und fachgerecht spielen • Lieder, Sprechtexte und Rhythmusstücke passend begleiten • Alleine und mit anderen spielen	Rhythmik als Verbindung von Musik und Bewegung in improvisierten bis ausgestalteten Handlungsbezügen ist integrativer Bestandteil des Musikunterrichts. Die Rhythmik wird dabei in sechs Bereiche eingeteilt. Die primären Bereiche sind Musik und Bewegung sowie ergänzend die Wahrnehmung, Begriffsbildung, soziale Interaktion und der persönliche Ausdruck (vgl. Danuser-Zogg 2002). Puls, Takt, Metrum und Rhythmus sind die Grundelemente rhythmischer Gestaltung. Sie bilden eine Verbindung zwischen einem abstrakten, gefühlten Grundmuster und einer konkret hörbaren rhythmisch musikalischen Gestalt. Rhythmusübungen (z. B. Reime, Sprechstücke, auch im Kanon oder mehrstimmig) gehören zu den klassischen Inhalten im Bereich Rhythmus in der Grundschule.

Tipp

- Rhythmusinstrumente können sehr laut werden. Deshalb sind klare Vereinbarungen zum Start und zum Stopp notwendig, unter Umständen ist auch ein Gehörschutz sinnvoll (z. B. bei Sambatrommeln, Trillerpfeifen).
- Geduld, Humor, Lärmunempfindlichkeit und das Setzen-Können eines klaren Ordnungsrahmens sind lernförderliche Eigenschaften einer Lehrkraft.
- Ein Einstieg mit kurzen Zweizeilern, die rhythmisch gestaltet werden, erleichtert es Schulanfängern Sinnzusammenhänge für Rhythmen zu erschließen.
- Große Trommeln faszinieren nahezu alle Kinder. Stehen diese nicht zur Verfügung, können große Eimer mit dem Eimerboden nach oben gerichtet ein möglicher Ersatz sein.
- Vor jedem Takt grundlegend einen ganzen Takt einzählen.
- Grundsätzlich hat das Kind alle relevanten Rhythmusinstrumente am Körper als »Bodypercussion«. Ein langwieriges Hin- und Herräumen von weiterem Inventar ist deshalb gut zu überlegen.
- Bei der Rhythmusarbeit gilt immer das Grundprinzip »Genauigkeit vor Tempo«. Der zu erarbeitende Rhythmus wird zunächst immer sehr langsam eingeübt. Ist die Ausführung korrekt, kann das Tempo gesteigert werden.
- Alle gängigen Keyboards haben eingebaute »Rhythmuspattern«. Diese sind sehr hilfreich bei der Rhythmuserarbeitung, da man mit motivierenden Rhythmusbeispielen das Üben noch motivierender gestalten kann. Des Weiteren kann der »Rhythmuspattern« des Keyboards in der Dauerschleife gespielt werden, sodass es den Kindern immer wieder möglich ist, gezielt in den Rhythmus miteinzusteigen, falls sie diesen verloren haben sollten.
- Zusätzlich kann am Keyboard das Tempo zum Üben sehr gut variiert werden von zunächst langsamerem Rhythmus zur Originalgeschwindigkeit.
- Grundsätzlich gilt, dass die Schüler immer erst eine Körpererfahrung mit den Rhythmen erleben sollen, bevor eine Verschriftlichung stattfindet.
- Ritualisierte Übungen zu Beginn (z. B. »Bodypercussion« mit Stampfen, Patschen, Klatschen und Schnipsen) fördern die Sicherheit der Schüler bezogen auf Rhythmus und Stundenstruktur.
- Rhythmusübungen sollten immer länger geübt und nicht bei kleinen Fehlern sofort unterbrochen werden, damit der sogenannte »Flow« entstehen kann.
- Metrum und Rhythmus haben in allen musikalischen Fachbereichen ihre Bedeutung. Dies kann zur integrativen Gestaltung des Musikunterrichts genutzt werden (z. B. hat jede Melodie einen Rhythmus. Beim Spielen auf Instrumenten werden Rhythmen in einfachen wie anspruchsvolleren Zusammenhängen gespielt, Rhythmus initiiert Bewegung als Tanz oder bei »Bodypercussion«, Rhythmen können variiert oder improvisiert, gelesen und notiert, gehört und beschrieben werden, Rhythmen werden kulturellen Kontexten zugeordnet usw.).
- Als Einstieg in das Thema Bodypercussion eignen sich für rhythmusunerfahrene Kinder, metrische Spielformen, die im Laufe der Zeit mit leichte Rhythmen (Viertel, Achtel und Viertelpausen) ergänzt und dann komplexer werden.
- Je jünger die Kinder sind, umso körpernaher sollten die Aktionen gewählt werden.
- Bei Schwierigkeiten in der Rhythmusarbeit hilft es, das Tempo zu reduzieren, kleine Übungsabschnitte zu wählen, variantenreiche Wiederholungen einzuplanen sowie Gelegenheit zum Nachhören zu schaffen (z. B. einen Takt spielen • den gleichen Takt innerlich nachhören • wieder spielen).

Tanz

Möglicher Lehrweg	Aufmerksamkeitsrichtungen	Beispiel
Allgemeines musikalisches Warmup	• Physisches, psychisches und emotionales (ritualisiertes) Einstimmen auf den Musikunterricht • Aktivieren grundlegender stimm- und bewegungstechnischer Fähigkeiten	• Bewegungsübungen am Platz und im Raum • Übungen zur Körperhaltung und zum Atmen • Klatschübungen • Einfache Begleitmuster und spieltechnische Übungen • Improvisationsvorübungen mit verschiedenen Klangmaterialien, Instrumenten und mit der Stimme • Gegenseitiges individuelles und kollektives Wahrnehmen
Spezifisches musikalisches Warmup	• Bewegen im Raum	• Bewegungs- und Führungsspiele • Ruhige Hintergrundmusik wählen
Hinführung **Zielangabe**	• Einhören in das Musikstück • Zielstellung der Stunde klären	• Freies Bewegen zum Musikstück im Raum • Wirkungsaspekte auf emotionaler Ebene verbalisieren
Erarbeitung	• Lehrervorbild • Vor- und Nachmachen • Üben	• Lehrervorbild: die Erarbeitung erfolgt weitgehend durch Vor- und Nachmachen • Akustische Hilfen geben (z. B. zur Ausrichtung: Blick nach vorne; zur Schrittfolge: Tipp eins, zwei als Kommando mit dem Fuß einen Schritt nach vorne/hinten zu machen auf »Tipp eins« und dann z. B. zur Seite auf »Tipp zwei«) • Erst ohne Musik, dann mit der Einspielung • Bewährt hat sich die schrittweise Erarbeitung der ggf. unterschiedlichen Schrittfolgen in den aufeinanderfolgenden Taktarten • Erst am Ende nach vorherigem Üben der Schrittfolgen erfolgt die Zusammenführung, ggf. inklusive eines Übergangs mit Drehung oder Wechseln der Tanzausrichtung
Variationen (er)finden und üben (fakultativ)	• Arbeitsteiliges »Erfinden« zu einer Taktfolge • Üben • Zwischenpräsentation • Zusammenführen mit dem Hauptteil	• Eigene Elemente zum Tanz entstehen lassen (z. B. für eine Taktfolge) • Arbeitsteilige Gruppenarbeit • Darbieten der einzelnen Erarbeitungen als Zwischenpräsentation, ggf. »Ideenklau« zur weiteren Ausgestaltung der eigenen Taktfolge • Gegebenenfalls Bewegungshilfen als Bewegungsbausteine anbieten • Zwischenpräsentation kriterial rückmelden (z. B. nach Wirkung, Idee, Gleichklang in Bewegung, Takteinhaltung, Ausdruck (Lachen etc.))

Möglicher Lehrweg	Aufmerksamkeitsrichtungen	Beispiel
Präsentation/Zusammenführung **Reflexion**	• Zusammenführen der Taktfolgen als Gesamtergebnis	• Passenden Rahmen für eine Präsentation schaffen, ggf. auch in Gruppen die »Bühne« abgrenzen, Zuschauer sitzen • Integration der geübten Taktfolgen *Reflexionsrichtungen, zum Beispiel*: • Gesamtwirkung, Idee • Nutzen des Raumes • Aufstellungsform • Gleichklang in Bewegung • Takteinhaltung • Deutlichkeit einer Bewegungsaussage/ Handlungsidee • Präsenz und Intensität beim Tanzen • Schwierigkeit der Gestaltung und ihrer Elemente • Funktionell-anatomische Variationen (Körperhaltung, Einsatz von Gliedmaßen)
Abschluss	• Würdigender Abschluss • Tanz als Ganzes wird zusammengeführt	• Feierlichen Rahmen setzen • Gegebenenfalls Licht zur Zusammenführung etwas abdunkeln, farbiges Licht einsetzen, Musik etwas lauter drehen, Bühne deutlich machen • Im Kreativteil tanzt jede Gruppe ihren eigenen Teil • Produkte zusammenfassend kriterial würdigen • Harmonischer Ausklang • Abschlussritual

Die Kinder im Blick	Didaktische Grundsätze
Kinder im Grundschulalter reagieren in der Regel intuitiv auf Musik und Rhythmen und bewegen sich dazu. Hemmungen, sich offen und frei zu bewegen ist bei einigen Kindern festzustellen. Eine motivierende und angstfreie Gestaltung des Unterrichts, die Lust am Entdecken von Bewegungs- und Ausdrucksmöglichkeiten und Bewegungsfreude erweitert die rhythmischen und tänzerischen Bewegungserfahrungen der Kinder. Weitere Aussagen, Parallelen und Querverbindungen lassen sich im Fachbereich »Musik – Rhythmus« (Kapitel 8) und »Sport« (Kapitel 11) ziehen.	• Vor dem eigentlichen Tanz werden immer Führ- und Laufspiele durchgeführt, um die Kinder daran zu gewöhnen, sich vor anderen zu bewegen. • Tanzen braucht Platz, deshalb eignen sich leere Musikräume, Turnhallen, Schulaulas oder Klassenzimmer mit dem zur Seite geschobenem Mobiliar am Außenrand zur Durchführung. • Die Führ- und Laufspiele nutzen die gesamte zur Verfügung stehende Fläche aus. • Hauptlehrform ist ein Dreiklang aus Vorgeben und nachmachen, Anregen und Erfinden. • Bei der Auswahl der Führ- und Laufspiele werden Übungen gewählt, bei denen es darauf ankommt, sich aufeinander einzulassen, Vertrauen zu sich und gegenüber den Mitschülern aufzubauen und erste Berührungen untereinander zuzulassen. • Vor Tänzen mit dem Partner stehen Gruppentänze in der Unterrichtssequenz. • Als Musikstücke eignet sich jede beliebige Pop-Musik im 2/4- oder 4/4-Takt. Diese bestehen aus mehreren Teilen, die wiederum jeweils zum Beispiel aus acht Takten langen Schrittfolgen bestehen. Diese wiederholen sich beständig. Setzt man am Ende einer Taktfolge in der Choreographie eine Vierteldrehung, ergeben sich stets immer eine neue Blickrichtung und Aufstellung für die Tanzenden. Dies hat zur Folge, dass auch diejenigen, die anfangs in der letzten Reihe stehen, nach einigen Durchläufen ebenfalls »vorne« ihren Platz einnehmen dürfen.

Die Kinder im Blick	Didaktische Grundsätze
	• Rhythmusschulung und Festigung des Hörens über zum Beispiel Klatschen oder Stampfen. • Zunächst auf die Schrittkombination eingehen und die Bewegung der Arme weglassen und erst in einem weiteren Schritt die Arme einbeziehen. • Binnendifferenzierte Vorgehensweise: Unerfahrene Kinder üben die Schrittkombination weiter, tanzstärkere Kinder führen ergänzende vorgegebene Armbewegungen aus oder entwerfen frei für sie zur Musik passende Armbewegungen. • Unterschiedliche Stilrichtungen, multikulturelle Tanzformen in der Klasse integrieren (vgl. Krisch 2010).

Typische Handlungen für den Fachbereich	Für den Fachbereich charakteristisch
• Vormachen und Nachahmen • Tanzen • Gestalten (z.B. in Raum, Form, Zeit und Dynamik) • Aufführen • Zuschauen und Rückmelden • Wechselspiel von kreativen und imitativen Vorgehensweisen in Form von offenen, teiloffenen und geschlossenen Aufgabenstellungen	»Zu Musik bewegen und gestalten« umfasst unter anderem rhythmisches Bewegen frei und nach Anleitung, Gestalten, Darstellen und Explorieren. Dabei geht es darum, das Erproben und Erweitern der eigenen Bewegungsmöglichkeiten zur Musik und auch im Miteinander mit anderen Kindern zu erleben. Das Nutzen, Variieren und Kombinieren räumlicher, zeitlicher und dynamischer Parameter nimmt dabei einen hohen Stellenwert ein. Bewegungen werden nach-, um- oder kreativ neugestaltet und präsentiert. Durch viele Wiederholungen und Übungen entsteht ein »Flow-Erlebnis« und stellt hohe Anforderungen an Empathie, Rücksichtsahme, Selbstreflexion sowie Selbstbewusstsein. Beim Tanzen erweitern die Kinder ihr »Gefühl« für Musik, ihren sozialen Bezug zur Klasse ihre Bewegungskenntnisse, verbessern ihre Körpererfahrung sowie ihre Ausdrucksfähigkeit.

Tipp

Eine abgedunkelte Atmosphäre, warmes, am besten farbiges Licht und genug Platz zur Bewegung sind wesentliche Voraussetzungen für das Gelingen von freudigem Bewegen zur Musik.

Vertrauensspiele: Jeweils zwei Schüler gehen zu zweit miteinander in ihre Ausgangsposition und führen im Wechsel ihren »blinden« Partner zuerst mit beiden Händen von hinten auf den Schultern, in der Weiterführung nur noch mit dem kleinen Finger. Dazu läuft ruhige Entspannungsmusik.

Bewegungsspiele: Die Kinder führen nach Anweisung der Lehrkraft verschiedene Bewegungen aus. Zum Beispiel: Laufen wie auf rohen Eiern, über kleine/hohe Hindernisse springen, auf Nadeln laufen, über klebrige Flächen gehen, den Partner als Seifenblase durch den Raum pusten, wie in einem Schloss lustwandeln, Schattenboxen, Wettrennen in Zeitlupe, fiktives Tauziehen.

- Mit dem Einsatz von zum Beispiel Isolationstechniken und gezielten Armbewegungen können Tänze auch sehr anspruchsvoll individuell differenziert und variiert werden. Das ist eine ideale Grundlage zur gezielten Koordinationsschulung.
- Das Einüben kann zunächst auf langsamer gestellten Beat erfolgen, der sich je nach Übungsfortschritt der Originalgeschwindigkeit des Beats annähert.
- In der Ausgestaltung können weitere choreographische Mittel wie Kostüme, Objekte, Requisiten, Bühnenbild etc. ergänzend ausgewählt und zu integriert werden.
- Visualisierungen von Schrittfolgen können bei gleichzeitigem Einüben und akustischen Hilfen für manche Kinder eine Hilfe sein, wenn sie zentral und in passender Größe angebracht sind.
- Im Rahmen von differenzierenden Aufgaben kann nach Nachgestalten, Umgestalten, Neugestalten und spontangestalten unterschieden werden.

- Als »Cueing« werden verbale und nonverbale Hilfsmittel für die Kinder bezeichnet. Zu den verbalen Cueings zählen die lauten Ansagen von Richtungs- oder Zeitangaben, Einzählen oder Schrittansagen. Die nonverbalen Hilfsmittel unterstützen durch optische Hinweise (z. B. Handzeichen oder Körpersprache).
- Die Lehrkraft bewegt sich spiegelbildlich zu den Kindern beim Vormachen oder mit der Körperrückseite zu den Kindern (ggf. auch in Variation, sodass die Lehrkraft spiegelt und auch die Originaltanzrichtung zeigt).

- Einfache Bewegung(sabfolg)en wählen, um Überforderungen zu vermeiden.
- Tanzend in der Gruppe zu sein ermöglicht Sicherheit, Orientierung und Gemeinschaftsgefühle.
- Mit einem Partner zu tanzen kann auch durch Blicke, Berührung, gleiche Tanzwege und gemeinsamen Rhythmus erfolgen.
- Die aktuellen Charts können einen Hinweis auf bei Kindern beliebte Lieder geben.
- Tanzen auf das individuelle Lieblingslied kann für einzelne Kinder sehr motivierend sein.
- Musikstücke mit einfachem Rhythmus (4/4) wählen, die möglichst keine Pausen haben.
- Bei der Musikauswahl mit Texten in der Fremdsprache auf die Übersetzung des Textinhalts und dessen grundschulgerechte Eignung achten.
- Positives Feedback ermuntert, Hemmungen abzubauen.

9 Religion

Der Religionsunterricht in der Grundschule ermöglicht den Kindern einen religiösen Zugang zur Wirklichkeit und der Begegnung mit christlichen Traditionen. Religionsunterricht ermöglicht die Reflexion und gedeutete Erfahrungen, vermittelt Wertorientierung und bietet Möglichkeiten persönlichen Handelns an. Der Religionsunterricht wird von Kirche und Staat gemeinsam verantwortet und wird getrennt nach Konfession unterrichtet. Kinder, die keinen Religionsunterricht besuchen, sind dem Fach Ethik zugeordnet.

Grundschema

Möglicher Lehrweg	Aufmerksamkeitsrichtungen	Beispiel
Anfangssituation/ Einstimmen	• Religiöse Rituale • Platz und Zeit zum Ankommen • Einladung zur Selbstreflexion • Gegenseitiges Wahrnehmen und Einstimmen • Anbahnen einer Bereitschaft, sich vor Gott zu öffnen	• Begrüßung (z. B. Kerze anzünden, Lied, Gebet, Morgenkreis) • Sitz- oder Stehkreis als Sozialform *Möglichkeit zur Gebetserziehung nutzen*: • »Was läuft im Moment für dich gut, was nicht?« • »Was beschäftigt dich?« • »Wofür kann ich heute dankbar sein?« • »Welchen Wunsch habe ich heute?«
Begegnen	• Emotionalen und motivationalen Rahmen zur Begegnung mit dem Schwerpunkt der Stunde schaffen (z. B. durch Erzählen oder Vorlesen	• Gegebenenfalls Anknüpfung an vorangegangene Unterrichtseinheit • Möglichkeiten der eindrucksvollen Darbietung nutzen (z. B. durch freie Lehrererzählung, unterstützende Materialien zum Aufbau eines Bodenbildes in der Kreismitte, Einbezug von

Möglicher Lehrweg	Aufmerksamkeitsrichtungen	Beispiel
	einer kindgerecht aufbereiteten Bibelgeschichte, Text, Film, szenische Gestaltung) • Wecken einer existenziellen Fragehaltung	Kett-Materialien (Einsatz von Tüchern, Figuren, Legekärtchen und verschiedenen Gegenständen, die von den Kindern selbst zu (Boden-) Bildern gestaltet werden. Dabei werden Alltagserfahrungen durch den Kontext auf eine religiöse Ebene gehoben). Egli-Figuren (haben kein Gesicht, um sie von ihrem Ausdruck her nicht festzulegen. Gefühle und Absichten werden durch Körpersprache ausgedrückt) dienen der Veranschaulichung von Bibelgeschichten
Erschließendes Gestalten	• Resonanz aufnehmen und weiterführen • Instruktive und konstruktive Auseinandersetzung mit dem Inhalt ermöglichen • Raum geben zur innerlichen Verarbeitung, die sich in der äußerlichen Gestaltungsformen und religiöser Ausdrucksfähigkeit ausdrückt ermöglichen, um Gefühle und Gedachtes, das Erlebte und Verstandene zu formen und zu klären • Würdigung der Ergebnisse der Kinder auf freiwilliger Basis • Gegebenenfalls anschließender Vertiefungsimpuls (z.B. durch einen verbalen Impuls, ein Bild, Symbol)	• Möglichkeiten der individuellen Auseinandersetzung mit dem Eindruck aus der Begegnungsphase anbieten • Eigene Zugänge finden, an eigenen Erfahrungen/Vorwissen anknüpfen können, eigene Fragen formulieren • Folgend Austausch in Kleingruppen oder Partnerarbeit im Rahmen der Ko-Konstruktion und Neukonstruktion Ganzheitliche Gestaltung und Verarbeitung anbieten, mehrere Möglichkeiten zur Gestaltung und Verarbeitung für die Kinder zur Verfügung stellen, die mehrere Sinne ansprechen, zum Beispiel: • Arbeit mit Symbolen • Akustische Gestaltungen • Visuelle Gestaltungen • Szenische Gestaltungen • Textproduktive Verfahren
Anwendung und Orientierung finden	• Relevanz für die Lebenswirklichkeit erahnen und abgreifen, Kompetenz des »Urteilens« anbahnen • Persönliche Standortbestimmung (ohne Manipulation der Lehrkraft) festigen • Persönlicher Ertrag • Aussprache (mit dem Partner) und im Plenum	• Keine »platten« Übertragungen auf das eigene Leben *Vorsichtige Annäherungen und Berührungspunkte finden, zum Beispiel:* • »Geht es dir manchmal ein bisschen so wie ...« • »Kannst du dir eine Situation vorstellen, wo es heute in deinem Leben ein bisschen so sein könnte ...«
Zurück und Vorausblicken	• Impuls nach »draußen«: Einladung, die individuell empfundene Kernbotschaft der Unterrichtseinheit in der eigenen Erlebniswelt außerhalb des Religionsunterrichts zu erkennen und zu deuten • Abschlussritual	• Nicht immer muss im Religionsunterricht alles kognitiv reflektiert werden. Der Religionsunterricht bietet ein Angebot zur Identifikation und Hilfestellung, das zuweilen auch gut für sich selbst stehen kann • Eine Einordnung des Inhalts (in einen Lernweg) kann strukturgebend wirken • Abschlussritual (z.B. Lied, Tanz, Wunsch, Segen) • Verabschiedung • Kerzenflamme löschen

(Theologische) Gespräche mit Kindern führen

Möglicher Lehrweg	Aufmerksamkeitsrichtungen und Beispiele
Anfangssituation/ Einstimmen	• Religiöse Rituale • Platz und Zeit zum Ankommen • Einladung zur Selbstreflexion • Gegenseitiges Wahrnehmen und Einstimmen • Anbahnen einer Bereitschaft, sich vor Gott zu öffnen • Begrüßung (z. B. Kerze anzünden, Lied, Gebet, Morgenkreis) • Sitz- oder Stehkreis als Sozialform *Möglichkeit zur Gebetserziehung nutzen, zum Beispiel:* • »Was läuft im Moment gut, was nicht?« • »Wofür kann ich heute dankbar sein?« • »Welchen Wunsch habe ich heute ...«
Ausgangssituation	• »Staunen über die Welt« – »Große Fragen« • Eine Frage stellt sich im Verlauf eines Unterrichtsgesprächs • Die Kinder sammeln ihre »nachdenk-würdigen« Fragen und Gedanken (z. B. in einem Gedankentagebuch, einer Gedankenschatzkiste) • Fragen werden bewusst angeregt (z. B. durch Gegenstände, Begriffe, Texte, Fragwürdige Situationen, (ungewöhnliche) Bilder (Vergrößerungen, Bildausschnitte))
Orientieren	• Die Kinder finden möglichst viele weiterführende Fragen zur Ausgangssituation oder -frage und versuchen eine erste Ordnung zu finden
Auseinandersetzen	• Erste Antwortversuche mithilfe von Gesprächen, Sachbüchern, Geschichten, Bildern, Internetrecherchen, Interviews, Symbolen
Erstes Gestalten und Antwort finden	• Individuelle kreative, suchend-ordnende Handlungen, einen eigenen Zugang finden • Kritisch-konstruktive Auseinandersetzung (z. B. über Begriffsbildung, Entwickeln von Argumenten und Veranschaulichungsbeispielen, Gesprächsbeitrag vorbereiten, Skizze, Plakat, erklärender oder symbolhafter Gegenstand, kreative Produkte)
Präsentieren erster Antwortversuche	• *Redehilfen zur Präsentation für die Kinder:* • »Ich sehe die Sache so ...« • »Ich stelle mir vor ...« • »Mir ist wichtig ...« • »Mir ist klar geworden ...« • Wertschätzende Rückmeldung aller Beteiligter • Meinungsvielfalt pflegen • Keine vorschnelle falsch-richtig-Zuordnung *Weiterführende Fragestellungen, zum Beispiel:* • »Was hast du dir dabei gedacht?« • »Wie meinst du das?« • »Kannst du das noch genauer erklären?«
Anreichern, Vermitteln, Klären	• Ordnen von Übereinstimmungen und Widersprüchen • Strukturierung (z. B. in einem Cluster, Bodenbild) • Einordnung (z. B in den biblischen oder religiösen Zusammenhang) • Ermuntern zu präzisierenden Aussagen und Beispielen • Auf offen gebliebene Fragen hinweisen • Gegebenenfalls Hinweis auf Widersprüche zu anderen Positionen und Meinungen • Auf wiederkehrenden Rückbezug zur Ausgangsfragestellung achten
Vertiefen und Verarbeiten	Sinnenreiches und kreativ- produktives Verarbeiten individueller Antworten, zum Beispiel über: • Sprache (Brief, Monolog, Dialog, Geschichte, Tagebuch, Überschriften, Akrostichon, Sprachbilder)

Möglicher Lehrweg	Aufmerksamkeitsrichtungen und Beispiele
	• Musik (z. B. Klangbilder, Vertonen von Gefühlslagen) • Bildnerische Darstellungen (z. B. Bildfolgen, Stimmungsbilder) • Symbolarbeit • Werkstücke herstellen • Szenisches Spiel (z. B. Standbilder, Rollenspiele, Puppenspiel, Schattenspiel)
Abschließen und Weiterdenken	• Impuls nach »draußen«: Einladung, die individuell empfundene Kernbotschaft der Unterrichtseinheit in der eigenen Erlebniswelt außerhalb des Religionsunterrichts zu erkennen und zu deuten • Nicht immer muss alles kognitiv reflektiert werden. Der Religionsunterricht bietet ein Angebot zur Identifikation und Hilfestellung, das auch gut für sich selbst stehen kann • Eine Einordnung des Inhalts, zum Beispiel in einen Lernweg kann strukturgebend wirken. • Abschlussritual (z. B. Lied, Tanz, Wunsch, Segen) • Kerzenflamme bewusst löschen

Die Kinder im Blick	Didaktische Grundsätze
Die Glaubensentwicklung des Menschen ist im Besonderen davon abhängig, welche Erfahrungen die Kinder mit Glaube und Religiosität machen. Grundlage dafür, glauben zu können, ist die frühkindliche Erfahrung von Urvertrauen, als Erfahrung, unbedingt angenommen zu sein. Glaubensvorstellungen entwickeln sich. Fritz Oser und Paul Gmünder leiteten verschiedene Stufen der Mensch-Gottes-Beziehung ab (vgl. Oser/Gmünder 1984). Ob ein Mensch überhaupt die erste Stufe einer Gottesbeziehung erreicht, hängt davon ab, ob er überhaupt angesichts existenzieller Erfahrungen die Frage nach Gott stellt. Wenn nicht, muss diese erst behutsam durch Glaubenszeugnisse geweckt werden. Auf der *ersten Stufe* (0 bis 8 Jahre) der absoluten Heteronomie herrscht eine »Gott kann alles«-Vorstellung. In der Mensch-Gottes-Beziehung ist ein übermächtiger Schöpfergott präsent. Der Mensch ist Gottes absoluter Macht ausgeliefert. Das Kind erfährt sich als weitgehend reaktiv. Auf der *zweiten Stufe* der relativen Autonomie (8 bis 12 Jahre) wird Gott als Handelspartner wahrgenommen im Sinne eines »Ich tue, wenn du tust«. Gott belohnt und bestraft. Eine wechselseitige Beeinflussung von Gott und Mensch ist möglich (z. B. durch Beten, gute Werke, Gehorsam, Rituale). Es kann allerdings auch zu Abwehrhaltungen gegenüber einem Gott kommen, der doch nicht den Wünschen folgt. Auf dieser Stufe wird Gott oftmals auch als Richter erfahren. Ein anderes Modell bieten die Stufen des Glaubens nach James Fowler (vgl. Klappenecker 1998) und beschreiben für	• *Subjektorientierung*: Inhalte des Religionsunterrichts haben einen »mitlaufenden Anfang«, das heißt die Bedeutung eines Themas wird nicht nur für die Kinder erschlossen, sondern auch die Lehrkraft erfährt, (ggf. immer wieder neu) die Bedeutung eines Themas aus dem Religionsunterricht als Vertrautes und Fremdes für ihr eigenes Leben. Der Unterricht bietet die Möglichkeit, sich in religiösen Belangen kompetent zu verhalten. • *Erfahrungsorientierung*: Zum Beispiel als Erinnerung oder Bestärkung durch die Einbettung des Inhalts des Religionsunterrichts in lebensbekannte und -relevante Situationen der Kinder ermöglichen und daraus den Nährboden für eine Fragehaltung bereiten. Diese Fragen sind zunächst (wahrscheinlich) keine religiösen Fragen. • Eine religiöse Fragehaltung kann dann entstehen, wenn zum Beispiel auf der Basis der anthropologischen Zugänge ein Glaubenszeugnis einer konkreten Person erfolgt. So kann die Frage entstehen: »Hat das vielleicht auch etwas mit Gott zu tun?« • *Erlebnisorientierung*: Vor allem mithilfe einer perspektivischen Lehrererzählung, die gleichsam zur Identifikation einlädt, werden die Themen in die Erfahrungswelt der Kinder gebracht, um den Inhalt als Erlebnis mit- und nachzuerleben und eigene Identifikation oder Abgrenzung durch das Involviertsein als ganze Person zu ermöglichen. • Authentizität der Lehrkraft im Umgang mit religiösen Fragestellungen. • Gehaltliche Erschließung durch Gestaltungsmöglichkeiten, die inneren Ausdruck im Äußeren ermöglichen, um zum Beispiel stellvertretend über die biblische Identifikationsfigur die Relevanz eines Inhaltes für das eigene Leben, eine Gemeinschaft zu erahnen und sich einer »größere Wahrheit« anzunähern. • Emotionale und kognitive Aktivierungen ermöglichen eine ganzheitliche vertiefende Auseinandersetzung mit dem Inhalt in Bezug auf das eigene Selbst. • *Ritualisierung*: Vor allem der Stundenbeginn und das Stundenende wird bestimmt von ritualisierten Handlungen des Ankommens, Sich-Wahrnehmens und

Die Kinder im Blick	Didaktische Grundsätze
die Grundschulkinder einen mythisch-wörtlichen Glauben. Zentrale Bedeutung haben Mythen, Geschichten und Symbole für die Orientierung in der Welt. Im Religionsunterricht Dargebotenes wird oft wortwörtlich verstanden, der Wortsinn ist Grenze des Verstehens, nichtsdestotrotz kann sich bereits der Sinn erschließen, der in den Geschichten lebt. Gott wird ganz wie ein menschliches Wesen verstanden (Anthropomorphismus). Er ist wie ein Heiliger, er ist gut und regiert die Welt, er lebt oben im Himmel und wacht über alle Menschen. Die Kinder beginnen ihr individuelles Gottesbild beschreiben zu können, vor allem in bildhafter Art und Weise. Motivation und Auseinandersetzung mit Aspekten religiösen Glaubens entstehen vor allem dadurch, dass die Kinder in ihren existenziellen Fragestellungen abgeholt werden.	Selbstreflektierens. Im Rahmen der Gebetserziehung kann jedes Kind seine Anliegen für sich und auch vor anderen und vor Gott kindgerecht zum Ausdruck bringen. • *Angebot verschiedener Gottesbilder im Laufe der Jahre in der Grundschule*: Dabei ist allen Gottesbildern gemein, dass Gott ein Gott ist, der zum Menschen verlässlich in Beziehung steht. Diese Angebote können nur personalisiert gemacht werden. Um Glaube als Beziehungsgeschehen zu erkennen, wird zunächst Beziehung im konkreten Alltag reflektiert (z. B. »Wer ist für mich da?« oder »Wer ist für mich wie ein Hirte?« • Dialogischer Austausch zwischen der Lehrkraft und den Kindern sowie der Kinder untereinander über ihre religiösen und anderen Fragen, Antworten und Überzeugungen. • Einsatz von Symbolen ist im Rahmen des Religionsunterrichts der Grundschule eine wertvolle Gelegenheit und Voraussetzung, um eine Brückenfunktion vom Inhalt zur weiteren gehaltlichen Erschließung von Kognition und Emotion zu ermöglichen, auch um einen Zugang zu religiöser Sprache und religiösem Denken zu erhalten.

Typische Handlungen für den Fachbereich	Für den Fachbereich charakteristisch
• Grundlegende Texte und Geschichten aus der Bibel wiedergeben • Phänomene religiöser Gegenwartskultur (Glaubens- und Lebensformen auch anderer Religionen, Bauwerke) beschreiben • Mit einfachen Begriffen aus der religiösen Fachsprache umgehen • Gefühle und Befindlichkeiten sprachlich angemessen beschreiben • Wahrnehmen und empathisches Interpretieren von realen und fiktiven Erzählungen, Situationen, Texten, Gegenständen und Bildern (auch aus unterschiedlichen Perspektiven) • Gedanken christlicher Botschaften zu eigenen Gedanken und Erfahrungen in Beziehung setzen • Reflektieren, Urteilen und als eigene Meinung mit anderen tolerant und wertschätzend darüber ins Gespräch kommen • Eigenen religiösen und ethischen Fragestellungen offen gegenüber treten • Eigene Empfindungen sprachlich, künstlerisch, musikalisch und spielerisch zum Ausdruck bringen • Sich mithilfe der Sprache des Gebets und mit liturgischen Formen ausdrücken • Anwenden bild- oder symbolhafter Sprach- und Ausdrucksformen als religiöse Sprach- und Gestaltungsfähigkeit	Im Religionsunterricht begegnen die Kinder den Fragen und Antwortangeboten nach Gott, dem »Woher?«, »Wohin?«, »Wozu?« und dem Sinn des Lebens als Beitrag zur Bildung eines individuellen religiösen Wirklichkeitszugangs. Inhaltlich geben sowohl die evangelische als auch die katholische Kirche Orientierung in ihrer Prägung mit tendenzieller ökumenischer Offenheit. In der Auseinandersetzung mit dem eigenen christlichen Glauben und Handeln und biblischer Überlieferung bietet der Religionsunterricht Perspektiven für die eigene Ausrichtung und Lebensgestaltung sowie verantwortetem Umgang mit der Schöpfung in einem von der Hoffnung aus dem christlichen Glauben bestimmten Leben. Religionsunterricht bietet den Kindern Raum und Zeit zum Zur-Ruhe-Kommen, zum Gebet und zum Feiern, zum Beispiel von Gottesdiensten in der Klasse oder auch als Schulgemeinschaft, oft in ökumenischer Form. Biblische Erzählungen im Religionsunterricht bieten die Möglichkeit der persönlichen Ansprache Gottes an das Kind in der christlichen Gemeinschaft als Beheimatungsangebot hin zu einem lebensbedeutenden Zugang biblischer Überlieferung. Die Kinder erwerben ein Grundwissen über den christlichen Glauben, werden vertraut mit Formen gelebten Glaubens und entwickeln zunehmend eine individuelle religiöse Dialog- und Urteilsfähigkeit. Der Dialog mit Kindern anderer Konfessionen, Religionen und Weltanschauungen fördert das Zusammenleben in einer pluralistisch geprägten Gesellschaft und trägt zur eigenen christlichen Identitätsbildung bei.

Tipp

- Lehrererzählungen werden am besten frei vorgetragen. Alternativ ist auch inszeniertes gutes Vorlesen unter Einsatz von Gestik, Mimik und Tonfall sowie dem Einbeziehen der Kinder durch direkte Ansprachen sehr wirkungsvoll.
- Lehrererzählungen werden nur aus der Perspektive einer Person erzählt. Die gewählte Perspektive ist gut überlegt.
- Als Identifikationsangebot für die Kinder sollten in den Erzählungen drei Sichtweisen angeboten werden. Beispiel: Petrus fordert dazu auf, mit ihm zu kommen. Es gibt eine Person, die auf jeden Fall mitgeht, eine Person, die keinesfalls mitgeht sowie eine Person, die unentschlossen ist. Ist die Hauptperson allein, können diese drei Sichtweisen auch als innerer Monolog geführt werden. Sinnvoll erscheint es, eine grundsätzliche Perspektivübernahme in der Lehrererzählung anzustreben und diese dann für konsequent durchzuhalten.
- Ein Bodenbild zentriert im Sitzkreis die Aufmerksamkeit der Kinder. In Sequenzen, bei denen sich das Bodenbild stetig weiterentwickelt (z. B. Josefsgeschichte), wird immer ein Symbol als Anker für das Geschehene pro Unterrichtseinheit gewählt. Beim Aufbau des Bodenbildes werden die Kinder miteinbezogen, nehmen chronologisch je ein Symbol und benennen kurz, was sich mit dem Symbol verbindet.
- Lehrererzählungen können oft in sinnvolle Abschnitte sequenziert werden. Das rhythmisiert die Stunde und erzeugt ein weiteres Spannungsmoment, wie es weitergeht und in dem die Kinder agieren können.
- Symboldidaktische Elemente als Sprache der Religion bewusst in den Unterricht miteinbeziehen.
- Gebetserziehung kann vor allem in der Anfangs- und Abschlussphase des Unterrichts ritualisiert gepflegt werden.
- Das Miteinbeziehen von Erfahrungen von Kindern in die Lehrererzählung veranschaulicht und intensiviert das Erzählerlebnis.
- Nicht alles lässt sich im Religionsunterricht kognitiv reflektieren. Ein Gefühl des Angenommenseins wird durch vielfältige (ritualisierte) Handlungen während des gesamten Religionsunterricht deutlich.
- Das Prinzip eines »anthropologischen Ankers« wird zunächst in der Lehrererzählung in einem Thema sequenziell als menschliche Grunderfahrung aufgefächert und im Folgenden zum Beispiel mithilfe biblischer Geschichten religiös gedeutet.

Sachunterricht | 10

Zwei besonders prägende Maximen des Sachunterrichts sind von besonderer Bedeutung für die Unterrichtsvorbereitung in sequenzieller Sicht. Dabei handelt es sich um die »doppelte Anschlussfähigkeit des Sachunterrichts« sowie die »Vielperspektivität und interdisziplinäre Vernetzung«.

Die »doppelte Anschlussfähigkeit« des Sachunterrichts betont zum einen das Ernstnehmen und Aufgreifen vor- und außerschulisch erworbenen Wissens und Präkonzepten als erfasster Ist-Stand der Kinder, um unter anderem von diesem ausgehend Lernmotivationen, Fragen und Interessensschwerpunkte in der Unterrichtsplanung und -gestaltung zu berücksichtigen. Dabei werden die Präkonzepte der Kinder in fundierte Sachkonzepte und -kompetenzen übergeführt, die zur persönlichen Entwicklung sowie zur Erschließung und verantwortlichen Gestaltung der Welt, in der die Kinder leben, beitragen. Gleichzeitig erwerben die Kinder grundlegende allgemeine Bildung sowie anschlussfähiges Sach- und Methodenwissen für die in den weiterführenden Schulen fachlich spezialisierten und ausgerichteten Bildungsangeboten.

Die Sach- und Fachwissenschaften der Didaktik des Sachunterrichts umfassen unter anderem Geschichte, Geographie, Sozialwissenschaften, Biologie, Chemie, Physik, Technik und Informatik. Ergänzen können im Rahmen »interdisziplinärer Vernetzung« Phänomene und Strukturen der Philosophie, Soziologie, Psychologie, Medienwissenschaften etc. Diese sind in pädagogischer Verantwortung der Lehrkraft Bezugspunkt zur unterrichtlichen Sequenzplanung in inhaltlichen Themenfeldern.

W. Köhnlein (2012) geht von neun inhaltlich akzentuierten Dimensionen als Interpretations- und Ordnungsinstrumente der Vielfältigkeit der Welt, der Erfahrungswelt der Kinder und auch Forschungsgebiete der (Erziehungs-)Wissenschaften aus. Dazu gehören das Einbinden verschiedener Perspektiven und Dimensionen in einem sachunterrichtlichen Themenfeld, die im Rahmen der Sequenzplanung zu einer für die Kinder sinnhaften Vernetzung inhaltlicher Bezugspunkte und einem kritisch-reflektierten Umgang mit den Inhalten führen. Im Einzelnen gehören dazu Aufmerksamkeitsrichtungen, die nicht fachwissenschaftlich gegliedert sind, sondern kindliche Zugänge schaffen zu:

1. der kindlichen und heimatlichen Lebenswelt und kulturellen Vielfalt (lebensweltliche Dimension),
2. der Geschichte des Gewordenen (historische Dimension),
3. dem wirtschaftlichem Handeln (ökonomische Dimension),
4. den vielfältigen sozialen Bezügen und politischen Regelungen (gesellschaftliche Dimension),
5. Phänomenen und Strukturen der physischen Welt (physikalische und chemische Dimension),
6. der Landschaft, ihrer Gestaltung, Erschließung und Nutzung (geografische Dimension),
7. der technischen Einrichtungen und Nutzungsmöglichkeiten (technische Dimension),
8. der lebendigen Natur, der wir angehören (biologische Dimension),
9. den ökologischen Einsichten und Handlungsimperativen (ökologische Dimension).

Diese stehen in gegenseitiger Abhängigkeit und differenzieren unterrichtlich fundamentale und exemplarische Einsichten aus. Außerdem schaffen die Zugänge eine multidisziplinäre Basis sowie eine Interessenshaltung für das Weiterlernen der Kinder (vgl. Köhnlein 2012).

Für die Sequenzplanung im Sachunterricht ist Folgendes besonders wichtig:

- Erheben der Präkonzepte der Kindervorstellungen im Vorfeld der Unterrichtssequenz zum anstehenden sachunterrichtlichen Themenfeld
- (Kontinuierliches) Sammeln von Fragen zum sachunterrichtlichen Themenfeld, nicht nur zu Beginn der Unterrichtssequenz
- Ermöglichen der Wahrnehmung der multidimensionalen Vielperspektivität eines Themenfeldes als Anschlussmöglichkeit an die kindliche Erlebniswelt der Kinder (, die nicht gezielt biologisch, chemisch usw. ist)
- Gezieltes Einbinden, der für die jeweilige Dimension charakteristischen Handlungen
- Einbinden von Experten und Fachleuten (z. B. Förster, Optiker, Augenarzt, Bürgermeister)
- Gezieltes Aufsuchen von außerschulischen Lernorten (ggf. auch mehrfach, z. B. Wald, Hecke, Gewässer, Kläranlage, Kirche …)

Im Folgenden ist exemplarisch eine Auffächerung der Perspektiven des Sachunterrichts zum Inhalt »Buntspecht« dargestellt, an dem die Möglichkeit der Vernetzung sachunterrichtlicher Dimensionen konkretisiert wird.

Unterrichts-thema	Buntspecht				
Lernbereich	Natur und Umwelt				
Perspektiven	Naturwissen-schaftlich	Technisch	Geographisch	Historisch	Sozialwissen-schaftlich
Thematische Umsetzung	Anpassung des Buntspechtes an seinen Lebensraum Prozess der Blattfärbung und des Laubfalls im Herbst	Abholzung von Bäumen	Waldgebiete in der Umgebung	»Was kehrt für den Buntspecht in den Jahreszeiten immer wieder?« Historische Vogelnamen	Der Wald als Raum zur Erholung und Freizeitgestaltung Forstwirtschaft

Wie der Unterrichtsinhalt des Buntspechts in eine sachunterrichtliche Sequenz integriert werden kann, zeigt beispielhaft die folgende Auflistung, die einen Ausschnitt aus der Sequenz darstellt.

Zielstellung der Unterrichtssequenz: Lebensraum Wald/Kompetenzerwerbsbeitrag: Je nach individuellem Leistungsvermögen der Kinder verstehen diese den Wald als artenreiches Ökosystem, in dem wechselseitige Beziehungen zwischen Tieren und Pflanzen bestehen. Sie erkennen sowohl jahreszeitliche als auch menschliche Einflüsse auf dieses Ökosystem und reflektieren letztere kritisch, um einen verantwortungsvollen Umgang mit der Natur anzubahnen.

Thema der Stunde	Inhaltlicher Schwerpunkt
Wo leben die Tiere im Wald? – Wir können den Wald in Stockwerke aufteilen	• Stockwerke des Waldes • Zuordnung der Tiere in die Stockwerke
Welche Tiere leben im Wald? – Wir ordnen Waldtiere in Tierklassen ein	• Tierklassen: Säugetiere, Vögel, Reptilien, Insekten
Wir lernen ein Waldtier kennen: Der Buntspecht	• Körperbau und Lebensweise des Buntspechts
Warum kann der Buntspecht so gut auf Bäumen leben? – Wir erforschen die Anpassungen des Buntspechts an seinen Lebensraum	• Basiskonzept der Struktur und Funktion/Anpassung • Versuche zu Struktur und Funktion bestimmter Körperteile des Buntspechts
Wer frisst wen? – Wir untersuchen die Nahrungsbeziehungen im Wald	• Räuber-Beute-Beziehungen • Begriffe: Nahrung und Fressfeinde
Wir lernen Waldbäume kennen: Laub- und Nadelbäume	• Verbreitete Laub- und Nadelbäume, ihre Blätter und Früchte
Wie kommt der Baum an seine Nahrung I – Wir erkunden den Aufbau eines Baumes und lernen die Fotosynthese kennen	• Beschriftung der Baumteile, Fokus auf Funktion der Wurzeln • Bäume als Erzeuger ihrer eigenen Nahrung • Bäume als Sauerstofflieferanten
Warum färben sich die Blätter im Herbst bunt? – Wir erforschen das Blattgrün	• Umlagerung der Nährstoffe von den Blättern in den Stamm • Bedeutung des Blattgrüns
Wohin verschwindet das Laub von den Bäumen im Herbst? – Wir erforschen den Stoffkreislauf im Wald	• Blattzersetzung • Stoffkreislauf: Erzeuger, Verbraucher, Zersetzer
Wandertag im Schulwald	• Wald mit allen Sinnen erfahren

Historische Themenbereiche

Möglicher Lehrweg	Aufmerksamkeitsrichtungen	Beispiel
Einstieg	• Ankommen und Hineinversetzen in die geschichtliche Ausgangssituation • Erste Vergegenwärtigung und naive Begegnung mit dem geschichtlichen Sachverhalt • Generieren einer geschichtlichen (Problem-)Frage und Fragehaltung	• Einsatz kindgerechter Identifikationsfiguren • (Reale) Begegnung mit einer geschichtlichen Quelle als Bild-, Sach- oder Tonquelle
Zielangabe	• Klare Formulierung in kindgerechter Form	• »Warum hatte Oma Erna früher Kartoffelferien und keine Herbstferien?« • »Warum wurden die Juden im Jahr 1349 vom Nürnberger Hauptmarkt vertrieben?« • »Wie wurde Wäsche vor 100 Jahren gewaschen?«
Erkenntnisgewinnung	• Formulieren von Hypothesen • Zweite Vergegenwärtigung und Begegnung mit dem geschichtlichen Sachverhalt • Sammeln von Erkenntnissen durch Quellenarbeit, Befragung von Zeitzeugen, originale Begegnung • Generierte Daten und Erkenntnisse für eine Präsentation vorbereiten • Sammeln und Präsentieren der Daten und Erkenntnisse	• Notation der Hypothesen in Stichpunkten, Tafelanschrift: » Manche vermuten ...« • Arbeit an der Zeitleiste/am Geschichtsfries • Einordnen des geschichtlichen Sachverhalts in den passenden Zeitabschnitt • Bewusstsein schaffen, welche Möglichkeiten es gibt, sich geschichtliche Erkenntnisse zu verschaffen • Kinder teilen die Quelle(n) in Bild-, Sach- oder Tonquelle ein und begründen ihre Entscheidung • Quellen ggf. kindgerecht aufbereiten und passende Hilfen zur Erschließung von Quellen geben
Besinnung	• Durchdringung des geschichtlichen Sachverhaltes • Erkennen von Strukturen und Wirkungszusammenhängen • Sichtbarmachen des geschichtlichen Sachverhaltes in seiner Auswirkung für die Gegenwart • Wertfreie Stellungnahme • Rückgriff auf Vermutungen: Verifizierung bzw. Falsifizierung der Hypothesen	• Achtung vor der (persönlichen) Leistung von Menschen aus der Vergangenheit haben • Die Handlungen aus der Vergangenheit waren oft die »beste« Lösung zur Zielerreichung zu dieser Zeit, auch wenn es heute anders gelöst wird • Ob eine Weiterentwicklungen positiv zu bewerten ist, hängt vom Bezugsrahmen und der Perspektive ab • Bewusstsein schaffen, dass das Vergangene das Gegenwärtige beeinflusst. • Am Geschehen der Vergangenheit (oft als Geschichte der Mächtigen festgehalten) war jeder Einzelne aktiv oder passiv beteiligt • ggf. Ausgangsfrage in größere geschichtliche Zusammenhänge einordnen
Ausblick	• Antizipieren von Auswirkungen und Entwicklungslinien für die Zukunft • Impuls: »Das interessiert mich noch ...«	• Gegenwärtige Herausforderungen und Sachverhalte in zukünftigen wiederentdecken und benennen • Gegenwärtige Lebensverhältnisse in ihrem Wert schätzen • Welche Fragen sind neu entstanden, welche Fragen bleiben offen?

Die Kinder im Blick	Didaktische Grundsätze
Zeitbewusstsein: Die Gliederung der Zeit als Temporalbewusstsein erfahren Schulanfänger durch zeitliche Begrenzungen und Zeitverläufe sowie die einfache Generationsfolge »Großeltern – Eltern – Kinder«. Vergangenheit (früher), Gegenwart (heute/jetzt) und Zukunft (morgen/später) können inhaltlich unterschieden werden. Dabei bilden sich im Laufe der ersten beiden Schuljahre die Fähigkeiten, die Uhr zu lesen, das aktuelle Datum oder Lebensdaten naher Verwandter anzugeben. In den weiteren Schulbesuchsjahren können die Kinder zunehmend Zusammenhänge zwischen dem Zeitverlauf und der Lebensgeschichte (von Familienangehörigen) herstellen. Jahreszahlen gewinnen im Durchschnitt um das neunte und zehnte Lebensjahr (vgl. Roth 1965, S. 55 ff.) an Gewicht. *Wirklichkeitsbewusstsein:* Als die Fähigkeit, zwischen Realität und Fiktion im Rahmen aller drei Zeitdimensionen unterscheiden zu können, wird beginnend ab der dritten Jahrgangsstufe klarer ausgeprägt. Der Einfluss fiktiver Elemente auf das Wirklichkeitsbewusstsein aus Comics oder Zeichentrickfilmen nimmt daher mit höherem Lebensalter deutlich ab. *Historizitätsbewusstsein:* Als Bewusstsein über statische Zustände und Veränderlichkeiten im Zeitverlauf wird zu Schulbeginn eher eindimensional und im weiteren Schulverlauf zunehmend differenziert nach den Gründen historischer Wandlungsprozesse aufgefächert. Erstklässler tendieren dazu, ihnen gegenwärtig bekannte Gegenstände und Lebensanforderungen der weit zurückliegenden Vergangenheit zuzurechnen. Die bewusste verantwortliche Gestaltung aus der eigenen Zukunft aus einem Bewusstsein historischer Wandlungsprozesse gelingt einzelnen Kindern gegen Ende der Grundschulzeit.	• *Anbahnung von Geschichtsbewusstsein* durch die Einbindung von Vergegenwärtigung und Besinnung in die Unterrichtsstruktur. *Quellenorientierung*: eine Fragehaltung und eine konkrete Fragestellung entwickeln • Quellen sammeln, ordnen und zu einer Fragestellung zusammenstellen. • Quellen untersuchen und beschreiben. • Quellen befragen, enträtseln und verstehen: »Was erfährt man (nicht)?« • Verschiedene Quellen vergleichen, Widersprüche und Glaubwürdigkeit einschätzen. • Aus Quellen generierte Informationen in andere Darstellungsform übertragen. • »*Inselbildung*« als vertieftes problemorientiertes exemplarisches Lernen. • *Einblick in historische Forschungsmethoden* und fachspezifische Vorgehensweisen zur Erschließung der Vergangenheit – das Lernen über den Weg, wie historisches Wissen generiert wird. • *Multiperspektivität*: historische Ereignisse aus verschiedenen Blickwinkeln betrachten, um einseitiger Geschichtsdeutung vorzubeugen. • *Kindgerechte und lebensweltrelevante Themenwahl* aus der Orts- und Regionalgeschichte (»Warum ist unsere Kirche eine Wehrkirche?«, »Warum hat Nürnberg eine Burg?«, »Warum werden die Bamberger auch Zwiebeltreter genannt?« ...) oder ausgewählter Entwicklungslinien, zum Beispiel zur Steigerung der Lebensqualität charakteristische Merkmale einzelner Epochen vermittelt wie etwa Lebensformen, Denkweisen, Herrschaftsverhältnisse oder Abläufe, Ursachen und Folgen von ausgewählten Ereignissen und Prozessen anhand der Themen »Brot backen früher – heute«, »Waschen früher – heute« ...). • *Originale Begegnung*, wo es möglich ist. • Einsatz der *Lehrererzählung* im Rahmen der *Vergegenwärtigung* als Instrument, Vergangenes in die Gegenwart der Kinder zu holen, Vergangenes nachzuempfinden und mitzuerleben und ggf. konkrete Erfahrungen zu machen. • Besinnung als Basis zur zunächst wertfreien Meinungsbildung in der Auseinandersetzung mit der historischen Sache. • Grundprinzipien der *historischen Erfahrung* (z. B. dass Zeitläufe von Kontinuität und Wandel geprägt sind) sowie des *historischen Lernens*, des Verstehens des Gewordenseins der Gegenwart aus der Vergangenheit veranschaulichen und reflektieren. • Geschichte ist ein *Konstrukt*, das sich ständig verändert reflektieren. • Geschichte als einen regelmäßig wiederkehrenden Bestandteil in den Sachunterricht integrieren

Typische Handlungen für den Fachbereich	Für den Fachbereich charakteristisch
• Quellenarbeit • Zeitzeugenbefragung • Zeitleiste, Geschichtsfries • Biographisches Lernen • Umgang mit der Zeit und Zeitdarstellungen • Originale Begegnung • Bedeutung der Orts- und Regionalgeschichte an konkreten Situationen vergegenwärtigen • Lehrererzählung	• Hohes Interesse der Kinder an geschichtlichen Inhalten, insbesondere der Orts- und Regionalgeschichte • Verschiedene Quellen und Überreste aus der Ortsgeschichte auswerten und damit Sachverhalte erschließen • Einen Ausschnitt der Ortsgeschichte unter verschiedenen Aspekten betrachten *Klassische Themen*: • Woher kommt unser Ortsname? • Spiele im Wandel • Entwicklungslinien von Fahrzeugen und technischen Geräten • Familienstammbaum • Umgang mit Zeit • Feste und Brauchtum im Jahreslauf • Denkmalschutz als bedeutende Aufgabe erfassen (z. B. Erhalt der Stadtmauer, Feldkreuzen) • Statussymbole für die Bedeutung der Menschen untersuchen, in verschiedenen Zeitausschnitten betrachten und vergleichen *Handlungsorientierte Themen*: • Schule früher • Schreiben früher • Waschen früher

Die Lehrererzählung ist die beste Möglichkeit, Ereignisse, Personen, Lebensumstände und Gegenstände in die Lebenswelt der Kinder zu bringen. Dabei werden zum Beispiel historische Ereignisse wieder in Handlung zurückverwandelt. Über Identifikationsfiguren werden Abläufe und Emotionen grundgelegt sowie in der Kombination mit Quellenarbeit innerlich und äußerlich veranschaulicht.

Die Kriterien einer guten Lehrererzählung sind unter anderem:

- *Objektivierung*: Sachverhalte sachlich richtig, wahr und umfassend darstellen
- *Elementarisierung*: Vereinfachen, aber nicht verfälschen; Komplexes gliedern und strukturieren
- *Organisation*: Passenden didaktischen Ort und Sozialform auswählen
- *Personifizierung*: Als Handlungsträger treten Personen auf, die genau bezeichnet nach Name, Alter, Gestalt, Aussehen, individuelle Eigenschaften sind
- *Lokalisierung*: Den Ort der Handlung festlegen und seine Eigenarten kennzeichnen, auf der Zeitleiste und einer Karte aufsuchen und mit Bildquellen oder Gegenständen veranschaulichen
- *Dramatisierung*: Spannung erzeugen durch das Anlegen und Ausmalen eines Höhepunktes, wörtliche Rede, dosierte Gestik und Mimik, Intonation
- *Aktualisierung*: Statische Zustände in Handlungen umsetzen (z. B. eine Werkstatt beim Rundgang durch sie beschreiben)
- *Konkretisierung*: Einzelheiten wirklichkeitsgetreu darstellen (z. B. Landschaften, Wetter, Stimmungen, Schauplätze)
- *Detaillierung*: Einzelheiten an passenden Stellen ausschmücken, möglichst mit Symbolcharakter (z. B. Kleidung, Werkzeuge, Sitten, Gebräuche)
- *Artikulation und Darbietung*: Lebendig und mit Betonung erzählen, keine Phrasen oder Verallgemeinerungen gebrauchen, einen klaren Rahmen zum Erzählen schaffen und einhalten
- *Motivierung*: Beweggründe, Ziele, Hoffnungen, Ängste der handelnden Personen transparent werden lassen
- *Aktivierung*: Durch Ausdrucksmöglichkeit nach der Lehrererzählung Gelegenheit zur Versprachlichung der inneren Bilder Raum geben

Tipp

- Für die Lehrererzählung die Sozialform des Sitzkreises einsetzen.
- Ansprechpartner zu geschichtlichen Inhalten vor Ort nutzen (Unterrichtsmaterialien gibt es oft beim örtlichen Geschichtsverein oder Archiv der Gemeinde oder Stadt).
- Als Zeitzeugen zu vielfältigen Themen der jüngeren Vergangenheit stellen sich ehemalige Kollegen der Schule sowie der örtliche Pfarrer meist bereitwillig zur Verfügung.
- Nachtwächterführungen selbst organisieren und einen Sagenspaziergang mit den Kindern und den Eltern bei Fackelschein selbst gestalten.

Geographische Themenbereiche

Möglicher Lehrweg	Aufmerksamkeitsrichtungen	Beispiel – Verebnungsprozess vom Modell zur Karte
Kopfgeographie	• Orientierungsübungen im Klassenzimmer, im Schulhaus, in der Schulumgebung, zum Beispiel zu Lagebeziehungen (rechts/links, oben/unten)	• Voraussetzung für die Kopfgeographie ist, dass die gedanklich zu absolvierenden »Wege« als verinnerlichte Handlungen vorentlastet sind • Zur Orientierungsübung in bekannten Räumen können Kinder auch den beschriebenen Weg auf einem Plan/in einem Modell mit einer Spielfigur ablaufen
Ausgangssituation	• Beschreibung der Schulumgebung am Modell	• Benennen wichtiger Merkmale (z. B. Fluss, einige Gebäude, Straßen) • Gehen im Modell mit Spielfigur • Einnorden des Modells • Dazu nutzen die Kinder (selbst) gestaltete Modelle der Schulumgebung. Diese wurden vorher in mit Sand gefüllten durchsichtigen Boxen gestaltet
Zielangabe	• Klare Formulierung in kindgerechter Form	• Sinnperspektive des Handelns: Anfertigen einer Lageskizze für eine geplante Schatzsuche für das Schulfest
Erarbeitung Ideensammlung zur Erstellung einer Lageskizze Erstellen der Lageskizzen	• Vorgehen selbstständig entwickeln • Übertragen der Schulumgebung mithilfe einer orthogonalen Projektion in eine planimetrische Darstellung aus der Vogelperspektive auf den durchsichtigen Deckel	*Zur Planung des Vorgehens steht den Kindern als Materialauswahl zur Verfügung*: • Das selbst gestaltete Modell der Schulumgebung • Durchsichtige Deckel, die auf die Boxen der selbst gestalteten Modelle der Schulumgebung passen • Folienstifte
Reflexion Reflexion des Inhaltes Vergleich der Lageskizzen Prozessreflexion	*Wichtige Inhalte der Reflexion sind*: • Übertragung vom dreidimensionalen Modell in eine zweidimensionale Darstellung • Vogelperspektive einhalten Vereinfachte/Verkleinerte Darstellung der Wirklichkeit • Grundriss	• Zum Vergleich der unterschiedlichen Modelle der Kinder bietet sich zunächst ein kriteriengeleiteter Galerie-Rundgang an. • Möglicher Reflexionsimpuls: »Auf dieser Lageskizze kann ich mich besonders gut zurechtfinden« • Zum Besprechen werden die Deckel abgenommen und nebeneinander auf den Boden gelegt und eingenordet. Ein vertikales Hochklappen der Deckel ist nicht sachgerecht und erschwert die Orientierung auf den erstellten Lageskizzen

Möglicher Lehrweg	Aufmerksamkeitsrichtungen	Beispiel – Verebnungsprozess vom Modell zur Karte
Veränderungen vom Modell zur Lageskizze ableiten	• Lageskizze lässt sich im Unterschied zum Modell leichter mitnehmen • Tipps und Tricks zum Zeichnen aus der Vogelperspektive	• Durch den Vergleich der Schülerlösungen zum Erstellen der Lageskizze können besonders gelungene Merkmale herausgestellt und ggf. Tipps zum optimieren Arbeiten gegeben werden. Dazu wird neben die erstellte Lageskizze auch noch einmal das Sandkastenmodell zum Vergleich gestellt
Einordnen in den Lernweg	• Orientierung im Lernprozess • Ausblick auf die Weiterarbeit	• Die Visualisierung des Lernwegs »Von der Wirklichkeit zur Karte« visualisiert die einzelnen Schritte im Lernprozess • Die Standortbestimmung und das Benennen, wie es weitergeht, erleichtert die sinnhafte Identifikation des Kindes mit seinem Lernprozess

Die Kinder im Blick	Didaktische Grundsätze
Grundschulkinder sind in der Regel mit den sie umgebenden lokalen Begebenheiten vertraut. Dabei sind die Assoziationen zu bestimmten Räumen oft emotional positiv und/oder negativ belegt (die Süßigkeiten beim Bäcker vs. der aggressive Hund am Gartentor an der Kreuzung). Gleichzeitig bewegen sich die Kinder auch in medialen Räumen und Welten und weisen zum Teil hohes spezifisches geographisches Spezialwissen auf. Sie sind in hohem Maße durch außerschulische und mediale Erfahrungen gebildet, die wiederum die Grundlage individueller mentaler Karten (»Mental Maps«) sind. Räume zu verbinden und zu erschließen entwickelt sich als Fähigkeit im Laufe der Grundschulzeit. Zum Teil wissen manche Kinder nicht, wie man einen alternativen Schulweg laufen kann, andere fallen aus dem Bett, steigen in den Bus und steigen vor der Schultür wieder aus, ohne die Umgebung bewusst wahrzunehmen. Die Eigenart von Räumen sowie die Vielfalt von Lebensweisen ist je nach Wohnort und -lage mit unterschiedlichen individuellen Zugängen möglich. Erfahrungen mit anderen Räumen (z. B. im Urlaub) können oft noch nicht geographisch (z. B. auf einer (Welt-)Karte) lokalisiert werden. Ein Bewusstsein, wie Menschen leben, wohnen, arbeiten und einem möglichen Zusammenhang mit geographischen Verknüpfungen ist oft nicht ausgeprägt. Entwicklungs- und handlungspsychologisch sind Kinder am Beispiel der Grundlegung des Kartenverständnisses einem Abstraktionsprozess unterworfen, um die Karte als generalisiertes und inhaltlich begrenztes Modell räumlicher	*Didaktische Grundpositionen zum Einführen in das Kartenverständnis in der Grundschule*: *Synthetisches Verfahren*: Die Art der Vorgehens folgt dem Prinzip der originalen Begegnung von der Wirklichkeit zur Karte in kleinen Schritten und beachtet insbesondere die Kartenaspekte: lineare Verkleinerung, Grundrissdarstellung, Orientierung nach Himmelsrichtungen, geographische Grundbegriffe sowie Symbole und Farben. *Genetisches Verfahren*: Wie bei dem synthetischen Verfahren, wird von der Wirklichkeit ausgegangen. Jedoch sind selbstgezeichnete Kinderkarten des abgrenzten bekannten Raumes im Zentrum der Betrachtung. Über den Vergleich der Karten werden die relevanten Elemente bei der Erstellung einer Karte einsichtig und reflektiert und mit fertigen Karten in Beziehung gebracht. *Analytisches Verfahren*: Dieses Verfahren geht den Weg von der Karte zur originalen Begegnung. Durch das Vergleichen der Karte mit der unmittelbaren Wirklichkeit werden die signifikanten Aspekte einer Karte herausgearbeitet. *Methodenverknüpfendes Verfahren*: Hierbei wird versucht, die Vorteile des synthetischen, analytischen und genetischen Verfahrens miteinander zu ergänzen. *Medienmächtiges Verfahren*: Mithilfe einer Vielzahl von Medien werden Wirklichkeit und Karte im Wechselspiel aufeinander bezogen und reflektiert. Mithilfe der unterschiedlichen Darstellungsarten soll eine »geistige Durchdringung« von Karte und Wirklichkeit erreicht werden. Die originale Begegnung spielt in diesem Fachbereich eine besondere Rolle. Ein Modell der Schulumgebung bauen zu wollen, ohne diese vorher erkundet zu haben, ist den Kindern nicht zumutbar. Sich in dem gleichen Umfeld orientieren zu wollen, ohne markante Punkte wahrgenommen zu haben, ist nicht möglich. Gleiches gilt für das Orientieren mit technischen und natürlichen Hilfsmitteln. Dies muss im Freien in geeigneter Umgebung erprobt, analysiert und reflektiert werden. Konsequent verfolgt wird der Grundsatz: »Vom Nahen zum Fernen«. Ausgehend vom eigenen Sitzplatz wird das Klassenzimmer, der Schulhausgang, das Schulhaus,

Die Kinder im Blick	Didaktische Grundsätze
Informationen, das verebnet und maßstabsbezogen ist, zu erfassen. Dabei gilt es von der dreidimensionalen unmittelbaren Wirklichkeit zur zweidimensionalen Kartendarstellung zu abstrahieren. Dazu sollten die Kinder dem darzustellenden Raum unbedingt tatsächlich begegnet sein. Der Umgang mit generalisierender Verkleinerung und Verebnung in die Zweidimensionalität geschieht immer wechselseitig im Vergleich mit Wirklichkeit, Modell und Kartendarstellung, die aufeinander bezogen werden.	die Schulhausumgebung, die Stadt/Gemeinde sowie im Weiteren die politischen Einheiten Landkreis, Bundesland, Deutschland, Europa sowie die geographische Gliederung (z. B. Gebirge, Gewässer, Kontinente) in ihrer Bedeutung für die natürlichen und vom Menschen geschaffenen oder veränderten Räume in den Blick genommen und wechselseitig aufeinander bezogen. • Kinder zum selbstständigen Erkunden ihres natürlichen Nahraums ermutigen • Den Kindern den natürlichen Nahraum als positives Erlebnis ermöglichen (z. B. durch Unterrichtsgänge, dem Besuch von Museen, landwirtschaftlichen Betrieben) • Orientierungsübungen im Realraum und in der Vorstellungskraft (»Kopfgeographie«) kontinuierlich pflegen • Zu nachhaltigem Umgang mit der Welt anregen

Typische Handlungen für den Fachbereich	Für den Fachbereich charakteristisch
• Unterrichtsgänge zum Erkunden der nahen und näheren (Schul-)Umgebung • Anfertigen von Lageskizzen, Grundrissen usw. des vorher erkundeten Raumes • Beobachten (z. B. Wetter, Sonnenlauf) • Einnorden von Karten, Plänen, Lageskizzen etc. • Lesen, Interpretieren, Analysieren und Bewerten geographischer Informationen aus Medien und darin inbegriffen Karten (Entfernungen, Straßen, Gewässer, Kartenzeichen, Höhen) • Orientieren in der (bekannten) Umgebung mit technischen und natürlichen Hilfsmitteln • Schätzen und Bestimmen von (Himmels-)Richtungen, Entfernungen, Höhen • Messen mit (digitalen und analogen) Instrumenten (z. B. Himmelsrichtungen, Längen, Zeit) • Zählen von Verkehrsmitteln, Passanten etc. • Modelle anfertigen (z. B. das Klassenzimmer im Schuhkarton, die Schulumgebung im Sandkasten, ein Höhenmodell aus der Kartoffel) • Sachgerechter Umgang mit Karten, Globen, technischen und natürlichen Hilfsmitteln • Befragungen durchführen • Aus bekannten Informationen weitere Informationen ableiten (z. B. beim Aufkommen von stärkerem Wind und grauen Wolken am Himmel auf Regen schließen) • Der Sprache kommt im intermodalen Transfer zwischen geographischen Handlungen, sich daraus zum Beispiel ableitenden Zeichen, Bildern, Modellen und Symbolen eine besondere Bedeutung zu. Der wechselseitigen Abhängigkeit der Darstellungen und Modelle, wird in der Reflexion und Gegenüberstellung auf Gemeinsamkeiten und Unterschieden durch die Sprache Rechnung getragen und begriffsbildend verankert. Die grundlegende Verbindung aller Darstellungsebenen und deren Versprachlichung führt zu einem tieferen Verständnis eines Sachverhalts	In der erdkundlichen Perspektive des Sachunterrichts geht es darum, zunächst die heimatliche Umwelt und im Weiteren die Welt wahrzunehmen, zu erschließen und in dieser zu handeln. Dabei wird die Welt in ihrer physischen Beschaffenheit wie auch als Raum und Ort des menschlichen Lebens und Handelns betrachtet und die Strukturen, Prozesse und Wechselwirkungen in der Geosphäre kindgerecht erfasst, beschrieben und erklärt. Aus dieser Perspektive heraus geht es um das anbahnende Verstehen von räumlichen Zusammenhängen vor Ort und in der Welt sowie um die Hinführung zu raumbezogener Handlungskompetenz und -mündigkeit. Dabei werden die geographischen Grundkonzepte immer auch verknüpft mit inhaltlichen Bezügen (z. B. Wohnen, Unterwegssein, Erkunden von Naturräumen, Vergleich von Lebenssituationen in unterschiedlichen Ländern). *Klassische Themen sind*: • Grundriss des Klassenzimmers als Plan der Realität • Erkunden der Schulumgebung, indem ein Modell der Schulumgebung angefertigt und zur Lageskizze verebnet wird • Natürliche und technische Hilfsmittel zur Orientierung nutzen • Unterschiedliche Karten lesen und bedeutsame Kartenmerkmale beachten • Geographische Gliederung des Heimatortes in Beziehung zu größeren Räumen (Gemeinde/Stadt, Landkreis, Regierungsbezirk, Bundesland, Deutschland, Europa) setzen • Die eigenen Lebensweisen mit Lebensweisen aus anderen Räumen und Regionen der Welt erfassen und vergleichen • Natürliche und soziokulturelle Einflüsse in ihrer Auswirkung auf die durch den Mensch gestalteten und veränderten Räume reflektieren

Typische Handlungen für den Fachbereich	Für den Fachbereich charakteristisch
• Räumliche Orientierung als Fähigkeit, sich in Räumen orientieren zu können (z.B. topographisches Orientierungswissen, Kartenkompetenz, Orientierung in Realräumen und die Reflexion von Raumwahrnehmungen, Fähigkeit zum angemessenen Umgang mit Karten und zur Orientierung in Realräumen sowie zur Reflexion von Raumwahrnehmung und Konstruktion) • Auswerten von Sachtexten, Diagrammen, Karten, Tabellen, Skizzen und Grafiken	• Formen und Gründe von Mobilität im Alltag und anderen Situationen

Tipp

Die Einführung in das Kartenverständnis erfolgt über einen klassischen Lernweg, wie er im Folgenden als eine Möglichkeit dargestellt wird:

1. Wir orientieren uns im Schulgebäude durch eine Schulhauserkundung und mithilfe eines Schulgebäudemodells (Einnorden des Modells)
2. Mental Map: Zeichnen einer Skizze der Schulumgebung als kognitive Karte
3. Erkunden der Schulumgebung/Erstellen einer groben Skizze während eines Unterrichtsganges
4. Vergleich der Mental Maps mit den Skizzen (Gemeinsamkeiten und Unterschiede)
5. Nachbau der Schulumgebung im Sandkasten (Herausarbeiten der Unterschiede der Veränderungen von der Wirklichkeit zum Modell)
6. Verebnung/Anfertigung einer Lageskizze der Schulumgebung durch orthogonale Projektion (Herausarbeiten der Unterschiede der Veränderungen vom Modell zur Lageskizze)
7. Kartenzeichen reflektieren und ggf. selbst entwerfen
8. Umgang mit Planquadraten als eine Möglichkeit der Orientierung im (Kinder-)Stadtplan
9. Beschreiben des Schulweges mithilfe des (Kinder-)Stadtplans (Erkennen von Gefahrenstellen)
10. Stadtführung/Orientieren mit dem (Kinder-)Stadtplan im Gelände
11. Planen einer Schatzsuche für den Wandertag/Erstellen von Schatzkarten
12. Zweites Anfertigen einer Mental Map der Schulumgebung/Vergleich mit der ersten Mental Map und dem (Kinder-)Stadtplan
13. Natürliche und technische Orientierungshilfen und Karten
14. Besuch des Stadtplanungsamtes/Einblick in Kartierungsmethoden der Stadt

Orientierung im Modell: Zur Orientierung im Modell mithilfe von Spielfiguren ist darauf zu achten, dass es keine »Blankospielfiguren ohne Gesicht« sind. Augen oder eine Nasenspitze zeigen an, in welche Richtung die Spielfigur »sieht«. So können Anweisungen wie: »Drehe dich nach links!« eindeutig umgesetzt werden.

Eine Windrose im Klassenzimmer hängt immer eingenordet an der Decke und ggf. auch angebracht auf dem Boden. Nicht geeignet ist das Anbringen der Himmelsrichtungen an den Wandseiten des Klassenzimmers, da die Kinder möglicherweise bei Raumwechseln immer davon ausgehen, dass vorne an der Tafel immer Westen ist.

Als weitere Angebote zur Kartenarbeit steht das Geografische Informationssystem (GIS) zur Verfügung. Mit einem GIS kann eine Vielzahl von thematischen Karten entsprechend der jeweiligen Fragestellungen erstellt werden. Räumliche und sachliche Zusammenhänge lassen sich so besser erkennen und analysieren.

Zahlen und ihre verschiedenen Darstellungsformen stellen eine wesentliche Materie der Geografie dar. Die angegebenen Zahlen beschreiben geografische Sachverhalte und ermöglichen Vergleiche. Die Querverbindung zum Fachbereich »Daten im Fach Mathematik« hilft bei erdkundlichen Themenbereichen des Sachunterrichts, beispielsweise Tabellen und Diagramme selbst anzulegen und zu durchdringen.

Kartografische Skizzen als Ausschnitte eines Raumes sind durch einen Rahmen zu kennzeichnen. Jede selbst angefertigte Karte erhält eine Überschrift, eine (entworfene) Legende und ggf. einen Maßstab.

Der Bau eines Streichholzkompasses ist einfach. Die Kinder bringen eine leere Streichholzschachtel von Zuhause mit. Für die Innenseite des Bodendeckels wird eine Windrose gestaltet und von Kompassnadelfirmen (z.B. Firma »Stockert und Sohn« aus Fürth) erhält man kostengünstig passende Kompassnadeln mit Auflagestift.

Naturwissenschaftliche Themenbereiche

Naturwissenschaften haben Dinge und Phänomene der Natur zum Forschungsgegenstand. Als klassische Naturwissenschaften gelten Biologie, Chemie und Physik. Weitere naturwissenschaftliche Disziplinen wie zum Beispiel Astronomie, Biochemie, Geologie und Meteorologie sind meist Teilgebiete aus Biologie, Chemie und Physik und werden nicht explizit für den Unterricht in der Grundschule ausgewiesen.

Naturwissenschaftliches Vorgehen im Unterricht der Grundschule arbeitet vor allem mit Fragestellungen, die durch Untersuchung von gesetzmäßigen Zusammenhängen in der Natur beantwortet werden können. Dabei liegt der Schwerpunkt auf der Beschreibung und Erklärung des Vorgangs selbst (»Wie?«) und nicht etwa bei einer Sinnfindung (»Wozu?«). Die im Unterricht meist mit einem Versuch untersuchten Vorgänge werden auf Naturgesetze oder auf weitere Sachverhalte zurückgeführt. Das klare unterrichtliche Vorgehen ist dabei im klassischen Sinn bei allen drei Teildisziplinen Chemie, Physik, Biologie gleich und wird im Lehrweg deshalb für alle drei Fachrichtungen mit den korrespondierenden inhaltlichen Themenbereichen zusammengefasst.

Für biologische Themenbereiche wird noch ein zweiter Lehrweg zur Bestimmung von Pflanzen und Tieren ergänzt (vgl. S. 186).

Möglicher Lehrweg	Aufmerksamkeitsrichtungen	Beispiel
Einstieg	• Emotionaler Einstieg, »Eintauchen« in die Ausgangssituation: Lebensweltbezug • Ganzheitliche Betrachtung des Lerngegenstands unter Einbezug vieler Sinne • Generieren einer naturwissenschaftlichen Fragehaltung und (Problem-)Frage	• (Reale) Begegnung mit dem naturwissenschaftlichen Phänomen unter der Verwendung von zum Beispiel Bild-, Sach- oder Tonmedien (ggf. flankiert durch eine Lehrererzählung) • Der Einstieg ist spätere Grundlage für die Analogie- und Modellbildung im Anschluss an den Versuch sowie für die Zusammenführung am Ende der Stunde
Zielangabe	• (Problem-)Frage als Ausgangspunkt des naturwissenschaftlichen Erkenntnisweges • Klare Formulierung in kindgerechter Form	• *Biologische Perspektive*: »Wie ist der Buntspecht an seinen Lebensraum angepasst?« • *Chemische Perspektive*: »Was brennt? Was brennt nicht?« • *Physikalische Perspektive*: »Was schwimmt? Was sinkt?«
Hypothesenbildung	• Vermutungen formulieren • Aktivierung des Vorwissens • Teilweise Antizipation des Erarbeitungsinhalts	• Tafelkino, Partnergespräch, Unterrichtsgespräch • *Notieren von Vermutungen*: »Manche vermuten...«

Möglicher Lehrweg	Aufmerksamkeitsrichtungen	Beispiel
Versuchsdurchführung Gegliederte Auswertung nach Beobachtung, Erklärung, Deutung/ Antwort	• Abstecken des organisatorischen Rahmens (Aufgabenverteilung, Material, Sicherung, z. B. im Expertenheft) zur Durchführung des Versuchs • Selbstständige Durchführung des Versuchs sowie dem Versuchsprotokoll (z. B. Beobachtungen beschreiben, messen, zeichnen, dokumentieren, Erklärungen finden und diskutieren) • Einsatz fachgemäßer Arbeitsweisen	• Konkrete Erfahrungen für jedes Kind am Material ermöglichen • Anbahnen der Analogiebildung • Aufbau eines Verständnisses von der Konstruktion eines Versuchs (z. B. feste Messgröße, variable Einflussgröße bei sonst gleichen Bedingungen) • Soziale Ko-Konstruktion beim Aufbau, der Beobachtung und der Deutung der Versuche
Zusammenführung Erörtern der Ergebnisse	• Gegebenenfalls zusätzliche Demonstration des/der Versuch(e) im Plenum bei arbeitsteiliger Gruppenarbeit • Vergleichen der Beobachtungen und Deutungen	• Zusammenführung der Erkenntnisse aus den Versuchen der Kinder • Gezieltes Weiterführen der Beobachtungen • Versprachlichung der Erklärungen
Verifizierung/ Falsifizierung der Vermutungen	• Überprüfen der Gültigkeit oder Ungültigkeit der Hypothesen aus der Hypothesenbildung	• Verwenden von Symbolen: ✓ richtige Vermutung, × Vermutung nicht zutreffend, ? Vermutung konnte mit dem Versuch nicht überprüft werden
Analogie-/Modellbildung – Versprachlichung	• Analogiebildung: Elemente des Versuchsaufbaus werden mit Strukturen der Umwelt und Wirklichkeit in Zusammenhang gebracht	• Sicherstellung eines erfolgten Transfers vom Versuch auf den Stundenschwerpunkt, Unterschiede und Analogien werden herausgearbeitet • Rückbesinnung auf die Ausgangssituation
Transfer	• Verständnis für das übergreifende Basiskonzept des Faches • Vernetzung und Vertiefung des neu erarbeiteten Wissens durch den Vergleich mit bereits vorhandenem Wissen	• Herausfordern schlussfolgernden Denkens • Anregungen zu weiteren Forschungsfragen ausgehend vom erarbeiteten Wissen (z. B. »Ist etwas Ähnliches bekannt?« bzw. »Was kann am Versuch geändert oder ersetzt werden?«) • Gefühl eines besseren Verständnisses für die eigene belebte Umwelt
Reflexion und Ausblick	• Anregung zur inneren Rekapitulation der behandelten Inhalte und neu gewonnenen Erkenntnisse	• Möglichkeit zur Formulierung ungeklärter oder weiterführender Fragen • Impuls: »Das interessiert mich jetzt noch ...«

Die Kinder im Blick	Didaktische Grundsätze

Die Kinder kommen mit individuell unterschiedlichen Alltagsvorstellungen und naiven Vorverständnistheorien in die Schule, mithilfe derer sie sich die Welt erklären und durchschaubarer machen. Diese Präkonzepte sind hoch subjektiv und in der Regel nicht ausdifferenziert oder nicht richtig (»Misconceptions«) (vgl. Heran-Dörr 2006). Gleichsam ist die Heterogenität der Kinder bezüglich der Qualität von Präkonzepten sehr ausgeprägt. So gibt es Kinder, in deren Fragehorizont wissenschaftliche Phänomene noch überhaupt nicht auftauchen bis hin zu hoch ausgebildeten »Spezialisten«, die sich ein bereits hohes Fachwissen angeeignet haben, zum Beispiel indem sie Zugang und Interesse zu passenden Medien haben. Entstanden sind diese Präkonzepte in der Regel durch das Interpretieren von Erfahrungen und kausalen Schlussfolgerungen, die für das Kind stimmig, nützlich und alltagsrelevant sind. Dabei sind die Wahrnehmungen der Kinder zu Phänomenen oft vielschichtiger als sie in Sprache und zum Beispiel in Zeichnungen zum Ausdruck kommen (können). Diese Präkonzepte werden im Unterricht der Grundschule überführt in wissenschaftliche(re) Konzepte (*conceptual change* und *conceptual growth*). Dabei sind die Präkonzepte trotz des Unterrichts zum Teil sehr stabil und können auch nebeneinander mit den wissenschaftlichen existieren. Mit Schulbeginn sind Kinder in der Lage, ihre Welt auf sprachlicher und numerischer Symbole zu erfassen. Des Weiteren ist es ihnen möglich, zum Lösen einer Frage passende Experimente auszuwählen, zwischen Vermutungen und erhobenen Daten und Ergebnissen zu unterscheiden und sie können nachvollziehen, dass Hypothesen aufgrund von Beweisen widerlegt werden. Die Kinder weisen ein grundsätzliches Verständnis für logische Konzepte auf und sind mit hohem Interesse und hoher Motivation Phänomenen der Natur gegenüber aufgeschlossen und gehen gern ihrem Forscherdrang nach (vgl. Fried 2005).	• Exemplarität • Lebensweltbezug • Handlungsorientierung • Anschaulichkeit • Problemorientierung • Weitgehend selbstständiges Durchführen von Versuchen, gegliedert nach Fragestellung, Durchführung, Beobachtung und Erklärung. • Erheben und Auswerten von Präkonzepten als Ausgangspunkt von Unterrichtssequenzen als Erfassung des Ist-Stands sowie am Ende als Lernstandserfassung. • Ko-Konstruktion in der Durchführung und Dokumentation sowie im dialogischen Diskurs zu naturwissenschaftlichen Versuchen. • Einbinden der Inhalte in die grundlegenden Basiskonzepte des jeweiligen Faches. • Einhalten von Sicherheitsmaßnahmen, unter anderem bei der Durchführung von Versuchen (z. B. lange Haare zu einem Zopf binden, Ärmel nach hinten krempeln, Versuche am Platz durchführen und nicht ohne Grund herzumlaufen, nichts essen und trinken bei der Versuchsdurchführung, gefährliche Versuche nur im Beisein Erwachsener durchführen, vor- und nachher Hände waschen, keine Tierpräparate streicheln).

Implementierung naturwissenschaftlicher Versuche

- Versuch der Woche/des Monats
- Möglichkeit der Förderung besonders begabter Kinder
- Versuchsstationen zu einem bestimmten Thema, die Bestandteil des Wochenplans sind
- Forscherlabor
- Einzel-/Partner-/Gruppenversuche
- Lehrerdemonstrationsversuche (z. B. bei besonders gefährlichen Versuchen)
- Hausaufgabenversuche
- Arbeitsteilige Versuche im Rahmen einer Unterrichtsstunde/-sequenz
- Arbeitsgemeinschaft Naturwissenschaften
- Kurzzeit und Langzeitversuche

Chemie

Typische Handlungen für den Fachbereich	**Für den Fachbereich charakteristisch**
• Stoffe trennen • Sauberes Arbeiten • Messen • Sicherheitsaspekte beachten • Fachsprache verwenden *Naturwissenschaftliches Denken trainieren:* • Fragestellungen formulieren • Versuche entwickeln und durchführen • Beobachten, Beschreiben • Hypothesen bilden • Überprüfen der Hypothesen durch Versuche • Versuche genau beobachten • Beobachtungen versuchen zu erklären • Hypothesen verifizieren und falsifizieren • Gesetzmäßigkeit formulieren: (»wenn ..., dann ...« oder »je mehr ... desto ...«) • Schlussfolgern • Analogien mithilfe von Modellvorstellungen bilden Für die Grundschule sind aus chemischer Perspektive und aus unserer Sicht folgende Versuche zum Untersuchen von ausgewählten Eigenschaften von Stoffen geeignet: *Chemische Stoffe* • Nach ihrem Aussehen untersuchen • Können sich in Flüssigkeit auflösen • Nach ihrem Geruch untersuchen • Kann man trennen • Haben eine Schmelztemperatur • Können brennen • Mit Hitze untersuchen • Auf Säure untersuchen • Können sich verändern • Können Fett enthalten	Der Chemie liegt ein eigener Stoffbegriff zugrunde. Dabei wird ein chemischer Stoff durch bestimmte gleich bleibende Eigenschaften charakterisiert, die ihn von Nicht-Stoffen unterscheidet. Chemie bietet Erklärungen für viele Phänomene unseres Alltags, sie ermöglicht die Herstellung zahlreicher Produkte. Chemiker untersuchen, was in der Natur zu finden ist (z.B. auf den Geschmack, Geruch, Essbarkeit oder Giftigkeit), ob sich das Gefundene verwandeln kann (z.B. von fest zu flüssig oder zu gasförmig), warum diese Verwandlung passiert und wie sich die Verwandlung genau erklären und darstellen lässt. Chemiker benutzen dazu ihre Sinne und verwenden Hilfsmittel, um herauszufinden, wie ein chemischer Stoff im Kleinsten aufgebaut ist. Dabei finden sie heraus, was einen chemischen Stoff einzigartig macht und von anderen chemischen Stoffen unterscheidet.

Tipp

- In den Versuchen vor allem ungefährliche Materialien aus der Lebenswelt der Kinder verwenden. So sind Versuche in der Schule einfach und kostengünstig durchführbar und auch zu Hause wiederholbar. Eine Elterninformation bezüglich möglicher Gefahren bei Versuchsdurchführung zu Hause sowie eine Belehrung der Kinder hinsichtlich möglicher Gefahren ist selbstverständlich.
- Piktogramme zeigen ggf. auf einen Blick, welche Gefahren für die Gesundheit oder die Umwelt bestehen können.
- Die submikroskopische Ebene ist nur über Denkmodelle zugänglich. Umso wichtiger sind die Versuche auf materieller Ebene und makroskopischer Ebene, die über die konkret sinnlich erfassbaren Eindrücke den Transfer zu den Denkmodellen grundlegen.
- Es gibt zahlreiche kostenfreie Veröffentlichungen, die im Internet zum Beispiel vom Fonds der chemischen Industrie unterstützt werden mit dem Ansinnen der Stärkung experimenteller Chemie im Unterricht.

- *Reflexionsfragen*: »Das interessiert mich jetzt ...« ist ein Impuls, der es den Kindern ermöglicht, angeregt durch den Unterricht und den darin gewonnenen Erkenntnissen, Fragen zu stellen, die die Kinder zu Beginn der Unterrichtsstunde noch nicht gehabt hätten.

Impulse, die zu weiteren Versuchen und/oder Gedankenexperimenten anregen:
- »Kann ein chemischer Stoff durch einen anderen Stoff ersetzt werden?«
- »Was passiert, wenn man eine Bedingung am Versuch ändert?«
- »Kann der Versuch in seiner Reihenfolge verändert werden?«
- »Wie oft kann der Versuch mit den gleichen chemischen Stoffen wiederholt werden?«
- »Kennst du andere Versuche oder Phänomene, die genauso funktionieren?«

Physik

Typische Handlungen für den Fachbereich	Für den Fachbereich Physik charakteristisch
• Beobachten • Beschreiben • Vergleichen • Ordnen • Messen • Vermuten • Versuche planen, durchführen und auswerten • Zeichnen • Recherchieren • Arbeitsgeräte sicher nutzen und deren bestimmungsgemäßen Einsatz erläutern • Phänomenen fachsprachlich beschreiben • An einem Sachmodell die Unterschiede zwischen den Eigenschaften des Originals und denen des Modells beschreiben und Grenzen des Modells benennen • Zu einer vorher festgelegten Problemstellung ein technisches Produkt (nach Anleitung) herstellen und die Herstellungsschritte erläutern (Planung, Skizze, Materialliste) • Ein selbst hergestelltes technisches Produkt bewerten und den Herstellungsprozess beschreiben • Diagramme und Tabellen anlegen und interpretieren • Argumentieren (z.B. in der »Je ... desto ...-Form«) • Bedeutung einfacher physikalischer Phänomene im Alltag erkennen	Physik beschäftigt sich in der Regel mit Vorgängen der unbelebten Natur sowie im Sekundarbereich zunehmend mit der mathematischen Beschreibung dieser Vorgänge. Physik erklärt die Phänomene von Energie und Materie. Es gibt fünf klassische Inhaltsbereiche der Physik in der Grundschule: • Mechanik (z.B. »Wie funktioniert eine Zange?«) • Wärmelehre (»Wie kann ein Haus im Winter die Wärme im Haus behalten?«) • Elektrizitätslehre (z.B. einen Stromkreis bauen bzw. »Welche Materialien leiten Strom?«) • Optik (z.B. Wie breitet sich Licht aus? Wie entsteht ein Regenbogen? Warum bremst der Fallschirm?) Physik ist mit anderen Naturwissenschaften wie der Chemie, Biologie und Astronomie verknüpft. Physikalische Erkenntnisse in der Grundschule werden durch Fragen an die Natur durch Versuche und genaue Beobachtungen und Deutungen/Erklärungen gewonnen.

Tipp

- Zum naturwissenschaftlichen Vorgehen in physikalischen Themenbereichen gehört auch der Bereich des »Bauens und Konstruierens« im Sachunterricht mit eigenen Lehrwegen (siehe S. 192–193).
- Zu vielen physikalischen Themen gibt es Kisten von Verlagen, in denen das gesamte Material mit den Versuchsanleitungen bereits vorhanden ist.
- Alternativ zu den Versuchskisten kann man diese Materialien auch selbst noch kostengünstiger in Kisten sammeln. Das Verbrauchsmaterial kann in der Regel über die Schule abgerechnet werden.

- Eltern können freiwillig Versuchspatenschaften übernehmen. Dazu erhalten die Eltern die Versuchsbeschreibung und die Materialliste und werden eingeladen, im Rahmen der Unterrichtszeit oder an Projekttagen diesen Versuch mit den Kinder durchzuführen.

Magnetismus
- In Zusammenhang mit dem Thema Magnetismus steht das Erkunden von Materialien stärker im Vordergrund, um daraus Eigenschaften abzuleiten (z.B. magnetische Kräfte untersuchen: abstoßen, anziehen).
- Elektromagnetismus ist für begabte Kinder eine Möglichkeit, sich weitergehend mit dem Feld Magnetismus auseinanderzusetzen.
- Im Umgang mit den Magneten werden die Kinder belehrt, dass die Magneten nicht runterfallen (sollen) und Magnete die Funktion von Herzschrittmachern, Defibrillatoren und Hörgeräten beeinträchtigen können. Deswegen muss auf einen Abstand von mehreren Zentimetern zwischen diesen medizinischen Hilfsmitteln und Magneten geachtet werden und magnetische Speichermedien oder elektronische Geräte nicht mit Magneten berührt oder in deren Nähe gebracht werden, da dadurch gespeicherte Daten gelöscht werden können.
- Magnetische Kompassnadeln für einen Streichholzschachtelkompass gibt es kostengünstig bei der Firma »Stockert und Sohn« in Fürth.

Biologie: Pflanzen und Tiere bestimmen

Beim genauen Blick in ein Biotop lässt sich eine große Vielfalt an Tieren und Pflanzen entdecken. Der Umgang mit Bestimmungsschlüsseln bietet eine Möglichkeit für Grundschulkinder, um häufige Tier- und Pflanzenarten zu bestimmen.

Möglicher Lehrweg	Aufmerksamkeitsrichtungen	Beispiel
Problem-begegnung Hinführung	• Emotionaler Einstieg, »Eintauchen« in die Ausgangssituation: Lebensweltbezug • Ganzheitliche Betrachtung des Lerngegenstands unter Einbezug vieler Sinne • Generieren einer Fragehaltung und (Problem-)Frage • Aktivieren des »naiven« Vorwissens	• (Reale) Begegnung mit den zu bestimmenden Tieren oder Pflanzen (bei Tieren z.B. über Präparate) • Gegebenenfalls ergänzende Bild-, Sach- oder Tonmedien (ggf. flankiert durch eine Lehrererzählung) • Belehrung bei Präparaten, diese nicht zu berühren • Ausgangspunkt für die Zusammenführung am Ende der Stunde
Zielangabe	• Klare Formulierung in kindgerechter Form	• Zum Beispiel: »Welche Vögel sind es? Wir untersuchen und bestimmen Vögel des Waldes«
Problem-bearbeitung Hypothesen-bildung	• Sammeln von Vermutungen • Aufgreifen des expliziten Vorwissens	• Partnergespräch zum Sammeln von Vermutungen • Notieren einiger Vermutungen in Stichpunktform unter der Überschrift »Manche vermuten ...« • Ist kein Vorwissen vorhanden, können sich auch keine Vermutungen ergeben
Lösungsplanung	• Einsatz von Hilfsmitteln (z.B. Bestimmungsbücher) • Bestimmungsmerkmale untersuchen und beschreiben	• Visualisieren der relevanten Bestimmungsmerkmale mit Wortkarten (z.B. bei Vögeln: Schnabel, Füße, Schwanz, Gefieder, Körpergröße, Stimme) • Klären, weswegen alle Bestimmungsmerkmale zur Bestimmung relevant sind

Möglicher Lehrweg	Aufmerksamkeitsrichtungen	Beispiel
Erarbeitung	• Bestimmen der jeweiligen Tiere oder Pflanzen nach den Bestimmungsmerkmalen • Ko-konstruktiven Austausch ermöglichen	• Einsatz ggf. von Wortspeichern und Bildkarten, Messgeräten, um die Größe zu bestimmen *Möglichkeit für leistungsstarke und bearbeitungsschnelle Kinder*: • Zeichnungen anfertigen • Rätsel zum jeweiligen Tier oder Pflanze schreiben
Zusammenführung	• Vorstellen der Ergebnisse, zum Beispiel nach arbeitsteiliger Gruppenarbeit	• Entwickeln eines gegliederten Tafelbildes nach den Bestimmungsmerkmalen • Einsatz von Wort- und Bildkarten • Aktivierung der Zuhörer (z.B. mit Checklisten)
Verifizieren/ Falsifizieren der Hypothesen	• Überprüfen der Gültigkeit oder Ungültigkeit der Hypothesen aus der Hypothesenbildung	• Verwenden von Symbolen: ✓ richtige Vermutung, × Vermutung nicht zutreffend, ? Vermutung konnte nicht überprüft werden
Vertiefung	• Einbinden der Erkenntnisse in einen weiterführenden Zusammenhang	• Zum Beispiel Verorten der bestimmten Pflanzen oder Tiere in ihren Lebensraum (z.B. die einzelnen Stockwerke des Waldes, die Hecke oder die Wiese)
Anwendung	• Anwenden des erworbenen Wissens zu den bestimmten Tieren oder Pflanzen	• Lehrkraft und/oder Kinder stellen Rätsel zu den bestimmten Tieren oder Pflanzen • Selbst gewählte Differenzierung: Kinder, die sich im Bestimmen sicher fühlen, schließen dazu die Augen, die anderen Kinder nutzen sehend die Tafelanschrift zur Orientierung an den Bestimmungsmerkmalen
Reflexion und Ausblick	• Anregung zur inneren Rekapitulation der behandelten Inhalte und neu gewonnenen Erkenntnisse	• Möglichkeit zur Formulierung ungeklärter oder weiterführender Fragen • Impuls: »Das interessiert mich jetzt noch ...«

Typische Handlungen für den Fachbereich	Für den Fachbereich charakteristisch
• Sammeln • Ordnen • Beschreiben • Vergleichen/Unterscheiden • Betrachten • Bestimmen • Beobachten • Untersuchen • Versuche planen, durchführen und auswerten • Pflegen und Hegen • Modell bilden • Skizzieren • Zeichnen • Beziehungen herstellen, Ergebnisse deuten und Interpretieren	Biologie befasst sich mit allgemeinen Gesetzmäßigkeiten des Lebendigen, speziellen Besonderheiten der Lebewesen, ihrem Aufbau, Organisation und Entwicklung sowie ihren vielfältigen Strukturen und Prozessen. Dazu gehören auch die Dynamik und Komplexität biologischer Vorgänge, die Diversität belebter Lebensräume und Interaktionen zwischen Organismen und ihrer biotischen und abiotischen Umwelt. Über die typischen Handlungen für den Fachbereich wird ein Verständnis für die Denk- und Arbeitsweise der Biologie grundgelegt. Die im Unterricht erworbenen Kenntnisse fördern den verantwortungsvollen und nachhaltigen Umgang mit der Natur und Umwelt.

Typische Handlungen für den Fachbereich	Für den Fachbereich charakteristisch
• Arbeit mit verbalen und nonverbalen Informationsträgern (Medien) • Hypothesen aufstellen • Hypothesen mithilfe erhobener Daten und deren Interpretation verifizieren, falsifizieren oder erfassen, dass die Hypothese mit den Daten aus zum Beispiel einem Versuch nicht überprüft werden konnte	

Tipp

Beispiele für didaktische Abfolgen typischer Handlungen für biologische Themenbereiche:

- Sammeln – Betrachten – Ordnen – Bestimmen – Ausstellen
- Betrachten – Vergleichen – Unterscheiden
- Beobachten – Beschreiben – Skizzieren
- Erkunden – Untersuchen – Experimentieren

- Vorbildfunktion der Lehrkraft bei Artenschutz, zum Beispiel werden geschützte Pflanzen fotografiert, nicht ausgegraben oder ausgerissen und umweltgerechtes Verhalten (Mülltrennung, rote Liste, Artenschutzbestimmungen kennen, Lautstärke usw.) praktiziert.
- Interesse, Begeisterung sowie Offenheit des Lehrers für Natur und Wertschätzung vorleben.
- Eigenen Ekel (falls vorhanden) vor (Klein-)Tieren nicht anmerken lassen.
- Anthropomorphistische Zuschreibungen vermeiden (z.B. der brave Hund, das stolze Pferd).
- Belehrungen (z.B. beim Umgang mit Präparaten, giftigen Pflanzen, Fuchsbandwurm, Hände waschen nach Versuchen) wiederholt geben.
- Zeitliche Planung von Unterrichtsgängen über das Jahr verteilen (z.B. der Wald im Herbst, Winter, Frühling und Sommer).
- Fachreferenten rechtzeitig anfragen (z.B. Förster, Erlebnis Bauernhof).
- Umwelterzieherische Aspekte werden nach dem Prinzip »Think globally – act locally« (Global denken – lokal handeln) verwirklicht.
- Klares Abstecken des organisatorischen Rahmens ist wichtig, um in der Erarbeitungsphase möglichst wenig eingreifen zu müssen.
- Beim Erfassen von Präkonzepten oder dem Erörtern von Ergebnissen ko-konstruktive Methoden nutzen.
- Zum Kennzeichnen der überprüften Hypothesen eignen sich folgende Symbole: ✓ richtige Vermutung, × Vermutung nicht zutreffend, ? Vermutung konnte mit dem Versuch nicht überprüft werden.

Möglicher Lehrweg	Aufmerksamkeitsrichtungen	Beispiel
Hinführung **Darstellung der Ausgangssituation**	• Ankommen und Hineinversetzen in die kindgerechte Ausgangssituation • Erstes Ankommen und »naive« Begegnung mit dem sozialkundlichen Sachverhalt • Generieren einer Dilemmasituation	• Die »Konfliktgrundlage« bedarf einer sorgsamen Auswahl • Die Auswahl des Konflikts ist im Idealfall ein realer Fall aus der Klasse, der mit anderen Namen der Beteiligten in den Horizont der Klasse gerückt wird • Geht es um das Bewältigen von Konflikten, ist der Schulalltag ein Füllhorn an Situationen, die reflektiert und analysiert werden können
Zielangabe	• Klare Formulierung in kindgerechter Form	• Zum Beispiel: »Wie können sich Tom und Julia wieder vertragen?« oder »Soll Hanna in der Klassenarbeit schummeln, um eine bessere Note zu erhalten?«
Situationsanalyse Gefühle Ursachen/ Problemgehalt Erste Entscheidungsoptionen Erste unreflektierte Abstimmung	• Analyse nach den Bausteinen: Wer ist beteiligt? Worum geht es? Wie geht es jedem der Beteiligten? In welchem Verhältnis stehen die Beteiligten zueinander? Wo liegen die Ursachen für den Konflikt? (z.B. Meinungsverschiedenheiten, Sachbeschädigung, Missverständnisse, Fehlverhalten einer/mehrerer Personen)	• Voraussetzung für eine gelungene Situationsanalyse ist, dass die Kinder die Ausgangssituation vom Grundgedanken durchdrungen haben • Die Situationsanalyse bezieht sich zunächst auf die emotionale Ebene, um zum einen unbewusst angestoßene Gefühle ins Bewusstsein zu rücken, zum anderen wird den Kindern auch zunehmend bewusst, dass eine Handlung nicht nur beim aktiven Akteur mit Emotionen belegt ist, sondern auch beim »Empfangenden« der Aktion Gefühle auslöst • Im Analysieren der Ursachen geht es darum, die »Wurzel« des Konfliktes, die hinter dem Konflikt steht, zu identifizieren
Urteilsbildung Konstruktive Handlungsmöglichkeiten finden, vorstellen und werten	• Der Dreierschritt konstruktive Handlungsmöglichkeiten finden, vorstellen und werten nähert sich einem Grundsatz werteorientierten Handelns an: »Vom Wissen zum verantwortlichen Handeln« • Das Beurteilen der Folgen jeden individuellen Handelns folgt einem systemischen Ansatz von Beziehungsgestaltung und ist auch Grundschulkindern bei sorgsamer Einführung möglich	• Die Kinder finden zunächst in fundierender Einzelarbeit Möglichkeiten, den identifizierten Konflikt aus ihrer Sicht zu bewältigen • In einer Kleingruppe vergleichen sie ihre Möglichkeiten und einigen sich zum Beispiel auf eine, die sie im Plenum in einer szenischen Darstellung vorstellen möchten • Die vorgestellten Möglichkeiten werden im Klassengespräch nach Konstruktivität und auch nach ihren Folgen beurteilt
Individuelle Handlungsentscheidung treffen Empathieübung Vergleich mit der ersten unreflektierten Abstimmung	• Aus dem Angebot von Handlungsmöglichkeiten aus den Gruppen trifft jedes Kind eine individuelle Entscheidung, wie es agieren möchte	• Die Methode »Standpunkt beziehen«, in der sich die Kinder je nach Entscheidungsmöglichkeit nicht nur inhaltlich, sondern auch räumlich platzieren, ist besonders geeignet, um nochmals ins Gespräch zu kommen • Wichtig ist dabei, dass jede individuelle Entscheidung des Kindes respektiert wird

Möglicher Lehrweg	Aufmerksamkeitsrichtungen	Beispiel
Transfer mit Handlungsimpuls	• Den behandelten Konflikt im Alltag identifizieren, bewusst beobachten und ggf. bewältigen	• Die Kinder werden dafür sensibilisiert, im weiteren zeitlichen Verlauf gleiche oder ähnliche Konfliktsituationen in und außerhalb des Klassenzimmers zu identifizieren und ihr Handeln in Reflexionsrunden mitzuteilen

Die Kinder im Blick	Didaktische Grundsätze
Kognitionspsychologisches Konzept der Moralerziehung nach Kohlberg (1996): • Moralische Entwicklung als lebenslanger Prozess • Bei der Bildung eines moralischen Bewusstseins ist der Mensch selbst Gestalter seiner Entwicklung • Als erkennendes und selbstreflektierendes Wesen greift er äußere Reize bewusst auf • Die Erfahrungen von außen werden vom Individuum in selbstständiger Strukturierung verarbeitet Bereits Grundschulkinder interessieren sich für politische Prozesse, Fragen und Strukturen sowie dahinterliegenden Werten. Wie nebenherlaufend nehmen die Kinder in ihrem Alltag politische Ereignisse und Diskussionen auf vielfältige Weise wahr (z. B. die Bürgermeisterwahl, ein Bürgerbegehren, Demonstrationen usw.). Dabei spielt die familiäre Sozialisation und deren Lebensumstände eine besondere Rolle. Im kognitionspsychologischen Konzept der Moralerziehung nach Kohlberg lassen sich Moralurteile und die hinter ihnen stehenden Werte in qualitativ höhere und niedrigere Stufen einordnen. Ziel des Bildungsprozesses nach Kohlberg ist, die kognitive Qualität von Moralurteilen auf ein qualitativ höheres Niveau zu heben. Dabei wird davon ausgegangen, dass sich die Moralentwicklung in Auseinandersetzung des Individuums mit seiner Umwelt mit zunehmenden Alter ausdifferenziert in Bezug auf moralische Denkstrukturen. In der präkonventionellen oder prämoralischen Stufe als erste Stufe moralischer Entwicklung nach Kohlberg steht die eigene Person im Vordergrund und das Kind orientiert sich in seinem Verhalten und Handeln am Erreichen von Belohnung und Vermeidung von Bestrafung. Diese Stufe wird etwa im Alter von zwei bis zehn Jahren durchlaufen. Der Blick auf andere sowie ein empathischer Rollen- oder Perspektivenwechsel gelingt noch am ehesten bei den nahestehen Bezugspersonen, wenn das Kind aus dieser Begegnung Vorteile erzielen kann. *Klassische Denkvarianten des Kindes könnten lauten*: • »Wenn ich Lust habe etwas zu tun, dann darf ich das auch« • »Weil meine Eltern es so machen, kann ich es auch machen« • »Wenn man etwas Verbotenes getan hat, sollte man dafür bestraft werden« • »Wird man bei etwas Verbotenem nicht erwischt, kann man es auch machen« In der zweiten Stufe der naiv-instrumentellen oder egoistischen Orientierung werden nun auch erweiterte soziale Beziehungen in das moralische Beurteilen und Handeln eingebracht. Im Zentrum steht weiterhin das Befriedigen eigener Bedürfnisse des Kindes. Idealfall und Beziehungen werden vor allem dann	Der Unterricht ist Modell dessen, was er lehrt, das heißt im Sachunterricht mit sozialkundlichem Schwerpunkt kommt es im Besonderen darauf an, wie wertschätzend alle Beteiligten am Unterricht miteinander umgehen. Ko-konstruktive Methoden mit hohen Gesprächsanteilen der Kinder untereinander, demokratische Prozesse und wertorientiertes Handeln gehören zu unterrichtlichen Handlungen, die fachimmanent sind. Reale Situationen sind konstruierten immer vorzuziehen. Gerade bei Konfliktsituationen ist der Schulalltag der Klasse voll an Ereignissen, die zum Nachdenken, Analysieren und wertevollem bewusstem und intentionalem Handeln einlädt. Bei der Themenstrukturierung im Sequenzaufbau dem Grundsatz »Vom Nahen zum Fernen« folgen – von der Klassensprecherwahl zur Bürgermeisterwahl zur Bundeskanzlerwahl (»Wer bestimmt, was in Deutschland passiert?«) Aktuelle und vor allem örtliche oder regionale Situationen spielen eine große Rolle in der sozialwissenschaftlichen Perspektive des Sachunterrichts. Grundsätzliche didaktische Ansätze liegen zum einen im sozialen und demokratieorientiertem Lernen und zum anderen im problemorientierten politischen Lernen. Gleichzeitig wird politische Bildung im Fachunterricht, als Unterrichtsprinzip, in den Arbeits- und Sozialformen, in der Mitwirkung und Gestaltung von Schulleben sowie eine Öffnung der Schule in das gesellschaftliche Umfeld angestrebt.

Die Kinder im Blick	Didaktische Grundsätze
wertvoll, wenn sie Vorteile für das Kind erbringen. Austausch von Positivem wird tendenziell wie auf einem Basar gegenseitig angewandt. Das eigene Handeln kann auch für die Bedürfnisse anderer Bezugspersonen befriedigend sein, muss es aber nicht grundsätzlich. Vertiefte Dankbarkeit oder Loyalität spielen noch keine oder eine sehr untergeordnete Rolle. *Klassische Denkvarianten des Kindes könnten lauten*: • »Du hast mir ein Freundschaftsarmband geschenkt, ich schenke dir ...« • »Wenn sie so viel bekommen hat, will ich auch so viel ...« • »Wenn ich es nicht mache, macht es ein anderer und hat den Vorteil ...« (vgl. Kohlberg 1996)	Fördern selbstständigen Denkens, Urteilens und Handelns durch die Konfrontation mit vielfältigen Beispielen und kindgerechten Dilemmasituationen.

Typische Handlungen für den Fachbereich	Für den Fachbereich charakteristisch
• Kooperative Lernformen • Szenische Darstellung • Rollenspiel • Empathie/Rollenwechsel • Verbalisieren von Gefühlen: Gefühlswortschatz anlegen • Pro- und Contra-»Debatte« • Konsequenzen von Handlungen antizipieren können • Eigene Interessen vertreten • Sachbezogen argumentieren • Konflikte gewaltfrei lösen • Problembezogene Recherche von Informationen • Bewertung (konkurrierender) Informationen, Interpretationen bzw. Urteile • Situationsanalyse (z. B. bei einem Streit aus unterschiedlichen Perspektiven) vornehmen • Verschiedene Lösungsmöglichkeiten (z. B. für eine Streitsituation) finden und bewerten • Interview • Projektarbeit • Planspiel • Arbeit mit Symbolen und Symbolgegenständen (z. B. die Friedenstreppe als eine Möglichkeit der Visualisierung, wie etwas Trennendes im Konflikt überwunden werden kann)	Kindheit ist kein politikfreier Raum, auch das Alltagsleben der Grundschulkinder ist geprägt durch die Auswirkungen politischer Prozesse und sie entwickeln aufgrund dieser Erfahrungen politische Vorstellungen und Haltungen. Politische Bildung in der Grundschule setzt an, politische Prozesse und deren Bedeutung für das eigene Umfeld für die Kinder verständlicher und durchschaubarer zu machen. Ziel politischer Bildung ist, als mündiger Bürger Zusammenhänge im politischen Geschehen zu erkennen, Toleranz und Kritikfähigkeit zu vermitteln und zu stärken, damit zur Herausbildung und Weiterentwicklung von aktiver Bürgerschaft, gesellschaftlicher Partizipation und politischer Beteiligung beizutragen. Wer politisch gebildet ist, kann das politische Geschehen des eigenen Landes mitgestalten. Im Unterricht geht es darum, ein politisches Grundwissen zu vermitteln, selbstständiges Urteilen sowie politisches Engagement anzubahnen. In der Auseinandersetzung des Kindes mit sich selbst und anderen geht es um Formen intentionalen Handelns, das sich an pluralistischen Zielen bzw. Werten orientiert. 1976 formulierte Hans-Georg Wehling drei Grundprinzipien politischer Bildung, die als »Beutelsbacher Konsens« ein fundierendes Element der Politikdidaktik eingingen. Im »Überwältigungsverbot« geht es darum, dass Kinder nicht manipuliert, sondern unterstützt werden, sich ein eigenes Urteil zu bilden. »Kontroversität« beinhaltet, dass zu einem Thema unterschiedliche Standpunkte eingenommen werden können, unterschiedliche Meinungen respektiert werden und Alternativen nicht »unter den Tisch« fallen. »Interessenorientierung« unterstützt die Kinder im Rahmen einer (politischen) Situation, die eigenen Interessen und Motive, Emotionen usw. wahrzunehmen und zu analysieren, um davon ausgehend eigene (konstruktive) Handlungsmöglichkeiten bewusst umzusetzen und je nach Intention auch eine Öffentlichkeit dafür zu finden. Fundament für die Unterrichtsplanung und -gestaltung der Grundschule für die Wahl der Inhalte, Methoden und Gestaltung sind die Kinderrechte. Implementiert in einfachen Formen wird politische Bildung durch wertschätzende Gespräche über persönliche Erfahrungen und Gefühle, Formen gelebten und geregelten Miteinanders, konstruktive Möglichkeiten der Konfliktbewältigung sowie Einrichtung und Nutzung von Körperschaften (z. B. eines Klassenrats, eines Schülerparlaments oder einer Schüler-mit-Verantwortung (SMV))

Tipp

Um einer Ansammlung an Individuen in einem Raum zu einer Klassengemeinschaft die Möglichkeiten zu geben, sozial und interaktional wertschätzend miteinander zu agieren, kann die Lehrkraft in Anlehnung an die drei Ebenen des sozialen Lernen nach I. Prote (1996) erfolgen. Dazu wird im Folgenden eine Agenda für eine mögliche Jahressequenz zur Förderung sozialen Lernens dargestellt.

Ebene 1 – Das einzelne Kind in der Klasse und sein Umgang mit sich selbst

Das bin ich/Schüler der Woche
- Sich selbst wertschätzen
- Eigene Vorlieben und Vorstellungen mit anderen teilen

Gefühle
- Unterscheidung zwischen verschiedenen Gefühlen
- Sensibilisierung: Gefühle anhand der Gestik und Mimik erkennen, eigene Gefühle wahrnehmen und zum Ausdruck bringen
- Einen differenzierten Gefühlswortschatz anlegen

Wenn die Wut kommt ...
- Eigene Gefühle wahrnehmen und zum Ausdruck bringen
- Umgang mit eigenen Gefühlen
- Abbau von angestauten Gefühlen (unterdrückte Wut)

Ebene 2 – Das einzelne Kind und andere Kinder aus der Klasse

Eine neue Schülerin in der Klasse
- Das eigene Verhalten als Grundlage für Beziehungen erkennen
- Fallbeispiel für guten Umgang
- Alle Kinder sollen sich wohlfühlen

Miteinander spielen
- Das eigene Verhalten als Grundlage für Beziehungen erkennen
- Anderen mit Achtung begegnen
- Jedes Kind hat seine Stärken

Was tust du, wenn dich jemand ärgert?
- Das eigene Verhalten als Grundlage für Beziehungen erkennen
- Handlungsleitfaden für Konflikt finden

Warum darf Jana nicht mitspielen?
- Das eigene Verhalten als Grundlage für Beziehungen erkennen
- Empathiefähigkeit
- Verständnis für andere

Streit auf dem Pausenhof
- Aktuelle Konflikte aus dem eigenen Schulalltag, die gemeinsam im Klassenrat besprochen werden

Freundschaft

- Definition und Merkmale von guten Freunden
- Nutzen von Freundschaft
- Das eigene Verhalten als Grundlage für Beziehungen erkennen

Wie können sich Oli und Dana wieder vertragen?

- Konflikte konstruktiv bewältigen
- Möglichkeiten der Konfliktlösung auf Angemessenheit prüfen

Ebene 3 – Das einzelne Kind und seine Zugehörigkeit zur sozialen Gemeinschaft (der gesamten Klasse)

Wir sind eine Gemeinschaft

- Zusammen machen viele Dinge mehr Spaß
- In unserer Klasse halten wir zusammen

In einer Gemeinschaft gibt es viel zu tun

- Arbeitsteilung als Erleichterung
- Mitverantwortung tragen
- Zuverlässigkeit bei der Erledigung von Aufgaben

Unsere Gesprächsregeln

- Regeln für eine gute Gesprächskultur in unserer Klasse entwickeln und anwenden
- Anderen mit Achtung begegnen

Wir wählen einen Klassensprecher

- Demokratische Mitwirkung praktizieren
- Präsentation des Wahlprogramms für das Amt des Klassensprechers
- Demokratische Wahlgrundsätze verstehen

Warum streiten wir uns?

- Umfrage durchführen
- Das eigene Verhalten reflektieren
- Konfliktlösungen finden

Wir planen unsere Feste

- Abstimmung über Programm, zeitlichen Rahmen und Einladung von Eltern und Großeltern
- Entscheidungen finden und Mitverantwortung tragen

Fertigungsaufgabe: Bauen nach Plan

Möglicher Lehrweg	Aufmerksamkeitsrichtungen	Beispiel
Fertigungsauftrag – Zielangabe	• Herausstellen des Zwecks und des Ziels des Fertigungsproduktes und ggf. -prozesses • Herausstellen des Endproduktes • Motivationalen Zugang und Interesse der Kinder zum Endprodukt ermöglichen	Im Vordergrund steht das Herstellen eines (technischen) Gegenstandes, der mehrfach repliziert werden kann. Besonderes Augenmerk liegt auf dem exakten Einhalten der Arbeitsgänge/Arbeitsschritte unter fachgerechtem Gebrauch der Arbeitsmittel. *Beispiele zur Produktfertigung*: • Bau der Leonardo-Brücke nach Anleitung • Bausteine nach Vorgabe zu sinnstiftenden »Bauwerken« platzieren • Holzverbindungen • Faltanleitungen • Kombination verschiedener Werkstoffe • Holzverbindungen nachbauen
Konzipieren und Vorbereiten der Fertigung	• Erfassen der Anleitung • Entschlüsseln von Symbolen und Abbildungen • Markierungsstrategien einsetzen • Arbeitsgänge chronologisieren • Material benennen, sortieren • Gegebenenfalls benötigte Werkzeuge benennen, sortieren und auf ihre Funktionstüchtigkeit und Eignung überprüfen • Auf geordneten Arbeitsplatz achten • Erfolgswahrscheinlichkeit des Fertigungsprozesses einschätzen	
Durchführung	• Schritt für Schritt die Anleitung nach Vorgabe durchführen • Werkzeuge fachgerecht nutzen • Erledigtes abhaken • Gegebenenfalls Notizen machen und Fragen notieren • Nur das Hernehmen, was gerade gebraucht wird • Auf einen festen Platz legen, was nicht gebraucht wird	
Auswertung	• Endprodukt evaluieren (z. B. in Bezug auf den zu erfüllenden Zweck, Qualität, Ökonomie, Machbarkeit, ggf. auch auf Umweltverträglichkeit, Nachhaltigkeit und unerwünschter (Neben-)Wirkungen hin reflektieren) • Gegebenenfalls Anleitung optimieren • Originalität der technischen Lösung beurteilen	
Weiterführung	• Alternative Möglichkeiten der Fertigung finden und in Bezug auf die Optimierung von Produkt und Prozess überprüfen (z. B. im Hinblick auf Serienfertigung, alternative handwerkliche oder mechanisierte Fertigungsmittel)	

Konstruktionsaufgabe: Zweckorientiertes Erfinden, Entwerfen und Konstruieren

Möglicher Lehrweg	Aufmerksamkeitsrichtungen	Beispiel
Problemstellung erfassen	• Klar definierte Problemsituation darstellen • Motivationalen Zugang und Interesse der Kinder zum Endprodukt ermöglichen • Analysieren des Problems, Benennen von Funktion und Form und Festlegen der Bedingungen, die das zu entwickelnde Produkt erfüllen muss	Der Schwerpunkt bei Konstruktionsaufgaben liegt darin, eine Problemstellung zu überwinden. Am Ende des Problemlösungsprozesses stehen eine oder mehre technische Lösungsideen, die auf ihre Brauchbarkeit hin evaluiert werden. Es geht nicht darum, etwas Vorhandenes möglichst genau nachzubauen, vielmehr wird ein Prototyp als funktionstüchtiges Modell erstellt. Die Problemstellung generiert einen Erfindungsprozess und führt zur Konstruktion eines funktionstüchtigen Prototyps oder Modells. Die Problemstellungen weisen im Idealfall ein technisches Funktions- oder Konstruktionsprinzip auf, von dem vom Exemplarischen aufs Generelle geschlossen werden kann. *Klassische Themen sind*: • Türme planen und bauen • Brücken planen und bauen • Kleiderhaken entwerfen und herstellen • Ökonomisches Herstellen von Produkten zum Verkauf am Schulfest • Pausenbrote umweltfreundlich und für die Büchertasche fleckenfrei verpacken • Gedränge am Pausenverkauf oder an der Schulbushaltestelle reduzieren
Zielangabe	• Formulierung in kindgerechter Form als Fragestellung	
Sammeln von Informationen	• Materialeigenschaften wiederholen oder erkunden • Individuelle (Vor-)Erfahrungen der Kinder sammeln	
Erfindungsprozess	• Vorausschauendes Koordinieren der Handlungsschritte • Lösungsschritte entwerfen und in einer Skizze oder Zeichnung festhalten • Freiräume in den Ausgangsbedingungen erkennen und nutzen • Verschiedene Lösungsmöglichkeiten finden • Optimierungen diskutieren und ggf. vornehmen • Entscheidung für das »beste« Produkt	
Entwurf/Modellierung	• Erstellen einer genauen Werkzeichnung • Detailkonstruktionen sichtbar machen	
Konstruktion	• Explorationen mit dem Material • Gegebenenfalls Überarbeiten des Entwurfes nach den Explorationserfahrungen • Herstellen eines Prototyps • Fachgerechter Werkzeugeinsatz	
Erprobung	• Erproben des Prototyps in Bezug auf seine Funktionstüchtigkeit	
Beurteilung	• Beurteilung des Prototyps in Bezug auf seine Funktionstüchtigkeit, Form, Funktion und Ziel • Reflexion gewonnener Erfahrungen in Prozess und Produkt	
Transfer der Erfahrungen	• Transfer der Erfahrungen aus dem Entstehungsprozess und dem Prototypendprodukt in vergleichbare Gegenstände oder Prozesse der (technischen) Umwelt	

Produkte und Prozesse verstehen und optimieren

Möglicher Lehrweg	Aufmerksamkeitsrichtungen	Beispiel
Hinführung	• Inszenierung des Produktes	Zum Beispiel: • Unter einer Decke fühlen • Geräuscherätsel
Zielangabe	• Formulierung in kindgerechter Form	• In der Regel als Fragestellung
Produktbetrachtung und Vermutungen über Funktionszusammenhänge und Zerlegungsmöglichkeiten	• Betrachten des Produktes von außen betrachtet mit dem Augenschein • Betrachten des Produktes von außen betrachtet mit der Hand und weiteren Hilfsmitteln (z. B. einer Lupe) • Vermutungen zum Zweck sammeln, Bedienung und Einsatz des Produktes • Vermutungen zu den Einzelteilen und ihrer Funktion des Produktes • Gegebenenfalls bietet sich hier je nach Produkt und Komplexität des Produktes auch ein Ausprobieren des Produktes und den Auswirkungen an	• Die Schüler analysieren vorhandene Produkte und Prozesse der industriellen Produktion (z. B. nach Aufbau und Funktionsweise) • Hauptform ist die Demontage, da sich in der Regel technische Sachverhalte nicht allein durch die Betrachtung erschließen lassen *Klassische Beispiele, bei denen ein »Blick ins Innere« notwendig ist, sind die Analyse folgender Objekte*: • Fahrradklingel • Kugelschreiber • Drehstuhl • Unterschiedliche Fahrradbremsen • Kugellager • Interessant wird es für die Kinder, wenn man sie mit »unbekannten« historischen Gegenstände konfrontiert (z. B. Bügeln mit einem alten Bügeleisen, in das heiße Kohle gefüllt wurde, ein Telefon mit Wählscheibe)
Zerlegen des Produktes – Ordnen und Gruppieren	• Zerlegen des Produktes in seine Einzelteile • Ordnen und Gruppieren der Teile (z. B. nach der Reihenfolge des Auseinanderbauens oder nach Gleichartigkeit) • Ablage der Teile in chronologischer Reihenfolge, ggf. Skizze	
Klären des Funktionszusammenhanges	• Benennen der Einzelteile • Gegebenenfalls Klären der Verbindungen der Einzelteile • Klären des Funktionszusammenhanges • Einzelteile in für die Funktion unabdingbar Teile identifizieren und von »schmückendem Beiwerk« unterscheiden • Beurteilen der Funktion der Einzelteile (z. B. nach Praktikabilität, Funktionalität, Ästhetik)	
Anfertigen einer Funktionsskizze	• Visualisierung und Skizzierung der Funktionsweise des Produkts (ggf. mit Legende) • Beschreibung der Einzelteile, der Benutzung, der Wirkungsweise, Tipps und Tricks zur Bedienung	
Remontage	• Zusammenbau des Produktes	
Auswertung	• Mögliche Auswertungsmomente: Anzahl der Produktbestandteile und Materialien • Produkteigenschaften, Produktfunktionalität, Reparaturmöglichkeit • Tipps und Tricks zur Demontage und Remontage	
Beurteilung	*Mögliche Beurteilungsmomente*: • Ergonomie, Design • Produktnutzen, Zusatznutzen des spezifischen Produkts im Vergleich mit anderen gleichartiger Produkten anderer Marken • Ökonomie, Ökologie • Gesundheit, Zielgruppe	

Möglicher Lehrweg	Aufmerksamkeitsrichtungen	Beispiel: Vom Pixel zum Binärcode (vgl. Köhler/Schmid/Weiß/Weitz 2020)
Anknüpfen an kindliche Vorerfahrungen	• Kindgerechte Beispiele aus dem Alltag der Kinder fokussieren die Kinder auf das Ziel der Unterrichtsstunde	• Unterschiede zwischen digitalen und analogen Bildern feststellen • Erste Erfahrungen von Unterschieden »digital« und »analog« machen
Zielangabe	• Klare Formulierung in kindgerechter Form	• Impuls: »Was sind Pixel?«
Direkte Instruktion	• Die Sachinformation lässt sich am ökonomischsten in direkter Instruktion erschließen • Wichtig ist die Erklärung in der Regel durch die Lehrkraft, ggf. auch in für Grundschüler didaktisch reduzierter textgestützter Form und mit Abbildungen angereichert Form	• Als Pixel bezeichnet man den kleinsten Teil eines digitalen Bildes • Pixel ist das englische Wort für »Bildpunkt« oder »Bildelement« • Ein Pixel wird meistens als Quadrat dargestellt. Die Seitenlänge des Quadrats kann ganz unterschiedlich sein • Auf dem Computerbildschirm wird alles, egal ob es ein Text ist oder ein Bild, mit Pixeln, also Bildpunkten, dargestellt • Wenn viele Bildpunkte ganz dicht nebeneinander und untereinander stehen, macht unser Gehirn daraus ein Gesamtbild
Anwendung Analoge Handlungsorientierung Gegebenenfalls digitale Handlungsorientierung	• Das »analoge« Lernen ist die passende Vorstufe, die das Verstehen informatorischer Grundkonzepte zu verstehen, unterstützt • Erst nach analoger Handlungsorientierung erfolgt der gezielte Einsatz digitaler Medien	• Pixel-Rätsel • Schwarz-weiße Bilder im Pixelraster • Pixelbilder erraten und erstellen • Großflächige Pixelbilder mit Haftnotizblockzetteln gestalten • Herausarbeiten des Zusammenhangs zwischen Bildschärfe und Auflösung • Digitale Malprogramme nutzen, Bilder gestalten • Analogbilder digitalisieren
Konzepttransparenz	• Rückbezug des Unterrichtsschwerpunktes auf das informatorische Konzept nehmen • Versprachlichen der Gemeinsamkeiten und der Unterschiede zwischen den analogen und digitalen Beispielen aus der Handlungsorientierung der Anwendungsphase	• Mit digitalen Malprogrammen gestaltete Bilder zoomen und Pixel sichtbar machen

Fachlicher Hintergrund und sequenzielle Orientierung zur unterrichtlichen Konkretisierung
Computer speichern und verarbeiten Information, die allein durch zwei Werte – Nullen und Einsen – gegeben ist. Wenn Information nur durch Folgen von zwei Werten (also 0 oder 1) dargestellt wird, spricht man von binärer Repräsentation oder von Binärcode und diese sind eines der wichtigsten Konzepte der Informatik. Ausgehend vom Unterschied zwischen digitalen und analogen Bildern wird im Weiteren der Frage nachgegangen, wie Bilder im Computer gespeichert werden können und gemalte Bilder in Pixel übersetzt werden. Dabei wird der Unterschied zwischen analoger und digitaler Information grundgelegt und im Folgenden das Prinzip des Binärcodes verallgemeinert erfasst. Dabei wird der Binärcode nicht nur

für Zahlen, sondern für die Kodierung aller Informationen mit Beispielen belegt und zur Speicherung und Verarbeitung von Informationen genutzt. Das ist die Grundlage für das Verständnis, dass Digitalisierung aus analogen Informationen digitale macht. Damit Information im Computer verarbeitet werden kann, muss sie in einem digitalen Format vorliegen. Typischerweise wird der Binärcode genutzt, um Information digital darzustellen. Bilder, die mit einer Digitalkamera gemacht werden, oder Text, der mit einem Textverarbeitungsprogramm geschrieben wird, liegen bereits digital vor. Andere Informationen, die in der »echten« Welt vorkommen, müssen erst digitalisiert werden. Digitalisierung meint, dass analoge Signale in Binärcode umgewandelt werden.

Die Kinder im Blick	Didaktische Grundsätze
Das Kind begegnet in seinem Erlebnis- und Erfahrungsbereich der Technik in vielfältiger Weise. Mit Spielzeugen und Haushaltsgeräten, deren Bedienung und Nutzen kommen Kinder schon vor dem Eintritt in die Grundschule in Kontakt. Auch das öffentliche Leben ist bestimmt von technischen Vorrichtungen, zum Beispiel im Verkehr mit Automobilen, Fahrrädern, Ampeln usw. Die technische Perspektive des Sachunterrichts verfolgt das Ziel, *allen* Geschlechtern das Interesse an einfachen technischen Zusammenhängen und Wirkungsweisen handlungs- und produkt- und problemlösungsorientiert zu fördern. Berührungsängste mit technischen Werkzeugen oder die Scheu, Produkte auseinander- und korrekt wieder zusammenbauen zu können sollen *allen* Kindern genommen werden.	• Das praktische Handeln ist die Voraussetzung für ein verständnisintensives Lernen von Wirkungszusammenhängen. • Das Lösen von Problemstellungen mithilfe von Menschen geschaffenen Mitteln steht im Zentrum der Auswahl der Inhalte. • Planen und Herstellen, das Untersuchen, Beurteilen und Bewerten von Wirkungsweisen technischer Gegenstände sind das Grundgerüst. • Das fach- und sachgerechte Umgehen mit technischen Gegenständen und das Anwenden technischer Verfahren ergänzen das Technikverständnis. • Ausgewählte technische Fachbegriffe werden immer mit konkreten Handlungen erworben. • Auswirkungen der Technik auf Mensch und Umwelt werden auch im Unterricht der Grundschule reflektiert. • Exemplarische Beispiele erweitern das Bewusstsein der Kinder für eine durch Technik bestimmte und sich durch Technik verändernde Lebens- und Berufswelt, in der sie leben. Im Bereich der Informatik geht es darum, Digitalkompetenzen zunächst analog zu vermitteln, um ein Verständnis zu Grundkonzepten durch Handlungsbezogenheit zu erreichen. Diese dienen dann auch als Grundlage für souveräne und kreative Nutzung digitaler Medien. »Computional Thinking« als Problemlösemethode ist dann auch in Kombination mit Computernutzung, zum Beispiel bei einem Malprogramm oder zum Programmieren mit Scratch© möglich. Grundkonzepte der Informatik in der Grundschule sind Binäre Repräsentation, Computer sowie Algorithmen und Programmieren.

Typische Handlungen den Fachbereich	Für den Fachbereich charakteristisch
• Statisch-konstruktives Bauen, auch nach Plan und Arbeitsanweisung • Konstruieren (z. B. mit Baukästen) • Entwürfe und Skizzen anfertigen, Verwenden von Zeichengeräten, einfache technische Gegenstände formtreu zeichnerisch abbilden • Arbeitsschritte für sich und andere beschreiben	In einer von Technik umgebenen Welt können viele sinnvolle Querverbindungen zu den naturwissenschaftlichen, sozialwissenschaftlichen und historischen Perspektiven des Sachunterrichts sowie des Werkunterrichts gezogen werden. Für die Kinder geht es darum, ein exemplarisches Verstehen einzelner Vorgänge, Produkte und Prozesse anzubahnen und zum anderen den Sinn für ein »Wie funktioniert das?« bzw. »Wie kann es noch besser werden?« der Ingenieursperspektive erlebbar zu machen und problemlösendes Denken grundzulegen. Dies unterscheidet die Technik von den Naturwissenschaften, in denen es tendenziell eher darum geht, Erkenntnisse zu gewinnen.

Typische Handlungen den Fachbereich	Für den Fachbereich charakteristisch
• Herstellen technischer Objekte • Informationen sammeln, ordnen und weitergeben • Transfer zur gebauten Umwelt • Versuche zu grundlegenden technischen Wirkungsprinzipien durchführen • Produktanalyse: Einsicht in den Aufbau technischer Geräte • Über Vermutungen diskutieren • Ziele formulieren • Ausprobieren, von anderen lernen und imitieren • Anweisungen (z. B. direkter Instruktion) folgen • Selbst klare Anweisungen für andere geben • »Erfinden« • Zeitbedarf abschätzen • Materialbedarf einschätzen • »Sauber« arbeiten • Ordnung am Arbeitsplatz • Sach- und fachgerechter Gebrauch von Werkzeugen • Nachbauen von Prototypen • Werkzeuge benennen und zielgerichtet einsetzen • Verstehen einer Aufgabe oder eines Problems mit dazugehörigen Lösungsentwürfen und -versuchen • Beobachten, Erschließen und Betrachten von Prozessen • Erfassen einfacher technischer Prinzipien und Abläufe • Beachten von Sicherheitsvorkehrungen sowie Belehrungen • Konstruktionsergebnisse und Pläne für sich und andere lesbar mit Legende dokumentieren • Präsentation von Ergebnissen und Produkten • Gefahrengerechtes Verhalten und Prävention • Betriebserkundungen • Sicherheitsbewusstsein für sich und andere sowie Bereitschaft zur Verhütung von Gefahren und Unfällen • Kooperatives Arbeiten	Unterschieden wird zwischen technischen Operationen als das Planen, Entwerfen Beobachten und Optimieren, Verstehen, Erfinden, Konstruieren, Reproduzieren und zwischen technischen Strategien und Methoden zum Erreichen bestimmter Ziele (z. B. ein Produkt nach Anleitung bauen oder eine Maschine erfinden sowie fach- und sachgerechter Handhabung technischer Mittel, wie zum Beispiel Werkzeuge). Das selbstständige Handeln fördert nachhaltiges sowie motivational grundlegendes Interesse an technischen Wirkungsweisen und dem Denken in Zusammenhängen. In der Auseinandersetzung mit technischen Alltagsphänomenen erleben sich die Kinder als wirkungskompetent, indem sie gezielt technische Produkte und Werkzeuge zum Erreichen ihrer Ziele einsetzen. Die Kinder lernen Technik kennen, nutzen sie gezielt und fachgerecht, beurteilen den Prozess sowie das Ergebnis und gestalten damit ihre Umwelt intentional. In Bezug auf Informatik in der Grundschule gilt der Grundsatz: Je jünger die Kinder, desto sparsamer und gezielter sollte Lernen mit digitalen Medien erfolgen, da der Umgang mit dem Material und das »analoge« Lernen häufig besser hilft, Konzepte zu begreifen. Die beiden großen Themen der Informatik sind zum einen die digitale Speicherung und Übertragung von Information als Binärcode und zum anderen die Formulierung von Problemlösungen in Form von Algorithmen und Programmen. Herzstück der Informatik ist das Ausdenken, Programmieren und Beurteilen von Algorithmen. Algorithmen sind abstrakt formulierte Handlungsanweisungen und liefern die Grundlage für Computerprogramme. Alltagsbeispiele für Algorithmen sind beispielsweise Kochrezepte, Bauanleitungen und Wegbeschreibungen. Kern der Informatik als Wissenschaft ist die Präzisierung von allgemeinen Problemstellungen der Informationsverarbeitung in Form von Algorithmen oder logischen Formalismen. Die Umsetzung als Programm ist dem Algorithmus nachgeordnet. In der Informatik gilt: Man hat ein Konzept erst verstanden, wenn man es algorithmisch umsetzen kann. In der Vermittlung der grundlegenden methodischen Herangehensweise der Informatik geht es um die Umsetzung von Problemen in algorithmische Lösungen. Kinder verstehen, dass Programme auf von Menschen ausgedachten Algorithmen basieren und dass es für ein Problem oft verschiedene Lösungen gibt, die verschieden »schlau« sein können. Sie hinterfragen die Funktionsweise von Programmen, um Verbesserungsmöglichkeiten für diese (z. B. um sie schneller, sicherer oder auch besser nutzbar zu machen) zu finden.

Tipp

- Bei Konstruktions- und Fertigungsaufgaben den Prozess in Einzelschritten (digital) fotografieren oder skizzieren bzw. videografieren und zum Beispiel zur Reflexion, zur Optimierung von Arbeitsprozessen oder -ergebnissen, zum Verfassen von bebilderten Anleitungen etc. nutzen.
- Der Bau der Leonardo-Brücke ist eine Fertigungs- und keine Konstruktionsaufgabe. Die wenigsten Kinder werden darauf kommen, die Brücke mit dem vorgegebenem Material und Zweck genauso zu konstruieren wie Leonardo da Vinci.
- Der Prozess einer Konstruktionsaufgabe kann zeitlich ausgedehnt verlaufen. Zwischenreflexionen und das Vermeiden von Zeitdruck sowie das Verteilen der einzelnen Schritte des Lehrwegs auf aufeinanderfolgende Tage kann je nach Komplexität der Aufgabe sinnvoll sein.
- Montageaufgaben mit Baukastenelementen sind sehr gut geeignet, anspruchsvollere Themen aus der Maschinen-, Elektro- oder Informationstechnik zeitökonomischer zu bewältigen, weil die Baukastenelemente bereits passgenau gefertigt sind und effektive Steckverbindungen aufweisen. Dem (Nach-)Erfinden oder Neuentwickeln kommt mit diesem Material eine untergeordnete Rolle zu, vielmehr können generelle Prinzipien (z.B des Katapults) erfasst werden.
- Es gibt auch Halbfertigfabrikate, die einen vorstrukturierteren Weg im Konstruktions- oder Fertigungsprozess vorgeben und für manche Kinder eine Hilfe darstellen können.
- Reflexionsrichtungen bei den Konstruktionsaufgaben und deren Problemlösungen können auf den angestrebten Zweck, Qualität, Ökonomie, Machbarkeit und Originalität der technischen Lösung beurteilt werden. Auch Umweltverträglichkeit, Nachhaltigkeit und unerwünschte (Neben-)Wirkungen können bereits in der Grundschule näher fokussiert werden.
- Bei Fertigungsaufgaben oder Einweisung in fachgerechte Materialbearbeitung, Handhabung von Werkzeugen oder Nutzung von Maschinen und Geräten ist die Lehrerdemonstration (ggf. bildlich unterstützt) am effektivsten. Die Lehrerdemonstration gliedert sich in die vier Schritte: Vormachen durch die Lehrkraft, genaues Beobachten des Handlungsablaufes durch die Kinder, Nachmachen sowie Üben und Anwenden.
- Die reine Leittextmethode, nach der technische Handlungsabläufe selbstständig aus Vorlagen übernommen werden, überfordert weniger leistungsstarke Leser. Differenzierende Maßnahmen sind flankierend notwendig.

11 Sport

Sportunterricht in der Grundschule bietet den Kindern ganzheitliche elementare und freudvolle Bewegungs-, Spiel- und Sportangebote als Möglichkeit, sich über Bewegung selbst und andere zu erfahren, auszudrücken und zu verständigen. Sport ist Bestandteil gesunder Lebensführung.

Sportunterricht in der Grundschule wird koedukativ unter Beachtung der amtlichen Sicherheitsbestimmungen unterrichtet.

Möglicher Lehrweg	Aufmerksamkeitsrichtungen	Beispiel
Ankommen in der Turnhalle	• Zurechtfinden in der neuen Umgebung: Einstimmen auf den Sportunterricht	• Freies Bewegen mit und ohne Material oder Geräten in freier Wahl der Sozialform
Zielangabe	• Schwerpunkt der Stunde und der allgemeinen Aufgabenstellung transparent machen	• Klar und eindeutig formulieren • Keine Zeit verlieren
Aufwärmen Allgemeines Aufwärmen Spezielles Aufwärmen Muskelcheck	• *Psychologische Funktion*: Vorbereitung und Einstellung der Schüler auf die sportliche Betätigung durch Motivierung, Einstimmung, Bereitmachen • *Physiologische Funktion*: Schaffung von Voraussetzungen, um Leistung zu vollbringen (Kreislauf, Durchblutung, Muskeln, Bänder, Gelenke) • *Pädagogische Funktion*: Förderung der sozialen Handlungen, gemeinsam beginnen, gruppendynamische Prozesse	• *Allgemeines Aufwärmen*: Übungen und Spiele, die der Erwärmung der großen Muskelgruppen dienen • *Spezielles Aufwärmen*: Bewegungen, die der Vorbereitung bestimmter Bewegungen des Stundenschwerpunktes dienen • *Muskelcheck*: Spüren der Muskeln, die im Schwerpunkt der Stunde beansprucht werden
Hauptteil mit Zwischenreflexionen	• Hauptteil der Bewegungszeit: Umsetzung des Themas/der Spielidee • Anwendung des Erlernten im komplexen Zusammenhang • Zwischenreflexionen reduzieren die körperliche Belastung und generieren die gesetzten Bewegungsengramme zu reflektierten Bewegungshandlungen • Gegenpoligkeit der Phasen im Stundenaufbau beachten: Ist der Stundenschwerpunkt wenig bewegungsintensiv, dann einen körperlich belastenden Stundenabschluss wählen und umgekehrt	• Klarer Schwerpunkt • Für Kinder im Grundschulalter vielfältiges Lernen, Erproben, Anwenden, Üben und Reflektieren ermöglichen • Zwischenreflexionen zum Durchschnaufen und Generieren vielfältiger Bewegungslösungen zu Bewegungsaufgaben • Typischer Versprachlichungs- und Demonstrationsimpuls: »Tipps und Tricks zum Gelingen von …«, der dazu anregt gemachte Bewegungserfahrungen zu reflektieren und für andere als Strategie zu formulieren • Wiederholte Demonstrationen von Bewegungen mit klaren Umsetzungsimpulsen
Abschluss **Reflexion und Ausblick**	*Tipps und Tricks*: • Neue Entdeckungen vormachen und versprachlichen • Körperwahrnehmung pflegen	• Erfolge rückmelden • Emotionen ansprechen
Cooldown	• Eventuell vorhandenes höheres Erregungsniveau wieder abbauen • Entspannung und Beruhigung • Abrunden der Bewegungseinheit	• Zum Beispiel mit einem Igelball über die Muskeln rollen, die am meisten beansprucht wurden (als Partnermassage umsetzbar)
Aufräumen	• Auf sicheren Abbau von Geräten achten	• Geräteführerschein einführen • Lehrkraft steht an der Grenze zum Materialraum mit Blick in den Materialraum und die Turnhalle
Finale	• Festes Ausklangritual pflegen	• Ruhig und geordnet die Turnhalle verlassen

Die Kinder im Blick	Didaktische Grundsätze
Die motorische Entwicklung von Kindern und Jugendlichen *Frühes Kindesalter: 3. bis 6./7. Lebensjahr* • Vielfältige Bewegungsformen (Gehen, Klettern, Steigen, Laufen und Springen, Werfen und Fangen, Ziehen und Schieben, Hängen und Schwingen, Wälzen und Rollen, Tragen, Schlagen, Balancieren) verbessern sich qualitativ in Bezug auf die Bewegungsabläufe → Grundlegen elementarer Bewegungskombinationen in Quantität und Variabilität → Weniger leistungsstarke Kinder erlernen zumeist nur Kombinationen, die mit Gehen und Laufen erworben werden können Die Kinder in diesem Alter brauchen: • Bewegungsfreiheit • Spiel in der Gruppe • Abwechslungsreiches und vielfältiges Üben • Kleine Wettbewerbe • Übungen zur Schnelligkeit und Schnellkraft statt Ausdauerschulung im aeroben Bereich • Befriedigung des Nachahmungsbedürfnisses → Statt Feinkorrekturen im Bewegungsablauf besser intensives und vielseitiges Üben mit (Lehrer-)Demonstration *Mittleres Kindesalter 6./7. bis 9./10. Lebensjahr* • Rasche Fortschritte in der motorischen Lernfähigkeit (»Goldenes Lernalter«) • Starker Anstieg psychischer Prozesse und koordinativer sowie konditioneller Fähigkeiten • Freudige Bereitschaft zum Lösen sportlicher Bewegungsaufgaben • Anfänge von Selbstkorrektur • Bewegungsstärke und Bewegungstempo nehmen zu Die Kinder in diesem Alter brauchen: • Viel Bewegung • Abwechslung, vielseitiges Bewegungsangebot • Anreize im konditionellen und koordinativen Bereich, im Schnelligkeitsbereich, im Bereich der Kraftausdauer • Aerobe Ausdauerleistungen möglich, schnelle Zunahme koordinativer Fähigkeiten → Technikschulungen möglich • Befriedigung des Nachahmungsbedürfnisses, Pädagogik der Ermutigung → Feinkorrekturen möglich, optische und akustische Hinweise können besser erfasst und umgesetzt werden	*Sinnhaftes Bewegungslernen als Problemlöseversuch* • Bewegungslernen einsichtig machen (wozu zielgenau den Ball passen?) und dabei klare Aufmerksamkeitsrichtungen zum besseren Gelingen erproben und reflektieren *Variables und kontrastreiches Üben* • Vermeiden von stupiden lang andauernden gleichförmigen Wiederholungen von Einzelbewegungen • Unterschiedliche Materialien erproben und mit unterschiedlichen Aufgabenstellungen einsetzen. Auf diese Weise entstehen differenzierte Erfahrungssituationen *Auswirkungsorientierung* • »Wie kann ich weit werfen?« • »Wie kann ich so vom Kasten springen, dass ich sicher lande?« anstelle der Vorgabe einer Normbewegung • Die Normbewegungen haben eine dienende Funktion, sich dem jeweiligen Ziel anzunähern *Bewegungsvorstellungen generieren* • Durch Lehrkraft- und Schülerdemonstration, Bilderfolgen, Einsatz von Videos und anregende Bewegungsaufgaben stellen *Methodische Grundprinzipien* • Vom Leichten zum Schweren • Vom Einfachen zum Komplexen • Vom Bekannten von Unbekannten • Vom Sicheren zum Risikoreichen *Deduktive Unterrichtsmethode* • Normgeleitete Methoden • Strukturierte Lernwege • Lehrer exponiert • Hoher Strukturierungsgrad • Methodische Übungsreihen *Induktive Unterrichtsmethode* • Normsuchende Methoden • Lernwege sind offen • Schüler exponiert • Geringer Strukturierungsgrad

Leistungsbeurteilung	Für den Fachbereich charakteristisch
Der Sportunterricht in der Grundschule bietet besonders die Möglichkeit, neben dem sportlichen Können auch sportliches Handeln und Verhalten zur Leistungsbeurteilung in den Blick zu nehmen sowie die Reflexionsfähigkeit in pädagogisch verantwortbarer Gewichtung in die Sportnote mit einzubeziehen. *Sportliches Können – sportliche Fähigkeiten und Fertigkeiten* Messbare Weiten, Höhen, Zeiten, Bewegungsqualitäten, Spielerfolge, gemeisterte Schwierigkeiten, Anwenden und Gestalten von Bewegungsangeboten, sportartspezifisches Wissen (Kennen und Können von Bewegungsabläufen, Spielregeln, Regelwerke). *(Sportliches) Verhalten im Sportunterricht* Aufmerksamkeit, Anstrengungsbereitschaft, Bereitschaft zur Zusammenarbeit, Rücksichtnahme. Fairness, Hilfsbereitschaft, Zuverlässigkeit, (individuelle) Fortschritte in Bezug auf die körperlichen und psychischen Voraussetzungen des Kindes, Konfliktfähigkeit, Sportkleidung. *Reflexionsfähigkeit im Sportunterricht* Aktive Beteiligung in Reflexionsphasen, konstruktiver Umgang mit anderen Meinungen, Annehmen und Geben von Tipps und Tricks im Sportunterricht (vgl. Köhler/Weiß 2021).	*Doppelauftrag des »Erziehenden Sportunterrichts«* • *Erziehung zum Sport*: Bewegungskompetenz, Lust auf Bewegung • *Erziehung durch Sport*: Urteils-, Entscheidungs- und Teamkompetenz • Freude der Kinder am Fach und der Bewegung • Hoher Anteil an (intensiver) Bewegungszeit • Geräusch- und Lärmkulisse auch bei disziplinierten Klassen • Selbst gewählte Differenzierung (kann einfach ermöglicht werden, indem die einzelnen Sinne sukzessive ausgeschaltet werden, z. B. Balancieren mit nur einem geöffneten Auge, auf den Zehenspitzen) • Klarer Erziehungs- und Ordnungsrahmen als Beitrag zur Sicherheitserziehung • Sportstätte immer wieder auf Sicherheitsstandards kontrollieren • Chronische Erkrankungen von Kindern bei der individuellen Belastungssetzung beachten (siehe auch BZgA o. J.) • Sicherheitserziehung – Geräteraum: Tore sind zu schließen, Zutritt nur unter Aufsicht, Ordnung halten, mit den Kindern das Tragen und Aufräumen von Geräten trainieren • Trennwände: kein Darunterkrabbeln oder Hinhängen, darf nur von der Lehrkraft betätigt werden • Alle Türen und Tore sind geschlossen im Übungsbetrieb • Betreten der Halle nur in Anwesenheit der Lehrkraft

Tipp

- Zu Beginn der Sportstunde gegenseitig ritualisiert kontrollieren, ob Schmuck und lange Haare sportgerechtes Tun erlauben.
- *Sportlereck als Sozialform*: Bei einem Treffen in der Ecke der Turnhalle sitzen die Kinder wie in Orchesteraufstellung der Lehrkraft zugewandt, die in der Spitze der Ecke an der Wand steht. Dadurch wird es leicht möglich, alle Kinder im Blick zu behalten. Bilder und Wortkarten können so besser genutzt werden, dass leichtes Erkennen möglich ist.
- *Muskelcheck:* Dehnen bei Grundschulkindern ist umstritten, ein Kompromiss ist ein »Spüren, der (Haupt-)Muskeln, die wir für den Stundenschwerpunkt brauchen«.
- *Lehrerstandpunkt:* Ist aus Aufsichtsgründen immer so zu wählen, dass keine Kinder im Rücken der Lehrkraft sind und alle Kinder im Blick bleiben.
- *Körperwahrnehmung:* Kann einfach ritualisiert werden, indem zum Beispiel der Puls zu Beginn der Stunde, während und nach Belastung exemplarisch gemessen wird.
- Zu lange Erklärphasen und Reflexionen machen Sportunterricht zur Plauderstunde und die Gesamtbewegungszeit von Kindern wird beeinträchtigt.
- Klare und kurze Anweisungen strukturieren den Unterricht.
- Zu Beginn des Schuljahres kontrollieren: Welche Geräte gibt es? Wie werden sie aufgebaut und gesichert? Wo ist das Telefon für den Notfall und der Verbandskasten?
- Welche Konsequenzen gibt es, wenn sich Kinder nicht an Regeln halten? (Vorher überlegen und ggf. mit Klassenleitung abstimmen).

- Wer hat den Schlüssel in den Stunden vor meinem Unterricht (falls diese Lehrkraft vergisst ihn an den entsprechenden Platz zu bringen)?
- Kontrolle der Sportkleidung: Ist jedes Kind wirklich umgezogen? Darauf achten, dass Kinder T-Shirts wechseln.
- Wo befindet sich die Lehrerumkleide, wo die Umkleide der Schüler?
- Ist der Weg vom Klassenzimmer zur Halle bekannt?

Bedeutung der (Zwischen-)Reflexion
- Immer passend: »Tipps und Tricks zum Gelingen von ...«
- Immer einen freudvollen Abschluss der Stunde finden, Gemeinschaftserleben und -erfolge bewusst machen.
- Der Einsatz von Musik kann Emotionen schaffen und gleichzeitig auch Signal sein, bekannte Abläufe zu strukturieren (z.B. wenn die Musik aufhört zu spielen, wird die Station so aufbereitet, dass die nächsten gleich beginnen können. Mit dem Wiederspielen der Musik beginnen alle gemeinsam).

12 Werken

Das im besonderen Maße praktisch und handlungsorientiert angelegte Fach Werken in der Grundschule erlaubt zum einen freudvolles Gestalten an selbst gefertigten sowie angeleiteten Werkstücken und führt dabei sach- und fachgerechte technische Gestaltungsmöglichkeiten ein. Konzentration, Genauigkeit und Durchhaltevermögen zu ermöglichen, bahnen ein Empfindungsvermögen für das Zusammenwirken von Gestaltung und Intentionalität von Werkstücken an.

Möglicher Lehrweg	Aufmerksamkeitsrichtungen
Hinführen	• Motivation und Interesse wecken • Vorwissen aktivieren • Funktion des Werkstücks (mit den Kindern) klären • Problemstellung erkennen/entwickeln *Methodische Möglichkeiten*: • Fertiges oder angefangenes Werkstück, Material, Werkzeug • Positiv- Negativbeispiel, Lehrererzählung • Künstler, Bild, Film, Musik, Jahreszeiten, kultureller Hintergrund
Zielangabe	• In kindgemäßer Form • Fachsprache verwenden
Informieren und Planen	• Erfahrungen sammeln, Erkunden, Erproben, freies Experimentieren, Informieren, Planen, ggf. Präsentieren • Schüler brauchen zur Kompetenzerweiterung neue Informationen, Daten, Erfahrungen und Anstöße von außen • Belehrung: Sicherheitsvorgaben beachten • Fachspezifische Arbeitsweisen im Vorfeld klären (z. B. Umgang mit einer Arbeitsanleitung, Stichprobe, Sägen) • Kooperation, Ko-Konstruktion ermöglichen • Klarer Arbeitsauftrag und ggf. Arbeitsanleitung, Arbeitsproben

Möglicher Lehrweg	Aufmerksamkeitsrichtungen
Präsentieren und Zwischen-reflektieren	• Präsentation der Ergebnisse, Reflexion und Diskussion der Lernwege und/ oder Zwischenprodukte • Ableiten (allgemeingültiger) Kriterien, Fachsprache beachten • Atmosphäre der Wertschätzung und Fehlertoleranz • Lehrkraft als Moderator (Input, Strukturierung, Einhaltung von Verhaltens-regeln und Fachsprache) • Unterstützungsangebote eröffnen
Praktisches Anwenden	• Lösen von Gestaltungsaufgaben nach Kriterien der Zwischenreflexion • Gegebenenfalls individuelle Lösungen ermöglichen durch geöffneten Gestal-tungsauftrag • Arbeitsplanung, Materialplanung, Arbeitsplatzgestaltung, fachspezifisch kompetent arbeiten (z. B. Laubsägen, Arbeitsschritte befolgen) • Sicherheitsvorgaben beachten
Präsentieren und Reflektieren	• Reflektiert werden Lernprozess und/oder Arbeitsergebnis • Reflektiert werden mit Wertschätzung für die eigenen und fremden Arbeits-ergebnisse auch die handwerklichen und kreativen Fähigkeiten und Fertig-keiten • Individuelle Lernfortschritte sind hervorzuheben • Begründungen einfordern, Fachsprache verwenden

Fertigkeiten einüben, Produkte anfertigen, Produktanalyse

Einüben von Fertigkeiten/ Automatismen	Ein Produkt nach Vorgabe anfertigen	Produktanalyse
• *Anknüpfen:* Motivation, Fach-sprache, emotionaler Bezug • *(Individuelle) Zielsetzung* • *Wiederholen und Demonstrie-ren:* Tipps zum Gelingen • *Üben:* Individuelle Unterstüt-zungsmaßnahmen • *Zwischenreflexion:* Zielset-zung überprüfen, Unterstüt-zungsmaßnahmen) • *Üben* • *Reflektieren*	• *Einstieg:* Lebensweltlichen Bezug herstellen • *Durchführung:* Fertigungsauf-gabe besprechen, Kriterien festlegen, Einweisung in Werkzeug- und Materialge-brauch • *Planen und organisieren:* Pla-nungsunterlagen und Ablauf-plan nutzen • *Fertigung:* Sicherheitsvor-schriften beachten • *Präsentation* Produkt präsen-tieren, Produkt testen • *Evaluation:* Nach den festge-legten Kriterien zur Fertigung	• *Einstieg:* lebensweltlichen Be-zug herstellen, Analysegegen-stand vorstellen, Bedürfnis erkennen • *Durchführung:* Vermutungen sammeln (z. B. in Bezug auf Funktion, Struktur und Werk-stoffwahl) • Gedankliches und praktisches Zerlegung des Produktes • Vermutungen überprüfen • Werkstoffwahl vornehmen • *Auswertung:* Ergebnisse for-mulieren • Ursache-Wirkungs-Zusam-menhänge beschreiben • Probleme und Erleichterun-gen im Alltag erkennen • *Sicherung* • *Ausweitung:* Bezüge zum Um-weltschutz, zur Materialöko-nomie und Ressourcenschutz herstellen

Die Kinder im Blick

Die Kinder kommen mit einem oft reichen und emotional positiv besetzten, aber heterogenem Erfahrungsschatz am Bauen, Erfinden, Suchen, Sammeln, Erkunden, Verändern, Nachahmen und Gestalten von Dingen in ihrem Alltag als Beitrag zur Welterschließung in die Schule.

Das Angeleitet-Werden, Explorieren und Nach- sowie Neugestalten im Umgang mit Werkstoffen und Werkzeugen schafft ein Wirksamkeitserlebnis und trägt zur Persönlichkeitsbildung und Stolz während und nach dem Arbeitsprozess bei der produktionsorientierten Auseinandersetzung bei.

Didaktische Grundsätze

- Der Unterricht erfolgt in der Regel in Fachräumen mit passender Ausstattung
- Vertraut-Machen mit der Gliederung und (An-)Ordnung des Raumes
- Belehrungen, welche Geräte und Werkzeuge die Kinder nicht ohne besondere Erlaubnis benutzen dürfen
- Einführen in den sach- und fachgerechten Gebrauch der Werkzeuge
- Sicherheitsvorkehrungen einsichtig machen und auf Einhaltung achten
- Verhalten bei Verletzungen oder Unfällen besprechen
- Gesundheits- und umweltunschädliche Produkte verwenden
- Interesse an Gebautem, Geformtem und Konstruiertem und deren Absicht in Form und Gestaltung sowie Wirkung wecken

Kinder in die Produktionsorientierung einbinden:
- »Was möchten wir herstellen?«
- »Zu welchem Zweck dient der Gegenstand?«
- »Woraus und wie kann er herstellt werden?«

Im Umgang mit Werkstoffen und Arbeitstechniken werden stets zwei Perspektiven eingenommen, aus denen sich die unterrichtliche Herangehensweise ergibt. Zum einen wird aus der Struktur und Textur auf die Verwendungsmöglichkeiten, die Bearbeitungsart und die Formgebung geschlossen, zum anderen kann vom Zweck nach Form, Konstruktion und/oder geeignetem Material ausgegangen werden.

Die meisten Inhalte im Werkunterricht stehen in enger Beziehung zum Sachunterricht, zu Mathematik und zu Kunst, weswegen eine Zusammenarbeit und Absprache mit anderen beteiligten Lehrkräften sinnvoll ist. Fächerverbindender Unterricht stellt dann ein Thema in den Mittelpunkt, das unter Kombination von Inhalten, Problemstellungen, Denk- und Arbeitsweisen verschiedener Fächer mehrperspektivisch betrachtet wird.

Rituale und ein geregelter Ordnungsrahmen, abgesprochene Verhaltensregeln sind Grundlage für sicheres, zielführendes und geordnetes Arbeiten.

Das Erarbeiten und das Wiederholen von Unfallverhütungsmaßnahmen ist unverzichtbar. Maßnahmen dahingehend sollten begründet und dadurch einsichtig gemacht werden. Auf die Einhaltung muss durchgängig geachtet werden. Verhaltensweisen bei Unfällen, Verletzungen im Vorfeld besprechen.

Die Lehrkraft übernimmt die Verantwortung der umweltfreundlichen und gesundheitlich unbedenklichen Materialien, Produkte und Werkzeuge.

Die Zusammenarbeit mit weiteren Fächern, vor allem mit Heimat- und Sachunterricht (z.B. Holz, Wald), Kunst (z.B. Applikation nach einem Künstler) und Religion (z.B. Kirchenfestkreis: Krippe herstellen) bietet sich im Sinne des vernetzten Lernens an.

Fächerübergreifende Bildungs- und Erziehungsziele:
- Sprach-Leseförderung
- Soziales Lernen
- Kulturelle Bildung
- Technische Bildung
- Bildung für Nachhaltige Entwicklung
- Interkulturelle Bildung

Typische Handlungen für den Fachbereich	Für den Fachbereich charakteristisch
• Gestaltungselemente und Gestaltungsprinzipien in selbst hergestellten Werkstücken nach Anleitung und frei anwenden • Materialien und Werkstoffe in Bezug auf Eigenschaften, Gestalt und Bearbeitungsmöglichkeiten untersuchen und für praktisches Arbeiten nutzen • Arbeitstechniken und Arbeitsabläufe fach- und materialgerecht anwenden • Sicherheitsvorkehrungen kennen und umsetzen • Planen und Organisieren (z. B. Arbeitsplatz herrichten und aufräumen, Arbeitsabläufe in Arbeitsschritte gliedern, passendes Material wählen, Gestaltungsabsicht definieren) • Kulturelle Zusammenhänge erschließen durch den Vergleich eigener Werkstücke mit Objekten des eigenen und anderen Kulturkreisen • Planen, entwerfen, fertigen, optimieren, prüfen von Entwürfen technischer Objekte und Lösungen für technische Sachverhalte • Nachhaltiger Umgang mit Materialien und Rohstoffen • Bereitschaft zu kooperativem Arbeiten • Erfassen, Anfertigen und Anwenden von sprachlichen, zeichnerischen und schematischen Darstellungen Erkennen, dass Technik die Handlungsmöglichkeiten des Menschen erweitert • Auseinander- und Zusammenbauen einfacher technischer Geräte • Gestalten vielfältiger Gegenstände unter Verwendung verschiedener Werkstoffe • Entwickeln, Bauen, Montieren und Nutzen von funktionsfähigen technischen Objekten	Im Fach »Werken« werden die Kinder darin unterstützt, durch praktisches Handeln vor allem technische Phänomene bewusster zu erfassen und zu verstehen, lebenspraktische Fähigkeiten und Fertigkeiten mit einfachen kindgerechten Werkzeugen und Werkstoffen zu entwickeln und im Arbeitsprozess ein ästhetisches Bewusstsein zu bekommen, um auf diese Art und Weise auch ein kompetentes kindgerechtes Urteilsvermögen für handwerkliche Produkte zu ermöglichen. Des Weiteren: Freude am praktischen, schöpferischen Arbeiten, Schätzen eigener individueller Werkstücke im Vergleich zu uniformen Werkstücken, Umsetzen von Gestaltungsideen, Entwickeln eines ästhetischen Bewusstseins im Arbeitsprozess, Anbahnen eines Urteilsvermögens für handwerkliche Erzeugnisse, Weiterentwickeln der individuellen Handlungsfähigkeit, aktive Auseinandersetzung mit Werkzeugen und Materialien, bewusste Materialauswahl unter Berücksichtigung der Funktion, Technik, ökonomischen und ökologischen Aspekte, Anwenden verschiedener Werkverfahren, Wecken von Offenheit für technische, gestalterische Aufgaben, Probleme, Weiterentwickeln von Ausdauer, Genauigkeit, Durchhaltevermögen und Sorgfalt, Einblicke in Entstehungsprozesse unterschiedlicher Werkstücke, Erkennen von Zusammenhängen zwischen Funktionalität, Gestaltung und handwerklicher Ausführung, Wertschätzen der eigenen Kultur und Kulturen anderer Länder.

Ausgewählte Aufmerksamkeit- und Reflexionsrichtungen

Funktion und Verwendung klären: Wozu dient mir/anderen das Werkstück/der Gegenstand?

- Nutzfunktion/Zierfunktion, Gestaltungsfunktion: ästhetische Funktion, symbolische Funktion, nützliche Funktion, imaginative Funktion
- Gegebenenfalls umfasst ein Werkstück auch mehrere Funktionen (z. B. besticktes, genähtes Täschchen)
- Zielpersongruppe festlegen: Für wen? (für mich, für meine Klasse, für meine Mutter)

Arbeitsplanung: Material-, Werkzeugauswahl und Arbeitstechniken: Wie funktioniert das Werkstück? Aus welchen Teilen/Material besteht es? Welches Material wähle ich aus und warum? Welche Arbeitstechniken sind notwendig? Welche Arbeitstechniken sind mir bekannt – neu? Welches Werkzeug wähle ich aus und warum?

- Werkstück/Werkzeug/Material mit möglichst vielen Sinnen wahrnehmen
- Aktive Auseinandersetzung durch möglichst offene Unterrichtsformen einplanen, um eigene Erfahrungen zu erleben
- Sicherheitsaspekte *vorher* klären

- Materialauswahl begründet unter Berücksichtigung der Gestaltungsidee, die angestrebte Technik und die beabsichtigte Funktion klären
- Aspekte der Nachhaltigkeit, Ökologie und Ökonomie bedenken
- Werkzeug und Hilfsmittel entsprechend der fachgerechten Arbeitstechnik gezielt auswählen

Arbeitsplanung: Gliedern des Arbeitsprozesses in sinnvolle Teilschritte (Arbeitsschritte, Reihenfolge): Wie gehen wir dabei vor? Wer arbeitet was? (ggf. personelle Planung: projektorientiert, z. B. Schüler gestalten einen Raum im Schulumfeld)
- Wie sieht mein Arbeitsplatz aus, um sicher, zügig und sorgfältig arbeiten zu können?
- Arbeitsplatzgestaltung klären: Die Frage nach »Wo liegt was warum?« sorgt für eine systematische, ergonomisch und begründete Arbeitsplatzgestaltung. Dies stellt eine wichtige Grundlage für sorgfältiges, fachgerechtes und sicheres Arbeiten im Fachbereich dar
- Das Einhalten und Einüben (Automatismus) eines entsprechenden Ordnungsrahmens am Arbeitsplatz muss dementsprechend als durchgängiges Unterrichtsprinzip stattfinden

Lebensweltlichen Bezug herstellen: Was bringt es mir? Wo begegnet mir dies im Alltag? Was kann ich künftig mit meinem Lerngewinn anfangen?
- Förderung der Alltagskompetenz und Lebensökonomie (z. B. Transfer: Arbeitsanleitung, Gebrauchsanweisung Regel aufbauen, sinnvolle Freizeitbeschäftigung)

13 Weitere Gestaltungsstrukturbausteine des Unterrichtens

Im Folgenden werden ausgewählte bewährte Lehrwegsbausteine dargestellt. Sie sind als Ausschnitte in der Unterrichtsplanung zusammengefasst und beziehen sich zeitlich zum Teil auch auf die Konzeption von Unterrichtssequenzen und sind zeitlich nicht in einer Unterrichtseinheit abzuschließen. Des Weiteren sind die Unterrichtsbausteine in der Tendenz eher lehrerzentriert angelegt, müssen durch passende emotional ansprechende Hinführungen sowie Abschlussphasen ergänzt und zum Beispiel unter anderem durch Explorationsphasen, individuelle Verarbeitungsphasen, ko-konstruktiven Austausch sowie strategieorientierten Reflexionen kindzentrierter an die jeweilige Klassensituation im Sinne kompetenzorientierten Unterrichtens angereichert werden.

Ein Produkt fertigen	Problemlösen	Interpretieren
Zielangabe	Inhaltlichen und emotional-kindgerechten Bezug zum Problem grundlegen	Inhaltlichen und emotional-kindgerechten Bezug zum Sachverhalt grundlegen
Definieren der Aufgabe und des Produktes	Klare Problemstellung definieren	Erste spontane Deutungsversuche
Konkretisieren des Sinnzusammenhangs	Vermutungen zu Ergebnissen sammeln	Fundierende Einzelarbeit zur Klärung von Zusammenhängen, Beweisen, Hinweisen, Einzelfakten, Wirkungen
Benennen notwendiger Informationen	Lösungsplanung	Ko-konstruktiver Austausch

Ein Produkt fertigen	Problemlösen	Interpretieren
Anleiten nach Schritten	(Selbstständige) Lösungsfindung/Lösungsversuche	Zusammenführen und reflektierte Deutungen sammeln
Demonstrieren, ggf. Sicherheitsbelehrung	Überprüfen und Deuten der Versuchsergebnisse	Persönliches Stellungnehmen, Entscheiden und begründetes Werten
Selbstständiges Ausführen der Handlungsschritte zum Produkt	Rückbezug zum Ausgangsproblem und zu Ausgangsvermutungen	
Kriteriale Selbst- und Fremdkontrolle	Anwendung und Transfer auf ähnliche/weitere Themenfelder	
Präsentation		
Reflexion von Einsichten und Handlungsstrategieorientierung		

Eine Fertigkeit erwerben	Umgehen und Entdecken von Regeln, Mustern und Strukturen	Fakten und Informationen memorieren
Zielangabe	Zielangabe	Zielangabe
Definieren der Fertigkeit	Konkretisieren des Sinnzusammenhangs	Emotionalen Sinnzusammenhang zu den Fakten und Informationen entwickeln
Konkretisieren des Sinnzusammenhangs der Fertigkeit	Sammeln von Informationen, konkreten Beispielen und Situationen	Nutzen des Wissens unter Anwendungsbezug erfassen
Benennen notwendiger Informationen	Betrachten, Erklären und Deuten der Informationen, konkreten Beispiele und Situationen	Inhaltliches Klären der Fakten und Informationen
Gegebenenfalls: Exploration	Gedankliches Erfassen von Gleichem und Unterschiedlichem, Abstrahieren und Ableiten von Regelmäßigkeiten	Einsatz von Merkstrategien
Vorbildliche Demonstration, ggf. Sicherheitsbelehrung	Systematisieren	Wiederholendes Einprägen
Automatisieren – selbstständiges Ausführen der Handlungsschritte der Fertigkeit, gezieltes Wiederholen und Einüben	Transfer – situationsangepasstes Anwenden an weiteren Beispielen	Abruf der Fakten und Informationen
Kriteriale Selbst- und Fremdkontrolle		Reflexion der Merkstrategien
Anwendung der Fertigkeit in Sinnzusammenhängen		Anwendung

Wissens- und Könnenstransfer anbahnen	Einen Standpunkt einnehmen	Kreativität fördern
Zielangabe	Entfalten der Ausgangssituation	Vertieften emotionalen Eindruck schaffen – Ausdrucksbedürfnis grundlegen
Definition der Aufgabenstellung	Zielangabe	Entfalten der Aufgabenstellung
Konkretes Handeln	Erste naive Stellungnahme	Zielangabe
Versprachlichen des konkreten Handelns	Fundierte Auseinandersetzung mit der eigenen Position	Exploration
Abstrahieren des konkreten Handelns hin zu Grundelementen	Erstes Wahrnehmen anderer Positionen/Gegenpositionen	Reflexion – Kriterien finden zur Aufgabenstellung
Wiederholendes Üben und Anwenden	Sammeln von Informationen und Argumenten	Gezieltes Anwenden
Übertrag auf leicht variierte neue Aufgabenstellungen – Erfassen der Unterschiede in den Aufgabenstrukturen – Vernetzungen anstreben, Querverbindungen aufzeigen	Individuelle Haltung zur Ausgangssituation einnehmen, individuell fundiertes Vorbereiten eines eigenen Vortrags	Präsentation
Wiederholendes Üben und Anwenden	Argumentativer Austausch von Positionen – Debatte	
Reflexion	Persönliches begründetes Entscheiden und Position einnehmen	

Erlebnispädagogische Wellen	Direkte Instruktion	Leittextarbeit
Vorbereitung – Einweisung • Aufwärmspiel • Sensibilisierungsspiel • Rahmenhandlung • Erklären der Aktivität/Sicherheitsvereinbarungen • Zielformulierung	Informierender Einstieg	Vorbereiten der Lehrkraft: Erstellen von Leittexten, bestehend aus Leitfragen, Informationsmaterial bzw. Quellenangaben sowie einem Kontrollbogen
	Zielangabe	Informieren: Folgen vorgegebener und/oder selbst entwickelter Arbeitsschritte. Die Informationen, die zur Beantwortung der Fragen erforderlich sind, recherchieren die Kinder möglichst selbst
	Vorwissen aktivieren	Durchführen: Planen, Entscheiden Ausführen, Kontrollieren
	Advanced Organizer	Präsentieren, ko-konstruktiver Austausch, Feedback
	Instruktion	Selbstevaluieren, Kontrollbogen, individuelle Lernberatung
Durchführung • Übungen und Problemlösungsaufgabe(n) mit höherem Herausforderungsgrad	Individuelle Verarbeitung: elaborierte Aufbereitung	

Erlebnispädagogische Wellen	Direkte Instruktion	Leittextarbeit
Nachbereitung – Reflexion • Was war? • Wie war es (für mich/für uns)? • Was nun? • Was heißt das für die nächste Herausforderung?	Verknüpfung der Instruktion mit dem Vorwissen und dem Advanced Organizer	
Transfer in die Wirklichkeit	Ko-konstruktiver Austausch: Strategiereflexion	
Erste konkrete Umsetzungsschritte im Alltag	Anwendung	
Evaluation	Rückbezug zur Ausgangssituation	
	Selbstständiges Üben	
	Abschluss	

Projektvorhaben	Themenorientiertes Erschließen
• Begegnung mit der herausfordernden Aufgabenstellung • Setzen eigener Schwerpunkte • Freie Zielsetzung der Kinder • Sammeln von Informationen • Planen der Arbeitsschritte • Verteilen und Koordinieren der Arbeitsschritte • Ausführen der Teilschritte • Zwischenreflexionen • Umgang mit Konflikten, Prozessmanagement • Zwischenergebnisse präsentieren • Abschlussergebnis • Evaluation • Ausblick	• Problemstellung erfassen • Vorwissen aktivieren • Aufgabenstellung konkretisieren • Informationen sammeln und auswerten • Lernmaterial bearbeiten – Lernprodukt erstellen • Lernprodukt diskutieren und vorstellen • Reflexion • Sichern und vernetzen • Dekontextualisierung, Transfer • Evaluation und Feedback

III Aus dem Nähkästchen geplaudert

1 Bewährte Überlegungen für die allerersten Unterrichtsstunden in einer Klasse

Informationen einholen
- Wurden bereits im vorherigen oder laufenden Schuljahr für diese Klasse Hefte, Arbeitshefte oder Ordner angeschafft?
- Gibt es bereits feste Farbzuordnungen von Heftumschlägen/Schnellheftern zu bestimmten Fächern?
- Ein Klassenfoto erleichtert das Auswendiglernen der Namen der Kinder der Klasse
- Welches Schulbuch und weitere Lernmittel stehen den Kindern und welche Materialien Ihnen als Lehrmittel zur Verfügung?

Organisatorische Möglichkeiten
- Welche Hefte bzw. Ordner und Farben (z. B. für Umschläge) werden benötigt?
- Wie sollen Heft oder/und Ordner beschriftet werden?
- Welcher Ordnungsrahmen soll in der Klasse herrschen?
- Welche Rituale sind mir wichtig und wie möchte ich diese einführen?
- Eine Namensliste ist unbedingt notwendig, um zu überprüfen, wer überhaupt anwesend ist
- Erstellen Sie einen Sitzplan, um die Schüler mit Namen ansprechen zu können
- Beenden Sie die Unterrichtsstunde klar (z. B. durch eine Zusammenfassung und einen Ausblick)
- Denken Sie an das höfliche und herzliche Begrüßen und Verabschieden!
- Hören Sie in der letzten Unterrichtsstunde des Tages unbedingt pünktlich auf, da manche Schüler zum Bus müssen und ihn nicht verpassen sollten

Sich der Klasse persönlich vorstellen
- Mit welchem Eindruck möchten Sie das Klassenzimmer betreten?
- Wo und wie legen Sie Ihre Sachen ab?
- Was sind Ihre allerersten Worte zu den Kindern?
- Wie stellen Sie sich als Lehrkraft den Kindern vor? Was erzählen Sie von sich, und was nicht?
- Falls die Kinder Ihre persönliche Grenzen (z. B. im erzieherischen Bereich) testen, sollten Sie freundlich bleiben, klar und strukturiert sowie zügig mit einer Arbeit beginnen

Mögliche Inhalte und Tätigkeiten erster Unterrichtsstunden
- Lernstandserhebung, auch in alternativen Formen (z. B. als Quiz)
- Vermutungen sammeln: Was ist neu in diesem Schuljahr?
- Namensschilder schreiben
- Benötigtes Material bekanntgeben
- Schulbuch ausgeben, Aufbau des neuen Schulbuchs mit den Kindern ansehen

- »Steckbrief« zum Fach und zur Person ausfüllen lassen
- Gewünschte Regeln und Rituale sukzessive mit den Schülern gestalten (z. B. Grüßen, Entschuldigen, Toilettengang, Verlassen des Klassenzimmers am Ende der Stunde, Hausaufgabenaufschreiben, Hausaufgaben abgeben, Konsequenzen bei Fehlverhalten)
- Sozialformen wie etwa einen Sitzkreis oder Doppelhalbkreis vor der Tafel (»Tafelkino«) sukzessive einführen
- Dienste einteilen
- Beginnen, den ersten Unterrichtsinhalt zu erarbeiten!

Suchraster für interessante Hausaufgaben | 2

1. *Motivierende Tätigkeiten*
   a) *Tätigkeiten zur Informationsgewinnung*: suchen, sammeln, ausschneiden, interviewen, besuchen, erkunden, anfragen, sich erkundigen, Material bestellen, nachschlagen, lesen, gezielt Medien nutzen, Internetsuchmaschinen nutzen, Versuche durchführen, beobachten, vergleichen
   b) *Kreativ-produktive Tätigkeiten*: basteln, bauen, handarbeiten, zeichnen, malen, fotografieren und digital bearbeiten, erfinden, rätseln, spielen

2. *Schülerbezogene Hausaufgabeninhalte*
   a) *Einbringen einzelner Schüler*: Die Schüler bringen sich selbst und ihre speziellen Interessen und Fähigkeiten ein (z. B. Tierexperte, Sammler von …, Techniker, Sportler, Bastler, Briefe, Erzählungen)
   b) *Einbringen der unmittelbaren Umgebung*: Geschehnisse und Probleme im Schuleinzugsbereich, Erforschen der Geschichte und der Natur des Heimatraumes
   c) *Aktuelle Bezüge und Tagesthemen*: Sich in den Nachrichten über Aktuelles aus … informieren, Zeitung lesen, gezielt Medien nutzen

3. *Mögliche weitere Ziele von Hausaufgaben*
   a) *Hausaufgaben als Beiträge zur Gemeinschaftsförderung*: Briefwechsel mit Partnerklassen, Klassentagebuch, Briefe an Institutionen, Klassenzeitung, Schulhausaustellungen, Schaukästen
   b) *Hausaufgaben zur individuellen Bereicherung und Anerkennung*: Sich bei einem Referat als Fachmann erleben, an Wettbewerben teilnehmen, intellektuelle Mutproben

4. *Flexibles Stellen von Hausaufgaben*
   a) *Hausaufgaben nicht nur vom Lehrer und aus dem Buch*: Schüler (er-)finden Aufgaben, Planungsgruppen, Auswählen der Hausaufgaben aus einem Angebot
   b) *Unterschiedliche Verbindlichkeit von Hausaufgaben*: Pflicht- und freiwillige Hausaufgaben, verbindliche Hausaufgaben mit frei wählbaren Inhalten, Langzeithausaufgaben, Aufgaben über mehrere Tage aufgeben
   c) *Differenzierte Hausaufgaben*: Nach Schwierigkeit, Umfang, Interesse, Inhalten oder in der Sozialform (Hausaufgabengruppen, Tutoren, Nachbarschaftshilfe)
   d) *Variation in der Hausaufgabenkontrolle*: Aushang der Lösungen, Hausaufgaben als Vortrag

3 Kleintechniken des Unterrichtens kennen und können[3]

Lehrersprache
- Achten Sie auf eine klar verständliche Sprache und sprechen Sie Hochdeutsch. Füllwörter oder »jugendliche Modewörter« zeigen nur eine vermeintliche Nähe zum Schüler
- Sprechen Sie abwechslungsreich moduliert und halten Sie damit die Konzentration der Lernenden aufrecht

> **Tipp** Bei Sprechschwierigkeiten zeitnah Stimmbildungsübungen unter fachlicher Anleitung (z.B. beim Logopäden) in Anspruch nehmen.

Richtig aufrufen
- Zählen Sie innerlich langsam bis acht und rufen Sie dann erst auf. Dies ermöglicht auch langsamer denkenden Schülern die Beteiligung
- Nennen Sie den Impuls, zählen innerlich bis acht und rufen erst dann namentlich auf
- Achten Sie auf klare Regeln im Gesprächsverhalten und beziehen Sie auch »schweigsamere« Kinder in den Unterricht mit ein

Zügig beginnen
- Beginnen Sie Ihren Unterricht ohne große zeitlichen Reibungsverlust
- Spätestens zwischen drei und sieben Minuten muss die Zielangabe der Stunde erfolgen

Unterrichtsphasen akzentuieren und organisieren
- Fassen Sie (oder Schüler) Teilergebnisse zusammen
- Formulieren Sie geeignete Überleitungsimpulse (»Nun haben wir Vermutungen gesammelt: Jetzt geht es darum, mit dem vorhandenen Material einen Versuchsaufbau zur Überprüfung der Vermutungen zu erstellen«)
- Geben Sie klare Arbeitsaufträge
- Lassen Sie nicht Benötigtes wegräumen (für die Grundschule: »Auf dem Tisch liegt nur noch dein Federmäppchen geschlossen im Eck«)
- Dynamisierende Verben im Arbeitsauftrag ans Ende setzen (»Die Kernaussage des Textes findest nun mit einem selbst gewählten Partner« anstatt »Mit einem selbst gewählten Partner findest du nun die Kernaussage des Texte«)
- Treffen Sie organisatorische Vorbereitungen vorab: Wo ist der Klassenraum? Welche Medien sind darin vorhanden? Welche Steckdosen funktionieren? Wie werden elektronische Geräte in Betrieb genommen? Sind die Schriftgrößen auch ganz hinten lesbar? Welche Sozialformen sind räumlich möglich (Sitzhalbkreis vor der Tafel ohne Stuhl, Stuhlkreis)? Welche Materialien können vorher bereitgestellt werden (Magnete, Tesa-Streifen, Wortkarten)?

---

3 siehe Glöckel 1992, S. 19 ff.

> Lassen Sie Arbeitsaufträge von einem Kind wiederholen. So merken Sie, ob die Anweisungen erfasst wurden.

Tipp

Lehrmittel mit Ruhe und Gewissenhaftigkeit einführen

- Oft sind Lehrmittel bewusst und mit viel Zeit und Überlegung ausgewählt. Lassen Sie deshalb den Lernenden auch die Zeit zum Verweilen beim Betrachten/Beobachten/Entdecken und nutzen Sie das Lehrmittel nach Möglichkeit häufiger

Stillarbeit bleibt Stillarbeit

- Unterbrechen Sie nach erfolgter Einweisung und begonnener Stillarbeit nach Möglichkeit den Arbeitsfluss nicht mehr. Sollte es trotzdem notwendig sein: Alles aus der Hand legen lassen und warten, bis alle Schüler bereit sind und zu Ihnen schauen. Geben Sie dann Anweisung und lassen Sie die Kinder weiterarbeiten
- Ein Signal (z. B. eine Klangschale) kann das Ende der Arbeitsphase ankündigen (»Wenn der Ton verklungen ist, solltet ihr die Arbeit beendet haben«)

»Unterrichtshygiene« beachten

- Sorgen Sie alle 45 Minuten für frische Luft und Bewegung
- Drei bis vier Wechsel der Sozial- und Arbeitsformen sind auch für Schüler der Sekundarstufe II nicht zu viel, denn sie dienen der Aktivierung
- Unterrichtsende beachten! Rechtzeitig aufhören! Also: Nicht in die Pause oder bis nach Schulschluss unterrichten
- Ein klares prägnantes Ende einer Unterrichtsstunde rundet eine Lerneinheit klar ab

Lernerfolge erlebbar machen

- Verstärken Sie positiv und differenziert
- Setzen Sie Teilziele, die man »feiern« kann, bis man das große »Endziel« erreicht hat
- Fehler sind die Chance, Unterrichtsinhalte und Strategien nochmals aufzugreifen und zu wiederholen. Übergeneralisierungsfehler können auch ein Zeichen des Lernfortschritts sein

Begriffsbildung

- Geben Sie sich nicht mit oberflächlichen Formulierungen zufrieden, sondern legen Sie mit den Schülern einen fachlichen Sprachwortschatz an. Hierbei kommt der »Begriffsbildung« im Unterricht besondere Bedeutung zu
- Lassen Sie (auch scheinbar bekannte) Wörter und Begriffe erklären und »in Schülersprache« übersetzen
- Verlangen Sie Umschreibungen sowie Definitionen, lassen Sie Gegensätze nennen

Differenzierung und Individualisierung

- Jede Unterrichtsstunde, in der nicht differenziert wird, muss begründet sein
- Eine klare Lernstandserhebung zu Beginn lässt fundierte Ableitungen für die Differenzierung zu
- Differenzierte (individuelle) Arbeitsergebnisse müssen am Ende der Unterrichtsstunde wieder in den Lernprozess der Gruppe einbezogen werden

Hausaufgaben stellen

- Stellen Sie nicht in den letzten drei Minuten die Hausaufgabe. Geben Sie ausreichend Zeit zum Aufschreiben und für ein Beispiel
- Jede gestellte Hausaufgabe soll sauber und ordentlich gemacht werden
- Jede gestellte Hausaufgabe muss kontrolliert und rückgemeldet werden
- Differenzieren Sie, wenn nötig, für einzelne Gruppen nach Umfang, Schwierigkeit und Zeitbedarf
- Die für die Hausaufgabe notwendigen Lern- und Arbeitstechniken müssen vorher bekannt sein
- Nehmen Sie bei Nicht-Erledigung der Hausaufgaben Kontakt mit den Eltern auf

Korrektur schriftlicher Arbeiten

- Beachten Sie die Vorbildwirkung in Stil und Schrift
- Benutzen Sie einen passenden Stift, der sich von der Schülerstiftfarbe unterscheidet. Dieser muss nicht immer rot sein
- Führen Sie eine ausgewählte Anzahl von Korrekturzeichen mit den Schülern ein und klären Sie die Bedeutung der Zeichen
- Ein Notizzettel neben dem »Stoß« zu korrigierender Arbeiten dient dazu, Auffälligkeiten der Arbeiten zu notieren und ggf. in der Zusammenschau der Notizen weitere Unterrichts-/Wiederholungsstunden abzuleiten

4 Wie formuliert man die Zielsetzung der Stunde?

Die Zielsetzung der Unterrichtseinheit prognostiziert das individuelle Ergebnis am Ende des interaktionistischen Lehr-Lerngeschehens in Verbindung mit der Zielperspektive in der inhaltlichen Auseinandersetzung mit dem Unterrichtsgegenstand. Für diesen Punkt sind die folgenden Fragen leitend (Köhler/Weiß 2020): *Welchen Beitrag leistet die Stunde heute zum Erwerb von Kompetenzen? Was ist der Stundenschwerpunkt?*

Unter dieser Perspektive werden inhalts- und prozessbezogene Kompetenzen auf den Stundeninhalt sowie die Unterrichtssequenz hin konkretisiert und mit einem Ziel der Stunde versehen.

Hinweis: Auch im Rahmen der Diskussion um die Kompetenzorientierung und den Kompetenzerwerb bei Lernenden bleibt es weiterhin wichtig, dass die Unterrichtsstunden intentional auf einen bestimmten Schwerpunkt bzw. ein bestimmtes Ziel hin gestaltet werden. Zielorientierung ist ein Merkmal guten Unterrichts (Helmke 2004).

Für die Lehrkraft ist es dabei relevant, dass sie in der Zielsetzung der Stunde die Fragen nach dem »Was«, »Wie/Womit« und »Wo« beantwortet.

Was?	»Je nach individuellem Leistungsvermögen« *[prozessbezogener Inhalt und Anspruchsniveau]*
Wie/Womit?	»indem sie« *[Methoden-Operator]*
Wozu?	»um ... zu« *[Begründung: in der Regel abgeleitet und konkretisiert aus den Kompetenzerwartungen des Lehrplans]*

Der Einleitungsbeginn »Je nach individuellem Leistungsvermögen der Schülerinnen und Schüler …« nimmt die Heterogenität einer Klasse ernst, da man als Lehrkraft nicht annehmen kann, dass alle Lernenden in der gleichen Weise auf gleichem Niveau am Unterrichtsinhalt lernen werden.

Beispiel

Zielsetzung der Stunde: Je nach individuellem Leistungsvermögen der Schülerinnen und Schüler erproben *[prozessbezogener Inhalt und Anspruchsniveau]* diese ihre Sprungkraft (beidbeiniges Springen) an Stationen *[Methoden-Operator]*, um im Rahmen zielgerichteter Trainingsimpulse die notwendigen Voraussetzungen für den beidbeinigen Absprung vom Sprungbrett zu schaffen und Verletzungen vorzubeugen *[Begründung: in der Regel Kompetenzerwartungen aus Lehrplan]*.

Als alternative Formulierung zur Zielsetzung der Stunde sind zum Beispiel auch:

- Schwerpunkt der Stunde
- Der Unterricht bietet die Lernchance …
- Kompetenzerwerbsbeitrag (Kompetenzen werden von Kindern in längerfristigen Unterrichtszusammenhängen erworben, deshalb leistet die Unterrichtsstunde einen Beitrag zum Kompetenzerwerb)
- Die Formulierung: »Das Ziel meiner Stunde ist …« nimmt die Lehrkraft aktiv in den Lernprozess als Mitlernenden mit hinein

Zur Beschreibung des Anspruchsniveaus werden Operatoren hinzugezogen. Diese beschreiben Kenntnisse, Fertigkeiten und Fähigkeiten, die von den Kindern im Zusammenhang mit dem jeweiligen Inhalt erbracht werden. Der gewählte Operator in der Zielsetzung der Stunde benennt die geforderte Leistungserbringung genau und kann in Anforderungsbereiche unterschieden werden (Köhler/Weiß 2021).

Anforderungsbereich I: Reproduktion

Nennen • Wiedergeben • Zusammenfassen • Darstellen • Beschreiben

Beinhaltet die Wiedergabe und Beschreibung von bekannten Sachverhalten aus einem klar umrahmten Inhalt, fachspezifischer Arbeitsweise oder -technik.

Anforderungsbereich II: Reorganisation und Transfer

Erschließen • Erklären (z. B. von Zusammenhängen) • Vergleichen • Einordnen • Unterscheiden • Erläutern

Beinhaltet das selbstständige Ordnen oder Umgestalten erlernter Inhalte, fachspezifischer Arbeitsweise oder -techniken und das Anwenden dieser Inhalte und Methoden auch auf andere strukturähnliche, aber unbekannte Sachverhalte. Inhalte werden tiefer durchdrungen als bei reiner Reproduktion im Anforderungsbereich I und können selbstständig erklärt werden.

Anforderungsbereich III: Bewertung und Problemlösung

Begründen • Überprüfen • Stellung nehmen • Beurteilen • Bewerten • Erörtern

Beinhaltet die bewussten und reflexiven Interaktion mit für das Kind neue Problemstellungen, die es mit dem ihm bekannten eingesetzten Inhalten, fachspezifischen Arbeitsweisen oder -techniken löst, neue Erkenntnisse generiert und zu weiterführenden Begründungen, Beurteilungen und Handlungsmöglichkeiten kommt.

Die Anforderungsbereiche sind nicht trennscharf und daher nicht ganz klar voneinander abgrenzbar. Auch zur Formulierung von Teilschritten zur Beschreibung der Binnenstruktur des Unterrichts kann unterschiedlich terminologisch belegt werden:

- Lernspuren
- Teilkompetenzen
- Lernschritte
- Teilschritte
- …

Als Erfahrungswert bezüglich der Anzahl von »Lernspuren/Teilkompetenzen/Lernschritten/Teilschritten« gilt die Faustregel: »Nicht weniger als drei und nicht mehr als fünf ›Lernspuren/Teilkompetenzen/Lernschritte/Teilschritte‹ formulieren!«

Kollegial hospitieren und über Unterricht miteinander ins Gespräch kommen

IV

Im Rahmen (kollegialer) Hospitation hat sich folgendes Ablaufmodell zur Nachbesprechung von Unterricht bewährt (Köhler/Weiß 2015, 2016, 2021). Die dargestellte Abfolge orientiert sich an den Phasen Kontaktaufnahme und Auftragsklärung, Wirklichkeitskonstruktion und Möglichkeitskonstruktion. Die Fragen und Impulse sind für die Gesprächsleitung der Nachbesprechung gedacht und richten sich an die unterrichtende Lehrkraft.

Kontaktaufnahme und Auftragsklärung

- *Möglichkeit zur freien Äußerung der Lehrkraft*: »Herzlichen Dank für die gezeigte Stunde. Möchten Sie sich zu Beginn äußern, am Ende, zu beiden Zeitpunkten oder gar nicht?«
- *Gesprächseinstieg*: »Wie muss das Gespräch heute verlaufen, dass die Nachbesprechung für Sie gewinnbringend ist?«
- *Auswahlmöglichkeit der Lehrkraft*: Auswahl der Nachbesprechungstiefe durch die Lehrkraft
- *Subjektive Einschätzung der Lehrkraft*: »Wie fühlen Sie sich jetzt? Wie schwer war die Stunde?«

Wirklichkeitskonstruktion

- »*Flug über die Stunde*«: Auflegen der vorher notierten einzelnen Unterrichtsschritte, kurze Versprachlichung des Inhalts der jeweiligen Artikulationsstufe/des Unterrichtsschrittes
- *Stärkenrunde*: Die drei besten Momente der Stunde werden von der unterrichtenden als auch von der hospitierten Lehrkraft benannt
- »*Stilles Legen*«:  Klären der Symbolbedeutungen – Legen der Symbole zu den Unterrichtsschritten (Köhler/Weiß 2015, 2016, 2021)
- *Wahrnehmungsaustausch*: Versprachlichung der gelegten Symbole und deren Sinnzusammenhang in Bezug auf die Wahrnehmungen der Unterrichtsstunde (Gesprächsleitung notiert ggf. Gesprächsinhalte in Stichworten auf Blankokärtchen mit → Integration ins Boden-/Tischbild)

Möglichkeitskonstruktion

- *Daran arbeite ich weiter*: An welchen drei Punkten möchten Sie weiterarbeiten? Notieren der Ziele in Stichworten auf je ein Blankokärtchen
- *Abschluss*: Rückbezug zur Nachbesprechungstiefe und zum Nachbesprechungsprozess (vgl. Gesprächseinstieg: »Haben sich die Wünsche und Anliegen erfüllt? Ist noch etwas offen? Haben sich weitere Fragen ergeben?«)
- Dank der Gesprächsleitung an die Lehrkraft

Danksagung

Bedanken möchten wir uns ganz herzlich für die fachliche sowie in vielen Fällen auch freundschaftliche Unterstützung unserer Kollegen und Kolleginnen in der Seminarleitung und Schulaufsicht, die uns so selbstverständlich begleitet, mitgedacht und beraten haben, dass wir uns freuen, Teil dieser Gemeinschaft zu sein.

Im Einzelnen sind dies in alphabetischer Reihenfolge:

Doris Bauer, Seminarrektorin	Englisch
Hans Burkhardt, Pfarrer, stellvertretender Direktor am Religionspädagogischen Zentrum der Evangelisch-Lutherischen Kirche in Bayern	Evangelische Religion
Dr. Angelika Kleber, wissenschaftliche Mitarbeiterin am Lehrstuhl Didaktik der Grundschule der Otto-Friedrich-Universität Bamberg	Sachunterricht, Schreibfertigkeit
Karin Kobl, Seminarrektorin	Erstunterricht Deutsch
Sabine Kormann, Seminarleiterin	Werken
Matthias Krisch, Seminarrektor	Musik
Christian Müller, M. A., Schulrat i. K., Erzbistum Bamberg/Hauptabteilung Schule und Religionsunterricht/Religionspädagogisches Seminar	Katholische Religion
Monika Wandel, Seminarrektorin	Deutsch als Zweitsprache
Salome Wrensch, Studienrätin Grundschule/Sinusberaterin Mathematik	Mathematik

sowie

Martin Schricker und Jochen Neumerkel, Seminarrektoren	Im Austausch mit dem Bamburger der Unterrichtsplanung
Martin Schricker, Seminarrektor und Fee Griebel, Lehrerin	Für ihren gestalterischen Einsatz rund um den Bamburger der Unterrichtsplanung sowie das Didaktogon

Literatur

Abraham, U. (2016): Sprechen als reflexive Praxis. Mündlicher Sprachgebrauch in einem kompetenzorientierten Deutschunterricht. 2. Auflage. Stuttgart.

Ackermann, P. (1991): Arbeitstechniken politischen Lernens kurzgefasst. Stuttgart.

Apeltauer, E. (1997): Grundlagen des Erst- und Fremdsprachenerwerbs. Berlin.

Apeltauer, E. (2014): Wortschatzentwicklung und Wortschatzarbeit. In: Ahrenholz, B./Oomen-Welke, I. (Hrsg.): Deutsch als Zweitsprache. In: Ulrich, W. (Hrsg.): Deutschunterricht in Theorie und Praxis. Band 9. Baltmannsweiler.

Arnold-Joppich, H./Baumann, L./Simon, S./Tiemann, W. (Hrsg.) (2011): Singen in der Grundschule. Ein Lehr- und Übungsbuch für die Praxis. Rum/Innsbruck.

Bartnitzky, H. (2006): Sprachunterricht heute – Sprachdidaktik, Unterrichtsbeispiele, für Planungsmodelle. 4. Auflage. Berlin.

Bayerisches Staatsministerium für Bildung und Kultus, Wissenschaft und Kunst (2014): Lehrplan PLUS Grundschule. Lehrplan für die bayerische Grundschule. www.lehrplanplus.bayern.de/sixcms/media.php/107/LehrplanPLUS%20Grundschule%20StMBW%20-%20Mai%202014.pdf (31.05.2022).

Becker-Mrotzek, M. (2009) (Hrsg.): Mündliche Kommunikation und Gesprächsdidaktik. Deutschunterricht in Theorie und Praxis. Band 3. Baltmannsweiler.

Behrens, U. (2021): Mündliche Kommunikation als Lernfeld in der Grundschule. In: Abraham, U./Knopf, J. (Hrsg.): Deutsch – Didaktik für die Grundschule. 7., aktualisierte Auflage. Berlin.

Berck, K.-H. (2001): Biologiedidaktik. Grundlagen und Methoden. Wiebelsheim.

Bertschi-Kaufmann, A./Graber, A. (Hrsg.) (2016): Lesekompetenz – Leseleistung – Leseförderung: Grundlagen, Modelle und Materialien. 8. Auflage. Hannover.

Bonz, B./Ott, B. (Hrsg.) (2003): Allgemeine Technikdidaktik – Theorieansätze und Praxisbezüge. Baltmannsweiler.

Bredel, U./Fuhrhop, N./Noack, C. (2011): Wie Kinder lesen und schreiben lernen. Tübingen.

Brewster, J./Ellis, G./Girard, D. (2002): The Primary English Teacher's Guide. Harlow.

Brinkmann, E./Brügelmann, H. (o. J. a): Kinder lernen Lesen und Schreiben: Wie man diesen Denkentwicklungsprozess verstehen und fördern kann. http://www.erika-brinkmann.de/daten/ppt/schriftsprachentwicklung.pdf (31.05.2022).

Brinkmann, E./Brügelmann, H. (o. J. b): Die didaktische Landkarte zum Lesen- und Schreibenlernen. http://erika-brinkmann.de/daten/ppt/didaktische_landkarte.pdf (31.05.2022).

Brunner, G. (2015): Musik hören: Wahrnehmen, gliedern und reflektieren. In: Fuchs, M. (Hrsg.): Musikdidaktik Grundschule. Theoretische Grundlagen und Praxisvorschläge. Innsbruck/Esslingen.

Brüning, B. (2013): Philosophieren in der Grundschule. 3. Auflage. Berlin.

BZgA (o. J.): Chronische Erkrankungen im Kinderalter. Ein gemeinsames Thema von Elternhaus, Kindertagesstätte und Schule. Köln.

Claussen, C. (2009): Erzähl mal was! Erzählkompetenzen in der Grundschule. Kreative Unterrichtsideen. 3. Auflage. Donauwörth.

Danuser-Zogg, E. (2002): Musik und Bewegung: Struktur und Dynamik der Unterrichtsgestaltung. Sankt Augustin.

Deutsch differenziert (2008): Über Sprache nachdenken. Heft 1.

Dröse, I./Weiß, L. (2008): Grundschule braucht Methoden. Braunschweig.

Dröse, I./Weiß, L. (2019): Versuche im Sachunterricht der Grundschule. Über 80 spannende und kindgemäße Versuche zu einzelnen Phänomenen der Naturwissenschaft. 10. Auflage. Augsburg.

Dröse, I./Weiß, L. (2020): Unterrichtsmaterialien Mathematik. Kompetenzorientierte Einführungsstunden und differenzierte Übungen für das ganze Schuljahr. Klasse 4. 3. Auflage. Augsburg.

Dröse, I./Weiß, L. (2021): Unterrichtsmaterialien Mathematik. Kompetenzorientierte Einführungsstunden und differenzierte Übungen für das ganze Schuljahr. Klasse 3. 3. Auflage. Augsburg.

Eichler, A./Vogel, M. (2012): Leitidee Daten und Zufall. Wiesbaden.

Eickhorst, A. (2015): Sprachliche Bildung in der Grundschule, Grundlagen und Anregungen für die Praxis. Bad Heilbrunn.

Eid, K./Langer, M./Rupprecht, H. (2002): Grundlagen des Kunstunterrichts. Paderborn.

Eschenhagen, D./Kattmann, U./Rodi, D. (2001): Fachdidaktik Biologie. Köln.

Franke, M. (2003): Didaktik des Sachrechnens in der Grundschule. Heidelberg/Berlin.

Franke, M. (2009): Didaktik der Geometrie in der Grundschule. Heidelberg.

Franke, M./Ruwisch, S. (2010): Didaktik des Sachrechnens in der Grundschule (Mathematik Primarstufe und Sekundarstufe I + II). Heidelberg.

Fried, L. (2005): Wissen als wesentliche Konstituente der Lerndisposition junger Kinder. Expertise im Auftrag des Deutschen Jugendinstituts. Deutsches Jugendinstitut e. V. München.

Fritz, A./Ricken, G./Schmidt, S. (Hrsg.) (2003): Rechenschwäche – Lernwege. Schwierigkeiten und Hilfen bei Dyskalkulie. Weinheim/Basel.

Fuchs, M. (Hrsg.) (2015): Musikdidaktik Grundschule. Theoretische Grundlagen und Praxisvorschläge Rum/Innsbruck.

Gaidoschik, M. (2007): Rechenschwäche verstehen – Kinder gezielt fördern: Ein Leitfaden für die Unterrichtspraxis (1. bis 4. Klasse). Horneburg.

Gembris, H. (2013): Grundlagen musikalischer Begabung und Entwicklung. Forum Musikpädagogik, Band 20. 4., unveränderte Auflage. Augsburg.

Gesellschaft für Didaktik des Sachunterrichts (GDSU) (Hrsg.) (2013a): Die Didaktik des Sachunterrichts und ihre Fachgesellschaft GDSU e. V. Bad Heilbrunn.

Gesellschaft für Didaktik des Sachunterrichts (GDSU) (Hrsg.) (2013b): Perspektivrahmen Sachunterricht. Bad Heilbrunn.

Glöckel, H. (2003): Vom Unterricht: Lehrbuch der allgemeinen Didaktik. 4. Auflage. Bad Heilbrunn.

Göb, J./Köhler, K./Weiß, L. (2020): Die Lernentwicklungslandschaft in der Grundschule. Die kindgerechte Methode für das erfolgreiche Lernentwicklungsgespräch. Hamburg.

Gornik, H. (Hrsg.) (2014): Sprachreflexion und Grammatikunterricht. Baltmannsweiler.

Grassmann, M. (2005): Mathematik in der Schuleingangsphase. In: Grundschule 10. Braunschweig, S. 28–30.

Grießhaber, W. (2010): Spracherwerbsprozesse in Erst- und Zweitsprache. Duisburg.

Gropengießer, H./Kattmann, U./Krüger, D. (2013): Biologiedidaktik in Übersichten. Hallbergmoos.

Gunter, O. (1964): Kunst als Prozess im Unterricht. Braunschweig.

Haas, G./Menzel, W./Spinner, K. H. (1994): Handlungs- und produktionsorientierter Literaturunterricht. In: Praxis Deutsch 123, S. 17–25.

Häsel-Weide, U./Nührenbörger, M./Moser Opitz, E./Wittich, C. (2013): Ablösung vom zählenden Rechnen. Fördereinheiten für heterogene Lerngruppen. Seelze.

Haß, F. (Hrsg.) (2006): Fachdidaktik Englisch. Stuttgart.

Hattie, J. (2013): Lernen sichtbar machen. Überarbeitete deutschsprachige Ausgabe von »Visible Learning«, besorgt von Wolfgang Beywl und Klaus Zierer. Baltmannsweiler.

Heller, K. A. (2012): Hochbegabung im Kindes- und Jugendalter. Göttingen.

Helmke, A. (2012): Unterrichtsqualität und Lehrerprofessionalität. Diagnose, Evaluation und Verbesserung des Unterrichts. 4., überarbeitete Auflage. Seelze.

Helmke, A./Schrade, F.-W. (2019): Qualitätsmerkmale »guten Unterrichts«. In: Hof, C./Fuhr, T./Wittenbruch, W./Hellekamps, S./Plöger, W./Gonon, P. (Hrsg.): Handbuch der Erziehungswissenschaft. Paderborn.

Helms, S./Schneider, R./Weber, R. (2009): Handbuch des Musikunterricht. Primarstufe. 4. Auflage. Kassel.

Hengartner, E./Hirt, U./Wälti, B. (2010): Lernumgebungen für Rechenschwache bis Hochbegabte: Natürliche Differenzierung im Mathematikunterricht. Stuttgart.

Heran-Dörr, E. (2006): Orientierung an Schülervorstellungen – Wie verstehen Lehrkräfte diesen Appell an ihre didaktische und methodische Kompetenz? In: Cech, C./Fischer, H.-J./Holl-Giese, M./Knörzer, M./Schrenk, M. (Hrsg.): Bildungswert des Sachunterrichts. Bad Heilbrunn.

Hirt, U./ Wälti, B. (2008): Lernumgebungen im Mathematikunterricht. Natürliche Differenzierung für Rechenschwache und Hochbegabte. Hannover.

Huber, L./Hagen, M./Post, E. (2006): Erzähl uns eine Geschichte! Anregungen zum Erzählen und Zuhören für Grundschule und Sekundarstufe. Ein Gemeinschaftsprojekt des Lehrstuhls für Grundschulpädagogik und -didaktik der Ludwig-Maximilians-Universität, der Stiftung Zuhören, der Akademie für Lehrerfortbildung und Personalführung Dillingen. Dillingen.

Huber, L./Kegel, G./Speck-Hamdan, A. (Hrsg.) (1998): Einblicke in den Schriftspracherwerb. Braunschweig.

Hurrelmann, B. (Hrsg.) (2002): Leseleistung – Lesekompetenz. In: Praxis Deutsch 176.

Jürgens, U. (1992): Ausgangsschriften im Überblick. In: Grundschule 12, S. 22–25.

Kahlert, J./Multrus, U. (Hrsg.) (2012): Ethik. Didaktik für die Grundschule. Berlin.

Kanwischer, D. (Hrsg.) (2013): Geographiedidaktik. Ein Arbeitsbuch zur Gestaltung des Geographieunterrichts. Stuttgart.

Katja S./Tucholswki, Y./Curschellas, F. (2016): DaZ unterrichten. Ein Handbuch zur Förderung von Deutsch als Zweitsprache in den Bereichen Hörverstehen und Sprechen. Bern.

Kaufmann, S./Wessolowski, S. (2006): Rechenstörungen: Diagnose und Förderbausteine. Seelze.

Kirchner, C. (2009): Kunstpädagogik in der Grundschule. Bad Heilbrunn.

Klappenecker, G. (1998): Glaubensentwicklung und Lebensgeschichte. Eine Auseinandersetzung mit der Ethik James W. Fowlers, zugleich ein Beitrag zur Rezeption von H. Richard Niebuhr, Lawrence Kohlberg und Erik H. Erikson. Stuttgart.

Kleinmann, K. (2011): Verstehen, Beobachten und gezieltes Fördern von LRS-Schülern. Dortmund.

Klieme, E. (2006): Empirische Unterrichtsforschung: aktuelle Entwicklungen, theoretische Grundlagen und fachspezifische Befunde. Einführung in den Thementeil. In: Zeitschrift für Pädagogik 52 (6), S. 765–773.

Klieme, E./Rakoczy, K. (2008): Empirische Unterrichtsforschung und Fachdidaktik. Outcome-orientierte Messung und Prozessqualität des Unterrichts. In: Zeitschrift für Pädagogik 54 (2), S. 222–237.

Klippel, F. (2000): Englisch in der Grundschule. Berlin.

Kobl, K. (2020): Eine 1. Klasse fördern und fordern – Deutsch: Praxistipps und über 300 Unterrichtsideen für den differenzierten und individuellen Schriftspracherwerb. Augsburg.

Kohlberg, L. (1996): Die Psychologie der Moralentwicklung. Frankfurt am Main.

Köhler, K./Schmid, U./Weiß, L./Weitz, K. (2020): Pixel & Co. Informatik in der Grundschule. Arbeitsheft. Braunschweig.

Köhler, K./Schmid, U./Weiß, L./Weitz, K. (2020): Pixel & Co. Informatik in der Grundschule. Kommentar für Lehrkräfte. Braunschweig.

Köhler, K./Weiß, L. (2012): Teamentwicklung in der Grundschule – Optimierte Gruppenarbeit und Teamentwicklungsprozesse in der Grundschule. Braunschweig.

Köhler, K./Weiß, L. (2015): Unterricht kompetenzorientiert nachbesprechen. Lehrproben – Unterrichtsbesuche – Kollegiale Hospitationen. Weinheim/Basel.

Köhler, K./Weiß, L. (2016): Reflexionskarten für den Unterricht zur Selbstreflexion und kompetenzorientierten Nachbesprechung. Weinheim/Basel.

Köhler, K./Weiß, L. (2017): Mit Kindern kompetenzorientiert über Lernen sprechen. Reflexionsmethoden für die Grundschule. Weinheim/Basel.

Köhler, K./Weiß, L. (2019): Lernziel Lesefertigkeit – sicherer, schneller und genauer lesen. 3. Auflage. Augsburg.

Köhler, K./Weiß, L. (2020): Praxisbuch Seminarleitung. Kompetenzorientiertes Führen und Gestalten in der Lehrer_innenausbildung. Weinheim/Basel.

Köhler, K./Weiß, L. (2021): Leistungsbeurteilung in der Grundschule. Schülerleistungen souverän einschätzen, bewerten und Feedback geben. Buxtehude.

Köhler, K./Weiß, L. (2021): Schwierige Gespräche in der Lehrer_innenbildung meistern. Der ultimative Leitfaden für Seminarleitungen, Mentor_innen und Schulleitungen. Weinheim/Basel.

Köhnlein, W. (2012): Sachunterricht und Bildung. Bad Heilbrunn.

Köhnlein, W. (2013): Vielperspektivität. In: Widerstreit-Serie 19: Fundamentale Begriffe des Sachunterrichts und seiner Didaktik 1. www.widerstreit-sachunterricht.de/ Ausgabe.

Krelle, M. (2010): Zuhördidaktik. Anmerkungen zur Förderung rezeptiver Fähigkeiten des mündlichen Sprachgebrauchs im Deutschunterricht. In: Bernius, V./Imhof, M. (Hrsg.): Zuhörkompetenz in Unterricht und Schule. Beiträge aus Wissenschaft und Praxis. Göttingen, S. 51–68.

Kretschmer, C. (2008): Wie kann ich das verstehen? Texte erschließen durch Lesestrategien. In: Praxis Grundschule 3, S. 39–44.

Krisch, M. (2010): Gruppentänze in der Sekundarstufe. In: Musik und Unterricht. Das Magazin für Musikpädagogik 2. Helbling.

Kunter, M./Trautwein, U. (2013): Psychologie des Unterrichts. Paderborn.

Kütting, H./Sauer, M. J. (2011): Elementare Stochastik. Mathematische Grundlagen und didaktische Konzepte. Wiesbaden.

Lange, H./Sinning, S. (Hrsg.) (2008): Handbuch Sportdidaktik. Balingen.

Leßmann, B. (1998): Schreiben und Rechtschreiben. Ein Praxisbuch zum individuellen Rechtschreibtraining. Heinsberg.

Leßmann, B. (2007): Individuelle Lernwege im Schreiben und Rechtschreiben. Ein Handbuch für den Deutschunterricht. Teil I: Klassen 1 und 2. Heinsberg.

Lorlitz, D. M./Schott, C. (Hrsg.) (2015): Musik. Didaktik der Grundschule. Berlin.

Losche, H. (2000): Interkulturelle Kommunikation. Sammlung praktischer Spiele und Übungen. Augsburg.

Meili, E. (1998): Wenn Kinder zeichnen. Bedeutung, Entwicklung und Verlust des bildnerischen Ausdrucks. 3. Auflage. Zürich.

Meinel, K./Schnabel, G. (2015): Bewegungslehre Sportmotorik: Abriss einer Theorie der sportlichen Motorik unter pädagogischem Aspekt. 12. Auflage. Aachen.

Mendl, H. (2018): Religionsdidaktik kompakt. Überarbeitete Neuauflage. München.

Menzel, W. (2008): Grammatik-Werkstatt. Theorie und Praxis eines prozessorientierten Grammatikunterrichts für die Primar- und Sekundarstufe. Seelze.

Moers, E. (2004): Informierendes Lesen: Mit Informationen aktiv umgehen, Lesekompetenz stärken. Beispiele aus der Praxis. Berlin.

Neubert, B. (2012): Leitidee: Daten, Häufigkeit und Wahrscheinlichkeit. Mildenberger.

Neuendorf, C./Kuhl, P./Jansen, M. (2017): Leistungsstarke Schülerinnen und Schüler in Deutschland. In: Stanat, P./Schipolowski, S./Rjosk, C./Weirich, S./Haag, N. (Hrsg.): IQB-Bildungstrend 2016. Kompetenzen in den Fächern Deutsch und Mathematik am Ende der 4. Jahrgangsstufe im zweiten Ländervergleich. Münster, S. 317–334.

Oser, F./Gmünder, P. (1984): Der Mensch – Stufen seiner religiösen Entwicklung. Ein strukturgenetischer Ansatz. Zürich/Köln.
Pädagogische Stiftung Cassianeum (1975): Pädagogische Welt: Monatsschrift für Erziehung, Bildung, Schule 12 (84). Donauwörth, S. 757.
Peez, G. (2012): Einführung in die Kunstpädagogik. Stuttgart.
Philipps, K. (2011): Warum das Huhn vier Beine hat: Das Geheimnis kindlicher Bildsprache. 3. Auflage. Darmstadt.
PIK AS (2022): Homepage. https://pikas.dzlm.de.
Platow, B./Godwin Lämmermann, G. (Hrsg.) (2014): Fachdidaktik für die Grundschule: Evangelische Religion. Berlin.
Pohl, Thorsten (2014): Entwicklung der Schreibkompetenzen. In: Feilke, H./Pohl, T. (Hrsg.): Schriftlicher Sprachgebrauch. Texte verfassen. Baltmannsweiler, S. 101–140.
Praxis Deutsch (1995a): Grammatik – Praxis und Hintergründe. Sonderheft.
Praxis Deutsch (1995b): Grammatik – Werkstatt. Heft 129.
Radatz, H./Schipper, W. (1999): Handbuch für den Mathematikunterricht an Grundschulen. Hannover.
Rein van Hiele, P. M. (1984): The Child's Thought and Geometry. In: Fuys, D. et al. (Hrsg.): English Translation of Selected Writings of Dina van Hiele-Geldof and Pierre M. van Hiele, S. 243–252.
Reitinger, R. (2018): Musik erfinden mit Kindern im Vor- und Grundschulalter. Umriss eines methodisch-didaktischen Konzeptes. In: Handreichungen zur Kompositionspädagogik. www.kompaed.de.
Rendle, L. (Hrsg.) (2009): Ganzheitliche Methoden im Religionsunterricht. 8. Auflage. München.
Rey, T./Lohse-Bossenz, H./Wacker, A./Heyl, V. (2018): Adaptive Planungskompetenz bei angehenden Lehrkräften in der zweiten Phase der Lehrerbildung. Befunde einer Pilotierungsstudie aus Baden-Württemberg. In: heiEDUCATION Journal 1 (1/2), S. 127–150.
Richter, H.-G. (2003): Eine Geschichte der ästhetischen Erziehung. Niebüll.
Ringmann, S. (2013): Therapie der Erzählfähigkeit. In: Ringmann, S./Siegmüller, J. (Hrsg.): Handbuch Spracherwerb und Sprachentwicklungsstörungen. Schuleingangsphase. München, S. 163–188.
Ringmann, S./Siegmüller, J. (2013): Handbuch Spracherwerb und Sprachentwicklungsstörungen. Schuleingangsphase. München.
Rinschede, G. (2003): Geographiedidaktik. Paderborn.
Roth, H. (1965): Kind und Geschichte. München.
Rüb, A. (2018): »Schreib bitte ordentlicher!« Die Leserlichkeit der Handschrift als Lernziel. In: Die Grundschulzeitschrift 308, S. 15–17.
Rüb, A. (2018): Die Leserlichkeit der Handschrift von Schreibanfängern. Eine empirische Studie zur Erfassung und Bedeutung der Leserlichkeit. Bamberg.
Ruwisch, S. (2009): Daten frühzeitig thematisieren. In: Grundschule Mathematik 6 (21). Oldenburg.
Sander, W. (Hrsg.) (2007): Handbuch politische Bildung. Schwalbach im Taunus.
Schreiber, W. (Hrsg.) (1999): Erste Begegnungen mit Geschichte. Grundlagen historischen Lernens. Neuried.
Selter, C. (2017): Guter Mathematikunterricht. Berlin.
Spitta, G. (2020): Gehirnfreundliches Rechtschreiblernen. Wie Kinder mit Vergnügen und Erfolg die Rechtschreibung erlernen. Hannover.
Steffens, R. (2002): Gelesen heißt noch nicht verstanden: Wie kann die Lesekompetenz von Schülerinnen und Schülern gefordert werden? In: Forum Schule 1, S. 22–26.
Trautwein, U./Sliwka, A./Dehmel, A. (2018): Grundlagen für einen wirksamen Unterricht. Landesinstitut für Schulentwicklung. Stuttgart. www.ibbw.kultus-bw.de/site/pbs-bw-new/get/documents/KULTUS.Dachmandant/KULTUS/Dienststellen/ibbw/Empirische%20Bildungsforschung/Programme-und-Projekte/Wirksamer_Unterricht/Wirksamer%20Unterricht%20-%20Band%201_Trautwein%20et%20al.%20%282018%29_Grundlagen.pdf
Waldmann, G. (1999): Produktiver Umgang mit Literatur im Unterricht. Baltmannsweiler.
Wartha, S./Schulz, A. (2011): Aufbau von Grundvorstellungen (nicht nur) bei besonderen Schwierigkeiten im Rechnen. Kiel.
Wehling, H.-G. (1977): Konsens à la Beutelsbach? Nachlese zu einem Expertengespräch. In: Schiele, S./Schneider, H. (Hrsg.): Das Konsensproblem in der politischen Bildung. Stuttgart, S. 173–184.
Willenberg, H. (2004): Lesestrategien. Vermittlung zwischen Eigenständigkeit und Wissen. In: Praxis Deutsch 31 (187), S. 6–15.
Wittmann, E. C./Müller, G. (2009): Das Zahlenbuch. Handbuch zum Frühförderprogramm. Stuttgart.
Zeynep, K.-A. (2015): Deutsch als Zweitsprache. Berlin.